수많은 합격생을 합격으로 이끄는
해커스 스타 교수진

| 민법
민희열 | 관리실무
김성환 | 관계법규
조민수 | 회계원리
배정란 | 관리실무
김혁 | 시설개론
송성길 | 시설개론
조현행 | 관리실무
노병귀 | 회계원리
강양구 |

해커스를 통해 공인중개사 합격 후, 주택관리사에도 도전하여 합격했습니다.
환급반을 선택한 게 동기부여가 되었고, 1년 만에 동차합격과 함께 환급도 받았습니다.
해커스 커리큘럼을 충실하게 따라서 공부하니 동차합격할 수 있었고,
다른 분들도 해커스커리큘럼만 따라 학습하시면 충분히 합격할 수 있을 거라
생각합니다.

합격생 송*성 님

주택관리사를 준비하시는 분들은 해커스 인강과 함께 하면 반드시 합격합니다.
작년에 시험을 준비할 때 타사로 시작했는데 강의 내용이 어려워서 지인 추천을
받아 해커스 인강으로 바꾸고 합격했습니다. 해커스 교수님들은 모두 강의 실력이
1타 수준이기에 해커스로 시작하시는 것을 강력히 추천합니다.

합격생 송*섭 님

해커스 주택관리사

출제예상문제집

2차 주택관리관계법규

조민수 교수

약력

현 | 해커스 주택관리사학원 주택관리관계법규 대표강사
　　 해커스 주택관리사 주택관리관계법규 동영상강의 대표강사
　　 여성의 광장 부동산공법 강사
　　 씨엠에스디벨로퍼 대표이사(부동산개발, PM)
　　 국가유공자임대주택단지 관리회사 대표

전 | 삼성화재 인재개발원 근무
　　 우송대학교 자산관리학과 부동산공법 초빙교수(2011, 2012)
　　 박문각/한국법학원/에듀윌 주택관리관계법규 강사 역임

저서

부동산실무 1, 시대고시, 2018
부동산공법 실무투자서, 더배움, 2018
부동산공법(기본서, 문제집), 강의바다, 2018~2020
부동산공법(기본서, 문제집), 메가랜드, 2019
부동산공법(요약집, 기출문제집, 체계도), 박문각, 2017~2023
주택관리관계법규(기본서, 문제집, 요약집), 박문각, 2013~2021
주택관리관계법규 체계도, 램플, 2020~2023
감정평가법규(기본서, 문제집, 체계도), 윌비스, 2020~2021
주택관리관계법규(기본서), 해커스패스, 2024
주택관리관계법규(문제집), 해커스패스, 2024
기초입문서(주택관리관계법규) 2차, 해커스패스, 2024
핵심요약집(주택관리관계법규) 2차, 해커스패스, 2024
기출문제집(주택관리관계법규) 2차, 해커스패스, 2024

2024 해커스 주택관리사 출제예상문제집
2차 주택관리관계법규

초판 1쇄 발행	2024년 6월 20일
지은이	조민수, 해커스 주택관리사시험 연구소
펴낸곳	해커스패스
펴낸이	해커스 주택관리사 출판팀
주소	서울시 강남구 강남대로 428 해커스 주택관리사
고객센터	1588-2332
교재 관련 문의	house@pass.com
	해커스 주택관리사 사이트(house.Hackers.com) 1:1 수강생상담
학원강의	house.Hackers.com/gangnam
동영상강의	house.Hackers.com
ISBN	979-11-7244-155-5(13360)
Serial Number	01-01-01

주택관리사 시험 전문,
해커스 주택관리사(house.Hackers.com)

ㅐ 해커스 주택관리사

· 해커스 주택관리사학원 및 인터넷강의
· 해커스 주택관리사 무료 온라인 전국 실전모의고사
· 해커스 주택관리사 무료 학습자료 및 필수 합격정보 제공
· 해커스 주택관리사 문제풀이 단과강의 30% 할인쿠폰 수록

합격을 좌우하는 최종 마무리,
핵심 문제 풀이를 한 번에!

주택관리사(보) 자격시험의 합격은 1차 시험을 통과한 다음 최종적으로 2차 시험으로 그 승패가 좌우됩니다. 특히 2차 시험과목에 있는 공동주택 관리실무의 경우 그 출제영역이 모호하여 출제범위를 한정하기 어렵기 때문에 시험 변별력이나 난이도를 고려하여 작정하고 출제하는 경우에는 사실상 고득점이 어려울 수 있습니다.

결국 2차 시험에서 안정적인 합격을 위해서는 비록 14개의 법률로 구성되어 있어 학습량이 많지만, 그 출제영역이 비교적 명확한 주택관리관계 법규에서 어느 정도의 점수가 확보되어야 안전하게 최종합격에 다다를 수 있습니다.

1 금번 문제집을 집필함에 있어서 기본적인 출제영역을 중심으로 명확하게 쟁점을 정리하고, 새롭게 출제될 수 있는 영역을 정확히 분석함과 아울러 계속적으로 개정되는 사항들 중에서 출제가 예상되는 부분을 빈틈없는 지문구성으로 문제에 반영하였습니다.

2 기본서와의 연계학습이 가능하도록 기본서와 동일한 편제로 구성하여 기본이론의 정리 이후에 객관식 문제와 주관식 문제를 풀어봄으로써 제27회 2차 시험에 충실히 대비할 수 있도록 하였습니다.

3 전년도 시험에서는 주택관리관계법규가 다소 어렵게 출제되면서 많은 수험생들이 당황하여 학습량을 많이 늘리려는 모습들을 현장에서 종종 볼 수 있는데, 전년도 시험 역시 기본 출제영역은 반복하여 출제되었음이 분석을 통하여 확인되므로 학습량을 너무 과도하게 늘리기보다는 교재나 강의 등을 통하여 제시해 드리는 부분의 쟁점을 정확히 이해하고 정리하는 것이 고득점을 위해서는 훨씬 중요함을 인지하고 학습하도록 합니다.

시험 당일까지 꾸준하게 학습하면서 건강 또한 소홀히 하지 않도록 하고, 목표하는 바를 빠른 기간 내에 이룰 수 있도록 끝까지 최선을 다하여 시험 합격이라는 결실을 맺어 모든 수험생 여러분들에게 행복한 시간이 되기를 간절히 기원합니다.

2024년 6월
조민수, 해커스 주택관리사시험 연구소

이 책의 차례

이 책의 특징

01 전략적인 문제풀이를 통하여 합격으로 가는 실전 문제집

2024년 주택관리사(보) 시험 합격을 위한 실전 문제집으로 꼭 필요한 문제만을 엄선하여 수록하였습니다. 매 단원마다 출제 가능성이 높은 예상문제를 풀어볼 수 있도록 구성함으로써 주요 문제를 전략적으로 학습하여 단기간에 합격에 이를 수 있도록 하였습니다.

02 실전 완벽 대비를 위한 다양한 문제와 상세한 해설 수록

최근 10개년 기출문제를 분석하여 출제포인트를 선정하고, 각 포인트별 자주 출제되는 핵심 유형을 대표 예제로 엄선하였습니다. 그리고 출제가 예상되는 다양한 문제를 상세한 해설과 함께 수록하여 개념을 다시 한번 정리하고 실력을 향상시킬 수 있도록 하였습니다.

03 최신 개정법령 및 출제경향 반영

최신 개정법령 및 시험 출제경향을 철저하게 분석하여 문제에 모두 반영하였습니다. 또한 기출문제의 경향과 난이도가 충실히 반영된 고난도 · 종합 문제를 수록하여 다양한 문제 유형에 충분히 대비할 수 있도록 하였습니다. 추후 개정되는 내용들은 해커스 주택관리사(house.Hackers.com) '개정자료 게시판'에서 쉽고 빠르게 확인할 수 있습니다.

04 교재 강의 · 무료 학습자료 · 필수 합격정보 제공(house.Hackers.com)

해커스 주택관리사(house.Hackers.com)에서는 주택관리사 전문 교수진의 쉽고 명쾌한 온 · 오프라인 강의를 제공하고 있습니다. 또한 각종 무료 강의 및 무료 온라인 전국 실전모의고사 등 다양한 학습자료와 시험 안내자료, 합격가이드 등 필수 합격정보를 확인할 수 있도록 하였습니다.

이 책의 구성

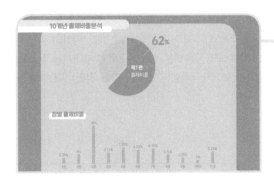

출제비중분석 그래프

최근 10개년 주택관리사(보) 시험을 심층적으로 분석한 편별·장별 출제비중을 각 편 시작 부분에 시각적으로 제시함으로써 단원별 출제경향을 한눈에 파악하고 학습전략을 수립할 수 있도록 하였습니다.

대표예제

대표예제 04 | 민법의 효력 ★

민법의 효력에 관한 설명으로 옳지 않은 것은?

① 민법은 외국에 있는 대한민국 국민에게 그 효력이 미친다.
② 민법에서는 법률불소급의 원칙이 엄격하게 지켜지지 않는다.
③ 동일한 민사에 관하여 한국 민법과 외국의 법이 충돌하는 경우에 이를 규율하는 것이 섭외사법이다.
④ 우리 민법은 국내에 있는 국제법상의 치외법권자에게는 그 효력이 미치지 아니한다.
⑤ 민법은 한반도와 그 부속도서에는 예외 없이 효력이 미친다.

해설 | 속지주의 원칙상 민법은 국내에 있는 국제법상의 치외법권자에게도 그 효력이 미친다. 속지주의란 국적에 관계없이 대한민국의 영토 내에 있는 모든 외국인에게도 적용된다는 원칙이다.

기본서 p.34~35   정답 ④

주요 출제포인트에 해당하는 대표예제를 수록하여 출제 유형을 파악할 수 있도록 하였습니다. 또한 정확하고 꼼꼼한 해설 및 기본서 페이지를 수록하여 부족한 부분에 대하여 충분한 이론 학습을 할 수 있도록 하였습니다.

다양한 유형의 문제

03 민법상 무과실책임을 인정한 규정이 아닌 것을 모두 고른 것은?

ⓐ 법인 이사의 불법행위에 대한 법인의 책임
ⓑ 상대방에 대한 무권대리인의 책임
ⓒ 법인의 불법행위에 대한 대표기관 개인의 책임
ⓓ 공사수급인의 하자담보책임
ⓔ 채무불이행에 의한 손해배상책임
ⓕ 금전채무의 불이행에 대한 특칙
ⓖ 민법 제750조 불법행위에 대한 손해배상책임
ⓗ 선의·무과실의 매수인에 대한 매도인의 하자담보책임

① ⓐ, ⓑ, ⓒ
② ⓒ, ⓓ, ⓐ
③ ⓐ, ⓑ, ⓗ, ⓐ, ⓒ
④ ⓒ, ⓓ, ⓔ, ⓗ, ⓐ

최신 출제경향을 반영하여 다양한 유형의 문제를 단원별로 수록하였습니다. 또한 고난도·종합 문제를 수록하여 더욱 깊이 있는 학습을 할 수 있도록 하였습니다.

주택관리사(보) 안내

주택관리사(보)의 정의

주택관리사(보)는 공동주택을 안전하고 효율적으로 관리하고 공동주택 입주자의 권익을 보호하기 위하여 운영·관리·유지·보수 등을 실시하고 이에 필요한 경비를 관리하며, 공동주택의 공용부분과 공동소유인 부대시설 및 복리시설의 유지·관리 및 안전관리 업무를 수행하기 위하여 주택관리사(보) 자격시험에 합격한 자를 말합니다.

주택관리사의 정의

주택관리사는 주택관리사(보) 자격시험에 합격한 자로서 다음의 어느 하나에 해당하는 경력을 갖춘 자로 합니다.

① 사업계획승인을 받아 건설한 50세대 이상 500세대 미만의 공동주택(「건축법」 제11조에 따른 건축허가를 받아 주택과 주택 외의 시설을 동일 건축물로 건축한 건축물 중 주택이 50세대 이상 300세대 미만인 건축물을 포함)의 관리사무소장으로 근무한 경력이 3년 이상인 자
② 사업계획승인을 받아 건설한 50세대 이상의 공동주택(「건축법」 제11조에 따른 건축허가를 받아 주택과 주택 외의 시설을 동일 건축물로 건축한 건축물 중 주택이 50세대 이상 300세대 미만인 건축물을 포함)의 관리사무소 직원(경비원, 청소원, 소독원은 제외) 또는 주택관리업자의 직원으로 주택관리 업무에 종사한 경력이 5년 이상인 자
③ 한국토지주택공사 또는 지방공사의 직원으로 주택관리 업무에 종사한 경력이 5년 이상인 자
④ 공무원으로 주택 관련 지도·감독 및 인·허가 업무 등에 종사한 경력이 5년 이상인 자
⑤ 공동주택관리와 관련된 단체의 임직원으로 주택 관련 업무에 종사한 경력이 5년 이상인 자
⑥ ①~⑤의 경력을 합산한 기간이 5년 이상인 자

주택관리사 전망과 진로

주택관리사는 공동주택의 관리·운영·행정을 담당하는 부동산 경영관리분야의 최고 책임자로서 계획적인 주택관리의 필요성이 높아지고, 주택의 형태 또한 공동주택이 증가하고 있는 추세로 볼 때 업무의 전문성이 높은 주택관리사 자격의 중요성이 높아지고 있습니다.

300세대 이상이거나 승강기 설치 또는 중앙난방방식의 150세대 이상 공동주택은 반드시 주택관리사 또는 주택관리사(보)를 채용하도록 의무화하는 제도가 생기면서 주택관리사(보)의 자격을 획득시 안정적으로 취업이 가능하며, 주택관리시장이 확대됨에 따라 공동주택관리업체 등을 설립·운영할 수도 있고, 주택관리법인에 참여하는 등 다양한 분야로의 진출이 가능합니다.

공무원이나 한국토지주택공사, SH공사 등에 근무하는 직원 및 각 주택건설업체에서 근무하는 직원의 경우 주택관리사(보) 자격증을 획득하게 되면 이에 상응하는 자격수당을 지급받게 되며, 승진에 있어서도 높은 고과점수를 받을 수 있습니다.

정부의 신주택정책으로 주택의 관리측면이 중요한 부분으로 부각되고 있는 실정이므로, 앞으로 주택관리사의 역할은 더욱 중요해질 것입니다.

① 공동주택, 아파트 관리소장으로 진출
② 아파트 단지 관리사무소의 행정관리자로 취업
③ 주택관리업 등록업체에 진출
④ 주택관리법인 참여
⑤ 주택건설업체의 관리부 또는 행정관리자로 참여
⑥ 한국토지주택공사, 지방공사의 중견 간부사원으로 취업
⑦ 주택관리 전문 공무원으로 진출

주택관리사의 업무

구분	분야	주요업무
행정관리업무	회계관리	예산편성 및 집행결산, 금전출납, 관리비 산정 및 징수, 공과금 납부, 회계상의 기록유지, 물품 구입, 세무에 관한 업무
	사무관리	문서의 작성과 보관에 관한 업무
	인사관리	행정인력 및 기술인력의 채용 · 훈련 · 보상 · 통솔 · 감독에 관한 업무
	입주자관리	입주자들의 요구 · 희망사항의 파악 및 해결, 입주자의 실태파악, 입주자 간의 친목 및 유대 강화에 관한 업무
	홍보관리	회보발간 등에 관한 업무
	복지시설관리	노인정 · 놀이터 관리 및 청소 · 경비 등에 관한 업무
	대외업무	관리 · 감독관청 및 관련 기관과의 업무협조 관련 업무
기술관리업무	환경관리	조경사업, 청소관리, 위생관리, 방역사업, 수질관리에 관한 업무
	건물관리	건물의 유지 · 보수 · 개선관리로 주택의 가치를 유지하여 입주자의 재산을 보호하는 업무
	안전관리	건축물설비 또는 작업에서의 재해방지조치 및 응급조치, 안전장치 및 보호구설비, 소화설비, 유해방지시설의 정기점검, 안전교육, 피난훈련, 소방 · 보안경비 등에 관한 업무
	설비관리	전기설비, 난방설비, 급 · 배수설비, 위생설비, 가스설비, 승강기설비 등의 관리에 관한 업무

주택관리사(보) 시험안내

2024년도 제27회 주택관리사(보) 선발예정인원 **1,600명**

응시자격

1. **응시자격**: 연령, 학력, 경력, 성별, 지역 등에 제한이 없습니다.
2. **결격사유**: 시험시행일 현재 다음 중 어느 하나에 해당하는 사람과 부정행위를 한 사람으로서 당해 시험시행으로 부터 5년이 경과되지 아니한 사람은 응시 불가합니다.
   - 피성년후견인 또는 피한정후견인
   - 파산선고를 받은 사람으로서 복권되지 아니한 사람
   - 금고 이상의 실형을 선고받고 그 집행이 종료되거나(집행이 끝난 것으로 보는 경우 포함) 집행을 받지 아니하기로 확정된 후 2년이 지나지 아니한 사람
   - 금고 이상의 형의 집행유예를 선고받고 그 집행유예기간 중에 있는 사람
   - 주택관리사 등의 자격이 취소된 후 3년이 지나지 아니한 사람
3. 주택관리사(보) 자격시험에 있어서 부정한 행위를 한 응시자는 그 시험을 무효로 하고, 당해 시험시행일로부터 5년간 시험 응시자격을 정지합니다.

시험과목

구분	시험과목	시험범위
1차 (3과목)	회계원리	세부과목 구분 없이 출제
	공동주택시설개론	• 목구조 · 특수구조를 제외한 일반 건축구조와 철골구조, 장기수선계획 수립 등을 위한 건축적산 • 홈네트워크를 포함한 건축설비개론
	민법	• 총칙 • 물권, 채권 중 총칙 · 계약총칙 · 매매 · 임대차 · 도급 · 위임 · 부당이득 · 불법행위
2차 (2과목)	주택관리관계법규	다음의 법률 중 주택관리에 관련되는 규정 「주택법」, 「공동주택관리법」, 「민간임대주택에 관한 특별법」, 「공공주택 특별법」, 「건축법」, 「소방기본법」, 「소방시설 설치 및 관리에 관한 법률」, 「화재의 예방 및 안전관리에 관한 법률」, 「승강기 안전관리법」, 「전기사업법」, 「시설물의 안전 및 유지관리에 관한 특별법」, 「도시 및 주거환경정비법」, 「도시재정비 촉진을 위한 특별법」, 「집합건물의 소유 및 관리에 관한 법률」
	공동주택관리실무	시설관리, 환경관리, 공동주택 회계관리, 입주자관리, 공동주거관리이론, 대외업무, 사무 · 인사관리, 안전 · 방재관리 및 리모델링, 공동주택 하자관리(보수공사 포함) 등

* 시험과 관련하여 법률 · 회계처리기준 등을 적용하여 정답을 구하여야 하는 문제는 시험시행일 현재 시행 중인 법령 등을 적용하여 그 정답을 구하여야 함
* 회계처리 등과 관련된 시험문제는 한국채택국제회계기준(K-IFRS)을 적용하여 출제됨

시험시간 및 시험방법

구분		시험과목 수	입실시간	시험시간	문제형식
1차 시험	1교시	2과목(과목당 40문제)	09:00까지	09:30~11:10(100분)	객관식 5지 택일형
	2교시	1과목(과목당 40문제)		11:40~12:30(50분)	
2차 시험		2과목(과목당 40문제)	09:00까지	09:30~11:10(100분)	객관식 5지 택일형 (과목당 24문제) 및 주관식 단답형 (과목당 16문제)

*주관식 문제 괄호당 부분점수제 도입
 1문제당 2.5점 배점으로 괄호당 아래와 같이 부분점수로 산정함
 • 3괄호: 3개 정답(2.5점), 2개 정답(1.5점), 1개 정답(0.5점)
 • 2괄호: 2개 정답(2.5점), 1개 정답(1점)
 • 1괄호: 1개 정답(2.5점)

원서접수방법

1. 한국산업인력공단 큐넷 주택관리사(보) 홈페이지(www.Q-Net.or.kr/site/housing)에 접속하여 소정의 절차를 거쳐 원서를 접수합니다.
2. 원서접수시 최근 6개월 이내에 촬영한 탈모 상반신 사진을 파일(JPG 파일, 150픽셀×200픽셀)로 첨부합니다.
3. 응시수수료는 1차 21,000원, 2차 14,000원(제26회 시험 기준)이며, 전자결제(신용카드, 계좌이체, 가상계좌) 방법을 이용하여 납부합니다.

합격자 결정방법

1. **제1차 시험**: 과목당 100점을 만점으로 하여 모든 과목 40점 이상이고, 전 과목 평균 60점 이상의 득점을 한 사람을 합격자로 합니다.
2. **제2차 시험**
   • 1차 시험과 동일하나, 모든 과목 40점 이상이고 전 과목 평균 60점 이상의 득점을 한 사람의 수가 선발예정인 원에 미달하는 경우 모든 과목 40점 이상을 득점한 사람을 합격자로 합니다.
   • 제2차 시험 합격자 결정시 동점자로 인하여 선발예정인원을 초과하는 경우 그 동점자 모두를 합격자로 결정하고, 동점자의 점수는 소수점 둘째 자리까지만 계산하며 반올림은 하지 않습니다.

최종 정답 및 합격자 발표

시험시행일로부터 1차 약 1달 후, 2차 약 2달 후 한국산업인력공단 큐넷 주택관리사(보) 홈페이지(www.Q-Net.or.kr/site/housing)에서 확인 가능합니다.

학습플랜

전 과목 8주 완성 학습플랜

일주일 동안 2과목을 번갈아 학습하여, 8주에 걸쳐 2차 전 과목을 1회독할 수 있는 학습플랜입니다.

구분	월 주택관리 관계법규	화 공동주택 관리실무	수 주택관리 관계법규	목 공동주택 관리실무	금 주택관리 관계법규	토 공동주택 관리실무	일 복습
1주차	1편 1장~ 2장 14	1편 1장 대표예제 01~ 1장 19	1편 2장 15~ 3장 17	1편 1장 대표예제 04~ 1장 36	1편 3장 대표예제 07~ 4장 12	1편 1장 대표예제 09~ 1장 57	
2주차	1편 4장 대표예제 13~ 4장 36	1편 1장 58~ 1장 주관식 문제 33	1편 주관식 문제	1편 1장 주관식 문제 34~2장 21	2편 1장~3장	1편 2장 대표예제 16~ 2장 37	
3주차	2편 4장~ 5장 12	1편 2장 주관식 문제~ 3장 08	2편 5장 대표예제 29~ 6장	1편 3장 대표예제 24~ 3장 29	2편 주관식 문제	1편 3장 대표예제 28~ 3장 54	
4주차	3편 대표예제 35~ 3편 33	1편 3장 주관식 문제	3편 대표예제 41~ 4편 15	1편 4장 대표예제 33~ 4장 21	4편 대표예제 44~ 4편 주관식 문제	1편 4장 주관식 문제~ 5장 대표예제 36	
5주차	5편 1장	1편 5장 주관식 문제~ 2편 1장 21	5편 2장~3장	2편 1장 대표예제 42~ 2장 05	5편 4장~6장	2편 2장 대표예제 44~ 2장 24	
6주차	5편 주관식 문제	2편 2장 대표예제 49~ 2장 주관식 문제	6편 객관식 문제	2편 3장 대표예제 51~ 3장 33	6편 주관식 문제~ 7편	2편 3장 대표예제 55~ 3장 58	
7주차	8편	2편 3장 대표예제 59~ 3장 86	9편	2편 3장 대표예제 62~ 3장 110	10편	2편 3장 대표예제 65~ 3장 130	
8주차	11편~12편 객관식 문제	2편 3장 주관식 문제	12편 주관식 문제~ 13편	2편 4장	14편	2편 5장	

* 이하 편/장 이외의 숫자는 본문 내의 문제번호입니다.

주택관리관계법규 3주 완성 학습플랜

한 과목씩 집중적으로 공부하고 싶은 수험생을 위한 학습플랜입니다.

구분	월	화	수	목	금	토	일
1주차	1편 1장~2장	1편 3장	1편 4장 01~4장 35	1편 4장 대표예제 18~1편 주관식 문제	2편 1장~4장	2편 5장~6장	1주차 복습
2주차	2편 주관식 문제~3편 19	3편 대표예제 39~3편 주관식 문제	4편	5편 1장~2장 08	5편 2장 대표예제 51~4장	5편 5장~5편 주관식 문제	2주차 복습
3주차	6편	7편~8편 21	8편 주관식 문제~9편	10편~11편	12편~13편 객관식 문제	13편 주관식 문제~14편	3주차 복습

학습플랜 이용 Tip

- 본인의 학습 진도와 상황에 적합한 학습플랜을 선택한 후, 매일 · 매주 단위의 학습량을 확인합니다.
- 목표한 분량을 완료한 후에는 ☑과 같이 체크하며 학습 진도를 스스로 점검합니다.

[문제집 학습방법]

- '출제비중분석'을 통해 단원별 출제비중과 해당 단원의 출제경향을 파악하고, 포인트별로 문제를 풀어나가며 다양한 출제 유형을 익힙니다.
- 틀린 문제는 해설을 꼼꼼히 읽어보고 해당 포인트의 이론을 확인하여 확실히 이해하고 넘어가도록 합니다.
- 복습일에 문제집을 다시 풀어볼 때에는 전체 내용을 정리하고, 틀린 문제는 다시 한번 확인하여 완벽히 익히도록 합니다.

[기본서 연계형 학습방법]

- 하루 동안 학습한 내용 중 어려움을 느낀 부분은 기본서에서 관련 이론을 찾아서 확인하고, '핵심 콕! 콕!' 위주로 중요 내용을 확실히 정리하도록 합니다. 기본서 복습을 완료한 후에는 학습플랜에 학습 완료 여부를 체크합니다.
- 복습일에는 한 주 동안 학습한 기본서 이론 중 추가적으로 학습이 필요한 사항을 문제집에 정리하고, 틀린 문제와 관련된 이론을 위주로 학습합니다.

출제경향분석 및 수험대책

제26회(2023년) 시험 총평

지난 제26회 시험은 3,600여 분의 수험생이 응시해서 1,600명을 선발하여 그 경쟁률이 2 : 1을 상회하였습니다. 그래서 그 난도를 높여 적정 기준점수인 60점대에서 당락을 좌우하게 하여야 함에도 불구하고, 공동주택관리실무 과목에서 다소 쉽게 출제되어 합격 예상점수는 종전에 비하여 조금 상향되는 양상을 보였습니다. 그러나 주택관리 관계법규의 출제 난이도는 적절하였다고 생각됩니다. 일반 수험생분들이 풀기에 어려움이 있었을 상급문제가 10문제 정도이고, 학습과정에 충실하신 수험생분들이 실력껏 풀 수 있는 중급문제가 22문제, 기초입문과정의 문제가 8문제 정도 출제되어 난이도 조절은 적절했던 것으로 판단됩니다.

주택의 공급 및 주택의 건설과정에서의 안전, 건축물의 안전 등의 시사적인 부분에서의 출제도 3~4문제가 보이는 등, 출제문항의 선별에 고민한 흔적이 많아 보입니다. 또한 하나의 테마에서 1문제를 출제하기도 하지만, 여러 테마를 묶어 종합적인 이해도를 묻는 문제도 다소 출제되었습니다.

결론적으로 제26회 주택관리관계법규는 적당한 난이도의 시험으로 크게 어려움 없이 풀 수 있었으리라 봅니다

제26회(2023년) 출제경향분석

구분	제17회	제18회	제19회	제20회	제21회	제22회	제23회	제24회	제25회	제26회	계	비율(%)
주택법	14	14	14	8	8	8	8	8	8	8	98	24.5
공동주택관리법				8	8	8	8	8	8	8	56	14
민간임대주택에 관한 특별법	4	4	4	2	2	2	2	2	2	2	26	6.5
공공주택 특별법				2	2	2	2	2	2	2	14	3.5
건축법	8	8	8	7	7	7	7	7	7	7	73	18.25
도시 및 주거환경정비법	2	2	2	2	2	2	2	2	2	2	20	5
도시재정비 촉진을 위한 특별법	1	1	1	1	1	1	1	1	1	1	10	2.5
시설물의 안전 및 유지관리에 관한 특별법	2	2	2	2	2	2	2	2	2	2	20	5
승강기 안전관리법	2	2	2	2	2	2	2	2	2	2	20	5
전기사업법	2	2	2	2	2	2	2	2	2	2	20	5
집합건물의 소유 및 관리에 관한 법률	1	1	1	1	1	1	1	1	1	1	10	2.5
소방기본법	2	2	2	1	1	1	1	1	1	1	13	3.25
화재의 예방 및 안전관리에 관한 법률										1	1	0.25
소방시설 설치 및 관리에 관한 법률	2	2	2	2	2	2	2	2	2	1	19	4.75
총계	40	40	40	40	40	40	40	40	40	40	400	100

제27회(2024년) 수험대책

역시 이번 시험에서도 정해진 1,600명을 선발하기 때문에 결국 2,000여 명의 재수생이 발생하게 되고 또한 제27회 1차 동차생분들의 대거 진입으로 인하여 제27회 2차 시험에서는 4,000여 명 이상의 응시자가 발생할 것으로 예상됩니다.

선발인원수는 시험공고를 봐야 하지만 대략 1,500여 명을 선발한다는 전제하에서 경쟁률은 약 3 : 1 수준으로 상향될 것으로 예상할 수 있습니다.

첫째, 올해 1차에 최초 합격하고 2차에 합격 못하신 분들

둘째, 작년 1차에 합격하고 올 2차에 합격 못하셔서 다시 1, 2차를 동시에 보셔야 할 분들

셋째, 기타 내년 1, 2차에 동시에 응시하실 재수생분들

실제 생동차라 부르는 첫해에 1, 2차 동차 합격생은 두뇌가 아주 비상한 분들 외에는 사실상 그리 많지 않습니다. 그래서 70% 이상은 전년도 1차 합격생 중 1년을 2차 준비하여 응시하시는 분들, 수년간 응시 후 당해 연도 1, 2차 동시에 합격하는 분들이 실제 대다수를 차지합니다.

제27회 시험도 마찬가지로 2차 준비를 1년은 1차와 같이 하든, 2차만 하든 준비를 하여야 하는 시험입니다.

이에 연중 학원강의 일정에 충실하시라는 것이 가장 모범적인 답변입니다.

시험을 처음 준비하시는 분들은 내년 심화과정(3월)까지는 1, 2차를 동시에 준비하시되, 4월부터는 1차 시험에만 집중하시고, 7월 1차 합격과 동시에 집중적으로 2차 준비를 하셔야 합니다. 여러 번 응시하셨던 분들도 마찬가지입니다.

올해 1차에 합격하시고 내년에 2차만 응시하시는 분들은 자만하지 마시고, 2차 과정의 모든 일정을 순차적으로 소화하여 평균 80점 이상을 목표로 준비하셔야 합니다.

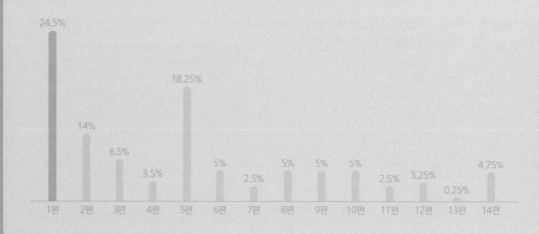

제1편

주택법

제1장 주택법 총칙

주택법상 용어의 정의로서 옳은 것은?

① '국민주택규모'란 수도권정비계획법상 수도권을 제외한 도시지역이 아닌 읍 또는 면 지역을 포함하여 주거의 용도로만 쓰이는 면적이 1호(戶) 또는 1세대당 주거전용면적이 85제곱미터 이하인 주택을 말한다.

② '세대구분형 공동주택'이란 공동주택의 주택 내부 공간의 일부를 세대별로 구분하여 생활이 가능한 구조로 하며, 그 구분된 공간 일부에 대하여 구분소유를 할 수 있는 주택을 말한다.

③ '민영주택'이란 국민주택을 제외한 주택을 말한다.

④ '도시형 생활주택'이란 도시지역에서 건설하는 300세대 미만의 국민주택을 말한다.

⑤ '건강친환경 주택'이란 건강하고 쾌적한 실내환경의 조성을 위하여 이산화탄소 배출량을 저감할 수 있도록 건설된 주택을 말한다.

오답체크   ① '국민주택규모'란 수도권을 제외한 도시지역이 아닌 읍 또는 면 지역은 1호 또는 1세대당 주거전용면적이 100제곱미터 이하인 주택을 말한다.
     ② 구분된 공간 일부에 대하여 구분소유할 수 없는 주택을 말한다.
     ④ 국민주택이 아니라 국민주택규모의 주택으로서 대통령령으로 정하는 주택을 말한다.
     ⑤ '건강친환형 주택'이란 건강하고 쾌적한 실내환경의 조성을 위하여 실내공기의 오염물질 등을 최소화할 수 있도록 대통령령으로 정하는 기준에 따라 건설된 주택을 말하고, '에너지절약형 친환경주택'이란 저에너지 건물 조성기술 등 대통령령으로 정하는 기술을 이용하여 에너지 사용량을 절감하거나 이산화탄소 배출량을 저감할 수 있도록 건설된 주택을 말한다.

기본서 p.22~25   정답 ③

01 주택법령상 용어에 대한 다음 설명 중 틀린 것은?

① '주택'이란 세대의 구성원이 장기간 독립된 주거생활을 할 수 있는 구조로 된 건축물의 전부 또는 일부 및 그 부속토지를 말하며, 단독주택과 공동주택으로 구분한다.

② 국가·지방자치단체, 한국토지주택공사 또는 지방공사가 도시지역에서 건설한 주택으로서 주거전용면적이 85제곱미터 이하인 주택은 국민주택이다.

③ 국가·지방자치단체의 재정 또는 주택도시기금으로부터 자금을 지원받아 건설되거나 개량되는 주택으로서 도시지역에서 건설한 주거전용면적이 85제곱미터 이하인 주택은 국민주택이다.

④ '민영주택'이란 국민주택을 제외한 주택을 말한다.

⑤ 주거전용면적을 산정하는 경우에 공동주택은 외벽의 중심선을 기준으로 산정한다.

02 주택법령상 공동주택에 해당하지 않는 것을 모두 고른 것은?

> ㉠ 건축법 시행령상 다중주택   ㉡ 건축법 시행령상 다가구주택
> ㉢ 건축법 시행령상 연립주택   ㉣ 건축법 시행령상 다세대주택
> ㉤ 건축법 시행령상 오피스텔

① ㉠, ㉡, ㉣   ② ㉠, ㉡, ㉤

③ ㉠, ㉢, ㉤   ④ ㉡, ㉢, ㉣

⑤ ㉢, ㉣, ㉤

정답 및 해설

01 ⑤   공동주택의 경우 주거전용면적은 <u>외벽의 내부선</u>을 기준으로 산정한다.

02 ②   주택법령상 다중주택, 다가구주택은 단독주택에 해당하며, 오피스텔은 준주택에 해당한다.

03 주택법령상 주택에 관한 다음 설명 중 옳은 것은?

① '주택'이란 세대의 구성원이 장기간 독립된 주거생활을 할 수 있는 구조로 된 건축물의 전부 및 그 부속토지를 말한다.

② 단독주택은 건축법령상의 단독주택, 다중주택, 다가구주택, 공관으로 구분한다.

③ 주택법령상의 다중주택은 1개 동의 주택으로 쓰이는 바닥면적의 합계가 660제곱미터 이하이고 주택으로 쓰는 층수(지하층은 제외한다)가 3개 층 이하이어야 한다.

④ 주택으로 쓰는 층수가 2개 층이고 1개 동의 주택으로 쓰는 바닥면적의 합계가 400제곱미터인 단독주택은 다세대주택이다.

⑤ 주택법령상의 주택은 모두 독립주거형태를 갖추어야 한다.

04 주택법령상 주택에 대한 다음 설명 중 틀린 것은?

① 다가구주택은 주택으로 쓰는 층수(지하층은 제외한다)가 3개 층 이하이며 19세대(대지 내 동별 세대수를 합한 세대를 말한다) 이하가 거주할 수 있어야 한다.

② 아파트는 주택으로 쓰이는 층수가 5개 층 이상인 공동주택을 말한다.

③ 연립주택은 주택으로 쓰는 1개 동의 바닥면적(2개 이상의 동을 지하주차장으로 연결하는 경우에는 각각의 동으로 본다) 합계가 660제곱미터를 초과하고, 층수가 4개 층 이하인 주택이다.

④ 아파트의 층수를 산정할 때 1층 전부를 필로티 구조로 하여 주차장으로 사용하는 경우에는 필로티 부분을 층수에서 제외한다.

⑤ 연립주택과 다세대주택에서 층수를 산정할 때 1층의 전부 또는 일부를 필로티 구조로 하여 주차장으로 사용하고 나머지 부분을 주택 외의 용도로 쓰는 경우에는 해당 층을 주택의 층수에서 제외한다.

05 주택법령상 국민주택에 대한 다음 설명 중 틀린 것은?

① 한국토지주택공사가 의정부시에 건설한 주거전용면적 97제곱미터인 주택은 국민주택이다.

② 강원도 원주시 문막읍의 계획관리지역에 지방공사가 건설한 주거전용면적 100제곱미터인 주택은 국민주택이다.

③ 대우건설이 주택도시기금의 지원으로 인천광역시 청라지구에 건설한 주거전용면적 59제곱미터인 주택은 국민주택이다.

④ 국방부가 서울특별시 대방동에 건설한 주거전용면적 85제곱미터의 주택은 국민주택이다.

⑤ 주택도시기금으로 공공주택지구에 건설하는 공공분양주택은 국민주택이다.

정답 및 해설

03 ③ ① 건축물의 전부 또는 일부 및 그 부속토지를 말한다.
　　　② 공관은 주택법령상의 단독주택에서 제외한다.
　　　④ 지문의 주택은 단독주택으로 독립주거 여부에 따라 다중주택 또는 다가구주택으로 구분한다. 다세대주택은 공동주택에 해당한다.
　　　⑤ 다중주택은 독립주거형태를 갖추지 아니한 주택이다.

04 ⑤ 아파트와 연립주택의 층수를 산정할 때 1층 전부를 필로티 구조로 하여 주차장으로 사용하는 경우에는 필로티 부분을 층수에서 제외하고, 다세대주택과 단독주택의 다가구주택 및 다중주택에서 층수를 산정할 때 1층의 전부 또는 일부를 필로티 구조로 하여 주차장으로 사용하고 나머지 부분을 주택 외의 용도로 쓰는 경우에는 해당 층을 주택의 층수에서 제외한다.

05 ① 공공사업주체인 한국토지주택공사가 건설하는 국민주택인 경우에도 그 공급되는 주거전용면적이 도시지역이거나 수도권에서는 85제곱미터 이하이어야 한다. 의정부시는 경기도, 즉 수도권에 속하므로 민영주택에 해당한다.

06 주택법령상 사업계획승인대상 세대구분형 공동주택에 관한 설명 중 옳지 않은 것은?

① '세대구분형 공동주택'이란 공동주택의 주택 내부 공간의 일부를 세대별로 구분하여 생활이 가능한 구조로 하되, 그 구분된 공간 일부에 대하여 구분소유를 할 수 없는 주택을 말한다.

② 세대구분형 공동주택의 세대별로 구분된 각각의 공간은 주거전용면적이 50제곱미터 이하이어야 한다.

③ 세대구분형 공동주택은 주택단지 공동주택 전체 호수의 3분의 1을 넘지 아니하여야 한다.

④ 세대구분형 공동주택의 세대별로 구분된 각각의 공간의 주거전용면적 합계가 주택단지 전체 주거전용면적 합계의 3분의 1을 넘지 아니하여야 한다.

⑤ 세대구분형 공동주택의 건설과 관련하여 주택건설기준 등을 적용하는 경우 세대구분형 공동주택의 세대수는 그 구분된 공간의 세대에 관계없이 하나의 세대로 산정한다.

07 주택법령상 기존주택을 공동주택관리법령상의 행위허가를 받아 세대구분형 공동주택으로 설치하는 경우에 그 기준에 대한 다음 설명 중 틀린 것은?

① 구분된 공간의 세대수는 기존 세대를 포함하여 2세대 이하이어야 한다.

② 세대별로 구분된 각각의 공간마다 별도의 욕실, 부엌과 현관을 설치하여야 한다.

③ 세대구분형 공동주택의 세대수가 주택단지 안의 공동주택 전체 세대수의 10분의 1 이하이어야 한다.

④ ③의 경우에 해당 동의 전체 세대수의 10분의 1을 각각 넘지 않아야 한다. 다만, 시장·군수·구청장이 인정하는 경우에는 넘을 수 있다.

⑤ 리모델링을 통하여 건설된 세대구분형 공동주택의 세대수의 경우에도 그 구분된 공간의 세대에 관계없이 하나의 세대로 산정한다.

08 주택법령상 도시형 생활주택에 관한 설명 중 옳지 않은 것은?

① 도시형 생활주택은 국토의 계획 및 이용에 관한 법률에 따른 도시지역에 건설하는 주택일 것이 요구된다.

② 도시형 생활주택에는 단지형 연립주택, 단지형 다세대주택, 소형주택이 있다.

③ 소형주택은 아파트로 건설하여야 하며, 다세대주택 또는 연립주택으로 건설할 수 없다.

④ 소형주택의 세대별 주거전용면적은 60제곱미터 이하로 하여야 한다.

⑤ 하나의 건축물에는 원칙적으로 도시형 생활주택과 그 밖의 주택을 함께 건축할 수 없으며, 단지형 연립주택 또는 단지형 다세대주택과 소형주택을 함께 건축할 수 없다.

09 주택법령상 도시형 생활주택에 관한 설명 중 옳지 않은 것은?

① 하나의 건축물에는 도시형 생활주택과 그 밖의 주택을 함께 건축할 수 없다.

② 단지형 연립주택 또는 단지형 다세대주택과 소형주택을 함께 건축할 수 없다.

③ 위 ①, ②에도 불구하고 준주거지역 또는 상업지역에서 소형주택과 도시형 생활주택 외의 주택을 함께 건축하는 경우에는 복합으로 건축이 가능하다.

④ 소형주택의 공간 구성에 대하여는 따로 규정하는 바가 없다.

⑤ 단지형 다세대주택과 단지형 연립주택의 경우에는 주거정책심의위원회의 심의를 받은 경우에는 주택으로 쓰는 층수를 5개 층까지 건축할 수 있다.

정답 및 해설

06 ② 세대구분형 공동주택은 면적의 상한을 두지 않는다.

07 ④ 해당 동의 전체 세대수의 3분의 1을 각각 넘지 않아야 한다.

08 ③ 소형주택은 아파트, 연립주택, 다세대주택 중 어느 하나에 해당하는 주택으로서 대통령령으로 정하는 요건을 모두 갖춘 주택이다.

09 ⑤ 주거정책심의위원회가 아니라 건축위원회의 심의를 받은 경우에 주택으로 쓰는 층수를 5개 층까지 건축할 수 있다.

주택법령상 용어에 관한 설명으로 옳은 것은?

① '복리시설'이란 주택단지의 입주자 등의 생활복리를 위한 어린이놀이터, 근린생활시설, 주차장, 관리사무소 등을 말한다.
② 주택단지 안의 기간시설인 가스시설, 통신시설 및 지역난방시설은 간선시설에 포함된다.
③ 세대구분형 공동주택은 그 구분된 공간의 일부에 대하여 구분소유를 할 수 있는 주택이다.
④ 도시형 생활주택은 300세대 이상의 국민주택규모에 해당하는 주택으로서 대통령령으로 정하는 주택을 말한다.
⑤ 건강친화형 주택은 저에너지 건물 조성기술 등 대통령령으로 정하는 기술을 이용하여 에너지 사용량을 절감하도록 건설된 주택을 말한다.

오답
체크
① 관리사무소와 주차장은 부대시설에 해당한다.
③ 세대구분형 공동주택은 구분소유를 할 수 없다.
④ 도시형 생활주택은 300세대 미만의 국민주택규모에 해당하는 주택으로서 대통령령으로 정하는 주택을 말한다.
⑤ 에너지절약형 친환경주택에 대한 설명이다.

기본서 p.25~33   정답 ②

---

10 주택법령상 용어의 정의에 따른 때 '주택'에 해당하지 않는 것을 모두 고른 것은?

> ㉠ 건축법 시행령상 용도별 건축물의 종류에 따른 다중주택
> ㉡ 건축법 시행령상 용도별 건축물의 종류에 따른 기숙사
> ㉢ 건축법 시행령상 용도별 건축물의 종류에 따른 오피스텔
> ㉣ 노인복지법상 노인복지주택

① ㉠, ㉢
② ㉡, ㉢
③ ㉡, ㉣
④ ㉠, ㉡, ㉣
⑤ ㉡, ㉢, ㉣

11 주택법령상 준주택에 해당하는 것은?

① 여관 및 여인숙
② 제2종 근린생활시설에 해당하지 않는 다중생활시설
③ 주택에 해당하지 않는 지역아동센터
④ 청소년활동진흥법에 따른 유스호스텔
⑤ 공관

12 주택법령상 용어에 대한 설명으로 옳지 않은 것은?

① '에너지절약형 친환경주택'이란 저에너지 건물 조성기술 등 대통령령으로 정하는 기술을 이용하여 에너지 사용량을 절감하거나 이산화탄소 배출량을 저감할 수 있도록 건설된 주택을 말한다.
② '건강친화형 주택'이란 건강하고 쾌적한 실내환경의 조성을 위하여 실내공기의 오염물질 등을 최소화할 수 있도록 대통령령으로 정하는 기준에 따라 건설된 주택을 말한다.
③ '준주택'이란 주택 외의 건축물과 그 부속토지로서 주거시설로 이용 가능한 시설 등을 말하며, 그 종류에는 다중생활시설, 노인복지시설 중 양로시설, 오피스텔, 기숙사가 있다.
④ '주택단지'란 주택건설사업계획 또는 대지조성사업계획의 승인을 받아 주택과 그 부대시설 및 복리시설을 건설하거나 대지를 조성하는 데 사용되는 일단의 토지를 말한다.
⑤ ④의 경우에 폭 20미터 이상인 일반도로로 분리된 토지는 각각 별개의 주택단지로 본다.

정답 및 해설

10 ⑤ 다중주택은 단독주택에 해당하나, 기숙사와 오피스텔, 노인복지주택은 준주택에 해당한다
11 ② 준주택이란 주택 외의 건축물로서 주거기능을 갖춘 것을 말하는데, 그 종류로서 오피스텔과 다중생활시설 (제2종 근린생활시설에 해당하는 경우, 숙박시설에 해당하는 경우 모두 포함한다), 노인복지시설 중에서 노인복지주택, 기숙사가 있다.
12 ③ 노인복지시설 중 노인복지주택이 준주택에 해당한다.

13 주택법상 공공택지란 일정한 공공사업에 의하여 개발·조성되는 공동주택이 건설되는 용지를 말하는바, 다음 중 그 일정한 공공사업에 해당하지 않는 것은?

① 주택법에 따른 국민주택건설사업 또는 대지조성사업
② 도시개발법에 따른 도시개발사업(공공시행자가 환지방식으로 시행하는 사업과 혼용방식 중 환지방식이 적용되는 구역에서 시행하는 사업만 해당한다)
③ 신행정수도 후속대책을 위한 연기·공주지역 행정중심복합도시 건설을 위한 특별법에 따른 행정중심복합도시건설사업
④ 경제자유구역의 지정 및 운영에 관한 법률에 따른 경제자유구역개발사업(수용 또는 사용의 방식으로 시행하는 사업과 혼용방식 중 수용 또는 사용의 방식이 적용되는 구역에서 시행하는 사업만 해당한다)
⑤ 산업입지 및 개발에 관한 법률에 따른 산업단지개발사업

14 주택법령상 부대시설에 해당하지 않는 것은?

① 공동작업장, 지식산업센터
② 공중화장실, 자전거보관소
③ 소방시설, 중앙집중 냉난방공급시설
④ 조경시설, 옹벽, 축대
⑤ 전기자동차에 전기를 충전하여 공급하는 시설

15 주택법령상 주택에 딸린 시설 또는 설비로서 부대시설이 아닌 것은?

① 보안등   ② 경로당
③ 안내표지판   ④ 주차장
⑤ 주택단지 안의 도로

16 주택법령상 복리시설로 옳은 것을 모두 고른 것은?

> ㉠ 주민운동시설 ㉡ 주택단지 안의 도로
> ㉢ 어린이놀이터 ㉣ 경로당
> ㉤ 유치원

① ㉠, ㉡   ② ㉡, ㉣

③ ㉡, ㉢, ㉤   ④ ㉠, ㉢, ㉣, ㉤

⑤ ㉡, ㉢, ㉣, ㉤

17 주택법령상 용어에 관한 설명으로 틀린 것은?

① 토지임대부 분양주택의 토지의 소유권은 건설사업을 시행하는 자가 가진다.

② 주택에 딸린 주차장은 복리시설에 속한다.

③ 토지임대부 분양주택의 건축물 및 복리시설 등에 대한 소유권은 주택을 분양받은 자가 가진다.

④ 주택단지의 안과 밖을 연결시키는 전기시설은 간선시설에 속한다.

⑤ '기간시설'이란 도로·상하수도·전기시설·가스시설·통신시설·지역난방시설 등을 말한다.

정답 및 해설

13 ② 도시개발법에 따른 도시개발사업은 공공시행자가 <u>수용 또는 사용의 방식</u>으로 시행하는 사업과 혼용방식 중 <u>수용 또는 사용의 방식</u>이 적용되는 구역에서 시행하는 사업만 해당한다.

14 ① 공동작업장, 지식산업센터, 사회복지관은 복리시설에 해당한다.

15 ② 경로당은 복리시설에 해당한다.

16 ④ ㉡ 주택단지 안의 도로는 부대시설에 해당한다.

17 ② 주차장은 부대시설에 속한다.

18 주택법령상 간선시설에 해당하는 것은?

① 주택단지 안의 도로　　　　② 주민운동시설
③ 지역난방시설　　　　　　　④ 주차장
⑤ 관리사무소

19 주택법령상 하나의 주택단지로 보아야 하는 것은?

① 폭 12미터의 일반도로로 분리된 주택단지
② 고속도로로 분리된 주택단지
③ 폭 10미터의 도시계획예정도로로 분리된 주택단지
④ 자동차전용도로로 분리된 주택단지
⑤ 보행자 및 자동차의 통행이 가능한 도로로서 도로법에 의한 지방도로 분리된 주택
　 단지

20 주택법령상 공구에 대한 설명이다. (　　) 안에 들어갈 내용이 바르게 연결된 것은?

> 공구란 하나의 주택단지에서 다음의 기준에 따라 둘 이상으로 구분되는 일단의 구역으로,
> 착공신고 및 사용검사를 별도로 수행할 수 있는 구역을 말한다.
> 1. 다음의 어느 하나에 해당하는 시설을 설치하거나 공간을 조성하여 (㉠)미터 이상의 폭
> 　 으로 공구간 경계를 설정할 것
> 　 • 주택단지 안의 도로
> 　 • 주택단지 안의 지상에 설치되는 부설주차장
> 　 • 주택단지 안의 옹벽 또는 축대
> 　 • 식재, 조경이 된 녹지
> 　 • 그 밖에 어린이놀이터 등 부대시설이나 복리시설로서 사업계획승인권자가 적합하다고
> 　 　 인정하는 시설
> 2. 공구별 세대수는 (㉡)세대 이상으로 할 것

① ㉠ 3, ㉡ 200　　　　　　② ㉠ 5, ㉡ 200
③ ㉠ 6, ㉡ 300　　　　　　④ ㉠ 8, ㉡ 300
⑤ ㉠ 20, ㉡ 500

21 주택법령상 주택규모에 대한 설명이다. ( ) 안에 들어갈 내용이 바르게 연결된 것은?

> • 국토교통부장관은 도시의 건전한 발전과 산업 및 관광의 진흥을 위하여 필요하거나 기타 특별한 사유가 있는 경우에는 규모를 따로 정할 수 있다.
> • 국토교통부장관은 주택 수급의 적정을 기하기 위하여 필요하다고 인정하는 때에는 사업주체가 건설하는 주택의 (㉠)퍼센트[주택조합이나 고용자가 건설하는 주택은 (㉡)퍼센트] 이하의 범위 안에서 일정 비율 이상을 국민주택규모로 건설하게 할 수 있으며, 그 건설비율은 주택단지별 사업계획에 적용한다.

① ㉠ 50, ㉡ 75 ② ㉠ 75, ㉡ 85
③ ㉠ 75, ㉡ 100 ④ ㉠ 100, ㉡ 75
⑤ ㉠ 100, ㉡ 100

정답 및 해설

18 ③ 간선시설이란 도로·상하수도·전기시설·가스시설·통신시설 및 지역난방시설 등 주택단지 안의 기간시설을 해당 주택단지 밖에 있는 동종의 기간시설에 연결시키는 시설을 말한다. 다만, 가스시설·통신시설 및 지역난방시설의 경우에는 주택단지 안의 기간시설을 포함한다.

19 ① 주택단지란 주택건설사업계획 또는 대지조성사업계획의 승인을 받아 주택과 그 부대시설 및 복리시설을 건설하거나 대지를 조성하는 데 사용되는 일단의 토지를 말한다. 다만, 다음 각 시설로 분리된 토지는 각각 별개의 주택단지로 본다.
1. 철도·고속도로·자동차전용도로
2. 폭 20미터 이상인 일반도로
3. 폭 8미터 이상인 도시계획예정도로
4. 1.~3.의 시설에 준하는 것으로서 대통령령으로 정하는 시설

20 ③ 6미터 이상, 300세대 이상이다.

21 ③ 사업주체가 건설하는 주택의 75퍼센트(주택조합이나 고용자가 건설하는 주택은 100퍼센트) 이하의 범위이다.

22 주택법령상 리모델링에 대한 설명으로 틀린 것은?

① '리모델링'이란 건축물의 노후화 억제 또는 기능 향상 등을 위하여 대수선하거나 일부 증축하는 행위를 말한다.

② 증축하고자 하는 경우에는 사용검사일 또는 건축법상의 사용승인일부터 15년이 경과 되어야 하며, 증축하는 경우에 공동주택의 기능 향상 등을 위하여 공용부분에 대하여 별도의 증축이 가능하다.

③ 증축하는 경우에 그 증축되는 면적은 공동주택의 각 세대의 주거전용면적의 40퍼센트 이내이어야 한다.

④ 증축 가능한 면적의 합산한 범위에서 기존 세대수의 15퍼센트 이내로 세대수를 증가하는 증축행위도 가능하다.

⑤ 수직증축형 리모델링의 대상이 되는 기존 건축물의 층수가 14층 이하인 경우에는 2개 층까지 증축이 가능하다.

정답 및 해설

22 ③ 각 세대의 주거전용면적의 <u>30퍼센트 이내</u>(세대의 주거전용면적이 85제곱미터 미만인 경우에는 40퍼센트 이내)에서 증축하는 행위이다.

제2장 주택의 건설

대표예제 03 | 주택건설사업주체 ★

주택법령상 연간 단독주택 20호, 공동주택 20세대(도시형 생활주택의 경우와 소형주택과 그 밖의 주거전용면적이 85제곱미터를 초과하는 주택 1세대를 함께 건축하는 경우에는 30세대) 이상의 주택건설사업을 시행하려는 경우에 국토교통부장관에게 등록을 하여야 하는 자는?

① 국가 · 지방자치단체
② 한국토지주택공사
③ 공익법인의 설립 · 운영에 관한 법률에 따라 주택건설사업을 목적으로 설립된 공익법인
④ 등록사업자와 공동으로 주택건설사업을 시행하는 고용자
⑤ 단독으로 주택건설사업을 하고자 하는 주택조합

해설 | 주택조합의 경우 등록사업자와 공동으로 주택건설사업을 하는 주택조합의 경우에는 등록하지 아니한다.

기본서 p.37~42　　　　　　　　　　　　　　　　　　　　　　　　정답 ⑤

---

01 주택법령상 주택건설사업 등의 등록과 관련하여 (　　) 안에 들어갈 내용으로 옳게 연결된 것은? (단, 사업등록이 필요한 경우를 전제로 함)

> 연간 (㉠)호 이상의 단독주택 건설사업을 시행하려는 자 또는 연간 (㉡)제곱미터 이상의 대지조성사업을 시행하려는 자는 국토교통부장관에게 등록하여야 한다.

① ㉠ 10, ㉡ 10만　　　② ㉠ 20, ㉡ 1만　　　③ ㉠ 20, ㉡ 10만
④ ㉠ 30, ㉡ 1만　　　⑤ ㉠ 30, ㉡ 10만

정답 및 해설

01 ② 연간 단독주택 20호, 공동주택 20세대(도시형 생활주택의 경우와 소형주택과 주거전용면적이 85제곱미터를 초과하는 주택 1세대를 함께 건축하는 경우에는 30세대) 이상의 주택건설사업을 시행하려는 자 또는 연간 1만제곱미터 이상의 대지조성사업을 시행하려는 자는 국토교통부장관에게 등록하여야 한다.

02 주택법령상 주택건설사업 또는 대지조성사업의 사업자등록에 관한 설명 중 틀린 것은?

① 주택건설사업 또는 대지조성사업의 등록을 하려는 자는 원칙적으로 자본금 3억원(개인인 경우에는 자산평가액 6억원) 이상이라야 한다.

② 주택건설사업 또는 대지조성사업의 사업자등록은 국토교통부장관에게 하여야 한다.

③ 등록이 말소된 후 3년이 지나지 아니한 자는 주택건설사업 등의 등록을 할 수 없다.

④ 등록말소 또는 영업정지처분을 받은 등록사업자는 그 처분 전에 사업계획승인을 받은 사업은 원칙적으로 계속 수행할 수 있다.

⑤ 국토교통부장관은 등록사업자가 등록증을 대여한 경우에는 그 등록을 말소하여야 한다.

03 주택법령상 주택건설사업의 등록에 관한 설명으로 틀린 것은?

① 국토교통부장관은 주택건설사업의 등록을 한 자에 대하여는 이를 주택건설사업자등록부에 등재하고, 등록증을 교부하여야 한다.

② 주택건설사업의 등록을 하려는 자가 개인인 경우에는 자산평가액 3억원 이상이 되어야 한다.

③ 법인의 임원 중 파산선고를 받은 자로서 복권되지 아니한 자가 있는 경우에 해당 법인은 주택건설사업의 등록을 할 수 없다.

④ 주택건설사업자가 거짓이나 그 밖의 부정한 방법으로 등록한 경우, 국토교통부장관의 위임을 받은 시·도지사가 그 등록을 말소하려면 청문을 하여야 한다.

⑤ 등록을 하지 아니하고 주택건설사업을 한 자는 2년 이하의 징역 또는 2천만원 이하의 벌금에 처한다.

04 주택법령상 주택건설사업의 등록을 할 수 없는 자가 아닌 자는?

① 미성년자·피성년후견인 또는 피한정후견인

② 파산선고를 받은 자로서 복권되지 아니한 자

③ 이 법을 위반하여 금고 이상의 실형을 선고받고 그 집행이 끝나거나(집행이 끝난 것으로 보는 경우를 포함한다) 집행이 면제된 날부터 3년이 지나지 아니한 자

④ 부정수표단속법을 위반하여 금고 이상의 형의 집행유예를 선고받고 그 유예기간 중에 있는 자

⑤ 등록이 말소된 후 2년이 지나지 아니한 자

05 주택법령상 등록사업자가 직접 주택건설공사를 시공할 수 있는 경우에 대한 설명 중 틀린 것은?

① 주택건설공사를 시공하려는 등록사업자는 법인사업자인 경우에 자본금이 10억원 이상이어야 한다.

② 주택건설공사를 시공하려는 등록사업자는 최근 5년간의 주택건설실적이 100호 또는 100세대 이상이어야 한다.

③ ②의 경우에 등록사업자가 건설할 수 있는 주택은 주택으로 쓰는 층수가 5개 층 이하인 주택으로 한다.

④ 최근 3년간 300세대 이상의 공동주택을 건설한 실적이 있는 등록사업자는 6개 층 이상인 주택을 건설할 수 있다.

⑤ 시공하는 법인등록사업자는 건설공사비(대지구입비를 제외한 금액)가 자본금과 자본준비금·이익준비금을 합한 금액의 10배를 초과하는 건설공사는 시공할 수 없다.

정답 및 해설

02 ③ 등록이 말소된 후 <u>2년이 지나지 아니한 자</u>는 주택건설사업 등의 등록을 할 수 없다.

03 ② 주택건설사업의 등록을 하려는 자가 개인인 경우에는 <u>자산평가액이 6억원 이상이</u> 되어야 한다.

04 ③ 주택법을 위반하여 금고 이상의 실형을 선고받고 그 집행이 끝나거나(집행이 끝난 것으로 보는 경우를 포함한다) 집행이 면제된 날부터 <u>2년이 지나지 아니한 자</u>이다.

05 ① 주택건설공사를 시공하려는 등록사업자가 <u>법인인 경우에는 자본금 5억원</u>, 개인인 경우에는 자산평가액이 10억원 이상이어야 한다.

06 주택법령상 사업주체에 관한 설명 중 옳은 것은?

① 연간 단독주택 20호, 공동주택 20세대(도시형 생활주택의 경우와 소형주택과 주거
전용면적이 85제곱미터를 초과하는 주택 1세대를 함께 건축하는 경우에는 30세대)
이상의 주택건설사업을 시행하려는 자는 시·도지사에게 등록하여야 한다.

② 주택조합도 사업자등록을 하여야 하는 경우가 있다.

③ 토지소유자는 등록사업자와 공동으로 사업을 시행하여야 한다.

④ 주택조합(세대수의 증가가 없는 리모델링주택조합은 제외한다)이 그 구성원의 주택을
건설하는 경우에는 국가와 공동으로 사업을 시행할 수 있다.

⑤ 고용자가 그 근로자의 주택을 건설하는 경우에는 등록사업자와 공동으로 사업을 시행
할 수 있다.

07 주택법령상 공동사업을 하는 경우에 그 시행요건에 대한 다음 설명 중 틀린 것은?

① 토지소유자가 등록사업자와 공동으로 주택을 건설하는 경우에 주택건설대지가 저당
권 등의 목적으로 되어 있는 경우에는 그 저당권 등을 말소하여야 한다.

② ①의 경우에 토지소유자와 등록사업자간에 사업비의 부담 등에 대하여 협약이 체결되
어 있어야 한다.

③ 지역주택조합이 등록사업자와 공동으로 주택을 건설하는 경우에 등록사업자가 주택
건설대지의 소유권을 확보하고 있어야 한다.

④ ③의 경우에 지구단위계획의 결정이 필요한 사업인 경우에는 95퍼센트 이상의 소유
권을 확보하여야 한다.

⑤ 고용자가 그 근로자의 주택을 건설하기 위하여 등록사업자와 공동으로 주택을 건설하
는 경우에 그 고용자는 해당 주택건설대지의 소유권을 확보하고 있어야 한다.

대표예제 04 / 주택조합 ★★★

주택법령상 주택조합에 관한 설명으로 틀린 것은?

① 주택조합을 설립하려는 경우에는 관할 시장·군수·구청장의 인가를 받아야 한다. 인가받은 내용을 변경·해산하려는 경우에도 같다.

② ①에도 불구하고 국민주택을 우선 공급받기 위한 직장주택조합을 설립하려는 경우에는 관할 시장·군수·구청장에게 신고하여야 한다. 신고한 내용을 변경하거나 해산하려는 경우에도 같다.

③ 주택조합 설립인가를 받으려는 자는 해당 주택건설대지의 80퍼센트 이상에 해당하는 토지의 사용권원과 10퍼센트 이상에 해당하는 토지의 소유권을 확보하여야 한다.

④ 주택조합(리모델링주택조합은 제외한다)은 주택건설예정세대수의 50퍼센트 이상의 조합원으로 구성하여야 한다.

⑤ 조합원은 20명 이상이어야 한다.

해설 | 주택조합 설립인가를 받으려는 자는 해당 주택건설대지의 80퍼센트 이상에 해당하는 토지의 사용권원과 15퍼센트 이상에 해당하는 토지의 소유권을 확보하여야 한다.

기본서 p.42~60   정답 ③

정답 및 해설

06 ② ② 주택조합이 주택건설사업을 등록사업자 등과 공동으로 하지 않고 단독으로 하고자 하는 경우에는 사업자등록을 하여야 한다.
① 연간 단독주택 20호, 공동주택 20세대(도시형 생활주택의 경우에는 30세대) 이상의 주택건설사업을 시행하려는 자 또는 연간 1만제곱미터 이상의 대지조성사업을 시행하려는 자는 국토교통부장관에게 등록하여야 한다.
③ 토지소유자가 주택을 건설하는 경우에는 등록사업자와 공동으로 사업을 시행할 수 있다.
④ 주택조합(세대수의 증가가 없는 리모델링주택조합은 제외한다)이 그 구성원의 주택을 건설하는 경우에 등록사업자 또는 지방자치단체, 한국토지주택공사, 지방공사와 공동으로 사업을 시행할 수 있다. 국가와는 공동사업을 시행할 수 없다.
⑤ 고용자가 그 근로자의 주택을 건설하는 경우에는 등록사업자와 공동으로 사업을 시행하여야 한다.

07 ③ 지역 또는 직장주택조합이 등록사업자와 공동으로 주택을 건설하는 경우에 조합이 주택건설대지를 확보하고 있어야 한다.

08 주택법령상 주택조합의 조합원에 관한 설명 중 틀린 것은?

① 지역주택조합의 조합원은 조합설립인가 신청일부터 입주 가능일까지 주택을 소유하지 않거나 주거전용면적 60제곱미터 이하의 주택 1채를 소유한 세대의 세대주이어야 한다.

② 본인 또는 본인과 같은 세대별 주민등록표에 등재되어 있지 않은 배우자가 같은 또는 다른 지역주택조합의 조합원이거나 직장주택조합의 조합원이 아니어야 한다.

③ 국민주택을 공급받기 위하여 신고로 설립한 직장주택조합의 조합원의 경우에는 무주택자에 한한다.

④ 지역주택조합의 조합원은 조합설립인가 신청일 현재 같은 지역에 6개월 이상 계속하여 거주하여 온 사람이어야 한다.

⑤ 직장주택조합의 조합원은 조합설립인가 신청일 현재 동일한 특별시 · 광역시 · 특별자치시 · 특별자치도 · 시 또는 군(광역시의 관할구역에 있는 군을 제외한다) 안에 소재하는 동일한 국가기관 · 지방자치단체 · 법인에 근무하는 자이어야 한다.

09 주택법령상 주택조합에 관한 다음 설명 중 틀린 것은?

① 지역주택조합 또는 직장주택조합의 설립인가를 받기 위하여 조합원을 모집하려는 자는 주택건설대지의 50퍼센트 이상의 사용권원을 확보하여 시장 · 군수 · 구청장에게 신고하고 조합원을 모집하여야 한다.

② 신고를 받은 시장 · 군수 · 구청장은 적법한 경우에는 접수된 날부터 15일 이내에 신고의 수리 여부를 결정 · 통지하여야 한다.

③ 지역주택조합 또는 직장주택조합의 조합원을 모집하려는 자는 경쟁입찰의 방법으로 조합원을 모집하여야 한다.

④ 공개모집 이후 조합원의 탈퇴 등으로 인한 결원을 충원하거나 미달된 조합원을 재모집하는 경우에는 신고하지 아니하고 선착순의 방법으로 조합원을 모집할 수 있다.

⑤ 조합원은 조합에 탈퇴 의사를 알리고 탈퇴할 수 있으며, 탈퇴한 조합원(제명된 조합원을 포함한다)은 조합규약으로 정하는 바에 따라 부담한 비용의 환급을 청구할 수 있다.

10 주택법령상 주택조합의 설립에 관한 규정의 일부이다. (   )에 들어갈 숫자가 순서대로 연결된 것은?

제23회

> 주택을 마련하기 위하여 주택조합 설립인가를 받으려는 자는 다음의 요건을 모두 갖추어야 한다.
> • 해당 주택건설대지의 (   )퍼센트 이상에 해당하는 토지의 사용권원을 확보할것
> • 해당 주택건설대지의 (   )퍼센트 이상에 해당하는 토지의 소유권을 확보할 것

① 70, 25   ② 70, 30

③ 80, 15   ④ 80, 20

⑤ 85, 25

11 주택법령상 주택조합의 조합원 모집에 관한 다음 설명 중 틀린 것은?

① 조합원을 모집하려는 주택조합의 발기인은 대통령령으로 정하는 자격기준을 갖추어야 한다.

② 주택조합의 발기인은 조합원 모집신고를 하는 날 주택조합에 가입한 것으로 본다. 이 경우 주택조합의 발기인은 그 주택조합의 가입 신청자와 동일한 권리와 의무가 있다.

③ 위 ①에 따라 조합원을 모집하는 자(모집업무를 대행하는 자를 포함한다)와 주택조합 가입 신청자는 주택조합 가입에 관한 계약서를 작성하여야 한다.

④ 모집주체는 가입계약서를 가입 신청자가 이해할 수 있도록 설명하여야 한다.

⑤ 모집주체는 설명한 내용을 서면확인을 받아 주택조합 가입 신청자에게 교부하여야 하며, 그 사본을 2년간 보관하여야 한다.

정답 및 해설

08 ① 지역주택조합의 조합원은 조합설립인가 신청일부터 입주 가능일까지 무주택자이거나 주거전용면적 85제 곱미터 이하의 주택 1채를 소유한 세대의 세대주이어야 한다.

09 ③ 지역주택조합 또는 직장주택조합의 조합원을 모집하려는 자는 공개모집의 방법으로 모집하여야 한다.

10 ③ 주택을 마련하기 위하여 주택조합 설립인가를 받으려는 자는 해당 주택건설대지의 80퍼센트 이상에 해당 하는 토지의 사용권원과 15퍼센트 이상에 해당하는 토지의 소유권을 확보하여야 한다.

11 ⑤ 사본을 5년간 보관하여야 한다.

12 주택법령상 주택조합의 조합원 모집기준에 관한 다음 설명 중 틀린 것은?

① 조합원을 모집하려는 주택조합의 발기인은 대통령령으로 정하는 자격기준을 갖추어야 하며, 발기인은 조합원 모집신고를 하는 날 주택조합에 가입한 것으로 본다.

② 모집주체가 주택조합의 조합원을 모집하기 위하여 광고를 하는 경우에 주택건설대지의 사용권원 및 소유권을 확보한 비율을 포함하여야 한다.

③ 위 ①에 따라 조합원을 모집하는 자(모집업무를 대행하는 자를 포함한다)와 주택조합 가입 신청자는 주택조합 가입에 관한 계약서를 작성하여야 한다.

④ 시·도지사는 공정거래위원회 위원장과 협의를 거쳐 표준업무대행계약서를 작성·보급할 수 있다.

⑤ 주택조합의 발기인이 조합원 모집신고를 한 경우에는 주택조합의 가입 신청자와 동일한 권리와 의무가 있다.

13 주택법령상 리모델링에 관한 다음 설명 중 (   ) 안에 들어갈 내용이 바르게 연결된 것은?

> 주택을 리모델링하기 위하여 주택조합을 설립하려는 경우에는 다음의 구분에 따른 구분소유자와 의결권의 결의를 증명하는 서류를 첨부하여 관할 시장·군수·구청장의 인가를 받아야 한다.
> • 주택단지 전체를 리모델링하고자 하는 경우에는 주택단지 전체의 구분소유자와 의결권의 각 (㉠) 이상의 결의 및 각 동의 구분소유자와 의결권의 각 과반수의 결의
> • 동을 리모델링하고자 하는 경우에는 그 동의 구분소유자 및 의결권의 각 (㉡) 이상의 결의

① ㉠ 3분의 2, ㉡ 과반수
② ㉠ 과반수, ㉡ 3분의 2
③ ㉠ 3분의 2, ㉡ 2분의 1
④ ㉠ 3분의 2, ㉡ 3분의 2
⑤ ㉠ 2분의 1, ㉡ 3분의 2

14 주택법령상 주택조합에 관한 설명으로 옳지 않은 것은?

① 관할 시장·군수·구청장의 인가를 받아 설립된 리모델링주택조합은 그 리모델링 결의에 찬성하지 아니하는 자의 주택 및 토지에 대하여 매도청구를 할 수 있다.

② 국가 또는 지방자치단체는 그가 소유하는 토지를 매각할 때 인가를 받아 설립된 주택조합이 주택의 건설을 목적으로 그 토지의 매수를 원하는 자가 있으면 그에게 우선적으로 그 토지를 매각할 수 있다.

③ 모집주체가 조합원 모집광고를 하는 경우에 사업추진과정에서 조합원이 부담해야 할 비용이 추가로 발생할 수 있음에도 주택 공급가격이 확정된 것으로 오해하게 하는 행위를 하여서는 아니 된다.

④ 시장·군수·구청장은 주택조합 또는 그 조합의 구성원이 주택법 또는 주택법에 따른 명령이나 처분을 위반한 경우에는 주택조합의 설립인가를 취소할 수 있다.

⑤ 주택조합은 회계감사를 받아야 하는데, 이때 회계감사를 실시하는 자는 회계감사 종료일로부터 5일 이내에 회계감사결과를 관할 시·도지사에게 통보하여야 한다.

정답 및 해설

12 ④ <u>국토교통부장관</u>은 공정거래위원회 위원장과 협의를 거쳐 표준업무대행계약서를 작성·보급할 수 있다.

13 ④ 주택단지 전체를 리모델링하는 경우에는 주택단지 전체의 구분소유자와 의결권의 각 <u>3분의 2 이상의 결의</u> 및 각 동의 구분소유자와 의결권의 각 과반수의 결의가 필요하고, 동을 리모델링하고자 하는 경우에는 그 동의 구분소유자 및 의결권의 각 <u>3분의 2 이상의 결의</u>가 필요하다.

14 ⑤ 주택조합은 회계감사를 받아야 하며, 그 <u>감사결과를 관할 시장·군수·구청장에게 보고하고, 인터넷에 게재</u>하는 등 해당 조합원이 열람할 수 있도록 하여야 한다.

15 주택법령상 주택조합의 발기인과 임원에 관한 다음 설명 중 틀린 것은?

① 주택조합의 임원이 조합원 자격을 갖추지 아니하게 되는 경우 해당 임원은 당연히 퇴직한다. 이 경우에 퇴직된 임원이 퇴직 전에 관여한 행위는 그 효력을 상실하지 아니한다.

② 주택조합의 임원은 다른 주택조합의 임원, 직원 또는 발기인을 겸할 수 없다.

③ 주택조합사업의 시행에 관한 서류와 관련 자료를 조합의 구성원이 열람·복사 요청을 한 경우 주택조합의 발기인 또는 임원은 15일 이내에 그 요청에 따라야 한다. 이 경우 복사에 필요한 비용은 실비의 범위에서 청구인이 부담한다.

④ 주택조합의 발기인 또는 임원은 원활한 사업추진과 조합원의 권리 보호를 위하여 연간 자금운용계획 및 자금집행실적 등 국토교통부령으로 정하는 서류 및 자료를 매년 정기적으로 조합원에게 공개하여야 하며, 공개 및 열람·복사 등을 하는 경우에는 개인정보 보호법에 의하여야 한다.

⑤ 주택조합의 임원 또는 발기인은 계약금 등의 징수·보관·예치·집행 등 모든 거래행위에 관하여 장부를 월별로 작성하여 그 증빙서류와 함께 주택조합 해산인가를 받는 날까지 보관하여야 한다.

16 주택법령상 주택조합과 관련된 설명으로 옳은 것은?

① 많은 수의 구성원이 주택을 마련하거나 리모델링하기 위하여 주택조합을 설립하려는 경우에는 관할 시장·군수·구청장에게 신고를 하면 된다.

② 국민주택을 공급받기 위하여 직장주택조합을 설립하려는 자는 관할 시장·군수·구청장의 인가를 받아야 한다.

③ 주택조합과 등록사업자가 공동으로 사업을 시행하면서 시공할 경우, 등록사업자는 시공자로서의 책임만 부담하며 자신의 귀책사유로 사업추진이 불가능하게 되거나 지연됨으로 인하여 조합원에게 입힌 손해를 배상할 책임은 없다.

④ 주택조합(리모델링주택조합은 제외한다)은 그 구성원을 위하여 건설하는 주택을 그 조합원에게 우선공급할 수 없다.

⑤ 지역주택조합과 직장주택조합에서 조합원을 모집하려는 자는 관할 시장·군수·구청장에게 신고하여야 한다.

17 A는 주택조합(리모델링주택조합이 아님)의 발기인으로부터 주택조합 업무를 수임하여 대행하고자 한다. 주택법령상 이에 관한 설명으로 옳은 것은? (단, A는 공인중개사법 제9조에 따른 중개업자로서 법인이 아니며 중개업 외에 다른 업은 겸하고 있지 않음)

① A는 계약금 등 자금의 보관업무를 수임하여 대행할 수 있다.

② A는 10억원 이상의 자산평가액을 보유해야 한다.

③ 업무대행을 수임한 A는 업무의 실적보고서를 해당 분기의 말일부터 20일 이내에 시장·군수·구청장에게 제출해야 한다.

④ A가 주택조합의 발기인인 경우, 자신의 귀책사유로 주택조합 또는 조합원에게 손해를 입힌 때라도 손해배상책임이 없다.

⑤ 발기인과 A는 주택조합의 원활한 사업추진 및 조합원의 권리 보호를 위하여 시장·군수·구청장이 작성·보급한 표준업무대행계약서를 사용해야 한다.

정답 및 해설

15 ④ 조합원이 아니라 <u>시장·군수·구청장</u>에게 제출하여야 한다.

16 ⑤ ① 많은 수의 구성원이 주택을 마련하거나 리모델링하기 위하여 주택조합을 설립하려는 경우에는 <u>관할 시장·군수·구청장의 인가</u>를 받아야 한다.
② 국민주택을 공급받기 위하여 직장주택조합을 설립하려는 자는 <u>관할 시장·군수·구청장에게 신고</u>하여야 한다.
③ 주택조합과 등록사업자가 공동으로 사업을 시행하면서 시공할 경우, 등록사업자는 시공자로서의 책임뿐만 아니라 자신의 귀책사유로 사업추진이 불가능하게 되거나 지연됨으로 인하여 조합원에게 입힌 <u>손해를 배상할 책임이 있다.</u>
④ 주택조합(리모델링주택조합은 제외한다)은 그 구성원을 위하여 건설하는 주택을 그 조합원에게 <u>우선공급할 수 있다.</u>

17 ② ① 계약금 등 자금의 보관업무는 <u>신탁업자에 한하여</u> 대행할 수 있다.
③ 업무대행자는 업무의 실적보고서를 해당 분기의 말일부터 20일 이내에 <u>주택조합 또는 주택조합의 발기인에게 제출</u>해야 한다.
④ 주택조합의 업무를 대행하는 자는 신의에 따라 성실하게 업무를 수행하여야 하고, 자신의 귀책사유로 주택조합(발기인을 포함한다) 또는 조합원(주택조합 가입 신청자를 포함한다)에게 손해를 입힌 경우에는 그 <u>손해를 배상할 책임이 있다.</u>
⑤ <u>국토교통부장관이</u> 작성·보급하는 표준업무대행계약서를 사용해야 한다.

18 주택법령상 주택조합(리모델링주택조합은 제외함) 및 발기인은 조합원 모집 등 주택조합의 업무를 일정한 자 외에는 대행하게 할 수 없는데, 그 일정한 자가 아닌 것은?

① 등록사업자
② 공인중개사법 제9조에 따른 중개업자
③ 도시 및 주거환경정비법 제102조에 따른 정비사업전문관리업자
④ 부동산개발업의 관리 및 육성에 관한 법률 제4조에 따른 등록사업자
⑤ 건설산업기본법 제9조에 따른 건설업의 등록을 한 자

□고난도

19 주택법령상 업무대행자에게 대행시킬 수 있는 주택조합의 업무가 아닌 것은?

① 조합원 모집, 토지 확보, 조합설립인가 신청 등 조합설립을 위한 업무
② 사업성 검토 및 사업계획서 작성업무
③ 계약금 등 자금의 보관 및 그와 관련된 업무
④ 주식회사의 외부감사에 관한 법률에 의한 회계감사
⑤ 조합임원 선거관리업무 지원

□고난도

20 주택법령상 업무대행자에 대한 다음 설명 중 틀린 것은?

① 주택조합의 업무를 대행하는 자는 자신의 귀책사유로 주택조합(발기인을 포함한다) 또는 조합원(주택조합 가입 신청자를 포함한다)에게 손해를 입힌 경우에는 그 손해를 배상할 책임이 있다.
② 국토교통부장관은 주택조합의 원활한 사업추진 및 조합원의 권리 보호를 위하여 기획재정부장관과 협의를 거쳐 표준업무대행계약서를 작성·보급할 수 있다.
③ 주택조합 및 주택조합의 발기인은 업무 중 계약금 등 자금의 보관업무는 신탁업자에게 대행하도록 하여야 한다.
④ 업무대행자는 사업연도별로 분기마다 해당 업무의 실적보고서를 작성하여 주택조합 또는 주택조합의 발기인에게 제출하여야 한다.
⑤ 업무대행자는 사업계획승인 신청 등 사업계획승인을 위한 업무도 대행한다.

21 주택법령상 주택조합의 조합원 교체·신규가입에 관한 설명 중 옳은 것은?

① 조합원 추가모집의 승인시에는 조합원 수에 대한 제한은 없으나, 충원은 결원이 발생한 범위라야 한다.

② 지역주택조합 또는 직장주택조합은 그 설립인가를 받은 후에는 해당 조합원을 교체하거나 신규로 가입하게 할 수 없다.

③ 조합원 추가모집의 승인과 조합원 추가모집에 따른 주택조합의 변경인가 신청은 사용검사 신청일까지 하여야 한다.

④ 시·도지사로부터 조합원 추가모집의 승인을 받은 경우와 일정한 사유로 충원하는 경우에는 해당 조합원을 교체하거나 신규로 가입하게 할 수 있다.

⑤ 충원사유로 사업계획승인 이후에 입주자로 선정된 지위가 양도·증여로 변경된 경우는 인정되지 않는다.

정답 및 해설

18 ⑤ 자본시장과 금융투자업에 관한 법률에 따른 신탁업자이다.

19 ④ 회계감사업무는 주식회사의 외부감사에 관한 법률에 의한 감사인에게 의뢰하여 회계감사를 받아야 한다.
  ▶ 업무대행자에게 대행시킬 수 있는 주택조합의 업무
  • 조합원 모집, 토지 확보, 조합설립인가 신청 등 조합설립을 위한 업무
  • 사업성 검토 및 사업계획서 작성업무
  • 설계자 및 시공자 선정에 관한 업무의 지원
  • 사업계획승인 신청 등 사업계획승인을 위한 업무
  • 총회 일시·장소 및 안건의 통지 등 총회 운영업무 지원
  • 조합임원 선거관리업무 지원
  • 계약금 등 자금의 보관 및 그와 관련된 업무의 대행

20 ② 공정거래위원회 위원장과 협의를 거쳐야 한다.

21 ② ① 조합원 추가모집의 승인시에도 조합원 수에 대한 제한이 있어 주택건설 예정세대수를 초과하지 아니하는 범위라야 한다.
  ③ 조합원 추가모집의 승인과 조합원 추가모집에 따른 주택조합의 변경인가 신청은 사업계획승인 신청일까지 하여야 한다.
  ④ 시장·군수 또는 구청장으로부터 조합원 추가모집의 승인을 받은 경우와 일정한 사유로 충원하는 경우에는 해당 조합원을 교체하거나 신규로 가입하게 할 수 있다.
  ⑤ 충원사유로 사업계획승인 이후에 입주자로 선정된 지위가 양도·증여로 변경된 경우도 인정된다.

22 주택법령상 주택조합에 대한 설명으로 틀린 것은?

① 리모델링주택조합 조합원의 경우에 해당 공동주택 또는 복리시설의 소유권이 수인의 공유에 속하는 경우에는 그 수인을 대표하는 1인을 조합원으로 본다.

② 주택조합의 조합원이 근무·질병치료·유학·결혼 등 부득이한 사유로 인하여 세대주 자격을 일시적으로 상실한 경우로서 시장·군수 또는 구청장이 인정하는 경우에는 조합원자격이 있는 것으로 본다.

③ 조합원의 탈퇴 등으로 조합원 수가 주택건설 예정세대수의 50퍼센트 미만이 되는 경우에는 조합원을 충원할 수 있다.

④ 주택조합은 설립인가를 받은 날부터 2년 이내에 사업계획승인(30세대 이상 세대수가 증가하지 아니하는 리모델링의 경우에는 리모델링 허가를 말한다)을 신청하여야 한다.

⑤ 주택조합은 사업계획승인을 얻은 날부터 30일 이내에 감사인의 회계감사를 받아야 한다.

23 주택법령상 총회의 의결을 하는 경우 조합원의 100분의 20 이상이 직접 출석하여야 하는 경우가 아닌 것은?

① 창립총회의 개최

② 자금의 차입과 그 방법·이자율 및 상환방법

③ 조합의 주사무소 이전

④ 시공자의 선정·변경 및 공사계약의 체결

⑤ 사업비의 조합원별 분담명세 확정 및 변경

고난도

24 주택법령상 주택단지 전체를 대상으로 증축형 리모델링을 하기 위하여 리모델링주택조합을 설립하려는 경우 조합설립인가 신청시 제출해야 할 첨부서류가 아닌 것은? (단, 조례는 고려하지 않음)

① 창립총회의 회의록
② 조합원 전원이 자필로 연명한 조합규약
③ 해당 주택 소재지의 80퍼센트 이상의 토지에 대한 토지사용승낙서
④ 해당 주택이 사용검사를 받은 후 15년 이상 지났음을 증명하는 서류
⑤ 조합원 명부

정답 및 해설

22 ⑤ ▶ 주택조합의 회계감사

주택조합은 다음에 해당하는 날부터 30일 이내에 주식회사의 외부감사에 관한 법률에 의한 감사인의 회계감사를 받아야 한다.
- 조합설립인가를 받은 날부터 3개월이 지난 날
- 사업계획승인을 받은 날부터 <u>3개월</u>이 지난 날
- 사용검사 또는 임시사용승인을 신청한 날

23 ③ ▶ 총회 의결사항

총회의 의결을 하는 경우에는 조합원의 100분의 10 이상이 직접 출석하여야 한다. 다만, 창립총회 또는 다음의 사항을 의결하는 총회의 경우에는 조합원의 100분의 20 이상이 직접 출석하여야 한다.
- 조합규약(영 제20조 제2항 각 호의 사항만 해당한다)의 변경
- 자금의 차입과 그 방법·이자율 및 상환방법
- 예산으로 정한 사항 외에 조합원에게 부담이 될 계약의 체결
- 업무대행자의 선정·변경 및 업무대행계약의 체결
- 시공자의 선정·변경 및 공사계약의 체결
- 조합임원의 선임 및 해임
- 사업비의 조합원별 분담명세 확정 및 변경
- 조합해산의 결의 및 해산시의 회계보고

24 ③ 토지사용승낙서의 경우는 지역주택조합과 직장주택조합의 경우에 첨부하는 서류이다.

25 주택법령상 리모델링주택조합에 관한 설명으로 옳은 것은?

① 세대별 주거전용면적이 85제곱미터 미만인 12층의 기존 건축물을 리모델링주택조합을 설립하여 수직증축형 리모델링을 하는 경우, 3개 층까지 리모델링할 수 있다.

② 리모델링주택조합이 주택단지 전체를 리모델링하는 경우에는 주택단지 전체 구분소유자 및 의결권 전체의 동의를 받아야 한다.

③ 국민주택에 대한 리모델링을 위하여 리모델링주택조합을 설립하려는 자는 관할 시장·군수·구청장에게 신고하여야 한다.

④ 리모델링주택조합이 대수선인 리모델링을 하려면 해당 주택이 주택법에 따른 사용검사일 또는 건축법에 따른 사용승인일부터 15년 이상이 지나야 한다.

⑤ 리모델링주택조합이 리모델링을 하려면 관할 시장·군수·구청장의 허가를 받아야 한다.

26 주택법령상 주택조합에 관한 설명으로 옳은 것은?

① 국민주택을 공급받기 위하여 직장주택조합을 설립하려는 자는 관할 특별자치시장, 특별자치도지사, 시장·군수·구청장의 인가를 받아야 한다.

② 지역주택조합을 해산하려는 경우에는 관할 특별자치시장, 특별자치도지사, 시장·군수·구청장의 인가를 받을 필요가 없다.

③ 주택조합의 임원이 결격사유에 해당되어 당연퇴직된 경우 퇴직된 임원이 퇴직 전에 관여한 행위는 그 효력을 상실한다.

④ 공개모집 이후 조합원의 사망·자격상실·탈퇴 등으로 인한 결원을 충원하거나 미달된 조합원을 재모집하는 경우 선착순의 방법으로 조합원을 모집할 수 없다.

⑤ 지역주택조합의 조합원이 무자격자로 판명되어 자격을 상실함에 따라 결원의 범위에서 조합원을 충원하는 경우 충원되는 자의 조합원 자격요건 충족 여부의 판단은 해당 조합설립인가 신청일을 기준으로 한다.

27 다음 중 주택법령상 주택조합의 임원과 발기인의 결격사유에 해당하지 않는 것은?

① 미성년자 · 피성년후견인 또는 피한정후견인

② 금고 이상의 실형을 선고받고 그 집행이 종료되거나(종료된 것으로 보는 경우를 포함한다) 집행이 면제된 날부터 2년이 지나지 아니한 사람

③ 금고 이상의 형의 집행유예선고 또는 선고유예를 받고 그 유예기간이 지난 사람

④ 법원의 판결 또는 다른 법률에 따라 자격이 상실 또는 정지된 사람

⑤ 해당 주택조합의 공동사업주체인 등록사업자 또는 업무대행사의 임직원

주택법

제1편

정답 및 해설

25 ⑤ ① 수직증축형 리모델링인 경우에 종전 건축물이 <u>14층 이하인 경우에는 2개 층까지</u>이다.

② 주택단지 전체를 리모델링하는 경우에는 <u>주택단지 전체 구분소유자 및 의결권의 각 75퍼센트 이상의 동의와 각 동별 구분소유자 및 의결권의 각 50퍼센트 이상</u>의 동의를 받아야 한다.

③ 주택의 규모와 관계없이 리모델링주택조합을 설립하고자 하는 경우에는 <u>인가를 받아야 한다.</u>

④ 대수선인 경우에는 <u>사용검사일부터 10년이 지나야 한다.</u>

26 ⑤ ① 국민주택을 공급받기 위하여 직장주택조합을 설립하려는 자는 관할 시장 · 군수 · 구청장에게 <u>신고하여야 한다.</u>

② 변경 또는 해산하는 경우에도 <u>인가를 받아야 한다.</u>

③ 임원의 결격사유에 해당하여 당연퇴직하는 경우에도 <u>종전의 행위는 모두 유효하다.</u>

④ 결원충원하거나 미달된 조합원을 재모집하는 경우에는 신고할 필요없이 <u>선착순으로 모집한다.</u>

27 ③ 유예기간이 지난 사람은 결격사유에 해당하지 않는다. 한편, 결격사유가 발생하면 해당 임원은 당연히 퇴직된다. 다만, 결격사유에 해당하여 퇴직된 임원이 퇴직 전에 관여한 행위는 그 효력을 상실하지 아니한다.

28 주택법령상 주택조합의 해산 등에 대한 다음 설명 중 틀린 것은?

① 주택조합의 발기인은 조합원 모집신고가 수리된 날부터 2년이 되는 날까지 주택조합 설립인가를 받지 못하는 경우에 그 2년이 되는 날부터 3개월 이내에 주택조합 가입 신청자 전원으로 구성되는 총회를 개최하여 의결을 거쳐 주택조합사업의 종결 여부를 결정하도록 하여야 한다.

② 위 ①에 따라 개최하는 총회는 주택조합 가입 신청자의 과반수의 찬성으로 의결한다. 이 경우 주택조합 가입 신청자의 100분의 20 이상이 직접 출석해야 한다.

③ 주택조합은 주택조합의 설립인가를 받은 날부터 3년이 되는 날까지 사업계획승인을 받지 못하는 경우에 그 3년이 되는 날부터 3개월 이내에 총회를 개최하여 의결을 거쳐 주택조합의 해산 여부를 결정하도록 하여야 한다.

④ 주택조합의 해산을 결의하거나 사업의 종결을 결의하는 경우 청산인을 선임하여야 한다. 이 경우 주택조합의 임원 또는 발기인이 청산인이 된다. 다만, 조합규약 또는 총회의 결의로 달리 정한 경우에는 그에 따른다.

⑤ 주택조합의 발기인은 총회의 결과(사업의 종결을 결의한 경우에는 청산계획을 포함한다)를 총회 개최일부터 10일 이내에 서면으로 관할 시장 · 군수 · 구청장에게 통지해야 한다.

정답 및 해설

28 ② 주택조합 가입 신청자의 <u>3분의 2 이상의 찬성</u>으로 의결한다.

제3장 사업계획승인 등

대표예제 05 사업계획승인 ★★

주택법령상 사업계획승인에 관한 설명으로 옳지 않은 것은?

① 단독주택 30호, 공동주택 30세대 이상의 주택건설사업을 시행하려는 자는 사업계획승인을 받아야 한다.

② 국가·한국토지주택공사가 ①의 사업을 시행하는 경우에는 국토교통부장관에게 사업계획 승인을 받아야 한다.

③ 공동주택의 세대수가 30세대 이상 증가하는 리모델링의 경우에는 사업계획승인을 받아야 한다.

④ 사업계획승인권자는 사업계획승인의 신청을 받은 때에는 정당한 사유가 없는 한 그 신청을 받은 날부터 60일 이내에 사업주체에게 승인 여부를 통보하여야 한다.

⑤ 사업계획승인을 받은 사업주체는 승인받은 사업계획대로 사업을 시행하여야 하며 승인받은 날부터 3년 이내에 공사를 시작하여야 한다.

해설 | 사업계획승인을 받은 사업주체는 승인받은 사업계획대로 사업을 시행하여야 하며 승인받은 날부터 5년 이내에 공사에 착수하여야 한다.

보충 | **공사의 착수**
1. 사업계획승인을 받은 경우: 승인받은 날부터 5년 이내
2. 공구별 분할사업계획승인을 받은 경우
   - 최초로 공사를 진행하는 공구: 승인받은 날부터 5년 이내
   - 최초로 공사를 진행하는 공구 외의 공구: 해당 주택단지에 대한 최초 착공신고일부터 2년 이내

기본서 p.61~70   정답 ⑤

01 주택법령상 사업계획승인대상에 관한 설명으로 옳지 않은 것은?

① 공공택지를 조성하는 공공사업에 따라 조성된 용지를 개별 필지로 구분하지 아니하고 일단의 토지로 공급받아 해당 토지에 건설하는 단독주택은 50호 이상인 경우에 사업계획승인을 받아야 한다.

② 한옥을 50호 이상 건설하고자 하는 경우에 사업계획승인을 받아야 한다.

③ 세대별 주거전용면적이 30제곱미터 이상인 도시형 생활주택의 단지형 연립주택을 30세대 이상으로 하여 건설하고자 하며, 해당 주택단지 진입도로의 폭이 6미터 이상인 경우에는 사업계획승인을 받아야 한다.

④ 도시 및 주거환경정비법에 따른 주거환경개선사업구역에서 스스로 주택개량하는 방법으로 공동주택을 50세대 이상 건설하고자 하는 경우에 사업계획승인을 받아야 한다.

⑤ 30세대 이상 증가되는 리모델링을 하고자 하는 경우에는 사업계획승인을 받아야 한다.

02 주택법령상 주택건설 사업계획승인에 대한 설명이다. (   ) 안에 들어갈 내용이 바르게 연결된 것은?

> 국토의 계획 및 이용에 관한 법률에 따른 도시지역 중 상업지역(유통상업지역은 제외한다) 또는 준주거지역에서 (㉠)세대 미만의 주택과 주택 외의 시설을 동일 건축물로 건축하는 경우로서 해당 건축물의 연면적에 대한 주택 연면적 합계의 비율이 (㉡)퍼센트 미만인 경우에는 사업계획승인대상에서 제외한다.

① ㉠ 100, ㉡ 85   ② ㉠ 200, ㉡ 85
③ ㉠ 300, ㉡ 80   ④ ㉠ 300, ㉡ 90
⑤ ㉠ 200, ㉡ 90

03 주택법령상 (   ) 안에 들어갈 내용으로 알맞은 것은?

> 도시지역에서 국민주택 건설 사업계획승인을 신청하려는 경우 공구별로 분할하여 주택을 건설·공급하려면 주택단지의 전체 세대수는 (   )세대 이상이어야 한다.

① 200   ② 300
③ 400   ④ 500
⑤ 600

04 주택법령상 (   ) 안에 들어갈 내용으로 옳게 연결된 것은? (단, 주택 외의 시설과 주택이 동일 건축물로 건축되지 않음을 전제로 함)

> • 한국토지주택공사가 서울특별시 A구에서 대지면적 10만제곱미터에 50호의 한옥 건설사업을 시행하려는 경우 (㉠)으로부터 사업계획승인을 받아야 한다.
> • B광역시 C구에서 지역균형개발이 필요하여 국토교통부장관이 지정·고시하는 지역 안에 50호의 한옥 건설사업을 시행하는 경우 (㉡)으로부터 사업계획승인을 받아야 한다.

① ㉠ 국토교통부장관, ㉡ 국토교통부장관
② ㉠ 서울특별시장, ㉡ C구청장
③ ㉠ 서울특별시장, ㉡ 국토교통부장관
④ ㉠ A구청장, ㉡ C구청장
⑤ ㉠ 국토교통부장관, ㉡ B광역시장

정답 및 해설

01 ③ 세대별 주거전용면적이 30제곱미터 이상이며, 해당 주택단지 진입도로의 폭이 6미터 이상인 도시형 생활주택의 단지형 연립주택·다세대주택의 경우는 <u>50세대 이상</u>인 경우에 사업계획승인을 받아야 한다.

02 ④ 국토의 계획 및 이용에 관한 법률에 따른 도시지역 중 상업지역(유통상업지역은 제외한다) 또는 준주거지역에서 <u>300세대 미만</u>의 주택과 주택 외의 시설을 동일 건축물로 건축하는 경우로서 해당 건축물의 연면적에 대한 주택 연면적 합계의 비율이 <u>90퍼센트 미만</u>인 경우에는 사업계획승인대상에서 제외한다.

03 ⑤ 도시지역에서 국민주택 건설 사업계획승인을 신청하려는 경우 공구별로 분할하여 주택을 건설·공급하려면 주택단지의 전체 세대수는 <u>600세대 이상</u>이어야 한다.

04 ① 모두 <u>국토교통부장관</u>에게 사업계획승인을 받아야 하는 경우에 해당한다.

05 주택법상 주택건설사업계획의 승인에 관한 설명으로 틀린 것은?

① 주택건설사업 또는 대지조성사업으로서 해당 대지면적이 10만제곱미터 이상인 경우에는 시 · 도지사 또는 대도시의 시장에게 사업계획승인을 신청하여야 한다.

② 사업주체가 공사를 시작하려는 경우에는 국토교통부령으로 정하는 바에 따라 사업계획승인권자에게 신고하여야 하며, 승인권자는 신고를 받은 날부터 20일 이내에 신고수리 여부를 신고인에게 통지하여야 한다.

③ 전체 세대수가 600세대 이상인 주택단지에서 사업을 시행하려는 자는 해당 주택단지를 공구별로 분할하여 건설 · 공급할 수 있다.

④ ③에 따라 주택단지를 수 개의 구역으로 분할하여 주택을 건설하려는 경우에는 전체구역의 주택건설호수 또는 세대수의 규모를 주택건설규모로 산정한다. 이 경우 주택의 건설기준, 부대시설 및 복리시설의 설치기준 등의 적용에 있어서는 전체 구역을 하나의 대지로 본다.

⑤ ③에 따라 공구별로 분할하여 시행하려는 경우에 공구별 최소 건설 · 공급되는 세대수는 200세대 이상으로 할 것이며, 공구간 6미터 이상의 도로 · 주차장 · 녹지 등으로 경계를 설정하여야 한다.

06 다음은 주택법상 주택건설사업계획의 승인과 착수에 관한 설명이다. 틀린 것은?

① 주택건설사업계획의 승인을 받으려는 자는 해당 주택건설대지의 소유권을 확보하여야 한다. 다만, 국가 · 지방자치단체 · 한국토지주택공사 · 지방공사가 주택건설사업을 하는 경우에는 그러하지 아니하다.

② 사업계획승인권자는 승인할 때 해당 주택건설사업 또는 대지조성사업과 직접적으로 관련이 없거나 과도한 기반시설의 기부채납을 요구하여서는 아니 된다.

③ 사업계획승인을 받은 사업주체는 승인받은 경우에 5년 이내에 승인받은 사업계획대로 공사를 시작하여야 한다.

④ 분할사업계획승인을 받은 경우에는 최초로 공사를 진행하는 공구에서는 승인받은 날부터 5년 이내에 시작하여야 하며, 최초로 공사를 진행하는 공구 외의 공구에서는 해당 주택단지에 대한 최초 공구의 착공신고일부터 2년 이내에 시작하여야 한다.

⑤ 신고한 후 공사를 시작하려는 경우 해당 주택건설대지에 매도청구 대상이 되는 대지가 포함되어 있으면 해당 매도청구 대상 대지에 대하여는 그 대지의 소유자가 매도에 대하여 합의를 하거나 매도청구에 관한 법원의 승소판결(확정될 것을 요한다)을 받은 경우에만 공사를 시작할 수 있다.

07 사업주체인 甲은 사업계획승인권자 乙로부터 주택건설사업을 분할하여 시행하는 것을 내용으로 사업계획승인을 받았다. 주택법령상 이에 관한 설명으로 틀린 것은?

① 乙은 사업계획승인에 관한 사항을 고시하여야 한다.

② 甲은 최초로 공사를 진행하는 공구 외의 공구에서 해당 주택단지에 대한 최초 착공신고일부터 2년 이내에 공사를 시작하여야 한다.

③ 甲이 소송진행으로 인하여 공사착수가 지연되어 연장신청을 한 경우, 乙은 그 분쟁이 종료된 날부터 2년의 범위에서 공사착수기간을 연장할 수 있다.

④ 주택분양보증을 받지 않은 甲이 파산하여 공사완료가 불가능한 경우, 乙은 사업계획 승인을 취소할 수 있다.

⑤ 甲이 최초로 공사를 진행하는 공구 외의 공구에서 해당 주택단지에 대한 최초 착공신고일부터 2년이 지났음에도 사업주체가 공사를 시작하지 아니한 경우 乙은 사업계획 승인을 취소할 수 없다.

정답 및 해설

05 ⑤ 공구별 최소 건설·공급되는 규모는 <u>300세대 이상</u>으로 하여야 한다.

06 ⑤ 신고한 후 공사를 시작하려는 경우 사업계획승인을 받은 해당 주택건설대지에 매도청구 대상이 되는 대지가 포함되어 있으면 해당 매도청구 대상 대지에 대하여는 그 대지의 소유자가 매도에 대하여 합의를 하거나 매도청구에 관한 법원의 승소판결(<u>확정되지 아니한 판결을 포함한다</u>)을 받은 경우에만 공사를 시작할 수 있다.

07 ③ 분쟁이 종료된 날부터 <u>1년의 범위</u>에서 공사착수기간을 연장할 수 있다.

08 주택법령상 주택건설사업에 관한 설명으로 옳은 것은?

① 주택건설사업을 시행하려는 자는 해당 주택단지를 공구별로 분할하여 주택을 건설·공급할 수 없다.

② 승인받은 사업계획의 내용 중 건축물이 아닌 부대시설 및 복리시설의 설치기준을 변경하고자 할 때, 해당 부대시설 및 복리시설 설치기준 이상으로의 변경이며 위치변경이 없는 경우에도 변경승인을 받아야 한다.

③ 주택도시기금을 지원받은 사업주체가 사업주체를 변경하기 위하여 사업계획의 변경승인을 신청한 경우에는 기금수탁자의 사업주체 변경에 관한 동의서를 첨부하여야 한다.

④ 대지조성사업으로서 해당 대지면적이 10만제곱미터 미만인 경우 국토교통부장관 또는 시·도지사에게 사업계획승인을 받아야 한다.

⑤ 지방공사가 주택건설사업계획의 승인을 받으려면 해당 주택건설대지의 소유권을 확보하여야 한다.

09 주택법상 사업계획승인권자는 정당한 사유가 있다고 인정하는 경우에는 사업주체의 신청을 받아 그 사유가 없어진 날부터 1년의 범위에서 공사의 착수기간을 연장할 수 있는데, 그 연장사유가 아닌 것은?

① 문화재청장의 발굴통지서 교부가 있은 경우

② 해당 사업시행지에 대한 소유권 분쟁(소송절차가 진행 중인 경우는 제외한다)으로 인하여 공사착수가 지연되는 경우

③ 사업계획승인의 조건으로 부과된 사항을 이행함에 따라 공사착수가 지연되는 경우

④ 천재지변 또는 사업주체에게 책임이 없는 불가항력적인 사유로 인하여 공사착수가 지연되는 경우

⑤ 주택건설경기가 극도로 침체되는 등 공사에 착수하지 못할 부득이한 사유가 있어 사업계획승인권자로부터 승인을 얻은 경우

정답 및 해설

08 ③ ① 공구별로 분할하여 사업을 <u>시행할 수 있다.</u>

② 승인받은 사업계획을 변경하려면 변경승인을 받아야 한다. 다만, 국토교통부령으로 정하는 다음의 경미한 사항을 변경하는 경우에는 그러하지 아니하다(다만, 1. 3. 7.은 사업주체가 국가·지방자치단체·한국토지주택공사 또는 지방공사인 경우에 한정한다).

1. 총사업비의 20퍼센트의 범위 안에서의 사업비의 증감. 다만, 국민주택을 건설하는 경우에는 주택도시기금이 증가되는 경우를 제외한다.

2. 건축물이 아닌 부대시설 및 복리시설의 설치기준 변경으로서 다음의 요건을 모두 충족하는 변경
   • 해당 부대시설 및 복리시설 설치기준 이상으로의 변경일 것
   • 위치변경이 발생하지 아니하는 변경일 것

3. 대지면적의 20퍼센트의 범위 안에서의 면적의 증감. 다만, 지구경계의 변경을 수반하거나 토지 또는 토지에 정착된 물건 및 그 토지나 물건에 관한 소유권 외의 권리를 수용할 필요를 발생시키는 경우를 제외한다.

4. 세대수 또는 세대당 주택공급면적을 변경하지 아니하는 범위 안에서의 내부구조의 위치나 면적의 변경(사업계획승인을 얻은 면적의 10퍼센트 범위 안에서의 변경에 한한다)

5. 내장재료 및 외장재료의 변경(재료의 품질이 사업계획의 승인을 얻을 당시의 재료와 같거나 그 이상인 경우에 한한다)

6. 사업계획승인의 조건으로 부과된 사항을 이행함에 따라 발생되는 변경. 다만, 공공시설설치계획의 변경을 필요로 하는 경우를 제외한다.

7. 건축물의 설계와 용도별 위치를 변경하지 아니하는 범위 안에서의 건축물의 배치조정 및 주택단지 내 도로의 선형변경

8. 건축법 시행령 제12조 제3항 각 호의 1에 해당하는 사항의 변경

④ 대지조성사업의 면적이 10만제곱미터 미만인 경우에는 <u>특별시장·광역시장·특별자치시장·특별자치도지사·시장 또는 군수에게</u> 사업계획승인을 받아야 한다.

⑤ 국가·지방자치단체·한국토지주택공사·지방공사가 사업주체인 경우에는 대지의 소유권과 사용권의 확보가 필요하지 않다.

09 ② 해당 사업시행지에 대한 소유권 분쟁(<u>소송절차가 진행 중인 경우에 한한다</u>)으로 인하여 공사착수가 지연되는 경우가 연장사유이다. 이외에도 공공택지의 개발·조성을 위한 계획에 포함된 기반시설의 설치 지연으로 공사착수가 지연되는 경우가 있다.

10 주택법상 사업계획승인권자가 사업계획승인과 관련하여 통합하여 검토 · 심의할 수 있는 사항이 아닌 것은?

① 건축법에 따른 건축심의
② 국토의 계획 및 이용에 관한 법률에 따른 도시 · 군관리계획 및 개발행위 관련 사항
③ 대도시권 광역교통관리에 관한 특별법에 따른 광역교통개선대책
④ 도시교통정비 촉진법에 따른 교통영향평가
⑤ 주택법에 따른 최저주거기준

11 주택법상 사업계획승인권자가 통합심의를 하는 경우에는 공동위원회를 구성하여 통합심의를 하여야 하는데, 이러한 공동위원회에 포함되지 않는 기관은?

① 건축법에 따른 중앙건축위원회 및 지방건축위원회
② 국토의 계획 및 이용에 관한 법률에 따른 중앙도시계획위원회
③ 국토의 계획 및 이용에 관한 법률에 따라 해당 주택단지가 속한 시 · 도에 설치된 지방도시계획위원회
④ 대도시권 광역교통관리에 관한 특별법에 따라 광역교통개선대책에 대하여 심의권한을 가진 국가교통위원회
⑤ 도시교통정비 촉진법에 따른 교통영향평가심의위원회

12 주택법상 주택건설사업계획의 승인을 받으려는 자가 해당 주택건설대지의 소유권을 확보하지 아니하여도 되는 경우가 아닌 것은?

① 사업주체가 주택건설대지의 소유권을 확보하지 못하였으나 그 대지를 사용할 수 있는 권원을 확보한 경우
② 국가 · 지방자치단체 · 한국토지주택공사 · 지방공사가 주택건설사업을 하는 경우
③ 리모델링 결의를 한 리모델링주택조합이 매도청구를 하는 경우
④ 국토의 계획 및 이용에 관한 법률에 따른 지구단위계획의 결정이 필요한 주택건설사업의 해당 대지면적의 80퍼센트 이상을 사용할 수 있는 권원을 확보하고, 확보하지 못한 대지가 매도청구대상이 되는 대지인 경우
⑤ ④의 경우에 등록사업자와 공동으로 사업을 시행하는 주택조합(리모델링주택조합은 제외한다)의 경우에는 80퍼센트 이상의 소유권을 말한다.

13 주택법령상 매도청구권에 대한 설명으로 틀린 것은?

① 지구단위계획의 결정이 필요한 주택건설사업의 해당 대지면적의 95퍼센트 이상에 대하여 사용권원을 확보한 경우에는 사용권원을 확보하지 못한 대지의 모든 소유자에게 매도청구가 가능하다.

② ①의 경우 외에는 해당 대지면적의 80퍼센트 이상을 사용할 수 있는 권원을 확보하여 사업계획승인을 받은 사업주체는 사용권원을 확보하지 못한 대지의 소유자 중 지구단위계획구역 결정고시일 10년 이전에 해당 대지의 소유권을 취득하여 계속 보유하고 있는 자에게 매도청구가 가능하다.

③ 매도청구대상 대지의 소유자와 매도청구를 하기 전에 3개월 이상 협의를 하여야 한다.

④ 지구단위계획의 결정이 필요한 주택건설사업에서 사업계획승인을 받은 사업주체는 대지의 소유자가 있는 곳을 확인하기가 현저히 곤란한 경우에는 전국적으로 배포되는 둘 이상의 일간신문에 두 차례 이상 공고하고, 공고한 날부터 30일 이상이 지났을 때에는 매도청구대상의 대지로 본다.

⑤ 사업주체는 매도청구대상 대지의 감정평가액에 해당하는 금액을 법원에 공탁하고 주택건설사업을 시행할 수 있다.

정답 및 해설

10 ⑤ 최저주거기준은 통합심의사항이 아니다. 통합심의사항은 다음과 같다.
- 건축법에 따른 건축심의
- 국토의 계획 및 이용에 관한 법률에 따른 도시·군관리계획 및 개발행위 관련 사항
- 대도시권 광역교통관리에 관한 특별법에 따른 광역교통개선대책
- 도시교통정비 촉진법에 따른 교통영향평가
- 경관법에 따른 경관심의
- 그 밖에 사업계획승인권자가 필요하다고 인정하여 통합심의에 부치는 사항

11 ② 중앙도시계획위원회는 공동위원회에 포함되지 아니한다.
▶ 사업계획 통합심의 공동위원회
- 건축법에 따른 중앙건축위원회 및 지방건축위원회
- 국토의 계획 및 이용에 관한 법률에 따라 해당 주택단지가 속한 시·도에 설치된 지방도시계획위원회
- 대도시권 광역교통관리에 관한 특별법에 따라 광역교통개선대책에 대하여 심의권한을 가진 국가교통위원회
- 도시교통정비 촉진법에 따른 교통영향평가심의위원회
- 경관법에 따른 경관위원회
- 그 밖에 사업계획승인권자가 필요하다고 인정하여 통합심의에 부치는 사항에 대하여 심의권한을 가진 관련 위원회

12 ⑤ 95퍼센트 이상의 소유권을 말한다.

13 ② 지구단위계획구역 결정고시일 10년 이전에 해당 대지의 소유권을 취득하여 계속 보유하고 있는 자를 제외한 소유자에게 매도청구가 가능하다.

14 주택법령상 사업계획승인을 받은 사업주체에게 인정되는 매도청구권에 관한 설명으로 옳은 것은?

① 주택건설대지에 사용권원을 확보하지 못한 건축물이 있는 경우 그 건축물은 매도청구의 대상이 되지 않는다.

② 사업주체는 매도청구일 전 60일부터 매도청구대상이 되는 대지의 소유자와 협의를 진행하여야 한다.

③ 사업주체가 주택건설대지면적 중 90퍼센트에 대하여 사용권원을 확보한 경우, 사용권원을 확보하지 못한 대지의 모든 소유자에게 매도청구를 할 수 있다.

④ 사업주체가 주택건설대지면적 중 80퍼센트에 대하여 사용권원을 확보한 경우, 사용권원을 확보하지 못한 대지의 소유자 중 지구단위계획구역 결정고시일 10년 이전에 해당 대지의 소유권을 취득하여 계속 보유하고 있는 자에 대하여 매도청구를 할 수 없다.

⑤ 사업주체가 공사를 시작하려는 경우 매도청구대상이 되는 대지가 포함되어 있으면 그 대지의 소유자가 매도에 대하여 합의를 하거나 매도청구에 관한 법원의 승소판결(판결이 확정될 것을 요한다)을 받은 경우에만 공사를 시작할 수 있다.

대표예제 06 　　주택건설공사의 감리 ★

다음 중 주택법령상 주택건설공사의 감리에 관한 설명으로 옳지 않은 것은?

① 사업계획승인권자는 주택건설사업계획을 승인하였을 때와 시장·군수·구청장이 리모델링의 허가를 하였을 때 감리자를 지정하여야 한다.

② 사업주체가 국가·지방자치단체·한국토지주택공사·지방공사 또는 건축법에 따라 공사감리를 하는 도시형 생활주택의 경우에는 해당 주택건설공사를 감리할 자를 지정할 필요가 없다.

③ 300세대 이상의 주택건설공사인 경우에는 건설기술관리법에 의한 건설엔지니어링사업자나 건축사법에 따라 건축사사무소개설신고를 한 자를 감리자로 지정하여야 한다.

④ 해당 주택건설공사를 시공하는 자의 계열회사인 자를 지정하여서는 안 된다.

⑤ 감리자를 지정하는 경우에 인접한 2 이상의 주택단지에 대하여는 감리자를 공동으로 지정할 수 있다.

해설 | 300세대 미만의 주택건설공사인 경우에는 건축사사무소개설신고를 한 자 및 건설엔지니어링사업자를, 300세대 이상의 주택건설공사인 경우에는 건설엔지니어링사업자를 감리자로 지정하여야 한다.

기본서 p.71~76

정답 ③

15 주택법령상 감리에 관한 설명으로 옳지 않은 것은?

① 감리할 자로 지정받은 자는 자기에게 소속된 자를 감리원으로 공사현장에 상주시켜 배치하는데, 인근 주택건설현장에 배치한 자를 중복으로 배치하여서는 안 된다.

② 감리자의 시정통지가 3회 이상 잘못된 것으로 판정된 경우 감리자를 교체하고 1년의 범위에서 감리업무의 지정을 제한할 수 있다.

③ 감리자는 업무를 수행하면서 위반사항을 발견하였을 때에는 지체 없이 시공자 및 사업주체에게 위반사항을 시정할 것을 통지하고, 7일 이내에 사업계획승인권자에게 그 내용을 보고하여야 한다.

④ 시공자 및 사업주체는 시정통지를 받은 경우에는 즉시 해당 공사를 중지하고 위반사항을 시정한 후 감리자의 확인을 받아야 한다.

⑤ ④의 경우 감리자의 시정통지에 이의가 있을 때에는 즉시 그 공사를 중지하고 사업계획승인권자에게 서면으로 이의신청을 할 수 있는데, 사업계획승인권자는 이에 의한 이의신청이 있는 때에는 그 이의신청을 받은 날부터 30일 이내에 그 처리결과를 회신하여야 한다.

정답 및 해설

14 ④ ① 매도청구의 대상에는 대지뿐 아니라 <u>대지 위의 건축물을 포함한다</u>.

② 매도청구대상이 되는 대지의 소유자와 <u>매도청구를 하기 전에 3개월 이상</u> 협의를 하여야 한다.

③ <u>95퍼센트 이상</u>에 대하여 사용권원을 확보한 경우이다.

⑤ 판결이 확정될 것을 요하지 아니한다.

15 ⑤ 사업계획승인권자는 이의신청을 받은 날부터 <u>10일 이내</u>에 그 처리결과를 회신하여야 한다.

16 주택법령상 주택건설공사에 대한 감리자의 업무에 해당하는 것을 모두 고른 것은?

> ㉠ 설계변경에 관한 적정성 확인
> ㉡ 설계도서가 해당 지형 등에 적합한지에 대한 확인
> ㉢ 시공계획 · 예정공정표 및 시공도면 등의 검토 · 확인
> ㉣ 주택건설공사에 대하여 건설기술 진흥법 제55조에 따른 품질시험을 하였는지 여부의 확인

① ㉠, ㉡, ㉢　　　　　　　　　　② ㉠, ㉡, ㉣
③ ㉠, ㉢, ㉣　　　　　　　　　　④ ㉡, ㉢, ㉣
⑤ ㉠, ㉡, ㉢, ㉣

17 주택법령상 공사감리비 등에 관한 설명으로 옳지 않은 것은?

① 사업주체는 공사감리비를 계약에서 정한 지급예정일 14일 전까지 사업계획승인권자에게 예치하여야 한다.
② 감리자는 계약에서 정한 공사감리비 지급예정일 7일 전까지 사업계획승인권자에게 공사감리비 지급을 요청하여야 한다.
③ 사업계획승인권자는 감리업무 수행상황을 확인한 후 공사감리비를 감리자에게 지급하여야 한다.
④ 사업주체는 주택건설공사의 부실방지, 품질 및 안전 확보를 위하여 해당 주택건설공사의 감리자를 대상으로 각종 시험 및 자재 확인업무에 대한 이행실태 등 대통령령으로 정하는 사항에 대하여 실태점검을 실시할 수 있다.
⑤ 사업계획승인권자는 실태점검 결과 감리업무의 소홀이 확인된 경우에는 시정명령을 하거나 감리자 교체를 하여야 한다.

| 대표예제 07 | 사전방문과 품질점검 ★ |

주택법령상 사전방문에 관한 설명으로 옳지 않은 것은?

① 사업주체는 사용검사를 받기 전에 입주예정자가 해당 주택을 방문하여 공사상태를 미리 점검할 수 있게 하여야 한다.

② 입주예정자는 사전방문 결과 하자가 있다고 판단하는 경우 사업주체에게 보수공사 등 적절한 조치를 해줄 것을 요청할 수 있다.

③ 위 ②에 따라 하자에 대한 조치 요청을 받은 사업주체는 대통령령으로 정하는 중대한 하자인 경우에는 사용검사를 받기 전까지 보수공사 등의 조치를 완료하기 위한 계획(이하 '조치계획'이라 한다)을 수립하고, 해당 계획에 따라 보수공사 등의 조치를 완료해야 한다.

④ 하자에 대한 조치 요청을 받은 사업주체는 중대한 하자가 아닌 그 밖의 하자인 경우에는 입주예정자에게 인도하기 전까지 조치계획을 수립하고, 해당 계획에 따라 보수공사 등의 조치를 완료해야 한다.

⑤ 조치계획을 수립한 사업주체는 사전방문기간의 종료일부터 7일 이내에 사용검사권자에게 해당 조치계획을 제출해야 한다.

해설 | 중대한 하자가 아닌 그 밖의 하자인 경우에는 전유부분은 입주예정자에게 인도하기 전까지, 공용부분은 사용검사를 받기 전까지 조치계획을 수립하고, 해당 계획에 따라 보수공사 등의 조치를 완료해야 한다.

기본서 p.77~80 　　　　　　　　　　　　　　　　　　　　　　　정답 ④

정답 및 해설

16 ⑤ 모두 감리자의 업무범위에 해당한다.
　▶ 감리자의 업무
　감리자는 자기에게 소속된 자를 감리원으로 배치하고, 다음의 업무를 수행하여야 한다.
　• 시공자가 설계도서에 맞게 시공하는지 여부의 확인
　• 시공자가 사용하는 건축자재가 관계 법령에 따른 기준에 맞는 건축자재인지 여부의 확인
　• 주택건설공사에 대하여 건설기술 진흥법에 따른 품질시험을 하였는지 여부의 확인
　• 시공자가 사용하는 마감자재 및 제품이 사업주체가 시장·군수·구청장에게 제출한 마감자재목록표 및 영상물 등과 동일한지 여부의 확인
　• 그 밖에 주택건설공사의 시공감리에 관한 사항으로서 대통령령으로 정하는 사항

17 ④ 사업계획승인권자는 주택건설공사의 부실방지, 품질 및 안전 확보를 위하여 해당 주택건설공사의 감리자를 대상으로 각종 시험 및 자재 확인업무에 대한 이행실태 등 대통령령으로 정하는 사항에 대하여 실태점검을 실시할 수 있다.

18 주택법령상 사전방문에 관한 설명으로 옳지 않은 것은?

① 입주예정자가 사전방문 결과 하자보수 등 요청한 사항이 하자가 아니라고 판단하는 사업주체는 사용검사를 하는 시장·군수·구청장(사용검사권자)에게 하자 여부를 확인해 줄 것을 요청할 수 있다.

② ①의 경우 사용검사권자는 대통령령으로 정하는 판정기준에 따라 하자 여부를 판단해야 하며, 하자 여부를 판단하기 위하여 필요한 경우에는 공동주택 품질점검단에 자문할 수 있다.

③ 사용검사권자는 ①에 따라 확인 요청을 받은 날부터 7일 이내에 하자 여부를 확인하여 입주예정자에게 통보해야 한다.

④ 사업주체는 조치계획에 따라 조치를 모두 완료한 때에는 사용검사권자에게 그 결과를 제출해야 한다.

⑤ 시·도지사는 사전방문을 실시하고 사용검사를 신청하기 전에 공동주택의 품질을 점검하여 사업계획의 내용에 적합한 공동주택이 건설되도록 할 목적으로 공동주택 품질점검단을 설치·운영할 수 있다.

19 주택법령상 공동주택 품질점검단(이하 '품질점검단'이라 함)에 관한 설명으로 옳지 않은 것은?

① 품질점검단은 300세대 이상의 공동주택의 건축·구조·안전·품질관리 등에 대한 시공품질을 대통령령으로 정하는 바에 따라 점검하여 그 결과를 시·도지사와 사용검사권자에게 제출하여야 한다.

② 사용검사권자는 품질점검단으로부터 점검결과를 제출받은 때에는 의견을 청취하기 위하여 사업주체에게 그 내용을 즉시 통보해야 하며, 사업주체는 통보받은 점검결과에 대하여 이견이 있는 경우 통보받은 날부터 5일 이내에 관련 자료를 첨부하여 사용검사권자에게 의견을 제출할 수 있다.

③ 사용검사권자는 품질점검단 점검결과 및 ②에 따라 제출받은 의견을 검토한 결과 하자에 해당한다고 판단하는 때에는 의견 제출일부터 5일 이내에 보수·보강 등의 조치를 명해야 한다.

④ 사업주체는 ③에 따른 사용검사권자의 조치명령에 대하여 대통령령으로 정하는 시기까지 조치를 완료해야 한다.

⑤ 사용검사권자는 제출받은 점검결과를 제출받은 날부터 2년 이상 보관하여야 하며, 입주자(입주예정자를 포함한다)가 관련 자료의 공개를 요구하는 경우에는 이를 공개하여야 한다.

대표예제 08 | 사용검사 ★

주택법령상 사용검사에 대한 설명 중 올바른 것은?

① 사업주체는 사업계획승인을 받아 시행하는 주택건설사업을 완료한 경우에는 주택에 대하여 시·도지사의 사용검사를 받아야 한다.

② 시공보증자가 없거나 시공보증자가 파산 등으로 시공을 할 수 없는 경우에는 입주자대표회의가 시공자를 정하여 잔여공사를 시공하고 사용검사를 받아야 한다.

③ 시공보증자 또는 입주예정자대표회의가 사용검사를 받은 경우에는 사용검사를 받은 자의 구분에 따라 시공보증자 또는 세대별 입주자의 명의로 건축물관리대장 등재 및 소유권보존등기를 할 수 있다.

④ 사용검사는 그 신청일부터 7일 이내에 하여야 하며, 사용검사를 받은 때 의제되는 사용승인·준공검사 또는 준공인가 등과 관련하여 협의요청을 받은 관계 행정기관의 장은 정당한 사유가 없는 한 그 요청을 받은 날부터 10일 이내에 그 의견을 제시하여야 한다.

⑤ 사업주체의 파산 등으로 입주예정자가 사용검사를 받을 때에는 하자보수보증금을 예치할 필요가 없다.

오답 | ① 사업주체는 사업계획승인을 받아 시행하는 주택건설사업을 완료한 경우에는 주택에 대하여 시
체크 | 장·군수·구청장(국토교통부장관으로부터 사업계획의 승인을 받은 경우에는 국토교통부장관을 말한다)의 사용검사를 받아야 한다.

② 시공보증자가 없거나 시공보증자가 파산 등으로 시공을 할 수 없는 경우에는 입주예정자대표회의가 시공자를 정하여 잔여공사를 시공하고 사용검사를 받아야 한다.

④ 사용검사는 그 신청일부터 15일 이내에 하여야 하며, 사용검사를 받은 때 의제되는 사용승인·준공검사 또는 준공인가 등과 관련하여 협의요청을 받은 관계 행정기관의 장은 정당한 사유가 없는 한 그 요청을 받은 날부터 10일 이내에 그 의견을 제시하여야 한다.

⑤ 사업주체의 파산 등으로 입주예정자가 사용검사를 받을 때에는 공동주택관리법 제38조 제1항에도 불구하고 입주예정자의 대표회의가 사용검사권자에게 사용검사를 신청할 때 하자보수보증금을 예치하여야 한다.

기본서 p.81~83　　　　　　　　　　　　　　　　　　　　　　　　　　　　정답 ③

정답 및 해설

18 ③　사용검사권자는 하자 여부를 해당 <u>사업주체</u>에게 통보해야 한다.

19 ⑤　품질점검결과는 <u>사용검사가 있은 날부터 2년 이상</u> 보관하여야 한다.

20 주택법령상 사용검사에 관한 설명으로 틀린 것은?

① 사업주체는 사업계획승인을 받아 시행하는 주택건설사업 또는 대지조성사업을 완료한 경우에는 주택(부대시설과 복리시설을 포함한다) 또는 대지에 대하여 시장·군수·구청장의 사용검사를 받아야 한다.

② ①의 경우에 국토교통부장관으로부터 사업계획의 승인을 받은 경우에는 국토교통부장관의 사용검사를 받아야 한다.

③ 분할승인에 따라 사업계획을 승인받은 경우에는 완공된 주택에 대하여 공구별로 분할하여 사용검사를 받을 수 있다.

④ 사업계획승인 조건의 미이행 등 특별한 사유가 있어 사업을 완료하지 못하고 있는 경우에는 완공된 주택에 대하여 세대별로 사용검사를 받을 수 있다.

⑤ 임시사용승인의 대상이 공동주택인 경우에는 세대별로 임시사용승인을 할 수 있다.

주택법령상 사업주체가 100호(리모델링의 경우에는 늘어나는 세대수가 100세대) 이상의 주택건설사업을 시행하는 경우, 간선시설의 설치 등에 관한 설명으로 틀린 것은?

① 전기시설·통신시설·가스시설 또는 지역난방시설은 해당 지역에 전기·통신·가스 또는 난방을 공급하는 자가 설치하여야 한다.

② 도로 및 상하수도시설은 원칙적으로 지방자치단체가 설치하여야 한다.

③ 사업지역에 난방을 공급하는 자가 일정한 기간까지 지역난방시설의 설치를 완료하지 못한 경우, 지방자치단체가 우선 자기부담으로 설치하여야 한다.

④ 간선시설은 특별한 사유가 없으면 사용검사일까지 설치를 완료하여야 한다.

⑤ 간선시설의 설치비용은 설치의무자가 부담한다. 이 경우 도로 및 상하수도시설의 설치비용은 그 비용의 50퍼센트의 범위에서 국가가 보조할 수 있다.

해설 | 간선시설 설치의무자가 사용검사일까지 간선시설의 설치를 완료하지 못할 특별한 사유가 있는 경우에는 사업주체가 그 간선시설을 자기부담으로 설치하고 간선시설 설치의무자에게 그 비용의 상환을 요구할 수 있으며, 설치비 상환계약을 체결함에 있어서 상환기한은 사용검사일부터 3년 이내로 하여야한다. 지방자치단체가 우선 자기부담으로 설치하여야 하는 것은 아니다.

기본서 p.84~87   정답 ③

21 **주택법령상 간선시설에 관한 설명으로 옳은 것은?**

① '간선시설'이란 도로, 상하수도, 전기시설, 가스시설, 통신시설 등 주택단지 안의 기간 시설을 그 주택단지 밖에 있는 같은 종류의 기간시설에 연결시키는 시설을 말한다. 다만, 도로, 상하수도, 전기시설의 경우에는 주택단지 안의 기간시설을 포함한다.

② 사업계획승인권자는 사업계획을 승인할 때 사업주체가 제출하는 사업계획에 해당 주 택건설사업 또는 대지조성사업과 직접적으로 관련이 없거나 과도한 기반시설 등의 설 치를 요구하여서는 아니 된다.

③ 사업주체가 대통령령으로 정하는 호수 이상의 주택건설사업을 시행하는 경우에는 간 선시설로서 지역난방시설의 설치의무자는 지방자치단체이다.

④ 지방자치단체가 간선시설의 설치의무자인 경우에는 도로 및 상하수도시설의 설치비 용의 전부를 국가가 보조할 수 있다.

⑤ 시장·군수·구청장은 간선시설의 설치가 필요한 일정한 규모 이상의 주택건설 또는 대지조성에 관한 사업계획을 승인한 때에는 지체 없이 간선시설 설치의무자를 사업주 체에게 통지하여야 한다.

정답 및 해설

20 ④ 사업계획승인 조건의 미이행 등 특별한 사유가 있어 사업을 완료하지 못하고 있는 경우에는 완공된 주택에 대하여 <u>동별로 사용검사</u>를 받을 수 있다. 임시사용승인의 경우와 달리 사용검사의 경우에는 세대별로는 받 을 수 없다.

21 ② ① <u>가스, 통신, 지역난방시설</u>의 경우에 주택단지 안의 기간시설을 포함한다.
③ 지역난방시설의 설치의무자는 해당 <u>공급업자</u>이다.
④ 설치비용의 <u>일부</u>를 국가가 보조할 수 있다.
⑤ 시장·군수·구청장이 아니라 <u>사업계획승인권자</u>이다.

22 주택법령상 사업주체에 의한 토지 등의 수용·사용에 관한 설명으로 옳지 않은 것은?

① 국가·지방자치단체·한국토지주택공사 및 지방공사인 사업주체만이 할 수 있다.

② 국민주택을 건설하거나 국민주택을 건설하기 위한 대지를 조성하는 경우에만 인정된다.

③ 토지 등을 수용하거나 사용하는 경우 주택법에 규정된 것 외에는 공익사업을 위한 토지 등의 취득 및 보상에 관한 법률을 준용한다.

④ 공익사업을 위한 토지 등의 취득 및 보상에 관한 법률을 준용하는 경우에 주택법상의 사업자등록을 하는 경우에 '공익사업을 위한 토지 등의 취득 및 보상에 관한 법률에 따른 사업인정'으로 본다.

⑤ 재결신청은 공익사업을 위한 토지 등의 취득 및 보상에 관한 법률에도 불구하고 사업계획승인을 받은 주택건설사업기간 이내에 할 수 있다.

23 주택법령상 사업주체의 주택건설용 토지의 취득에 관한 내용 중 틀린 것은?

① 국가 또는 지방자치단체는 그가 소유하는 토지를 매각하거나 임대함에 있어서 국민주택규모의 주택을 50퍼센트 이상으로 건설하는 자에게 우선적으로 해당 토지를 매각하거나 임대할 수 있다.

② 사업주체가 국민주택용지로 사용하기 위하여 체비지의 매각을 요구한 때에는 도시개발사업 시행자는 체비지 총면적의 50퍼센트의 범위 안에서 이를 우선적으로 사업주체에게 매각할 수 있다.

③ 위 ②의 체비지 양도가격은 원칙적으로 조성원가를 기준으로 하되, 예외적으로 감정평가법인 등의 감정가격으로 한다.

④ 지방공사인 사업주체가 국민주택을 건설하기 위한 대지를 조성하는 경우에는 토지 등을 수용 또는 사용할 수 있다.

⑤ 국가인 사업주체는 주택건설사업을 위한 토지매수업무와 손실보상업무를 관할 지방자치단체의 장에게 위탁할 수 있다.

24 주택법령상 주택건설사업 또는 대지조성사업에 관한 설명으로 옳지 않은 것은?

① 임대주택을 건설·공급하는 사업주체는 주택건설사업 또는 대지조성사업을 시행할 때 필요한 경우에는 등기소나 그 밖의 관계 행정기관의 장에게 필요한 서류의 열람·등사나 그 등본 또는 초본의 발급을 무료로 청구할 수 있다.

② 국가·지방자치단체·한국토지주택공사 및 지방공사인 사업주체가 사업계획의 수립을 위한 조사 또는 측량을 하려는 경우와 국민주택사업을 시행하기 위하여 필요한 경우에는 타인의 토지에 출입하는 행위를 할 수 있다.

③ 국가 또는 한국토지주택공사인 사업주체는 주택건설사업 또는 대지조성사업을 위한 토지매수업무와 손실보상업무를 관할 지방자치단체의 장에게 위탁할 수 있다.

④ 국가 또는 지방자치단체는 그가 소유하는 토지를 매각하거나 임대할 때 국민주택규모의 주택을 50퍼센트 이상으로 건설하는 주택의 건설 목적으로 그 토지의 매수 또는 임차를 원하는 자가 있으면 그에게 우선적으로 그 토지를 매각하거나 임대할 수 있다.

⑤ 국가 또는 지방자치단체는 국가 또는 지방자치단체로부터 토지를 매수하거나 임차한 자가 그 매수일 또는 임차일부터 2년 이내에 국민주택규모의 주택 또는 조합주택을 건설하지 아니하거나 그 주택을 건설하기 위한 대지조성사업을 시행하지 아니한 경우에는 환매하거나 임대계약을 취소할 수 있다.

정답 및 해설

22 ④ 공익사업을 위한 토지 등의 취득 및 보상에 관한 법률을 준용하는 경우에는 '공익사업을 위한 토지 등의 취득 및 보상에 관한 법률에 따른 사업인정'을 '사업자등록'이 아니라 <u>사업계획승인</u>으로 본다.

23 ③ 체비지의 양도가격은 국토교통부령이 정하는 바에 따라 감정평가 및 감정평가사에 관한 법률에 따른 <u>감정평가법인 등이 감정평가한 감정가격을 기준</u>으로 한다. 다만, 임대주택을 건설하는 경우 등 국토교통부령이 정하는 경우에는 국토교통부령이 정하는 조성원가를 기준으로 할 수 있다.

24 ① <u>국민주택</u>을 건설·공급하는 사업주체는 주택건설사업 또는 대지조성사업을 시행할 때 필요한 경우에는 등기소나 그 밖의 관계 행정기관의 장에게 필요한 서류의 열람·등사나 그 등본 또는 초본의 발급을 무료로 청구할 수 있다.

25 주택법령상 환지방식에 의한 도시개발사업으로 조성된 대지의 활용에 관한 설명 중 옳지 않은 것은?

① 사업주체는 국민주택용지로 사용하기 위하여 도시개발사업 시행자에게 체비지의 매각을 요구할 수 있다.

② 사업주체가 도시개발법에 따른 환지계획의 수립 전에 체비지의 매각을 요구하면 도시개발사업 시행자는 사업주체에게 매각할 체비지를 그 환지계획에서 하나의 단지로 정하여야 한다.

③ 도시개발사업 시행자는 체비지를 경쟁입찰의 방법으로만 사업주체에게 매각할 수 있다.

④ 체비지의 매각을 요구받은 도시개발사업 시행자는 체비지의 총면적의 50퍼센트의 범위에서 이를 우선적으로 사업주체에게 매각할 수 있다.

⑤ 체비지의 양도가격은 감정평가법인 등 2인 이상의 감정평가가격을 산술평균한 가격을 기준으로 한다. 다만, 주거전용면적 85제곱미터 이하의 임대주택을 건설하거나 주거전용면적 60제곱미터 이하의 국민주택을 건설하는 경우에는 조성원가를 기준으로 할 수 있다.

대표예제 10   **주택건설기준 ★**

주택법령상 주택단지 안의 도로에 관한 설명으로 틀린 것은?

① 공동주택을 건설하는 주택단지에는 폭 1.5미터 이상의 보도를 포함한 폭 8미터 이상의 도로(보행자전용도로, 자전거도로는 제외한다)를 설치하여야 한다.

② 주택단지 안의 도로는 유선형(流線型) 도로로 설계하거나 도로 노면의 요철(凹凸) 포장 또는 과속방지턱의 설치 등을 통하여 도로의 설계속도(도로설계의 기초가 되는 속도를 말한다)가 시속 20킬로미터 이하가 되도록 하여야 한다.

③ 500세대 이상의 공동주택을 건설하는 주택단지 안의 도로에는 어린이 통학버스의 정차가 가능하도록 차량의 진출입이 쉬운 곳에 승합자동차의 주차가 가능한 면적 이상의 공간으로 설치하여야 한다.

④ ③의 경우에 그 주변의 도로면 또는 교통안전표지판 등에 차량속도제한 표시를 하는 등 어린이 안전 확보에 필요한 조치를 한 어린이안전보호구역을 1개 소 이상 설치하여야 한다.

⑤ 보도는 보행자의 안전을 위하여 차도면보다 10센티미터 이상 높게 하거나 도로에 화단, 짧은 기둥, 그 밖에 이와 유사한 시설을 설치하여 차도와 구분되도록 설치하여야 한다.

해설 | 폭 7미터 이상의 도로를 설치하여야 한다.

기본서 p.88~96   정답 ①

---

26 주택법령상 주택의 건설기준에 관한 설명으로 옳지 않은 것은?

① 50세대 이상의 공동주택을 건설하는 주택단지에는 10제곱미터에 50세대를 넘는 매 세대마다 500제곱센티미터를 더한 면적 이상의 관리사무소를 설치하여야 한다. 다 만, 그 면적의 합계가 100제곱미터를 초과하는 경우에는 설치면적을 100제곱미터로 할 수 있다.

② 사업계획승인권자는 주택건설지역이 고속국도로부터 300미터 또는 일반국도로부터 150미터 이내에 있는 경우에는 사업주체와 소음방지대책을 미리 협의하여야 한다.

③ 조경을 하고자 하는 부분의 지하에 주차장 등 지하구조물을 설치하는 경우에는 식재 에 지장이 없도록 두께 0.9미터 이상의 토층을 조성하여야 한다.

④ 공동주택이 도시지역에 위치하는 경우에 사업주체는 5층 이하인 부분에 대하여는 소 음도(실외소음도)가 65데시벨 미만이 되도록 하여야 한다.

⑤ 주택단지 안의 어린이놀이터 및 도로(폭 15미터 이상인 도로의 경우에는 도로의 양측) 에는 보안등을 설치하여야 한다. 이 경우 해당 도로에 설치하는 보안등의 간격은 50미터 이내로 하여야 한다.

정답 및 해설

25 ③ 도시개발사업 시행자가 체비지를 사업주체에게 국민주택용지로 매각하는 때에는 경쟁입찰의 방법에 의한 다. 다만, 매각을 요구하는 <u>사업주체가 하나인 때에는 수의계약에 의할 수 있다.</u>

26 ② 사업주체가 아니라 <u>도로의 관리청과 미리 협의</u>를 하여야 하며, 사업주체에게는 소음방지대책을 수립하도록 하여야 한다.

27 주택법령상 영상정보처리기기의 설치기준에 대한 설명으로 옳지 않은 것은?

① 의무관리대상 공동주택을 건설하는 주택단지에는 주택건설기준에 관한 규정에 따라 보안 및 방범 목적을 위한 영상정보처리기기를 설치하여야 한다.

② ①의 경우에 승강기, 어린이놀이터 및 각 동의 출입구마다 영상정보처리기기 카메라를 설치하여야 한다.

③ 카메라는 전체 또는 주요 부분이 조망되고 잘 식별될 수 있도록 설치하되, 카메라의 해상도는 100만화소 이상이어야 한다.

④ 카메라 수와 녹화장치의 모니터 수가 같도록 설치하여야 하며, 촬영된 자료는 컴퓨터 보안시스템을 설치하여 30일 이상 보관하여야 한다.

⑤ ④의 경우에도 불구하고 모니터 화면이 다채널로 분할 가능하고 연결된 카메라 신호가 전부 모니터(4인치 이상) 화면에 표시되며, 채널별로 확대감시기능이 있고, 녹화된 화면의 재생이 가능하며 화면의 크기조절기능이 있는 경우에는 그러하지 아니하다.

28 주택법령상 주민공동시설의 설치기준에 대한 설명으로 옳지 않은 것은?

① 100세대 이상이면서 1천세대 미만의 주택단지에는 세대당 2.5제곱미터를 더한 면적 이상으로 주민공동시설을 설치하여야 한다.

② 1천세대 이상의 주택단지에는 500제곱미터에 세대당 2제곱미터를 더한 면적 이상으로 주민공동시설을 설치하여야 한다.

③ 150세대 이상의 주택단지에는 경로당과 어린이놀이터 시설을 포함하여야 한다.

④ 300세대 이상의 주택단지에는 경로당과 어린이놀이터, 작은 도서관을 설치하여야 한다.

⑤ 500세대 이상의 주택단지에는 경로당과 어린이놀이터, 어린이집, 주민운동시설, 작은 도서관, 다함께돌봄센터를 설치하여야 한다. 이 경우 입주예정자의 과반수가 서면으로 반대하는 다함께돌봄센터는 설치하지 않을 수 있다.

29 주택법령상 30세대 이상의 공동주택을 건설하는 경우의 에너지절약형 친환경주택의 건설기준이 아닌 것은?

① 고단열 · 고기능 외피구조, 기밀설계, 일조 확보 및 친환경자재 사용 등 고에너지 건물 조성기술
② 고효율 열원설비, 제어설비 및 고효율 환기설비 등 에너지 고효율 설비기술
③ 태양열, 태양광, 지열 및 풍력 등 신 · 재생에너지 이용기술
④ 자연지반의 보존, 생태면적률의 확보 및 빗물의 순환 등 생태적 순환기능 확보를 위한 외부환경 조성기술
⑤ 건물에너지 정보화기술 및 자동제어장치 등 에너지절감 정보기술

30 주택법령상 바닥충격음 성능등급 인정기관이 성능등급을 인정받은 제품에 대해 그 인정을 취소할 수 있는 경우에 해당하지 않는 것은?

① 인정받은 내용과 다르게 판매한 경우
② 인정받은 내용과 다르게 시공한 경우
③ 인정제품이 국토교통부령으로 정한 품질관리기준을 준수하지 아니한 경우
④ 인정의 유효기간을 연장하기 위한 시험결과를 제출하지 아니한 경우
⑤ 인정제품을 정당한 사유 없이 계속하여 1개월 이상 생산하지 아니한 경우

정답 및 해설

27 ③ 카메라의 해상도는 <u>130만화소 이상</u>이어야 한다.
28 ④ 300세대 이상의 주택단지에는 <u>경로당과 어린이놀이터, 어린이집</u>을 설치하여야 한다.
29 ① <u>저에너지</u> 건물 조성기술이다.
30 ⑤ ①②③④ 외에 인정을 취소하여야 하는 의무사항으로서 거짓이나 그 밖의 부정한 방법으로 성능등급을 인정받은 경우가 있다.

31 주택법령상 장수명주택에 대한 설명으로 틀린 것은?

① 국토교통부장관은 구조적으로 오래 유지관리될 수 있는 내구성을 갖추고, 입주자의 필요에 따라 내부구조를 쉽게 변경할 수 있는 가변성과 수리 용이성 등이 우수한 주택의 건설기준을 정하여 고시할 수 있다.

② 사업주체가 500세대 이상의 주택을 공급하고자 하는 때에는 인증제도에 따라 일반 이상의 등급을 인정받아야 한다.

③ 국가·지방자치단체 및 공공기관의 장은 장수명주택을 공급하는 사업주체 및 장수명주택 취득자에 대하여 법률 등으로 정하는 바에 따라 행정상·세제상의 지원을 할 수 있다.

④ 장수명주택의 인증제도에 따라 국토교통부령으로 정하는 기준 이상의 등급을 인정받은 경우 대통령령으로 정하는 범위에서 건폐율·용적률·높이제한을 완화할 수 있다.

⑤ ④에 따라 완화할 수 있는 범위는 조례로 정한 건폐율과 용적률의 100분의 115를 초과하지 아니하는 범위에서 완화할 수 있다.

32 주택법령상 공업화주택의 인정 등에 관한 설명으로 옳은 것을 모두 고른 것은?

㉠ 국토교통부장관은 주요구조부의 전부 또는 일부를 국토교통부령으로 정하는 성능기준 및 생산기준에 따라 조립식 등 공업화공법으로 건설하는 주택을 공업화주택으로 인정할 수 있다.

㉡ 국토교통부장관은 공업화주택을 인정받은 자가 거짓이나 그 밖의 부정한 방법으로 인정을 받은 경우에는 공업화주택의 인정을 취소할 수 있다.

㉢ 국토교통부장관은 공업화주택을 인정받은 자가 인정을 받은 날부터 1년 이내에 공업화주택의 건설에 착공하지 아니한 경우에는 공업화주택의 인정을 취소할 수 있다.

㉣ 국토교통부장관은 공업화주택을 인정받은 자가 인정을 받은 기준에 맞지 아니하게 공업화주택을 건설한 경우에는 공업화주택의 인정을 취소할 수 있다.

① ㉠, ㉡
② ㉡, ㉢
③ ㉠, ㉡, ㉢
④ ㉠, ㉢, ㉣
⑤ ㉠, ㉡, ㉢, ㉣

정답 및 해설

31 ② <u>1천세대 이상</u>의 주택을 공급하는 경우이다.

32 ⑤ 모두 옳은 설명이다.

제4장 주택의 공급 등

대표예제 11 \ 주택의 공급 ★★★

주택법령상 주택의 공급에 관한 설명 중 올바른 것은?

① 사업주체는 주택공급계약을 체결할 때 입주예정자에게 견본주택에 사용된 마감자재목록표를 제공할 의무가 없다.

② 한국토지주택공사 및 지방공사가 입주자를 모집하려는 경우에는 국토교통부령으로 정하는 바에 따라 시·도지사의 승인(복리시설의 경우에는 신고를 말한다)을 받아야 한다.

③ 시장·군수·구청장은 제출받은 마감자재목록표와 영상물 등을 사용검사가 있은 날부터 1년 이상 보관하여야 하며, 입주자가 열람을 요구하는 경우에는 이를 공개하여야 한다.

④ 사업주체가 부득이한 사유로 인하여 사업계획승인 또는 마감자재목록표의 마감자재와 다르게 마감자재를 시공·설치하려는 경우에는 당초의 마감자재와 같은 질 이상으로 설치하여야 한다.

⑤ 사업주체가 부득이한 사유로 인하여 마감자재목록표의 자재와 다른 마감자재를 시공·설치하려는 경우에는 입주예정자의 동의를 받아야 한다.

오답
체크
① 사업주체는 주택공급계약을 체결할 때 입주예정자에게 견본주택에 사용된 마감자재목록표를 제공할 의무가 있다.

② 사업주체(국가·지방자치단체·한국토지주택공사 및 지방공사는 제외한다)가 입주자를 모집하려는 경우에는 국토교통부령으로 정하는 바에 따라 시장·군수·구청장의 승인(복리시설의 경우에는 신고를 말한다)을 받아야 한다.

③ 시장·군수·구청장은 제출받은 마감자재목록표와 영상물 등을 사용검사가 있은 날부터 2년 이상 보관하여야 하며, 입주자가 열람을 요구하는 경우에는 이를 공개하여야 한다.

⑤ 사업주체가 부득이한 사유로 인하여 마감자재목록표의 자재와 다른 마감자재를 시공·설치하려는 경우에는 그 사실을 입주예정자에게 알려야 한다.

기본서 p.103~111 정답 ④

01 주택법령상 주택의 공급에 관한 설명 중 옳지 않은 것은?

① 공급이라 함은 주택법의 적용대상이 되는 주택 및 복리시설을 분양 또는 임대하는 것을 말한다.

② 사업주체(공공사업주체는 제외한다)가 입주자를 모집하려는 경우에는 국토교통부령으로 정하는 바에 따라 사업계획승인권자에게 입주자모집승인(복리시설의 경우에는 신고를 말한다)을 받아야 한다.

③ 사업주체가 주택을 공급하려는 경우에는 국토교통부령으로 정하는 바에 따라 벽지 · 바닥재 · 주방용구 · 조명기구 등을 제외한 부분의 가격을 따로 제시하고, 이를 입주자가 선택할 수 있도록 하여야 한다.

④ 사업주체는 공급하려는 주택에 대한 표시 또는 광고의 사본을 주택공급계약 체결기간의 시작일부터 30일 이내에 시장 · 군수 · 구청장에게 제출하여야 한다.

⑤ ④의 경우 시장 · 군수 · 구청장은 제출받은 표시 또는 광고의 사본을 사용검사가 있은 날부터 2년 이상 보관하여야 하며, 입주자가 열람을 요구하는 경우 이를 공개하여야 한다.

02 주택법령상 사업주체는 주택을 효율적으로 공급하기 위하여 필요하다고 인정하는 경우 주택의 공급업무의 일부를 제3자로 하여금 대행하게 할 수 있다. 다음 중 그 대행자가 될 수 있는 자가 아닌 것은?

① 등록사업자

② 건설산업기본법 제9조에 따른 건설사업자로서 건축공사업 또는 토목건축공사업의 등록을 한 자

③ 도시 및 주거환경정비법 제102조에 따른 정비사업전문관리업자

④ 부동산개발업의 관리 및 육성에 관한 법률 제4조에 따른 등록사업자

⑤ 공인중개사법 제9조에 따른 중개업자

03 **주택법령상 사업주체의 저당권 등 설정 제한에 대한 다음 설명 중 틀린 것은?**

① 사업주체는 건설된 주택 및 대지에 대하여는 입주자모집공고승인 신청일 이후부터 입주예정자가 그 주택 및 대지의 소유권이전등기를 신청할 수 있는 날까지의 기간 동안 입주예정자의 동의 없이 저당권 등 설정행위를 하여서는 아니 된다.

② ①의 경우에 '소유권이전등기를 신청할 수 있는 날'이란 입주예정자에게 통보한 입주가능일을 말한다.

③ 위 ①에도 불구하고 해당 주택의 입주자에게 주택구입자금의 일부를 융자하여 줄 목적으로 금융기관으로부터 주택구입자금의 융자를 받는 경우에는 저당권설정 등을 할 수 있다.

④ 사업주체는 입주예정자의 동의 없이는 양도하거나 제한물권을 설정하거나 압류 · 가압류 · 가처분 등의 목적물이 될 수 없는 재산임을 소유권등기에 부기등기하여야 한다.

⑤ ④에 따른 부기등기는 대지의 경우 입주자모집승인 신청과 동시에 하여야 하고, 주택은 소유권보존등기와 동시에 하여야 한다.

정답 및 해설

01 ② 사업주체(공공사업주체는 제외한다)가 입주자를 모집하려는 경우에는 <u>시장 · 군수 · 구청장</u>의 승인(복리시설의 경우에는 신고를 말한다)을 받아야 한다.

02 ⑤ 중개업자는 분양대행자에 해당하지 않는다.

03 ① 주택 및 대지의 소유권이전등기를 신청할 수 있는 날 이후 <u>60일까지의 기간</u> 동안이다.

04 주택법령상 사업주체가 입주예정자의 동의 없이 할 수 없는 행위와 관련된 내용이다. 이에 관한 설명으로 옳지 않은 것은?

> 사업주체는 주택건설사업에 의하여 건설된 주택 및 대지에 대하여 (㉠) 이후부터 입주예 정자가 그 주택 및 대지의 소유권이전등기를 신청할 수 있는 날 이후 (㉡)일까지의 기간 동안 입주예정자의 동의 없이 해당 주택 및 대지에 (㉢)을 설정하는 행위 등을 하여서는 아니 된다.

① A주택조합이 2018.9.3 사업계획승인을 신청하여 2018.9.17 그 승인을 받은 경우, ㉠에 해당하는 날짜는 2018.9.3이다.
② ㉡에 들어갈 숫자는 60이다.
③ ㉢에는 저당권뿐만 아니라 등기되는 부동산임차권도 포함된다.
④ '소유권이전등기를 신청할 수 있는 날'이란 입주예정자가 실제로 입주한 날을 의미 한다.
⑤ 위 주택의 건설을 촉진하기 위하여 입주자에게 주택구입자금의 일부를 융자해 줄 목 적으로 은행법에 따른 은행으로부터 주택건설자금의 융자를 받는 경우에는 저당권을 설정하는 행위가 허용된다.

05 주택법령에 따르면, 누구든지 같은 법에 따라 건설·공급되는 주택을 공급받거나 공급받 게 하기 위하여 일정한 증서 또는 지위를 양도·양수(매매·증여나 그 밖에 권리변동을 수반하는 모든 행위를 포함하되, 상속·저당의 경우는 제외함)하거나 이를 알선하여서는 아니 되는바, 다음 중 그 일정한 증서 또는 지위에 해당하지 않는 것은?

① 주택조합의 설립 등에 따라 주택을 공급받을 수 있는 지위
② 입주자저축증서
③ 국민주택채권
④ 시장·군수·구청장이 발행한 무허가건물확인서
⑤ 공공사업의 시행으로 인한 이주대책에 의하여 주택을 공급받을 수 있는 지위

06 주택법령상 주택공급과 관련하여 금지되는 공급질서교란행위에 해당하지 않는 것은?

① 주택을 공급받을 수 있는 조합원 지위의 증여
② 주택상환사채의 저당
③ 주택을 공급받을 수 있는 조합원 지위의 매매를 위한 인터넷 광고
④ 주택상환사채의 매입을 목적으로 하는 전화 광고
⑤ 입주자저축증서의 증여

07 주택법령상 공급질서교란행위 금지에 관한 설명으로 옳지 않은 것은?

① 누구든지 주택법에 따라 건설·공급되는 주택을 공급받거나 공급받게 하기 위하여 일정한 증서 또는 지위를 양도·양수하거나 이를 알선하여서는 아니 된다.
② ①의 증서 또는 지위에는 주택상환사채도 포함되며 양도·양수에는 매매·증여나 그 밖에 권리변동을 수반하는 모든 행위를 포함하되, 상속·저당의 경우는 제외한다.
③ 사업주체가 공급질서교란행위 금지를 위반한 자에게 대통령령으로 정하는 바에 따라 산정한 주택가격에 해당하는 금액을 지급한 경우에는 그 지급한 날에 그 주택을 취득한 것으로 본다.
④ 국토교통부장관 또는 사업주체는 공급질서교란행위 금지를 위반하여 증서 또는 지위를 양도하거나 양수한 자와 거짓이나 그 밖의 부정한 방법으로 증서나 지위 또는 주택을 공급받은 자에 대하여는 그 주택공급을 신청할 수 있는 지위를 무효로 하거나 이미 체결된 주택의 공급계약을 취소하여야 한다.
⑤ 국토교통부장관은 주택공급질서를 위반한 자에 대하여 위반한 행위를 적발한 날부터 5년까지 주택의 입주자자격을 제한할 수 있다.

정답 및 해설

04 ④ '소유권이전등기를 신청할 수 있는 날'이란 <u>사업주체가 입주예정자에게 통보한 입주가능일</u>을 말한다.

05 ③ 국민주택채권이 아니라 <u>주택상환사채</u>이다.

06 ② 누구든지 주택법에 따라 건설·공급되는 주택을 공급받거나 공급받게 하기 위하여 일정한 증서 또는 지위를 양도·양수(매매·증여나 그 밖에 권리변동을 수반하는 모든 행위를 포함하되, 상속·저당의 경우는 제외한다) 또는 이를 알선하거나 양도·양수 또는 이를 알선할 목적으로 하는 광고(각종 간행물·유인물·전화·인터넷, 그 밖의 매체를 통한 행위를 포함한다)를 하여서는 아니 되며, 누구든지 거짓이나 그 밖의 부정한 방법으로 이 법에 따라 건설·공급되는 증서나 지위 또는 주택을 공급받거나 공급받게 하여서는 아니 된다. 따라서 저당은 금지대상에 해당하지 아니한다.

07 ⑤ 국토교통부장관은 주택공급질서를 위반한 자에 대하여 <u>위반한 행위를 적발한 날부터 10년</u>까지 주택의 입주자자격을 제한할 수 있으며, 그 위반 행위를 적발한 행정기관은 지체 없이 그 명단을 국토교통부장관 및 전산관리지정기관에 알려야 한다.

08 주택법령상 사용검사 후 매도청구에 대한 설명으로 틀린 것은?

① 주택(복리시설을 포함한다)의 소유자들은 주택단지 전체 대지에 속하는 일부의 토지에 대한 소유권이전등기말소소송 등에 따라 사용검사(동별 사용검사를 포함한다)를 받은 이후에 해당 토지의 소유권을 회복한 자(실소유자)에게 해당 토지를 시가로 매도할 것을 청구할 수 있다.

② 주택의 소유자들은 대표자를 선정하여 ①에 따른 매도청구에 관한 소송을 제기할 수 있고, 그 판결은 주택의 소유자 전체에 대하여 효력이 있다. 이 경우 대표자는 주택의 소유자 전체의 과반수 이상의 동의를 얻어 선정한다.

③ 매도청구를 하려는 경우에는 해당 토지의 면적이 주택단지 전체 대지면적의 5퍼센트 미만이어야 한다.

④ 매도청구의 의사표시는 실소유자가 해당 토지소유권을 회복한 날부터 2년 이내에 해당 실소유자에게 송달되어야 한다.

⑤ 주택의 소유자들은 매도청구로 인하여 발생한 비용의 전부를 사업주체에게 구상할 수 있다.

09 사업주체가 주택건설사업을 완료하고 주택에 대해 주택법상 사용검사를 받은 이후, 해당 주택단지 전체 대지면적의 3퍼센트에 해당하는 토지에 대해 甲이 소유권이전등기말소소송을 통해 해당 토지의 소유권을 회복하였다. 주택법령상 이에 관한 설명으로 옳지 않은 것은?

① 주택의 소유자들은 甲에게 해당 토지를 시가로 매도할 것을 청구할 수 있다.

② 주택소유자들이 甲에 대해 매도청구를 하는 경우 그 의사표시는 甲이 해당 토지소유권을 회복한 날부터 2년 이내에 甲에게 송달되어야 한다.

③ 甲에게 매도청구권을 행사할 수 있는 주택의 소유자들에는 해당 주택단지의 복리시설의 소유자들도 포함된다.

④ 해당 주택단지에 공동주택관리법에 따른 주택관리업자가 선정되어 있는 경우에는 그 주택관리업자가 甲에 대한 매도청구에 관한 소송을 제기할 수 있다.

⑤ 주택의 소유자들은 甲에 대한 매도청구로 인하여 발생한 비용의 전부를 사업주체에게 구상할 수 있다.

대표예제 12 / 전매제한 ★★

주택법령상 사업주체가 건설·공급하는 주택이 다음 어느 하나에 해당하는 경우에는 10년 이내의 범위에서 그 주택을 전매하거나 이의 전매를 알선할 수 없다. 이 경우가 아닌 것은?

① 투기과열지구에서 건설·공급되는 주택

② 조정대상지역에서 건설·공급되는 주택. 다만, 위축지역 중 주택의 수급 상황 등을 고려하여 공공택지 외의 택지에서 건설·공급되는 주택은 제외한다.

③ 공공재건축사업(공공택지 외의 택지에서 국토교통부장관이 분양가상한제 적용지역으로 지정한 지역에 한한다)에서 건설·공급하는 주택

④ 공공택지 외의 택지에서 건설·공급되는 주택. 다만, 분양가상한제의 적용제외 대상 주택 및 수도권 외의 지역 중 광역시가 아닌 지역, 광역시 중 도시지역이 아닌 지역으로서 공공택지 외의 택지에서 건설·공급되는 주택은 제외한다.

⑤ 분양가상한제 적용주택. 다만, 수도권 외의 지역 중 주택의 수급 상황 및 투기 우려 등을 고려하여 광역시가 아닌 지역으로서 투기과열지구가 지정되지 아니하거나 법 제63조에 따라 지정 해제된 지역 중 공공택지 외의 택지에서 건설·공급되는 분양가상한제 적용주택은 제외한다.

해설 | 공공재개발사업(공공택지 외의 택지에서 국토교통부장관이 분양가상한제 적용지역으로 지정한 지역에 한한다)에서 건설·공급하는 주택이다. 이 외에도 토지임대부 분양주택이 전매제한대상에 해당한다.

기본서 p.111~114   정답 ③

정답 및 해설

08 ② 소송 대표자는 주택 소유자 전체의 <u>4분의 3 이상의 동의</u>를 얻어 선정한다.

09 ④ 매도청구소송은 <u>주택의 소유자들이 대표자를 선정하여</u> 제기할 수 있다.

10 주택법령상 전매제한에 대한 다음 설명 중 틀린 것은?

① 전매행위 제한기간은 해당 주택의 입주자로 선정된 날부터 기산한다.

② 주택에 대한 소유권이전등기에는 대지를 제외한 건축물에 대해서만 소유권이전등기를 하는 경우를 포함한다.

③ 전매행위 제한기간이 중복되는 경우에는 그중 가장 긴 기간을 적용한다. 다만, 법 제63조의2 제1항 제2호에 따라 지정된 조정대상지역(위축지역)의 경우에는 가장 짧은 기간을 적용한다.

④ 주택에 대한 전매행위 제한기간 이내에 해당 주택에 대한 소유권이전등기를 완료한 경우 소유권이전등기를 완료한 때에 전매행위 제한기간이 지난 것으로 본다.

⑤ 수도권의 투기과열지구에서 건설·공급되는 주택의 전매제한기간은 1년이다.

고난도

11 주택법령상 전매제한기간에 대한 다음 설명 중 틀린 것은?

① 조정대상지역에서 건설·공급하는 주택 중 과열지역으로서 수도권에서의 전매제한기간은 3년이고, 수도권 외의 지역인 경우에는 1년이다.

② 조정대상지역에서 건설·공급하는 주택 중 위축지역으로서 공공택지에서의 전매제한기간은 6개월이고, 공공택지 외의 택지인 경우에는 전매제한기간이 없다.

③ 분양가상한제 적용주택으로서 수도권 공공택지에서 건설·공급하는 주택인 경우의 전매제한기간은 3년이다.

④ 위 ③의 경우에 수도권 이외의 지역에서의 전매제한기간은 없다.

⑤ 공공택지 외의 택지에서 건설·공급되는 주택으로서 수도권 과밀억제권역에서는 1년이며, 수도권 외 지역 중 광역시의 도시지역인 경우에는 6개월이다.

12 주택법령상 일정한 경우에 전매제한을 적용하지 아니하는바, 다음 중 그 일정한 경우로 적절하지 않은 것은?

① 상속에 의하여 취득한 주택으로 세대원 전원이 이전하는 경우
② 세대원이 근무로 인하여 세대원 전원이 수도권이 아닌 다른 광역시, 시 또는 군(광역시의 관할구역에 있는 군을 제외한다)으로 이전하는 경우
③ 세대원 전원이 해외로 이주하거나 2년 이상의 기간 해외에 체류하고자 하는 경우
④ 공익사업을 위한 토지 등의 취득 및 보상에 관한 법률에 따라 공익사업의 시행으로 주거용 건축물을 제공한 자가 사업시행자로부터 이주대책용 주택을 공급받은 경우로서 시장·군수 또는 구청장이 확인하는 경우
⑤ 입주자로 선정된 지위 또는 주택의 일부를 그 직계존비속에게 증여하는 경우

정답 및 해설

10 ⑤ 투기과열지구에서의 전매제한기간은 <u>수도권에서는 3년</u>이고, 수도권 외의 지역은 1년이다.

11 ④ 분양가상한제 적용주택으로서 <u>수도권 외의 지역</u>으로서 공공택지에서 건설·공급하는 주택인 경우의 전매제한기간은 <u>1년</u>이다.

12 ⑤ 입주자로 선정된 지위 또는 주택의 일부를 그 직계존비속이 아니라 <u>배우자에게 증여</u>하는 경우에 전매제한을 적용하지 않는다.

제4장 주택의 공급 등   **81**

주택법령상 다음 중 분양가격의 제한을 받지 아니하는 주택이 아닌 것은?

① 도시형 생활주택

② 경제자유구역에서 건설·공급하는 공동주택으로서 경제자유구역위원회에서 외자유치 촉진과 관련이 있다고 인정하여 분양가격 제한을 적용하지 아니하기로 심의·의결한 경우

③ 관광특구에서 건설·공급하는 공동주택으로서 해당 건축물의 층수가 50층 이상이거나 높이가 150미터 이상인 경우

④ 주거환경개선사업 및 공공재건축사업에서 건설·공급하는 주택

⑤ 공공주택 특별법 제2조 제3호 마목에 따른 도심 공공주택 복합사업에서 건설·공급하는 주택

해설 | 주거환경개선사업 및 공공재개발사업에서 건설·공급하는 주택이 분양가격의 제한을 받지 않는다.

보충 | 분양가상한제 적용제외 대상

　　1. 도시형 생활주택

　　2. 경제자유구역의 지정 및 운영에 관한 특별법에 따라 지정·고시된 경제자유구역에서 건설·공급하는 공동주택으로서 같은 법 제25조에 따른 경제자유구역위원회에서 외자유치 촉진과 관련이 있다고 인정하여 분양가격 제한을 적용하지 아니하기로 심의·의결한 경우

　　3. 관광진흥법 제70조 제1항에 따라 지정된 관광특구에서 건설·공급하는 공동주택으로서 해당 건축물의 층수가 50층 이상이거나 높이가 150미터 이상인 경우

　　4. 한국토지주택공사 또는 지방공사가 다음 정비사업의 시행자로 참여하면서, 전체 세대수의 10퍼센트 이상을 임대주택으로 건설·공급하는 해당 사업에서 건설·공급하는 주택

　　　• 도시 및 주거환경정비법에 따른 정비사업으로서 정비구역 면적이 2만제곱미터 미만인 사업이거나, 해당 정비사업에서 건설·공급하는 주택의 전체 세대수가 200세대 미만인 사업

　　　• 빈집 및 소규모주택 정비에 관한 특례법에 따른 소규모주택정비사업

　　5. 주거환경개선사업 및 공공재개발사업에서 건설·공급하는 주택

　　6. 주거재생혁신지구에서 시행하는 혁신지구재생사업에서 건설·공급하는 주택

　　7. 공공주택 특별법 제2조 제3호 마목에 따른 도심 공공주택 복합사업에서 건설·공급하는 주택

기본서 p.115~123　　　　　　　　　　　　　　　　　　　　　　　　　　　　　정답 ④

13 주택법령상 주택의 공급에 관한 설명으로 옳은 것은?

① 한국토지주택공사가 사업주체로서 복리시설의 입주자를 모집하려는 경우 시장·군수·구청장에게 신고하여야 한다.

② 지방공사가 사업주체로서 견본주택을 건설하는 경우에는 견본주택에 사용되는 마감자재목록표와 견본주택의 각 실의 내부를 촬영한 영상물 등을 제작하여 시장·군수·구청장에게 제출하여야 한다.

③ 관광진흥법에 따라 지정된 관광특구에서 건설·공급하는 50층 이상의 공동주택은 분양가상한제의 적용을 받는다.

④ 공공택지 외의 택지로서 분양가상한제가 적용되는 지역에서 공급하는 도시형 생활주택은 분양가상한제의 적용을 받는다.

⑤ 시·도지사는 사업계획승인 신청이 있는 날부터 30일 이내에 분양가심사위원회를 설치·운영하여야 한다.

정답 및 해설

13 ② ① 국가·지방자치단체·한국토지주택공사·지방공사가 입주자를 모집하고자 하는 경우에는 승인을 받지 않는다.

③ 관광진흥법에 따라 지정된 관광특구에서 건설·공급하는 공동주택으로서 해당 건축물의 층수가 50층 이상이거나 높이가 150미터 이상인 경우에는 분양가 제한을 받지 아니한다.

④ 도시형 생활주택의 경우에도 분양가 제한을 받지 아니한다.

⑤ 시장·군수·구청장은 분양가상한제 및 분양가공시제에 관한 사항을 심의하기 위하여 사업계획승인 신청(도시 및 주거환경정비법 제28조에 따른 사업시행인가, 건축법 제11조에 따른 건축허가를 포함한다)이 있는 날부터 20일 이내에 분양가심사위원회를 설치·운영하여야 한다.

14 주택법령상 주택의 분양가격제한 등에 관한 설명으로 옳지 않은 것은?

① 사업주체는 분양가상한제 적용주택으로서 공공택지에서 공급하는 주택에 대하여 입주자모집승인을 받았을 때에는 입주자모집공고에 분양가격을 공시하여야 한다.

② 분양가격 구성항목 중 건축비는 시장·군수·구청장이 정하여 고시하는 기본형 건축비에 국토교통부령으로 정하는 금액을 더한 금액으로 한다.

③ 분양가격은 택지비와 건축비로 구성되며, 구체적인 명세, 산정방식, 감정평가기관 선정방법 등은 국토교통부령으로 정한다.

④ 수도권이라 해도 모든 공동주택이 분양가상한제 적용주택으로 되는 것은 아니다.

⑤ 분양가상한제 적용주택으로서 국토교통부령으로 정하는 택지비 및 건축비에 가산되는 비용의 공시에는 분양가심사위원회의 심사를 받은 내용과 산출근거를 포함하여야 한다.

15 주택법령상 분양가상한제 적용대상 지역의 지정과 해제에 대한 설명으로 틀린 것은?

① 국토교통부장관은 주택가격상승률이 물가상승률보다 현저히 높은 지역으로서 그 지역의 주택가격·주택거래 등과 지역 주택시장 여건 등을 고려하였을 때 주택가격이 급등하거나 급등할 우려가 있는 지역 등에 대하여는 주거정책심의위원회 심의를 거쳐 분양가상한제 적용지역으로 지정할 수 있다.

② 국토교통부장관이 분양가상한제 적용지역을 지정하는 경우에는 미리 시·도지사의 의견을 들어야 한다.

③ 국토교통부장관은 분양가상한제 적용지역을 지정하였을 때에는 지체 없이 이를 공고하고, 그 지정지역을 관할하는 시장·군수·구청장에게 공고내용을 통보하여야 한다.

④ 시장·군수·구청장은 입주자모집승인시 해당 지역에서 공급하는 주택이 분양가상한제 적용주택이라는 사실을 공고하여야 한다.

⑤ 시·도지사, 시장·군수 또는 구청장은 분양가상한제 적용지역의 지정 후 해당 지역의 주택가격이 안정되는 등 분양가상한제 적용지역으로 계속 지정할 필요가 없다고 인정하는 경우에는 국토교통부장관에게 그 지정의 해제를 요청할 수 있다.

16 주택법령상 분양가상한제 제한대상 지역에 대한 지정요건에 대하여 (   ) 안에 들어갈 내용을 바르게 연결한 것은?

> 국토교통부장관은 주택가격상승률이 물가상승률보다 현저히 높은 지역으로서 그 지역의 주택가격, 주택거래 등과 지역 주택시장 여건 등을 고려하였을 때 주택가격이 급등하거나 급등할 우려가 있는 지역 중 투기과열지구로서 다음의 어느 하나에 해당하는 지역에 대하여 주거정책심의위원회 심의를 거쳐 분양가상한제 적용지역으로 지정할 수 있다.
> 1. 분양가상한제 적용직전월부터 소급하여 (   )개월간의 아파트 분양가격상승률이 물가상승률의 2배를 초과한 지역
> 2. 분양가상한제 적용직전월부터 소급하여 (   )개월간의 주택거래량이 전년 동기 대비 20퍼센트 이상 증가한 지역
> 3. 분양가상한제 적용직전월부터 소급하여 주택공급이 있었던 (   )개월간 해당 지역에서 공급되는 주택의 청약경쟁률이 5대 1을 초과하였거나 국민주택규모 이하 주택의 청약경쟁률이 10대 1을 초과한 지역

① 6, 3, 2

② 10, 3, 2

③ 12, 3, 2

④ 20, 12, 10

⑤ 20, 12, 20

정답 및 해설

14 ② 건축비는 <u>국토교통부장관</u>이 정하여 고시하는 기본형 건축비에 국토교통부령으로 정하는 금액을 더한 금액으로 한다. 이 경우 기본형 건축비는 시장·군수·구청장이 해당 지역의 특성을 고려하여 따로 정하여 고시할 수 있다.

15 ④ 시장·군수·구청장은 <u>사업주체로 하여금</u> 입주자모집공고시 해당 지역에서 공급하는 주택이 분양가상한제 적용주택이라는 사실을 <u>공고하게 하여야 한다.</u>

16 ③ 국토교통부장관은 주택가격상승률이 물가상승률보다 현저히 높은 지역으로서 그 지역의 주택가격, 주택거래 등과 지역 주택시장 여건 등을 고려하였을 때 주택가격이 급등하거나 급등할 우려가 있는 지역 중 투기과열지역으로서 다음의 어느 하나에 해당하는 지역에 대하여 주거정책심의위원회 심의를 거쳐 분양가상한제 적용지역으로 지정할 수 있다.
> • 분양가상한제 적용지역으로 지정하는 날이 속하는 달의 바로 전달(이하 '분양가상한제 적용직전월'이라 한다)부터 소급하여 <u>12개월</u>간의 아파트 분양가격상승률이 물가상승률(해당 지역이 포함된 시·도 소비자물가상승률을 말한다)의 2배를 초과한 지역. 이 경우 해당 지역의 아파트 분양가격상승률을 산정할 수 없는 경우에는 해당 지역이 포함된 특별시·광역시·특별자치시·특별자치도 또는 시·군의 아파트 분양가격상승률을 적용한다.
> • 분양가상한제 적용직전월부터 소급하여 <u>3개월</u>간의 주택매매거래량이 전년 동기 대비 20퍼센트 이상 증가한 지역
> • 분양가상한제 적용직전월부터 소급하여 주택공급이 있었던 <u>2개월</u> 동안 해당 지역에서 공급되는 주택의 월평균 청약경쟁률이 모두 5대 1을 초과하였거나 해당 지역에서 공급되는 국민주택규모 주택의 월평균 청약경쟁률이 모두 10대 1을 초과한 지역

17 주택법령상 분양가심사위원회에 대한 설명으로 틀린 것은?

① 시장·군수·구청장은 분양가상한제 및 분양가공시제에 관한 사항을 심의하기 위하여 입주자모집 신청이 있는 날부터 20일 이내에 분양가심사위원회(이하 '위원회'라 한다)를 설치·운영하여야 한다.

② 사업주체가 국가·지방자치단체·한국토지주택공사 또는 지방공사인 경우에는 해당 기관의 장이 위원회를 설치·운영하여야 한다.

③ 시장·군수·구청장은 입주자모집승인을 할 때에는 위원회의 심사결과에 따라 승인 여부를 결정하여야 한다.

④ 위원회의 회의는 시장·군수 또는 구청장이나 위원장이 필요하다고 인정하는 경우에 소집하며, 시장·군수 또는 구청장은 회의 개최일부터 2일 전까지 회의와 관련된 사항을 위원에게 알려야 한다.

⑤ 위원회의 회의는 재적위원 과반수의 출석으로 개의하고, 출석위원 과반수의 찬성으로 의결한다.

18 주택법령상 분양가심사위원회의 심의사항이 아닌 것은?

① 분양가격 및 발코니 확장비용 산정의 적정성 여부

② 분양가격 공시내역의 적정성 여부

③ 시·군·구별 기본형 건축비 산정의 적정성 여부

④ 분양가상한제 적용주택과 관련된 제1종 국민주택채권 매입예정상한액 산정의 적정성 여부

⑤ 분양가상한제 적용주택의 전매행위제한과 관련된 인근지역 주택매매가격 산정의 적정성 여부

대표예제 14 투기과열지구 ★

주택법령상 투기과열지구에 관한 설명으로 옳은 것은?

① 투기과열지구를 지정할 수 있는 자는 국토교통부장관이며, 그 지정기간은 5년 이내로 하여야 한다.

② 투기과열지구는 그 지정 목적을 달성할 수 있는 최소한의 범위에서 시·군·구 단위로 지정하되, 택지개발지구 등 해당 지역여건을 고려하여 지정단위를 조정할 수 있다.

③ 국토교통부장관이 투기과열지구를 지정하거나 해제할 경우에는 시장·군수 또는 구청장의 의견을 들어야 한다.

④ 국토교통부장관은 1년마다 주거정책심의위원회의 회의를 소집하여 투기과열지구로 지정된 지역별로 해당 지역의 주택가격 안정여건의 변화 등을 고려하여 투기과열지구 지정의 유지 여부를 재검토하여야 한다.

⑤ 투기과열지구 지정의 해제를 요청받은 국토교통부장관 또는 시·도지사는 요청받은 날부터 40일 이내에 주거정책심의위원회의 심의를 거쳐 투기과열지구 지정의 해제 여부를 결정하여 관할 지방자치단체의 장에게 심의결과를 통보하여야 한다.

오답
체크 ① 투기과열지구를 지정할 수 있는 자는 국토교통부장관 또는 시·도지사이며, 그 지정기간에 제한이 있는 것은 아니다.
② 시·군·구 또는 읍·면·동의 지역단위로 지정하되, 택지개발지구 등 해당 지역여건을 고려하여 지정단위를 조정할 수 있다.
③ 국토교통부장관이 투기과열지구를 지정하거나 해제할 경우에는 시·도지사의 의견을 들어야 하며, 시·도지사가 투기과열지구를 지정하거나 해제할 경우에는 국토교통부장관과 협의하여야 한다.
④ 국토교통부장관은 반기마다 주거정책심의위원회의 회의를 소집하여 투기과열지구로 지정된 지역별로 해당 지역의 주택가격 안정여건의 변화 등을 고려하여 투기과열지구 지정의 유지 여부를 재검토하여야 한다.

기본서 p.123~125   정답 ⑤

정답 및 해설

17 ① 시장·군수·구청장은 분양가상한제 및 분양가공시제에 관한 사항을 심의하기 위하여 <u>사업계획승인 신청이 있는 날</u>부터 20일 이내에 분양가심사위원회를 설치·운영하여야 한다.

18 ④ <u>제2종</u> 국민주택채권 매입예정상한액 산정의 적정성이다.

19 주택법 시행규칙상 투기과열지구의 지정기준에 포함되지 않는 것은?

① 직전월부터 소급하여 주택공급이 있었던 2개월 동안 해당 지역에서 공급되는 주택의 월평균 청약경쟁률이 모두 5대 1을 초과한 곳

② 주택의 분양계획이 직전월보다 30퍼센트 이상 감소하여 주택공급이 위축될 우려가 있는 곳

③ 건축법 제11조에 따른 건축허가 실적이 직전월보다 급격하게 감소하여 주택공급이 위축될 우려가 있는 곳

④ 신도시 개발이나 주택의 전매행위 성행 등으로 투기 및 주거불안의 우려가 있는 곳으로서 시·도별 주택보급률이 전국 평균 이하인 경우

⑤ 신도시 개발이나 주택의 전매행위 성행 등으로 투기 및 주거불안의 우려가 있는 곳으로서 시·도별 자가주택비율이 전국 평균 이하인 경우

20 국토교통부장관은 A지역을 투기과열지구로 지정하였다. 주택법령상 A지역에 관한 설명으로 옳지 않은 것은?

① A지역에서 주택건설사업이 시행되는 경우, 관할 시장·군수·구청장은 사업주체로 하여금 입주자모집공고시 해당 주택건설지역이 투기과열지구에 포함된 사실을 공고하게 하여야 한다.

② A지역에서 주택을 보유하고 있던 자는 투기과열지구의 지정 이후 일정 기간 주택의 전매행위가 제한된다.

③ 사업주체가 A지역에서 분양가상한제 주택을 건설·공급하는 경우에는 그 주택의 소유권을 제3자에게 이전할 수 없음을 소유권에 관한 등기에 부기등기하여야 한다.

④ A지역에서 건설·공급되는 주택을 공급받기 위하여 입주자저축증서를 상속하는 것은 허용된다.

⑤ A지역에서 건설·공급되는 주택의 입주자로 선정된 지위의 일부를 생업상의 사정으로 사업주체의 동의를 받아 배우자에게 증여하는 것은 허용된다.

대표예제 15 　조정대상지역 등 ★

주택법령상 조정대상지역 중 과열지역에 대한 다음 지정요건의 빈칸을 순서대로 바르게 나열한 것은?

> 과열지역이란 직전월부터 소급하여 3개월간의 주택가격상승률이 동 기간 물가상승률의 (　　)배를 초과한 지역으로서 다음 어느 하나에 해당하는 지역을 말한다.
> - 직전 (　　)개월간 해당 지역의 청약경쟁률이 5대 1을 초과하였거나 국민주택규모 주택의 청약경쟁률이 10대 1을 초과한 지역
> - 직전 3개월간의 분양권 전매거래량이 전년 동기 대비 (　　)퍼센트 이상 증가한 지역
> - 시·도별 주택보급률 또는 자가주택비율이 전국 평균 이하인 지역

① 1.2, 2, 10
② 1.2, 2, 30
③ 1.3, 2, 30
④ 1.3, 3, 30
⑤ 1.3, 3, 20

해설 | 조정대상지역 중 과열지구의 지정기준은 조정대상지역으로 지정하는 날이 속하는 달의 바로 전달('조정대상지역 지정직전월')부터 소급하여 3개월간의 해당 지역 주택가격상승률이 그 지역이 속하는 시·도 소비자물가상승률의 1.3배를 초과한 지역으로서 다음에 해당하는 지역이다.
- 조정대상지역 지정직전월부터 소급하여 주택공급이 있었던 2개월 동안 해당 지역에서 공급되는 주택의 월별 평균 청약경쟁률이 모두 5대 1을 초과했거나 국민주택규모 주택의 월별 평균 청약경쟁률이 모두 10대 1을 초과한 지역
- 조정대상지역 지정직전월부터 소급하여 3개월간의 분양권(주택의 입주자로 선정된 지위를 말한다) 전매거래량이 직전 연도의 같은 기간보다 30퍼센트 이상 증가한 지역
- 시·도별 주택보급률 또는 자가주택비율이 전국 평균 이하인 지역

기본서 p.125~128　　　　　　　　　　　　　　　　　　　　　　　　　　　　　　정답 ③

정답 및 해설

19 ③ 주택건설사업계획의 승인이나 건축허가 실적이 <u>직전 연도</u>보다 급격하게 감소한 곳이다.

20 ② 전매제한에 해당하는 주택은 <u>신규 공급되는 주택</u>에 한한다.

21 주택법령상 조정대상지역 중 위축지역에 대한 다음 지정요건의 빈칸을 순서대로 바르게 나열한 것은?

> 위축지역이란 직전 6개월간 월 평균 주택가격상승률이 (   )퍼센트 이상 하락한 지역으로서 다음의 어느 하나에 해당하는 지역을 말한다.
> • 주택거래량이 (   )개월 연속 전년 동기 대비 20퍼센트 이상 감소한 지역
> • 해당 지역의 직전 3개월 평균 미분양주택의 수(법 제15조에 따라 사업계획승인을 받아 주택의 입주자를 선정하고 남은 주택의 수를 말한다)가 전년 동기 대비 (   )배 이상인 지역
> • 주택시장 위축이 심화된 지역으로 시·도별 주택보급률 또는 자가주택비율이 전국 평균 이상인 지역

① 1.0, 2, 2　　　　　　　　　② 1.0, 2, 3

③ 1.0, 3, 2　　　　　　　　　④ 1.2, 3, 3

⑤ 1.2, 3, 2

22 주택법령상 주택건설사업의 임대주택에 관한 설명으로 옳지 않은 것은?

① 사업주체가 일정한 사항을 포함한 사업계획승인신청서를 제출하는 경우 사업계획승인권자는 국토의 계획 및 이용에 관한 법률의 용도지역별 용적률 범위 안에서 특별시·광역시·특별자치도·시 또는 군의 조례로 정하는 기준에 따라 용적률을 완화하여 적용할 수 있다.

② ①의 일정한 사항은 30호 이상의 주택과 주택 외의 시설을 동일 건축물로 건축하는 계획과 임대주택의 건설·공급에 관한 사항이다.

③ 용적률을 완화하여 적용하는 경우 사업주체는 완화된 용적률의 100분의 30 이상 100분의 60 이하의 범위에서 시·도의 조례로 정하는 비율 이상에 해당하는 면적을 임대주택으로 공급하여야 한다.

④ 사업주체는 공급되는 주택의 전부(주택조합이 설립된 경우에는 조합원에게 공급하고 남은 주택을 말한다)를 대상으로 경쟁입찰의 방법에 의하여 인수자에게 공급하는 임대주택을 선정하여야 하며, 그 선정결과를 지체 없이 인수자에게 통보하여야 한다.

⑤ 사업주체는 임대주택을 국토교통부장관, 시·도지사, 한국토지주택공사 또는 지방공사에 공급하여야 하며 시·도지사가 우선인수할 수 있다.

23 주택법령상 입주자저축에 관한 다음 설명 중 틀린 것은?

① 입주자저축이란 국민주택과 민영주택을 공급받기 위하여 가입하는 주택청약종합저축을 말하며, 국토교통부장관은 주택을 공급받으려는 자에게 미리 입주금의 전부 또는 일부를 저축하게 할 수 있다.

② 입주자저축계좌를 취급하는 기관(입주자저축취급기관)은 은행법에 따른 은행 중 국토교통부장관이 지정한다.

③ 입주자저축은 한 세대당 한 계좌만 가입할 수 있다.

④ 입주자저축정보의 제공 요청을 받은 입주자저축취급기관의 장은 금융실명거래 및 비밀보장에 관한 법률 제4조에도 불구하고 입주자저축정보를 제공하여야 하며, 입주자저축정보를 제공한 입주자저축취급기관의 장은 입주자저축정보의 제공사실을 명의인에게 통보하지 아니할 수 있다.

⑤ 위 ④에도 불구하고 입주자저축정보를 제공하는 입주자저축취급기관의 장은 입주자저축정보의 명의인이 요구할 때에는 입주자저축정보의 제공사실을 통보하여야 한다.

정답 및 해설

21 ③ 조정대상지역 중 위축지역의 지정기준은 조정대상지역 지정직전월부터 소급하여 6개월간의 평균 주택가격 상승률이 마이너스 1퍼센트 이하인 지역으로서 다음에 해당하는 지역이다.
- 조정대상지역 지정직전월부터 소급하여 3개월 연속 주택매매거래량이 직전 연도의 같은 기간보다 20퍼센트 이상 감소한 지역
- 조정대상지역 지정직전월부터 소급하여 3개월간의 평균 미분양주택(법 제15조 제1항에 따른 사업계획승인을 받아 입주자를 모집했으나 입주자가 선정되지 않은 주택을 말한다)의 수가 직전 연도의 같은 기간보다 2배 이상인 지역
- 해당 지역이 속하는 시·도의 주택보급률 또는 자가주택비율이 전국 평균을 초과하는 지역

22 ④ 사업주체는 공급되는 주택의 전부(주택조합이 설립된 경우에는 조합원에게 공급하고 남은 주택을 말한다)를 대상으로 공개추첨의 방법에 의하여 인수자에게 공급하는 임대주택을 선정하여야 하며, 그 선정결과를 지체 없이 인수자에게 통보하여야 한다.

23 ③ 입주자저축은 한 사람이 한 계좌만 가입할 수 있다.

24 다음 중 주택법령상 지방자치단체가 국민주택사업의 시행을 위하여 국민주택사업특별회계를 설치·운용하는 경우에, 국민주택사업특별회계자금을 조성하는 재원이 아닌 것은?

① 자체부담금
② 외국으로부터의 차입금
③ 정부로부터의 보조금
④ 농협은행으로부터의 차입금
⑤ 종합부동산세법에 따른 종합부동산세 중 지방자치단체 귀속분

대표예제 16 / 리모델링 ★

주택법령상 리모델링에 관한 내용으로 옳지 않은 것은?

① 건축물의 노후화 억제 또는 기능 향상 등을 위한 대수선은 리모델링에 해당한다.
② 세대수가 증가되는 리모델링을 하는 경우에는 권리변동계획을 수립하여 사업계획승인 또는 행위허가를 받아야 한다.
③ 시장·군수·구청장은 수직증축형 리모델링을 하려는 자가 건축법에 따른 건축위원회의 심의를 요청하는 경우 구조계획상 증축범위의 적정성 등에 대하여 대통령령으로 정하는 전문기관에 안전성 검토를 의뢰하여야 한다.
④ 시장·군수·구청장으로부터 리모델링 기본계획과 관련하여 협의를 요청받은 관계 행정기관의 장은 특별한 사유가 없으면 그 요청을 받은 날부터 20일 이내에 의견을 제시하여야 한다.
⑤ 리모델링에 동의한 소유자는 리모델링주택조합 또는 입주자대표회의가 허가신청서를 제출하기 전까지 서면으로 동의를 철회할 수 있다.

해설 | 특별시장·광역시장 및 대도시의 시장은 리모델링 기본계획을 수립하거나 변경하려면 관계 행정기관의 장과 협의한 후 시·도 도시계획위원회 또는 시·군·구 도시계획위원회의 심의를 거쳐야 하며, 협의를 요청받은 관계 행정기관의 장은 특별한 사유가 없으면 그 요청을 받은 날부터 30일 이내에 의견을 제시하여야 한다.

기본서 p.133~141   정답 ④

---

25 주택법령상 공동주택의 리모델링에 관한 설명으로 옳지 않은 것은?

① 입주자대표회의도 공동주택에 대한 리모델링의 제안 및 리모델링의 시행을 할 수 있다.

② 리모델링주택조합이 주택단지 전체를 리모델링하고자 하는 경우에는 주택단지 전체 구분소유자 및 의결권의 각 75퍼센트 이상의 동의와 각 동별 구분소유자 및 의결권의 각 50퍼센트 이상의 동의를 얻어야 하고 입주자가 리모델링을 하고자 하는 경우에는 동의서에 입주자 전체의 동의를 받아야 한다.

③ 리모델링에 동의한 소유자는 리모델링주택조합 또는 입주자대표회의에서 시장·군수 또는 구청장에게 허가신청서를 제출하기 전까지 서면으로 그 동의를 철회할 수 있다.

④ 리모델링에 관하여 공사를 완료하였을 때에는 시·도지사의 사용검사를 받아야 한다.

⑤ 리모델링주택조합은 그 리모델링 결의에 찬성하지 아니하는 자의 주택 및 토지에 대하여 매도청구를 할 수 있다.

26 주택법령상 리모델링에 관한 설명으로 옳지 않은 것은?

① 국토교통부장관은 주거종합계획을 수립함에 있어서 주택의 리모델링에 관한 사항을 포함하여야 한다.

② 특별시장·광역시장 및 대도시의 시장은 관할구역에 대하여 리모델링 기본계획을 10년 단위로 수립하여야 하고, 수립한 리모델링 기본계획은 5년마다 타당성 여부를 검토하여 그 결과를 리모델링 기본계획에 반영하여야 한다.

③ 리모델링에는 사업계획승인일로부터 15년이 지난 공동주택을 법령의 범위 내에서 증축하는 행위도 포함된다.

④ 시장·군수·구청장은 리모델링의 원활한 추진을 지원하기 위한 업무를 수행하기 위하여 리모델링 지원센터를 설치하여 운영할 수 있다.

⑤ 대도시가 아닌 시의 시장은 세대수 증가형 리모델링에 따른 도시과밀이나 일시집중 등이 우려되어 도지사가 리모델링 기본계획의 수립이 필요하다고 인정한 경우 리모델링 기본계획을 수립하여야 한다.

정답 및 해설

24 ⑤ 종합부동산세법에 의한 종합부동산세가 아니라 재건축초과이익 환수에 관한 법률에 따른 재건축부담금 중 지방자치단체 귀속분이다.

25 ④ 리모델링에 관하여 공사를 완료하였을 때에는 시장·군수·구청장의 사용검사를 받아야 한다.

26 ③ 사용검사일로부터 15년이 지난 공동주택이다.

27 주택법령상 공동주택의 리모델링에 관한 설명으로 옳지 않은 것은?

① 리모델링을 하고자 하는 경우에는 수평 또는 별도의 동의 증축 및 세대 분할 외의 방법으로 세대를 증가시키거나 복리시설을 분양하기 위한 것이 아니어야 하는 것이 원칙이다.

② ①의 경우에도 증축 가능한 면적 범위 내에서 기존 세대수의 15퍼센트를 넘지 않는 범위에서 세대수의 증가가 가능하다.

③ 수직증축형 리모델링은 기존 층수가 15층 이상인 경우에는 최대 2개 층(기존 층수가 14층 이하인 경우에는 1개 층) 이하이어야 한다.

④ 공동주택을 리모델링하는 경우에 증축이 가능한 면적은 주거전용면적의 30퍼센트를 넘을 수 없다. 다만, 85제곱미터 미만인 주택의 경우에는 40퍼센트를 넘을 수 없다.

⑤ 공동주택을 리모델링을 하는 경우에도 내력벽의 철거에 의하여 세대를 합치는 행위는 아니어야 한다.

28 주택법령상 리모델링 기본계획에 대한 설명으로 옳지 않은 것은?

① 특별시장·광역시장 및 대도시 시장은 관할구역에 대하여 리모델링 기본계획을 10년 단위로 수립하여야 한다. 다만, 세대수 증가형 리모델링에 따른 도시과밀의 우려가 적은 경우 등인 경우에는 리모델링 기본계획을 수립하지 아니할 수 있다.

② 특별시장·광역시장 및 대도시의 시장은 5년마다 리모델링 기본계획의 타당성 여부를 검토하여 그 결과를 리모델링 기본계획에 반영하여야 한다.

③ 대도시가 아닌 시의 시장은 세대수 증가형 리모델링에 따른 도시과밀이나 일시집중 등이 우려되어 도지사가 리모델링 기본계획의 수립이 필요하다고 인정한 경우 리모델링 기본계획을 수립하여야 한다.

④ 대도시의 시장은 리모델링 기본계획을 수립하거나 변경하려면 도지사의 승인을 받아야 한다.

⑤ 특별시장·광역시장 및 대도시의 시장은 리모델링의 원활한 추진을 지원하기 위하여 리모델링 지원센터를 설치하여 운영할 수 있다.

29 주택법령상 세대수 증가형 또는 증축형 리모델링에 대한 설명으로 옳지 않은 것은?

① 국토교통부장관은 세대수 증가형 리모델링의 시행으로 주변 주택시장의 불안정 등 우려가 있는 때에는 특별시장·광역시장·대도시의 시장에게 리모델링 기본계획을 변경하도록 요청하거나, 시장·군수·구청장에게 세대수 증가형 리모델링의 사업계획 승인 또는 허가의 시기를 조정하도록 요청할 수 있다.

② 시·도지사는 세대수 증가형 리모델링의 시행으로 주변 주택시장의 불안정 등이 발생될 우려가 있는 때에는 대도시의 시장에게 리모델링 기본계획을 변경하도록 요청하거나, 시장·군수·구청장에게 세대수 증가형 리모델링의 사업계획 승인 또는 허가의 시기를 조정하도록 요청할 수 있다.

③ 증축형 리모델링을 하려는 자는 시장·군수·구청장에게 안전진단을 요청하여야 하며, 안전진단을 요청받은 시장·군수·구청장은 안전진단을 직접 실시하여야 한다.

④ 시장·군수·구청장이 안전진단으로 건축물 구조의 안전에 위험이 있다고 평가하여 주택재건축사업의 시행이 필요하다고 결정한 건축물에 대하여는 증축형 리모델링을 하여서는 아니 된다.

⑤ 시장·군수·구청장은 수직증축형 리모델링을 허가한 후에 해당 건축물의 구조안전성 등에 대한 상세 확인을 위하여 안전진단을 실시하여야 한다.

정답 및 해설

27 ③ 수직증축형 리모델링은 기존 층수가 <u>15층 이상인 경우 3개 층</u>(기존 층수가 <u>14층 이하인 경우에는 2개 층</u>) 이하이어야 한다.

28 ⑤ 리모델링 지원센터는 <u>시장·군수·구청장</u>이 설치·운영할 수 있다.

29 ③ 시장·군수·구청장은 해당 건축물의 증축 가능 여부의 확인 등을 위하여 <u>안전진단전문기관, 국토안전관리원, 한국건설기술연구원에 의뢰</u>하여 안전진단을 실시하여야 한다.

30 주택법령상 수직증축형 리모델링에 대한 설명으로 옳지 않은 것은?

① 시장·군수·구청장은 수직증축형 리모델링을 하려는 자가 건축위원회의 심의를 요청하는 경우 구조계획상 증축범위의 적정성 등에 대하여 국토안전관리원 또는 안전진단전문기관에 안전성 검토를 의뢰하여야 한다.

② 시장·군수·구청장은 수직증축형 리모델링을 하려는 자의 허가 신청이 있거나 안전진단 결과 설계도서의 변경이 있는 경우 제출된 설계도서상 구조안전의 적정성 여부 등에 대하여 ①에 따라 검토를 수행한 전문기관에 안전성 검토를 의뢰하여야 한다.

③ 검토의뢰를 받은 전문기관은 검토한 결과를 안전성 검토를 의뢰받은 날부터 30일 이내에 시장·군수·구청장에게 제출하여야 한다.

④ 시장·군수·구청장은 안전성 검토 비용의 전부 또는 일부를 리모델링을 하려는 자에게 부담하게 할 수 있다.

⑤ 수직증축형 리모델링의 설계자는 국토교통부장관이 정하여 고시하는 구조기준에 맞게 구조설계도서를 작성하여야 한다.

31 주택법령상 공동주택의 리모델링에 대한 설명으로 옳지 않은 것은?

① 입주자 공유가 아닌 복리시설 등을 리모델링을 하고자 하는 경우에 증축은 사용검사를 받은 후 15년 이상의 기간이 지난 공동주택 리모델링과 동시에 하는 경우에 한하며, 기존 건축물 연면적 합계의 10퍼센트 이내이어야 한다.

② ①의 경우에도 주택과 주택 외의 시설을 동일 건축물로 건축한 경우의 주택 외의 시설은 주택의 증축면적 비율의 범위 안에서 증축할 수 있다.

③ 세대수가 증가되는 리모델링을 하는 경우에는 기존 주택의 권리변동, 비용분담 등에 대한 권리변동계획을 수립하여 사업계획승인 또는 행위허가를 받아야 한다.

④ 리모델링을 하는 경우 설립인가를 받은 리모델링주택조합의 총회 또는 소유자 전원의 동의를 받은 입주자대표회의에서 건설산업기본법에 따른 건설업자 또는 건설업자로 보는 등록사업자를 시공자로 선정하여야 한다.

⑤ 시공자를 선정하는 경우에는 국토교통부장관이 정하는 공개추첨방식으로 하여야 한다.

32 주택법령상 공동주택의 리모델링에 대한 설명으로 옳지 않은 것은?

① 시장·군수·구청장은 공동주택의 입주자·사용자·관리주체·입주자대표회의 또는 리모델링주택조합이 거짓이나 그 밖의 부정한 방법으로 허가를 받거나 신고를 한 경우에는 행위허가를 취소할 수 있다.

② 공동주택의 소유자가 리모델링에 의하여 전유부분의 면적이 늘거나 줄어드는 경우에는 대지사용권도 증감 면적에 비례하여 변하는 것으로 본다. 다만, 세대수 증가를 수반하는 리모델링의 경우에는 권리변동계획에 따른다.

③ 시장·군수·구청장이 세대수 증가형 리모델링(50세대 이상으로 세대수가 증가하는 경우로 한정한다)을 허가하려는 경우에는 시·군·구 도시계획위원회의 심의를 거쳐야 한다.

④ 공동주택의 소유자가 리모델링에 의하여 일부 공용부분의 면적을 전유부분의 면적으로 변경한 경우에는 집합건물의 소유 및 관리에 관한 법률에도 불구하고 그 소유자의 나머지 공용부분의 면적은 변하지 아니하는 것으로 본다.

⑤ 임대차계약 당시 해당 건축물의 소유자들(입주자대표회의를 포함한다)이 리모델링주택조합 설립인가를 받은 사실 또는 안전진단을 요청한 사실을 임차인에게 고지한 경우로서 리모델링 허가를 받은 경우에는 해당 임대차계약에 대하여 계약기간에 대한 다른 법률의 보호기간을 적용하지 아니한다.

정답 및 해설

30 ① 안전진단전문기관이 아니라 한국건설기술연구원이다.

31 ⑤ 시공자를 선정하는 경우에는 국토교통부장관이 정하는 경쟁입찰의 방법으로 하여야 한다. 다만, 시공자 선정을 위하여 국토교통부장관이 정하는 경쟁입찰의 방법으로 2회 이상 경쟁입찰을 하였으나 입찰자의 수가 해당 경쟁입찰의 방법에서 정하는 최저 입찰자 수에 미달하여 경쟁입찰의 방법으로 시공자를 선정할 수 없게 된 경우에는 그러하지 아니하다.

32 ② 공동주택의 소유자가 리모델링에 의하여 전유부분의 면적이 늘거나 줄어드는 경우에는 집합건물의 소유 및 관리에 관한 법률에도 불구하고 대지사용권은 변하지 아니하는 것으로 본다.

---

33 주택법령상 세대수가 증가되는 리모델링을 하는 경우 수립되어야 하는 권리변동계획의 내용에 포함되지 않는 것은?

① 안전진단결과보고서

② 리모델링 전후의 대지 및 건축물의 권리변동 명세

③ 사업비

④ 조합원 외의 자에 대한 분양계획

⑤ 리모델링과 관련한 권리 등에 대해 해당 시 · 도 또는 시 · 군의 조례로 정하는 사항

대표예제 17 \ **토지임대부 분양주택 ★★★**

주택법령상 토지임대부 분양주택에 관한 설명으로 옳은 것은?

① 토지임대부 분양주택을 공급받은 자가 토지소유자와 임대차계약을 체결한 경우 해당 주택의 구분소유권을 목적으로 그 토지 위에 임대차기간 동안 지상권이 설정된 것으로 본다.

② 토지 및 건축물의 소유권은 사업계획의 승인을 받아 토지임대부 분양주택 건설사업을 시행하는 자가 가진다.

③ 토지임대부 분양주택을 양수한 자는 토지소유자와 임대차계약을 새로 체결하여야 한다.

④ 토지임대부 분양주택의 토지임대료는 보증금으로 납부하는 것이 원칙이나, 토지소유자와 주택을 공급받은 자가 합의한 경우 월별 임대료로 전환하여 납부할 수 있다.

⑤ 토지임대부 분양주택의 소유자가 임대차기간이 만료되기 전에 도시개발 관련 법률에 따라 주택을 철거하고 재건축을 한 경우, 재건축한 주택은 토지임대부 분양주택이 아닌 주택으로 한다.

오답 체크
② 토지의 소유권은 사업계획의 승인을 받아 토지임대부 분양주택 건설사업을 시행하는 자가 가지고, 건축물의 소유권은 주택을 분양받은 자가 가진다.

③ 토지임대부 분양주택을 양수한 자 또는 상속받은 자는 임대차계약을 승계한다.

④ 토지임대료는 월별 임대료를 원칙으로 하되, 토지소유자와 주택을 공급받은 자가 합의한 경우는 임대료를 보증금으로 전환하여 납부할 수 있다.

⑤ 재건축한 주택은 토지임대부 분양주택으로 한다. 다만, 토지소유자와 주택소유자가 합의한 경우에는 토지임대부 분양주택이 아닌 주택으로 전환할 수 있다.

기본서 p.145~146   정답 ①

---

34 주택법령상 토지임대부 분양주택에 대한 설명으로 틀린 것은?

① 토지소유자와 토지임대주택을 분양받은 자가 주택법령이 정하는 기준에 따라 토지임 대료에 관한 약정을 체결한 경우, 토지소유자는 약정 체결 후 2년이 지나기 전에는 토지임대료의 증액을 청구할 수 없다.

② 토지임대부 분양주택의 토지에 대한 임대차기간은 40년 이내로 한다. 이 경우 토지임 대부 분양주택 소유자의 75퍼센트 이상이 계약갱신을 청구하는 경우 40년의 범위에 서 이를 갱신할 수 있으며, 임대차계약을 체결한 경우 해당 주택의 구분소유권을 목적 으로 그 토지 위에 임대차기간 동안 임차권이 설정된 것으로 본다.

③ 토지임대부 분양주택을 공급받은 자가 토지임대부 분양주택을 양도하려는 경우에는 대통령령으로 정하는 바에 따라 지방자치단체의 장에게 해당 주택의 매입을 신청하여 야 한다.

④ 토지임대부 분양주택의 토지임대료는 월별 임대료를 원칙으로 하되, 토지소유자와 주 택을 공급받은 자가 합의한 경우는 임대료를 보증금으로 전환하여 납부할 수 있다.

⑤ 토지임대부 분양주택의 소유자가 임대차기간이 만료되기 전에 주택을 철거하고 재건 축을 하고자 하는 경우 집합건물의 소유 및 관리에 관한 법률에 따라 토지소유자의 동의를 받아 재건축할 수 있다.

정답 및 해설

33 ① 권리변동계획의 내용에는 안전진단의 결과내용은 포함하지 않는다. 안전진단은 시장·군수·구청장이 의뢰하여 안전진단결과에 따라 건축물의 붕괴 우려 등 그 진단결과에 따라 재건축 여부를 결정하기 위한 과정이기 때문에 리모델링을 실시하는 주체에서 수립하는 권리변동계획에는 포함할 필요가 없는 내용이다.

34 ③ 한국토지주택공사에 주택의 매입을 신청하여야 한다.

35 주택법령상 토지임대부 분양주택에 관한 설명으로 틀린 것은?

① 토지임대부 분양주택의 토지임대료는 월별 임대료를 원칙으로 하되, 토지소유자와 주택을 공급받은 자가 합의한 경우 임대료를 선납하거나 보증금으로 전환하여 납부할 수 있다.

② 토지임대부 분양주택을 공급받은 자는 전매제한기간이 지나기 전에 대통령령으로 정하는 바에 따라 한국토지주택공사에 해당 주택의 매입을 신청할 수 있다.

③ 한국토지주택공사는 ①에 따라 매입신청을 받거나 전매제한 규정을 위반하여 토지임대부 분양주택의 전매가 이루어진 경우 대통령령으로 정하는 특별한 사유가 없으면 대통령령으로 정하는 절차를 거쳐 해당 주택을 매입하여야 한다.

④ 한국토지주택공사가 ②에 따라 주택을 매입하는 경우 매입비용 등 법정 금액을 그 주택을 양도하는 자에게 지급한 때에는 그 지급한 날에 한국토지주택공사가 해당 주택을 취득한 것으로 본다.

⑤ 한국토지주택공사가 ②에 따라 주택을 매입하는 경우 전매제한 규정을 적용한다.

대표예제 18 | **주택상환사채 등 ★★**

주택법령상 주택상환사채에 관한 설명으로 옳은 것은?

① 등록사업자는 자본금 등이 대통령령이 정하는 기준에 부합하고 금융기관 또는 주택도시보증공사의 보증을 받은 때에 한하여 주택상환사채를 발행할 수 있다.

② 주택상환사채를 발행하려는 자는 주택상환사채발행계획을 작성하여 기획재정부장관의 승인을 얻어야 한다.

③ 주택상환사채는 기명증권으로 하고, 사채권자의 명의변경은 취득자의 성명을 채권에 기재하는 방법으로 한다.

④ 등록사업자의 등록이 말소된 경우 그가 발행한 주택상환사채는 효력을 상실한다.

⑤ 주택상환사채의 발행에 관하여는 주택법보다 상법 중 사채발행 규정을 우선 적용한다.

오답체크 | ② 주택상환사채를 발행하려는 자는 주택상환사채발행계획을 작성하여 국토교통부장관의 승인을 얻어야 한다.
③ 주택상환사채는 기명증권으로 하고, 사채권자의 명의변경은 취득자의 성명과 주소를 사채원부에 기재하는 방법으로 한다.
④ 등록사업자의 등록이 말소되더라도 그가 발행한 주택상환사채의 효력에는 영향을 미치지 아니한다.
⑤ 주택상환사채의 발행에 관하여 주택법에 규정한 것을 제외하고는 상법 중 사채발행에 관한 규정을 적용한다. 따라서 상법 중 사채발행에 관한 규정보다 주택법을 우선 적용한다.

기본서 p.146~150   정답 ①

---

36 주택법령상 주택상환사채에 관한 설명 중 옳지 않은 것은?

① 등록사업자가 발행할 수 있는 주택상환사채의 규모는 최근 3년간의 연평균 주택건설 호수 이내로 한다.

② 주택상환사채의 상환기간은 3년을 초과할 수 없다.

③ 주택상환사채의 납입금은 주택건설자재의 구입을 위해 사용할 수 있다.

④ 주택상환사채는 해외이주 등 부득이한 사유가 있는 경우로서 국토교통부령이 정하는 경우를 제외하고는 양도하거나 중도에 해약할 수 없다.

⑤ 주택상환사채의 납입금은 국토교통부장관이 지정하는 금융기관에서 관리한다.

주택법령

정답 및 해설

35 ⑤ 한국토지주택공사가 주택을 매입하는 경우에는 <u>전매제한 규정을 적용하지 아니한다</u>.

36 ⑤ 주택상환사채의 납입금은 <u>해당 보증기관과 주택상환사채발행자가 협의하여 정하는 금융기관에서 관리한다</u>.

제1편 주관식 기입형 문제

01 주택법령상 주택법의 제정목적(법 제1조)에 대한 설명이다. (   )에 들어갈 용어를 쓰시오.

> 이 법은 쾌적하고 살기 좋은 주거환경 조성에 필요한 주택의 건설·공급 및 (   )의 관리 등에 관한 사항을 정함으로써 국민의 주거안정과 주거수준의 향상에 이바지함을 목적으로 한다.

02 주택법령상 주택에 대한 설명이다. (   )에 들어갈 용어를 쓰시오.

> '주택'이란 세대의 구성원이 장기간 독립된 주거생활을 할 수 있는 구조로 된 건축물의 전부 또는 일부 및 그 (㉠)을(를) 말하며, 이를 단독주택과 (㉡)(으)로 구분한다. '(㉡)' (이)란 건축물의 벽·복도·계단이나 그 밖의 설비 등의 전부 또는 일부를 공동으로 사용하는 각 세대가 하나의 건축물 안에서 각각 독립된 주거생활을 할 수 있는 구조로 된 주택을 말한다.

03 주택법령상 세대구분형 공동주택에 대한 설명이다. (   )에 들어갈 용어를 쓰시오.

> '세대구분형 공동주택'이란 공동주택의 주택 내부 공간의 일부를 세대별로 구분하여 생활이 가능한 구조로 하되, 그 구분된 공간 일부에 대하여 (㉠)을(를) 할 수 없는 주택을 말하며, 하나의 세대가 통합하여 사용할 수 있도록 세대간에 (㉡) 또는 경량구조의 경계벽 등을 설치한 주택이다.

04 주택법령상 주택의 구분에 대한 설명이다. (   )에 들어갈 용어를 쓰시오.

> '국민주택'이란 국가 · 지방자치단체 · 한국토지주택공사 또는 지방공사가 건설하거나, 재정 또는 (㉠)(으)로부터 자금을 지원받아 건설되거나 개량되는 주택으로서 (㉡) 이하인 주택을 말한다.

05 주택법령상 주택에 대한 설명이다. (   )에 들어갈 용어를 쓰시오.

> '(㉠)주택'이란 저에너지 건물 조성기술 등 대통령령으로 정하는 기술을 이용하여 에너지 사용량을 절감하거나 이산화탄소 배출량을 저감할 수 있도록 건설된 주택을 말하며, '(㉡)주택'이란 건강하고 쾌적한 실내환경의 조성을 위하여 실내공기의 오염물질 등을 최소화할 수 있도록 대통령령으로 정하는 기준에 따라 건설된 주택을 말한다.

정답 및 해설

01 주택시장
02 ㉠ 부속토지, ㉡ 공동주택
03 ㉠ 구분소유, ㉡ 연결문
04 ㉠ 주택도시기금, ㉡ 국민주택규모
05 ㉠ 에너지절약형 친환경, ㉡ 건강친화형

06 주택법 제2조(정의) 규정이다. (　)에 들어갈 아라비아 숫자를 쓰시오.

- '도시형 생활주택'이란 (　㉠　)세대 미만의 국민주택규모에 해당하는 주택으로서 대통령령으로 정하는 주택을 말한다.
- '국민주택규모'란 주거의 용도로만 쓰이는 면적(이하 '주거전용면적'이라 한다)이 1호(戶) 또는 1세대당 85제곱미터 이하인 주택(수도권정비계획법 제2조 제1호에 따른 수도권을 제외한 도시지역이 아닌 읍 또는 면 지역은 1호 또는 1세대당 주거전용면적이 (　㉡　)제곱미터 이하인 주택을 말한다)을 말한다.

07 주택법령상 준주택에 대한 설명이다. (　)에 들어갈 용어를 쓰시오.

'준주택'이란 주택 외의 건축물과 그 부속토지로서 주거시설로 이용 가능한 시설 등을 말하며, 그 범위와 종류는 다음과 같다.
- 건축법 시행령 별표 1 제4호 거목 및 제15호 다목에 따른 (　㉠　)
- 건축법 시행령 별표 1 제11호 나목에 따른 노인복지시설 중 노인복지법 제32조 제1항 제3호의 (　㉡　)
- 건축법 시행령 별표 1 제14호 나목에 따른 오피스텔
- 건축법 시행령 별표 1 제2호 라목에 따른 기숙사

08 다음은 주택법령상 공구에 대한 설명이다. (　)에 들어갈 용어와 아라비아 숫자를 쓰시오.

'공구'란 하나의 주택단지에서 다음의 기준에 따라 둘 이상으로 구분되는 일단의 구역으로, (　㉠　) 및 (　㉡　)을(를) 별도로 수행할 수 있는 구역을 말한다.
1. 다음의 어느 하나에 해당하는 시설을 설치하거나 공간을 조성하여 6미터 이상의 폭으로 공구간 경계를 설정할 것
   - 주택단지 안의 도로, 지상에 설치되는 부설주차장
   - 주택단지 안의 옹벽 또는 축대, 식재, 조경이 된 녹지
   - 그 밖에 부대시설이나 복리시설로서 사업계획승인권자가 적합하다고 인정하는 시설
2. 공구별 세대수는 (　㉢　)세대 이상으로 할 것

09 주택법 제2조(정의) 규정의 일부이다. (   )에 들어갈 용어를 쓰시오. 제23회

> (   )(이)란 하나의 주택단지에서 대통령령으로 정하는 기준에 따라 둘 이상으로 구분되는 일단의 구역으로, 착공신고 및 사용검사를 별도로 수행할 수 있는 구역을 말한다.

10 주택법령상 리모델링에 대한 설명이다. (   )에 들어갈 용어와 아라비아 숫자를 쓰시오.

> '리모델링'이란 건축물의 노후화 억제 또는 기능 향상 등을 위한 다음의 어느 하나에 해당하는 행위를 말한다.
> 1. (㉠)
> 2. 사용검사일 또는 사용승인일부터 15년이 지난 공동주택을 각 세대의 주거전용면적의 30퍼센트 이내(세대의 주거전용면적이 85제곱미터 미만인 경우에는 40퍼센트 이내)에서 증축하는 행위. 이 경우 공동주택의 기능 향상 등을 위하여 (㉡)에 대하여도 별도로 증축할 수 있다.
> 3. 2.에 따른 각 세대의 증축 가능 면적을 합산한 면적의 범위에서 기존 세대수의 (㉢)퍼센트 이내에서 세대수를 증가하는 증축행위
> 4. 수직증축형 리모델링은 기존 층수가 15층 이상인 경우에는 최대 3개 층(기존 층수가 14층 이하인 경우에는 2개 층) 이하일 것이고, 리모델링 대상 건축물의 건축 당시의 (㉣)을(를) 보유하고 있어야 한다.

정답 및 해설

06 ㉠ 300, ㉡ 100

07 ㉠ 다중생활시설, ㉡ 노인복지주택

08 ㉠ 착공신고, ㉡ 사용검사, ㉢ 300

09 공구

10 ㉠ 대수선, ㉡ 공용부분, ㉢ 15, ㉣ 구조도

11 주택법령상 주거전용면적에 대한 설명이다. (   )에 들어갈 용어를 쓰시오.

> 주거전용면적을 산정하는 경우에 단독주택의 경우에는 그 (㉠)에서 지하실(거실로 사용되는 면적을 제외)과 본 건축물과 분리된 창고·차고 및 화장실의 면적을 제외한 면적을 말하며, 공동주택의 경우에는 외벽의 (㉡)을(를) 기준으로 산정한 면적으로 한다. 이 경우 바닥면적에서 주거전용면적을 제외하고 남는 외벽 면적은 (㉢)에 가산한다.

12 주택법령상 주택단지에 대한 설명이다. (   )에 들어갈 용어를 쓰시오.

> '주택단지'란 주택건설사업계획 또는 (㉠)사업계획의 승인을 받아 주택과 그 부대시설 및 복리시설을 건설하거나 대지를 조성하는 데 사용되는 일단의 토지를 말하는데, 폭 20미터 이상인 (㉡), 폭 8미터 이상인 (㉢)예정도로 등으로 분리된 토지는 각각 별개의 주택단지로 본다.

13 주택법령상 간선시설에 대한 설명이다. (   )에 들어갈 용어를 쓰시오.

> '간선시설'이란 도로·상하수도·전기시설·가스시설·통신시설 및 (㉠) 등 주택단지(둘 이상의 주택단지를 동시에 개발하는 경우에는 각각의 주택단지를 말한다) 안의 기간시설을 그 주택단지 밖에 있는 같은 종류의 기간시설에 연결시키는 시설을 말한다. 다만, (㉡)시설·통신시설 및 (㉠)의 경우에는 주택단지 안의 기간시설을 포함한다.

14 주택법령에 대한 설명이다. (   )에 들어갈 용어를 쓰시오.

> '(   )'(이)란 세대수 증가형 리모델링으로 인한 도시과밀, 이주수요 집중 등을 체계적으로 관리하기 위하여 수립하는 계획을 말한다.

15 주택법령에 대한 설명이다. (   )에 들어갈 용어와 아라비아 숫자를 쓰시오.

> 국토교통부장관은 주택수급의 적정을 기하기 위하여 필요하다고 인정하는 때에는 사업주체가 건설하는 주택의 (㉠)퍼센트(주택조합이나 고용자가 건설하는 주택은 100퍼센트) 이하에서 일정 비율 이상을 (㉡)(으)로 건설하게 할 수 있으며, 그 건설비율은 단위사업계획별로 적용한다.

16 주택법령에 대한 설명이다. (   )에 들어갈 용어를 쓰시오.

> '장수명주택'이란 구조적으로 오랫동안 유지 · 관리될 수 있는 (㉠)을(를) 갖추고, 입주자의 필요에 따라 내부구조를 쉽게 변경할 수 있는 가변성과 (㉡) 등이 우수한 주택을 말한다.

17 주택법령상 사업주체에 대한 설명이다. (   )에 들어갈 용어와 아라비아 숫자를 쓰시오.

> 연간 단독주택 20호, 공동주택 20세대[도시형 생활주택의 경우와 (㉠)주택과 그 밖의 85제곱미터를 초과하는 주택 1세대를 함께 건축하는 경우에는 30세대] 이상의 주택건설사업을 시행하려는 자 또는 연간 (㉡)만제곱미터 이상의 대지조성사업을 시행하려는 자는 국토교통부장관에게 등록하여야 한다.

정답 및 해설

11 ㉠ 바닥면적, ㉡ 내부선, ㉢ 공용면적
12 ㉠ 대지조성, ㉡ 일반도로, ㉢ 도시계획
13 ㉠ 지역난방시설, ㉡ 전기
14 리모델링 기본계획
15 ㉠ 75, ㉡ 국민주택규모
16 ㉠ 내구성, ㉡ 수리용이성
17 ㉠ 소형, ㉡ 1

18 주택법령상 등록사업자의 등록기준에 대한 설명이다. ( )에 들어갈 용어를 쓰시오.

주택건설사업을 등록한 자가 대지조성사업을 함께 영위하기 위하여 등록하는 때에는 (㉠) 분야 기술인을, 대지조성사업을 등록한 자가 주택건설사업을 함께 영위하기 위하여 등록하 는 때에는 (㉡)분야 기술인을 각각 확보하여야 한다.

19 주택법령상 등록사업자에 대한 설명이다. ( )에 들어갈 용어를 쓰시오.

등록사업자는 국토교통부령으로 정하는 바에 따라 매년 (㉠)와(과) 영업계획 및 기술인력 보유 현황을 국토교통부장관에게 제출하여야 하며, 월별 주택분양계획 및 (㉡)을(를) 국 토교통부장관에게 제출하여야 한다.

20 주택법령상 사업주체에 대한 설명이다. ( )에 들어갈 용어를 쓰시오.

주택조합(세대수를 증가하지 아니하는 리모델링주택조합은 제외한다)이 그 구성원의 주택 을 건설하는 경우에는 등록사업자[(㉠), 한국토지주택공사 및 지방공사를 포함한다]와 공 동으로 사업을 시행할 수 있다. 이 경우 주택조합과 등록사업자를 (㉡)(으)로 본다.

21 주택법령상 등록절차에 대한 설명이다. ( )에 들어갈 용어와 아라비아 숫자를 쓰시오.

국토교통부장관은 주택건설사업 또는 대지조성사업의 등록을 한 자에 대하여는 이를 주택건 설사업자등록부 또는 대지조성사업자등록부에 등재하고, (㉠)을(를) 교부하여야 하고, 등 록사업자는 등록사항에 변경이 있는 때에는 변경사유가 발생한 날부터 (㉡)일 이내에 국 토교통부장관에게 (㉢)하여야 한다.

22 주택법령상 주택조합에 대한 설명이다. (   )에 들어갈 용어를 쓰시오.

> 많은 수의 구성원이 주택(사업계획의 승인을 받아 건설하는 주택을 말한다)을 마련하거나 리모델링하기 위하여 주택조합을 설립하려는 경우에는 관할 시장·군수·구청장의 (㉠)을(를) 받아야 하고, 국민주택을 공급받기 위하여 (㉡)주택조합을 설립하려는 자는 관할 시장·군수·구청장에게 (㉢)하여야 한다.

23 주택법령상 주택조합에 대한 설명이다. (   )에 들어갈 아라비아 숫자를 쓰시오.

> 지역주택조합 또는 직장주택조합의 설립인가를 받으려는 자는 인가신청서에 필요한 서류와 해당 주택건설대지의 (㉠)퍼센트 이상의 토지의 사용권원과 (㉡)퍼센트 이상의 토지의 소유권을 확보하여야 한다.

24 주택법령상 주택조합에 대한 설명이다. (   )에 들어갈 용어와 아라비아 숫자를 쓰시오.

> 지역주택조합의 조합원은 주택조합설립인가신청일(해당 주택건설대지가 투기과열지구 안에 있는 경우에는 주택조합설립인가신청일 1년 전의 날을 말한다)부터 해당 조합주택의 (㉠)까지 주택을 소유하지 아니하거나 주거전용면적 (㉡)제곱미터 이하의 주택 1채를 소유한 세대주인 자이어야 한다.

정답 및 해설

18 ㉠ 토목, ㉡ 건축
19 ㉠ 영업실적, ㉡ 분양실적
20 ㉠ 지방자치단체, ㉡ 공동사업주체
21 ㉠ 등록증, ㉡ 30, ㉢ 신고
22 ㉠ 인가, ㉡ 직장, ㉢ 신고
23 ㉠ 80, ㉡ 15
24 ㉠ 입주가능일, ㉡ 85

25 주택법령상 주택조합에 대한 설명이다. (   )에 들어갈 용어를 쓰시오.

조합원 수가 주택건설 예정세대수를 초과하지 아니하는 범위에서 시장·군수 또는 구청장으로부터 조합원 추가모집의 승인을 받은 경우에는 조합원을 추가로 모집할 수 있으며, 조합원 추가모집의 승인과 조합원 추가모집에 따른 주택조합의 변경인가 신청은 (㉠)신청일까지 하여야 하며, 조합원으로 추가모집되는 자와 충원되는 자에 대한 조합원 자격요건 충족 여부의 판단은 해당 주택조합의 (㉡)신청일을 기준으로 한다.

26 주택법령상 주택조합에 대한 설명이다. (   )에 들어갈 용어와 아라비아 숫자를 쓰시오.

주택조합은 설립인가를 받은 날부터 (㉠)년 이내에 사업계획승인(30세대 이상 세대수가 증가하지 아니하는 리모델링의 경우에는 리모델링 허가를 말한다)을 신청하여야 하고, 주택조합(리모델링주택조합은 제외한다)은 그 구성원을 위하여 건설하는 주택을 그 (㉡)에게 우선공급할 수 있으며, 신고로 설립한 직장주택조합에 대하여는 사업주체가 (㉢)을(를) 그 직장주택조합원에게 우선공급할 수 있다.

┌고난도
27 주택법령상 주택조합에 대한 설명이다. (   )에 들어갈 용어와 아라비아 숫자를 쓰시오.

주택조합은 사업계획승인을 얻은 날부터 3개월이 지난 날부터 (㉠)일 이내에 주식회사의 외부감사에 관한 법률에 의한 (㉡)의 회계감사를 받아야 하며, 회계감사를 실시한 자는 회계감사 종료일부터 (㉢)일 이내에 회계감사 결과를 관할 시장·군수 또는 구청장과 해당 주택조합에 통보하여야 한다.

28 주택법 제14조의2 및 주택법 시행령 제25조의2 규정의 일부이다. ( )에 들어갈 아라비아 숫자를 쓰시오.

> • 주택조합의 발기인은 법 제11조의3 제1항에 따른 조합원 모집신고가 수리된 날부터 (㉠)년이 되는 날까지 주택조합 설립인가를 받지 못하는 경우 대통령령으로 정하는 바에 따라 주택조합 가입 신청자 전원으로 구성되는 총회 의결을 거쳐 주택조합사업의 종결 여부를 결정하도록 하여야 한다.
> • 법 제14조의2 제2항에 따라 개최하는 총회는 주택조합 가입 신청자의 3분의 (㉡) 이상의 찬성으로 의결한다. 이 경우 주택조합 가입 신청자의 100분의 (㉢) 이상이 직접 출석해야 한다.

29 주택법령상 주택조합에 대한 설명이다. ( )에 들어갈 용어와 아라비아 숫자를 쓰시오.

> • 주택조합은 주택조합의 설립인가를 받은 날부터 (㉠)년이 되는 날까지 사업계획승인을 받지 못하는 경우 대통령령으로 정하는 바에 따라 총회의 의결을 거쳐 해산 여부를 결정하여야 한다.
> • 주택조합의 발기인은 조합원 모집신고가 수리된 날부터 (㉡)년이 되는 날까지 주택조합 설립인가를 받지 못하는 경우 대통령령으로 정하는 바에 따라 주택조합 가입 신청자 전원으로 구성되는 총회 의결을 거쳐 주택조합사업의 종결 여부를 결정하도록 하여야 한다.
> • 해산을 결의하거나 사업의 종결을 결의하는 경우 대통령령으로 정하는 바에 따라 (㉢)을(를) 선임하여야 한다.

정답 및 해설

25 ㉠ 사업계획승인, ㉡ 설립인가

26 ㉠ 2, ㉡ 조합원, ㉢ 국민주택

27 ㉠ 30, ㉡ 감사인, ㉢ 15

28 ㉠ 2, ㉡ 2, ㉢ 20

29 ㉠ 3, ㉡ 2, ㉢ 청산인

30 주택법령상 사업계획승인에 대한 설명이다. (   )에 들어갈 용어와 아라비아 숫자를 쓰시오.

> 다음의 단독주택 30호, 공동주택 30세대 이상의 주택건설사업을 시행하려는 자는 사업계획승인권자에게 사업계획승인을 받아야 한다. 다만, 다음의 어느 하나에 해당하는 경우에는 50호(세대) 이상이다.
> 1. 단독주택
>   가. 공공사업에 따라 조성된 용지를 개별 필지로 구분하지 아니하고 일단의 토지로 공급받아 해당 토지에 건설하는 단독주택
>   나. (㉠)
> 2. 공동주택
>   가. 다음의 요건을 모두 갖춘 도시형 생활주택의 단지형 연립주택 또는 단지형 다세대주택
>   1) 세대별 주거전용면적이 (㉡)제곱미터 이상일 것
>   2) 해당 주택단지 진입도로의 폭이 6미터 이상일 것
>   나. 도시 및 주거환경정비법에 따른 주거환경개선사업을 시행하기 위한 정비구역에서 건설하는 공동주택

고난도

31 주택법령상 사업계획승인에 대한 설명이다. (   )에 들어갈 용어와 아라비아 숫자를 쓰시오.

> • 국토의 계획 및 이용에 관한 법률에 따른 도시지역 중 상업지역(유통상업지역은 제외한다) 또는 (㉠)에서 (㉡)세대 미만의 주택과 주택 외의 시설을 동일 건축물로 건축하는 경우로서 해당 건축물의 연면적에 대한 주택 연면적 합계의 비율이 90퍼센트 미만인 경우에는 사업계획승인대상에서 제외한다.
> • 농어촌정비법에 의한 (㉢)사업 중 농업협동조합중앙회가 조달하는 자금으로 시행하는 사업

32 주택법령상 사업계획에 대한 설명이다. (   )에 들어갈 용어를 쓰시오.

> 국가 · 지방자치단체 · 한국토지주택공사 · 지방공사가 단독 또는 공동으로 총지분의 50퍼센트를 초과하여 출자한 위탁관리(㉠)(해당 부동산투자회사의 자산관리회사가 한국토지주택공사인 경우만 해당한다)가 주택건설사업을 시행하는 경우에는 (㉡)이(가) 사업계획승인권자이다.

33 주택법령상 사업계획승인에 대한 설명이다. (   )에 들어갈 용어를 쓰시오.

> 사업계획승인을 받은 사업주체가 공사를 시작하려는 경우에는 국토교통부령으로 정하는 바에 따라 (㉠)에게 신고하여야 한다. 다만, 매도청구대상이 되는 대지가 포함되어 있으면 해당 매도청구대상 대지에 대하여는 그 대지의 소유자가 매도에 대하여 합의를 하거나 매도청구에 관한 법원의 (㉡)(판결이 확정될 것을 요하지 아니한다)을 받은 경우에만 공사를 시작할 수 있다.

34 주택법령상 사업계획의 변경승인에 대한 설명이다. (   )에 들어갈 용어를 쓰시오.

> 국토교통부장관 또는 시·도지사는 (㉠)을(를) 지원받은 사업주체에 대하여 사업계획의 변경승인을 한 때에는 그 내용을 해당 사업에 대한 융자를 취급한 (㉡)에게 통지하여야 하며, (㉠)을(를) 지원받은 사업주체가 사업주체를 변경하기 위하여 사업계획의 변경승인을 신청하는 경우에는 (㉡)의 사업주체 변경에 관한 동의서를 첨부하여야 한다.

정답 및 해설

30 ㉠ 한옥, ㉡ 30

31 ㉠ 준주거지역, ㉡ 300, ㉢ 생활환경정비

32 ㉠ 부동산투자회사, ㉡ 국토교통부장관

33 ㉠ 사업계획승인권자, ㉡ 승소판결

34 ㉠ 주택도시기금, ㉡ 기금수탁자

35 주택법령상 사업계획의 통합심의에 대한 설명이다. (   )에 들어갈 용어를 쓰시오.

사업계획승인권자가 통합심의를 하는 경우에는 다음의 어느 하나에 해당하는 위원회에 속하고 해당 위원회의 위원장의 추천을 받은 위원들과 사업계획승인권자가 속한 지방자치단체 소속 공무원으로 소집된 (㉠)를 구성하여 통합심의를 하여야 한다.
- 건축법에 따른 중앙건축위원회 및 지방건축위원회
- 국토의 계획 및 이용에 관한 법률에 따라 해당 주택단지가 속한 시·도에 설치된 지방도시계획위원회
- 대도시권 광역교통관리에 관한 특별법에 따라 광역교통개선대책에 대하여 심의권한을 가진 (㉡)위원회
- 도시교통정비 촉진법에 따른 (㉢)심의위원회
- 경관법에 따른 경관위원회

36 주택법령에 대한 설명이다. (   )에 들어갈 용어와 아라비아 숫자를 쓰시오.

(㉠)의 결정이 필요한 주택건설사업의 해당 대지면적의 80퍼센트 이상을 사용할 수 있는 권원을 확보하여 (㉡)을(를) 받은 사업주체는 해당 주택건설대지 중 사용할 수 있는 권원을 확보하지 못한 대지(건축물을 포함한다)의 소유자에게 그 대지를 시가로 매도할 것을 청구할 수 있다. 이 경우 매도청구대상이 되는 대지의 소유자와 매도청구를 하기 전에 (㉢) 개월 이상 협의를 하여야 한다.

37 주택법령에 대한 설명이다. (   )에 들어갈 용어를 쓰시오.

- 사업계획승인을 받아 건설되는 주택(부대시설과 복리시설을 포함한다)을 설계하는 자는 대통령령으로 정하는 (㉠) 작성기준에 맞게 설계하여야 하고 주택을 시공하는 자와 사업주체는 (㉠)에 맞게 시공하여야 한다.
- 한국토지주택공사·지방공사 또는 등록사업자는 동일한 규모의 주택을 대량으로 건설하고자 하는 경우에는 국토교통부령이 정하는 바에 따라 국토교통부장관에게 주택의 형별로 (㉡)을(를) 작성·제출하여 그 승인을 얻을 수 있다.

38 주택법령에 대한 설명이다. (   )에 들어갈 용어와 아라비아 숫자를 쓰시오.

> 국가 또는 지방자치단체인 사업주체는 사업계획승인을 받은 주택건설공사의 (㉠)와 (㉡)을 분리하여 발주하여야 한다. 다만, 주택건설공사 중 총공사비(대지구입비를 제외한다)가 (㉢)억원 이상인 대형공사로서 기술관리상 (㉠)와 (㉡)을 분리하여 발주할 수 없는 공사의 경우에는 국가를 당사자로 하는 계약에 관한 법률 시행령에 의한 (㉣)방법으로 시행할 수 있다.

39 주택법령상 감리에 대한 설명이다. (   )에 들어갈 용어를 쓰시오.

> 사업계획승인권자는 주택건설사업계획을 승인하였을 때 다음의 구분에 따라 해당 주택건설공사를 감리할 자로 지정하여야 한다.
> 1. 300세대 미만: 건축사사무소 개설신고를 한 자 및 건설기술진흥법에 따른 (㉠)
> 2. 300세대 이상: 건설기술진흥법에 의한 (㉠)
>   다만, 사업주체가 국가ㆍ지방자치단체ㆍ한국토지주택공사ㆍ지방공사 또는 대통령령으로 정하는 자인 경우와 건축법에 따라 공사감리를 하는 (㉡)의 경우에는 그러하지 아니하다.

40 주택법령상 감리에 대한 설명이다. (   )에 들어갈 용어를 쓰시오.

> 수직증축형 리모델링(세대수가 증가되지 아니하는 리모델링을 포함한다)의 감리자는 감리업무 수행 중에 제출한 구조도 또는 구조계산서와 다르게 시공하고자 하는 등인 경우에는 국가기술자격법에 따른 (   )(해당 건축물의 리모델링 구조설계를 담당한 자를 말한다)의 협력을 받아야 한다.

정답 및 해설

35 ㉠ 공동위원회, ㉡ 국가교통, ㉢ 교통영향평가

36 ㉠ 지구단위계획, ㉡ 사업계획승인, ㉢ 3

37 ㉠ 설계도서, ㉡ 표본설계도서

38 ㉠ 설계, ㉡ 시공, ㉢ 500, ㉣ 일괄입찰

39 ㉠ 건설엔지니어링업자, ㉡ 도시형 생활주택

40 건축구조기술사

41 주택법령에 대한 설명이다. ( )에 들어갈 용어를 쓰시오.

> 국가·지방자치단체·한국토지주택공사 및 지방공사인 사업주체가 (㉠)을(를) 건설하는
> 경우에는 토지나 토지에 정착한 물건 등을 수용하거나 사용할 수 있는데, 이 경우 이 법에
> 규정된 것 외에는 공익사업을 위한 토지 등의 취득 및 보상에 관한 법률을 준용하며, 준용하
> 는 경우에는 '공익사업을 위한 토지 등의 취득 및 보상에 관한 법률에 따른 (㉡)'을 '(㉢)'
> 으로 본다. 다만, (㉣)신청은 공익사업을 위한 토지 등의 취득 및 보상에 관한 법률에도
> 불구하고 사업계획승인을 받은 주택건설사업기간 이내에 할 수 있다.

42 주택건설촉진에 대한 설명이다. ( )에 들어갈 용어를 쓰시오.

> 공공사업주체가 국민주택사업을 시행하기 위하여 필요한 경우에 특별한 용도로 이용되지 아
> 니하고 있는 타인의 토지를 재료적치장 또는 임시도로로 일시 사용하는 행위 등을 할 수 있는
> 데, 이에 따른 행위로 인하여 손실을 입은 자가 있는 경우에는 그 행위를 한 사업주체가 그
> 손실을 보상하여야 하며, 그 손실보상에 대한 협의가 성립되지 아니하거나 협의를 할 수 없는
> 경우에는 관할 (㉠)에 (㉡)을(를) 신청할 수 있는데, 이에 따른 관할 (㉠)의 (㉡)에
> 관하여는 공익사업을 위한 토지 등의 취득 및 보상에 관한 법률을 준용한다.

43 주택법령에 대한 설명이다. ( )에 들어갈 용어와 아라비아 숫자를 쓰시오.

> 국가 또는 한국토지주택공사인 사업주체는 주택건설사업 또는 대지조성사업을 위한 토지매
> 수업무와 손실보상업무를 대통령령으로 정하는 바에 따라 관할 지방자치단체의 장에게 위탁
> 할 수 있다. 이 경우 그 토지매수금액과 손실보상금액의 (㉠)퍼센트의 범위에서 대통령령
> 으로 정하는 요율의 (㉡)을(를) 해당 지방자치단체에 지급하여야 한다.

44 주택법령상 주택건설촉진에 대한 설명이다. (   )에 들어갈 용어를 쓰시오.

> 사업주체가 국민주택용지로 사용하기 위하여 도시개발사업시행자에게 (㉠)의 매각을 요구한 경우 그 도시개발사업시행자는 (㉡)방법에 따라 (㉠)의 총면적의 50퍼센트의 범위에서 이를 우선적으로 사업주체에게 매각할 수 있다. 다만, 매각을 요구하는 사업주체가 하나인 때에는 (㉢)에 의할 수 있다.

45 주택법령에 대한 설명이다. (   )에 들어갈 용어를 쓰시오.

> '(   )'(이)란 구조적으로 오래 유지관리될 수 있는 내구성을 갖추고, 입주자의 필요에 따라 내부구조를 쉽게 변경할 수 있는 가변성과 수리용이성 등이 우수한 주택을 말한다.

46 주택법령에 대한 설명이다. (   )에 들어갈 용어를 쓰시오.

> 사업주체가 (㉠)호 이상의 주택을 공급하고자 하는 때에는 장수명주택 인증제도에 따라 (㉡)등급을 인정받아야 하며, 장수명주택의 인증제도에 따라 (㉢) 이상의 등급을 인정받은 경우 국토의 계획 및 이용에 관한 법률에도 불구하고 대통령령으로 정하는 범위에서 건폐율·용적률·높이제한을 완화할 수 있다.

정답 및 해설

41 ㉠ 국민주택, ㉡ 사업인정, ㉢ 사업계획승인, ㉣ 재결
42 ㉠ 토지수용위원회, ㉡ 재결
43 ㉠ 2, ㉡ 위탁수수료
44 ㉠ 체비지, ㉡ 경쟁입찰, ㉢ 수의계약
45 장수명주택
46 ㉠ 1천, ㉡ 일반, ㉢ 우수

제1편 주택법 **117**

47 주택법령에 대한 설명이다. (   )에 들어갈 용어와 아라비아 숫자를 쓰시오.

> 국토교통부장관은 주요구조부의 전부 또는 일부를 국토교통부령으로 정하는 성능기준 및 생산기준에 따라 조립식 등 공업화공법으로 건설하는 주택을 (㉠)(으)로 인정할 수 있으며, (㉠) 인정의 유효기간은 (㉠)의 인정공고일부터 (㉡)년으로 한다.

48 주택법령상 주택공급에 대한 설명이다. (   )에 들어갈 용어를 쓰시오.

> 사업주체가 시장·군수·구청장의 (㉠)을(를) 받으려는 경우[사업주체가 국가·지방자치단체·한국토지주택공사 및 지방공사인 경우에는 (㉡)을(를) 건설하는 경우를 말한다]에는 건설하는 견본주택에 사용되는 마감자재의 규격·성능 및 재질을 적은 (㉢)와 견본주택의 각 실의 내부를 촬영한 영상물 등을 제작하여 승인권자에게 제출하여야 한다.

49 주택법령에 대한 설명이다. (   )에 들어갈 용어를 쓰시오.

> 사업주체가 주택의 판매촉진을 위하여 견본주택을 건설하려는 경우 견본주택의 내부에 사용하는 마감자재 및 가구는 사업계획승인의 내용과 같은 것으로 시공·설치하여야 하며, 견본주택에는 (㉠)와(과) 사업계획승인을 받은 서류 중 평면도와 (㉡)을(를) 갖춰 두어야 하며, 견본주택의 배치·구조 및 유지관리 등은 국토교통부령으로 정하는 기준에 맞아야 한다.

50 주택법령상 주택의 공급에 대한 설명이다. (   )에 들어갈 용어를 쓰시오.

> 사업주체는 주택건설사업에 의하여 건설된 주택 및 대지에 대하여는 입주자모집공고승인신청일[주택조합의 경우에는 (㉠)신청일을 말한다] 이후부터 입주예정자가 그 주택 및 대지의 (㉡)을(를) 신청할 수 있는 날 이후 60일까지의 기간 동안 입주예정자의 동의 없이 담보물권 등의 설정행위를 하여서는 아니 된다. 여기서 '(㉡)을(를) 신청할 수 있는 날'이란 사업주체가 입주예정자에게 통보한 (㉢)을(를) 말하며, 이를 위반한 행위는 무효이며, 그 사실을 부기등기하여야 한다.

51 주택법령상 주택조합에 대한 설명이다. ( )에 들어갈 용어를 쓰시오.

> 저당권 등 설정제한에 따른 부기등기는 주택건설대지에 대하여는 (㉠)신청(주택건설대지 중 주택조합이 사업계획승인신청일까지 소유권을 확보하지 못한 부분이 있는 경우에는 그 부분에 대한 소유권 이전등기를 말한다)과 동시에 하여야 하고, 건설된 주택에 대하여는 (㉡)와(과) 동시에 하여야 한다.

□고난도

52 주택법령상 주택공급에 대한 설명이다. ( )에 들어갈 용어를 쓰시오.

> 사업주체의 재무상황 및 금융거래상황이 극히 불량한 경우 등 대통령령으로 정하는 사유에 해당되어 (㉠)이(가) (㉡)을(를) 하면서 주택건설대지를 (㉠)에 (㉢)하게 할 경우에는 저당권설정 등의 제한과 부기등기에도 불구하고 사업주체는 그 주택건설대지를 (㉢) 할 수 있다.

정답 및 해설

47 ㉠ 공업화주택, ㉡ 5

48 ㉠ 입주자모집승인, ㉡ 견본주택, ㉢ 마감자재목록표

49 ㉠ 마감자재목록표, ㉡ 시방서

50 ㉠ 사업계획승인, ㉡ 소유권이전등기, ㉢ 입주가능일

51 ㉠ 입주자모집공고승인, ㉡ 소유권보존등기

52 ㉠ 주택도시보증공사, ㉡ 분양보증, ㉢ 신탁

53 주택법 제65조 제1항의 내용이다. (   )에 들어갈 용어를 쓰시오.

> 누구든지 이 법에 따라 건설·공급되는 주택을 공급받거나 공급받게 하기 위하여 다음의 어
> 느 하나에 해당하는 증서 또는 지위를 양도·양수하거나 이를 알선하거나, 양도·양수 또는
> 이를 알선할 목적으로 하는 광고를 하여서는 아니 된다.
> 1. (㉠)
> 2. (㉡)증서
> 3. 주택조합의 설립에 따라 주택을 공급받을 수 있는 지위
> 4. 그 밖에 주택을 공급받을 수 있는 증서 또는 지위로서 다음에 해당하는 것
>   • 시장·군수·구청장이 발행한 무허가건물확인서·건물철거예정증명서 또는 건물철거확
>   인서
>   • 공공사업의 시행으로 인한 이주대책에 의하여 주택을 공급받을 수 있는 지위 또는
>   (㉢)확인서

54 주택법령상 분양가상한제에 대한 설명이다. (   )에 들어갈 용어와 아라비아 숫자를 쓰
시오.

> 시장·군수·구청장은 분양가상한제 및 (㉠)에 관한 사항을 심의하기 위하여 (㉡) 신청
> 이 있는 날부터 (㉢)일 이내에 분양가심사위원회를 설치·운영하여야 한다. 다만, 사업주
> 체가 국가·지방자치단체·한국토지주택공사 또는 지방공사인 경우에는 해당 기관의 장이
> 위원회를 설치·운영하여야 한다.

55 주택법령에 대한 설명이다. (   )에 들어갈 용어를 쓰시오.

> 국토교통부장관 또는 시·도지사는 주택가격의 안정을 위하여 필요한 경우에는 주택정책심
> 의위원회의 심의를 거쳐 일정한 지역을 (㉠)(으)로 지정할 수 있다. 그 대상지역은 해당
> 지역의 (㉡)이(가) (㉢)보다 현저히 높은 지역으로서 그 지역의 청약경쟁률·주택가
> 격·주택보급률 및 주택공급계획 등과 지역 주택시장 여건 등을 고려하였을 때 주택에 대한
> 투기가 성행하고 있거나 성행할 우려가 있는 지역 중 국토교통부령으로 정하는 기준을 충족
> 하는 곳이어야 한다.

56 주택법령상의 조정대상지역에 대한 설명이다. (   )에 들어갈 아라비아 숫자를 쓰시오.

> 1. 조정대상지역으로 지정된 지역의 시·도지사 또는 시장·군수·구청장은 조정대상지역 지정 후 해당 지역의 주택가격이 안정되는 등 조정대상지역으로 유지할 필요가 없다고 판단되는 경우에는 국토교통부장관에게 그 지정의 해제를 요청할 수 있으며, 국토교통부 장관은 조정대상지역 지정의 해제를 요청받은 경우에는 주거기본법 제8조에 따른 주거정 책심의위원회의 심의를 거쳐 요청받은 날부터 (㉠)일 이내에 해제 여부를 결정하고, 그 결과를 해당 지역을 관할하는 시·도지사 또는 시장·군수·구청장에게 통보하여야 한다.
> 2. 위 1.에 따라 조정대상지역을 유지하는 것으로 결정된 지역의 시·도지사 또는 시장·군 수·구청장은 특별한 사정이 없으면 그 결정을 통보받은 날부터 (㉡)개월 이내에 같은 사유로 해당 지역의 조정대상지역 지정의 해제를 다시 요청할 수 없다.

57 주택법 제38조의6에 따라 용적률을 완화하여 임대주택을 건설하는 경우에 대한 설명이다. (   )에 들어갈 용어와 아라비아 숫자를 쓰시오.

> 임대주택건설을 위하여 용적률을 완화하여 적용하는 경우에 사업주체는 완화된 용적률의 (㉠)퍼센트 이상 (㉡)퍼센트 이하의 범위에서 시·도의 조례로 정하는 비율 이상에 해 당하는 면적을 임대주택으로 공급하여야 하며, 사업주체는 공급되는 주택의 전부를 대상으 로 (㉢)의 방법에 의하여 인수자에게 공급하는 임대주택을 선정하여야 하고, 그 공급가격 은 공공주택 특별법에 따라 임대주택의 매각시 적용하는 (㉣)의 분양전환가격에 산정기준 에서 정하는 건축비로 하고, 그 부속토지는 인수자에게 (㉤)한 것으로 본다.

정답 및 해설

53 ㉠ 주택상환사채, ㉡ 입주자저축, ㉢ 이주대책대상자
54 ㉠ 분양가공시제, ㉡ 사업계획승인, ㉢ 20
55 ㉠ 투기과열지구, ㉡ 주택가격상승률, ㉢ 물가상승률
56 ㉠ 40, ㉡ 6
57 ㉠ 30, ㉡ 60, ㉢ 공개추첨, ㉣ 공공건설임대주택, ㉤ 기부채납

58 주택법령에 대한 설명이다. (   )에 들어갈 용어를 쓰시오.

> 한국토지주택공사와 등록사업자는 국토교통부장관의 승인을 받아 (㉠)을(를) 발행할 수 있다. 다만, 등록사업자는 자본금 · 자산평가액 및 기술인력 등이 법정 기준에 맞고 금융기관 또는 주택도시보증공사의 보증을 받은 경우에만 발행할 수 있으며, 그 명의변경은 취득자의 성명과 주소를 (㉡)에 기록하는 방법으로 하며, 취득자의 성명을 채권에 기록하지 아니하면 사채발행자 및 제3자에게 대항할 수 없다.

59 주택법령상 주택상환사채에 대한 설명이다. (   )에 들어갈 용어와 아라비아 숫자를 쓰시오.

> 주택상환사채를 발행한 자는 발행조건에 따라 주택을 건설하여 사채권자에게 상환하여야 한다. 주택상환사채를 상환함에 있어 주택상환사채권자가 원하는 경우에는 주택상환사채의 원리금을 현금으로 상환할 수 있으며 그 상환기간은 (㉠)년을 초과할 수 없다. 이 경우 상환기간은 주택상환사채발행일부터 주택의 (㉡)까지의 기간으로 한다.

60 주택법령에 대한 설명이다. (   )에 공통적으로 들어갈 용어를 쓰시오.

> 지방자치단체는 국민주택사업을 시행하기 위하여 (   )을(를) 설치 · 운용하여야 하며, 국민주택을 건설 · 공급하는 지방자치단체의 장은 (   )의 분기별 운용상황을 그 분기가 끝나는 달의 다음 달 20일까지 국토교통부장관에게 보고하여야 한다.

61 주택법 시행령 제84조(등록사업자의 주택상환사채 발행) 제1항에 따라 주택상환사채를 발행할 수 있는 등록사업자에 관한 기준이다. (   )에 들어갈 아라비아 숫자를 쓰시오.

> • 법인으로서 자본금이 5억원 이상일 것
> • 건설산업기본법 제9조에 따라 건설업 등록을 한 자일 것
> • 최근 3년간 연평균 주택건설실적이 (   )호 이상일 것

62 주택법령에 대한 설명이다. (　　)에 들어갈 용어를 쓰시오.

> '(　　)'(이)란 토지의 소유권은 사업계획의 승인을 받아 주택건설사업을 시행하는 자가 가지고, 건축물 및 복리시설 등에 대한 소유권(건축물의 전유부분에 대한 구분소유권은 이를 분양받은 자가 가지고, 건축물의 공용부분·부속건물 및 복리시설은 분양받은 자들이 공유한다)은 주택을 분양받은 자가 가지는 주택을 말한다.

63 주택법령에 대한 설명이다. (　　)에 들어갈 용어를 쓰시오.

> - '입주자저축'이란 국민주택과 민영주택을 공급받기 위하여 가입하는 (　㉠　)을(를) 말하며, 국토교통부장관은 주택을 공급받으려는 자에게 미리 입주금의 전부 또는 일부를 저축하게 할 수 있다.
> - 입주자저축계좌를 취급하는 기관(입주자저축취급기관)은 은행법에 따른 은행 중 (　㉡　)이 (가) 지정한다.

64 주택법령상 리모델링에 대한 설명이다. (　　)에 들어갈 용어를 쓰시오.

> 증축형 리모델링을 하려는 자는 시장·군수·구청장에게 안전진단을 요청하여야 하며, 안전진단을 요청받은 시장·군수·구청장은 대통령령으로 정하는 기관에 의뢰하여 안전진단을 실시하여야 한다. 안전진단을 의뢰받은 기관은 리모델링을 하려는 자가 추천한 (　㉠　)와 (과) 함께 안전진단을 실시하여야 하고, 시장·군수·구청장이 안전진단으로 건축물 구조의 안전에 위험이 있다고 평가하여 도시 및 주거환경정비법에 따른 (　㉡　)의 시행이 필요하다고 결정한 건축물에 대하여는 증축형 리모델링을 하여서는 아니 된다.

정답 및 해설

58 ㉠ 주택상환사채, ㉡ 사채원부
59 ㉠ 3, ㉡ 공급계약체결일
60 국민주택사업특별회계
61 300
62 토지임대부 분양주택
63 ㉠ 주택청약종합저축, ㉡ 국토교통부장관
64 ㉠ 건축구조기술사, ㉡ 재건축사업

65 주택법령에 대한 설명이다. (   )에 들어갈 용어를 쓰시오.

시장·군수·구청장은 수직증축형 리모델링을 하려는 자가 건축법에 따른 (㉠)의 심의를 요청하는 경우 구조계획상 증축범위의 적정성 등에 대하여 국토안전관리원 또는 한국건설기술연구원에 (㉡)을(를) 의뢰하여야 하며, 시장·군수·구청장은 수직증축형 리모델링을 하려는 자의 허가 신청이 있거나 안전진단 결과 국토교통부장관이 정하여 고시하는 (㉢)의 변경이 있는 경우 제출된 (㉢)상 구조안전의 적정성 여부 등에 대하여 (㉡)을(를) 의뢰하여야 한다.

66 주택법령상 안전성 검토에 대한 설명이다. (   )에 들어갈 아라비아 숫자를 쓰시오.

안전성 검토를 의뢰받은 전문기관은 검토한 결과를 안전성 검토를 의뢰받은 날부터 (㉠)일 (검토 의뢰를 받은 전문기관이 부득이하게 검토기간의 연장이 필요하다고 인정하여 (㉡)일의 범위에서 그 기간을 연장할 수 있다) 이내에 시장·군수·구청장에게 제출하여야 하며, 시장·군수·구청장은 특별한 사유가 없는 경우 이 법 및 관계 법률에 따른 위원회의 심의 또는 허가시 제출받은 안전성 검토결과를 반영하여야 한다.

67 주택법령에 대한 설명이다. (   )에 들어갈 용어를 쓰시오.

수직증축형 리모델링의 설계자는 국토교통부장관이 정하여 고시하는 구조기준에 맞게 (   )을(를) 작성하여야 한다.

68 주택법령에 대한 설명이다. (   )에 들어갈 용어를 쓰시오.

세대수가 증가되는 리모델링을 하는 경우에는 기존 주택의 권리변동, 비용분담 등에 대한 계획을 수립하여 사업계획승인 또는 행위허가를 받아야 하는데 그 계획을 '(   )'이라 한다.

69 주택법령에 대한 설명이다. ( )에 들어갈 용어를 쓰시오.

> 공동주택의 소유자가 리모델링에 의하여 전유부분(집합건물의 소유 및 관리에 관한 법률에
> 따른 전유부분을 말한다)의 면적이 늘거나 줄어드는 경우에는 집합건물의 소유 및 관리에 관
> 한 법률에도 불구하고 (㉠)은(는) 변하지 아니하는 것으로 본다. 다만, 세대수 증가를 수반
> 하는 리모델링의 경우에는 (㉡)에 따른다.

70 주택법 제11조(주택조합의 설립 등)에 따라 주택을 리모델링하기 위하여 주택조합을 설립하려는 경우에 필요한 결의에 관한 내용이다. ( )에 공통적으로 들어갈 아라비아 숫자를 쓰시오. (단, 분수로 쓸 것)

> • 주택단지 전체를 리모델링하고자 하는 경우에는 주택단지 전체의 구분소유자와 의결권의
>   각 (   ) 이상의 결의 및 각 동의 구분소유자와 의결권의 각 과반수의 결의
> • 동을 리모델링하고자 하는 경우에는 그 동의 구분소유자 및 의결권의 각 (   ) 이상의 결의

71 주택법령상 공동주택 리모델링의 허가기준에 관한 사례이다. ( )에 들어갈 아라비아 숫자를 쓰시오.

> 주택단지의 소유자가 100명인 경우, 입주자대표회의(공동주택관리법 제2조 제1항 제8호에 따
> 른 입주자대표회의를 말한다)가 주택법령에 따라 공동주택 리모델링을 하려면 소유자의 비
> 용부담 명세 등이 적혀 있는 결의서에 주택단지 소유자 (   )명의 동의를 받아야 한다.

정답 및 해설

65 ㉠ 건축위원회, ㉡ 안전성 검토, ㉢ 설계도서

66 ㉠ 30, ㉡ 20

67 구조설계도서

68 권리변동계획

69 ㉠ 대지사용권, ㉡ 권리변동계획

70 2/3

71 100

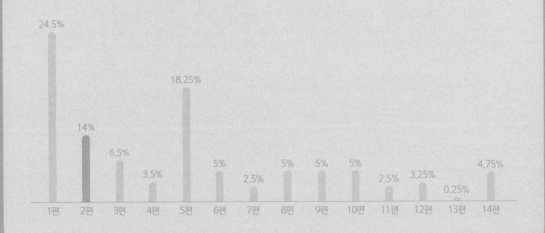

제2편

공동주택관리법

제1장 공동주택의 관리방법 결정 등

공동주택관리법령상 의무관리대상 공동주택이 아닌 것은?

① 300세대 이상의 공동주택
② 150세대 이상으로서 승강기가 설치된 공동주택
③ 150세대 이상으로서 중앙집중식 난방방식의 공동주택
④ 건축허가를 받아 주택 외의 시설과 주택을 동일 건축물로 건축한 건축물로서 주택이 150세대 이상인 건축물
⑤ 의무관리대상이 아닌 공동주택 중 입주자 등이 전체 입주자 등의 과반수가 서면으로 동의하여 정하는 공동주택

해설 | 전체 입주자 등의 3분의 2 이상이 서면으로 동의하여 정하는 공동주택이다.
기본서 p.177~179   정답 ⑤

---

01 **공동주택관리법령상 용어에 대한 설명으로 틀린 것은?**

① '혼합주택단지'란 분양을 목적으로 한 공동주택과 임대주택이 함께 있는 공동주택단지를 말한다.
② '입주자'란 공동주택의 소유자 또는 그 소유자를 대리하는 배우자 및 직계존비속을 말한다.
③ '사용자'란 공동주택을 임차하여 사용하는 사람(임대주택의 임차인을 포함한다) 등을 말한다.
④ '입주자 등'이란 입주자와 사용자를 말한다.
⑤ '주택관리사 등'이란 주택관리사보와 주택관리사를 말한다.

02 다음 중 공동주택관리법령상 관리주체에 해당하지 아니하는 자는?

① 법 제6조 제1항에 따른 자치관리기구의 대표자인 공동주택의 관리사무소장
② 법 제13조 제1항에 따라 관리업무를 인계하기 전의 사업주체
③ 주택관리업자
④ 임대사업자
⑤ 주택임대관리업자(시설물 유지·보수·개량 및 그 밖의 주택관리업무를 수행하는 경우는 제외한다)

대표예제 20 \ **공동주택의 관리방법 ★★**

공동주택관리법령상 주택의 관리방법 등에 관한 설명으로 옳지 않은 것은?

① 민간임대주택에 관한 특별법에 따른 임대사업자는 공동주택의 관리주체가 될 수 있다.
② 공동주택의 관리주체는 관리업무를 인계하기 전의 사업주체, 주택관리업자 및 지역주택조합장 등을 말한다.
③ 의무관리대상 공동주택을 건설한 사업주체는 입주예정자의 과반수가 입주할 때까지 그 공동주택을 직접 관리해야 함이 원칙이다.
④ 공동주택의 자치관리기구는 입주자대표회의의 감독을 받는다.
⑤ 사업주체는 입주자대표회의로부터 공동주택의 관리방법에 관한 통지가 없거나 입주자대표회의가 자치관리기구를 구성하지 아니한 때에는 주택관리업자를 선정하여야 한다.

해설 | 공동주택의 관리주체에 지역주택조합장은 해당하지 아니한다.

기본서 p.183~191   정답 ②

정답 및 해설

01 ③ 임대주택의 임차인은 <u>제외한다</u>.
02 ⑤ 시설물 유지·보수·개량 및 그 밖의 주택관리업무를 수행하는 경우에 한정한다.

03 공동주택관리법령상 공동주택의 관리방법 등에 관한 설명으로 옳지 않은 것은?

① 의무관리대상 공동주택을 건설한 사업주체는 입주예정자의 과반수가 입주할 때까지 그 공동주택을 관리하여야 한다.

② 사업주체는 입주예정자의 과반수가 입주할 때까지 공동주택을 직접 관리하는 경우에는 입주예정자와 관리계약을 체결하여야 한다.

③ 사업주체는 입주예정자의 과반수가 입주하였을 경우 입주자 등에게 그 사실을 알리고 관리방법 결정을 요구하여야 하며, 입주자 등은 사업주체의 관리방법 결정요구를 받았을 때에는 그 요구를 받은 날부터 3개월 이내에 입주자를 구성원으로 하는 입주자대표회의를 구성하여야 한다.

④ 의무관리대상 공동주택 관리방법의 결정은 입주자대표회의의 의결 또는 전체 입주자 등의 10분의 1 이상이 제안하고, 전체 입주자 등의 3분의 2 이상이 서면동의하는 방법에 의한다.

⑤ 입주자대표회의가 공동주택을 자치관리하려는 경우에는 사업주체의 관리방법 결정요구가 있었던 날부터 6개월 이내에 공동주택의 관리사무소장을 자치관리기구의 대표자로 선임하고, 대통령령으로 정하는 기술인력 및 장비를 갖춘 자치관리기구를 구성하여야 한다.

04 공동주택관리법령상 사업주체가 500세대의 공동주택을 건설한 경우의 관리방법 등에 관한 설명 중 옳지 않은 것은?

① 사업주체는 입주예정자의 과반수가 입주할 때까지 그 공동주택을 직접 관리하여야 한다.

② 사업주체는 ①에 따라 관리하는 경우에는 관리규약에 의하여 해당 공동주택의 공용부분의 관리 및 운영 등에 필요한 비용, 즉 관리비예치금을 징수할 수 있다.

③ 입주자 등은 사업주체의 관리방법 결정요구를 받았을 때에는 그 요구를 받은 날부터 3개월 이내에 입주자대표회의를 구성하여야 한다.

④ 관리방법의 결정은 입주자대표회의의 의결로 제안하거나 또는 전체 입주자 등의 10분의 1 이상이 제안하면, 전체 입주자 등의 과반수가 찬성하는 방법에 의한다.

⑤ 입주자대표회의가 공동주택을 자치관리하려는 경우에는 사업주체의 관리방법 결정요구가 있었던 날부터 6개월 이내에 공동주택의 관리사무소장을 자치관리기구의 대표자로 선임하고, 자치관리기구를 구성하여야 한다.

05 공동주택관리법령상 의무관리대상으로의 전환에 관한 설명 중 옳지 않은 것은?

① 입주자 등이 대통령령으로 정하는 기준에 따라 동의하여 의무관리대상 공동주택으로 전환되는 공동주택의 관리인은 대통령령으로 정하는 바에 따라 관할 특별자치시장·특별자치도지사·시장·군수·구청장에게 의무관리대상 공동주택 전환신고를 하여야 한다.

② ①의 경우에 관리인이 신고하지 않는 경우에는 입주자 등의 10분의 1 이상이 연서하여 신고할 수 있다.

③ 의무관리대상 전환 공동주택의 입주자 등은 관리규약의 제정신고가 수리된 날부터 3개월 이내에 입주자대표회의를 구성하여야 하며, 그 구성신고가 수리된 날부터 6개월 이내에 공동주택의 관리방법을 결정하여야 한다.

④ 위탁관리할 것을 결정한 경우 입주자대표회의는 입주자대표회의의 구성신고가 수리된 날부터 6개월 이내에 주택관리업자를 선정하여야 한다.

⑤ 의무관리대상 전환 공동주택의 입주자 등은 해당 공동주택을 의무관리대상에서 제외할 것을 정할 수 있으며, 이 경우 입주자대표회의의 회장(직무를 대행하는 사람을 포함한다)은 대통령령으로 정하는 바에 따라 시장·군수·구청장에게 의무관리대상 공동주택 제외신고를 하여야 한다.

정답 및 해설

03 ④ 의무관리대상 공동주택 관리방법의 결정은 입주자대표회의의 의결로 제안하거나 전체 입주자 등의 10분의 1 이상이 제안하면, <u>전체 입주자 등의 과반수가 찬성하는 방법</u>에 의한다.

04 ② 사업주체는 입주예정자의 과반수가 입주할 때까지 그 공동주택을 직접 관리하는 경우에는 <u>관리계약</u>에 의하여 해당 공동주택의 공용부분의 관리 및 운영 등에 필요한 비용, 즉 관리비예치금을 징수할 수 있다.

05 ③ 입주자대표회의의 구성신고가 수리된 날부터 <u>3개월 이내</u>에 공동주택의 관리방법을 결정하여야 한다.

06 공동주택관리법령상 위탁관리에 관한 설명으로 옳지 않은 것은?

① 입주자대표회의는 공동주택의 관리를 위탁할 주택관리업자를 선정(주택관리업자를 변경하는 경우를 포함한다)하려는 경우에는 전자입찰방식으로 선정하여야 한다.

② ①의 경우에 선정방법 등이 전자입찰방식을 적용하기 곤란한 경우로서 국토교통부장관이 정하여 고시하는 경우에는 전자입찰방식으로 선정하지 아니할 수 있다. 이 경우에 국토교통부장관이 정하여 고시하는 경우 외에는 경쟁입찰로 하여야 한다.

③ ②에도 불구하고 입주자 등의 의견을 청취한 결과 전체 입주자 등의 10분의 1 이상이 서면으로 이의를 제기하지 아니한 경우에 계약기간이 끝난 주택관리업자를 수의계약의 방법으로 다시 선정할 수 있다.

④ ③의 경우에 그 선정을 위하여 입주자대표회의 구성원 과반수 이상이 찬성하여야 한다.

⑤ 입주자 등은 기존 주택관리업자의 관리 서비스가 만족스럽지 못한 경우에는 전체 입주자 등 과반수의 서면동의를 받아 새로운 주택관리업자 선정을 위한 입찰에서 기존 주택관리업자의 참가를 제한하도록 입주자대표회의에 요구할 수 있다. 이 경우 입주자대표회의는 그 요구에 따라야 한다.

07 공동주택관리법령상 자치관리에 관한 설명으로 옳지 않은 것은?

① 입주자 등이 공동주택을 자치관리할 것을 정한 경우에는 입주자대표회의는 사업주체의 요구가 있은 날부터 6개월 이내에 공동주택의 관리사무소장을 자치관리기구의 대표자로 선임하고, 자치관리기구를 구성하여야 한다.

② ①의 경우에 의무관리대상 공동주택으로 전환되는 경우에는 의무관리대상 공동주택 전환신고를 한 날을 말한다.

③ 주택관리업자에게 위탁관리하다가 자치관리로 관리방법을 변경하는 경우 입주자대표회의는 그 위탁관리의 종료일까지 자치관리기구를 구성하여야 한다.

④ 자치관리기구 관리사무소장은 입주자대표회의가 입주자대표회의 구성원(관리규약으로 정한 정원을 말하며, 해당 입주자대표회의 구성원의 3분의 2 이상이 선출되었을 때에는 그 선출된 인원을 말한다) 과반수의 찬성으로 선임한다.

⑤ 입주자대표회의는 선임된 관리사무소장이 해임되거나 그 밖의 사유로 결원이 되었을 때에는 그 사유가 발생한 날부터 30일 이내에 새로운 관리사무소장을 선임하여야 한다.

08 공동주택관리법령상 공동주택의 공동관리, 구분관리에 관한 설명 중 옳지 않은 것은?

① 공동관리는 원칙적으로 세대수 1,500세대 이하이어야 한다. 다만, 의무관리대상 공동주택과 인접한 300세대 미만의 공동주택단지를 공동으로 관리하는 경우에는 그러하지 아니하다.

② 공동관리의 경우에는 주택단지별로 입주자 등의 과반수의 동의를 얻어야 하며, 공동주택단지 사이에 주택법 제2조 제12호의 어느 하나에 해당하는 시설(단지 구분시설)이 없어야 한다.

③ ②의 경우에도 시장·군수·구청장이 단지간 보행자 통행의 편리성 및 안전성이 확보되었다고 인정하는 경우로서 단지별로 입주자 등 3분의 2 이상의 서면동의를 받은 경우에는 공동관리를 정할 수 있다.

④ 입주자대표회의는 해당 공동주택의 관리여건상 필요하다고 인정하는 경우에는 300세대 이상의 단위로 구분하여 관리하게 할 수 있다.

⑤ 구분관리의 경우에는 구분관리 단위별 입주자 등의 과반수의 동의를 얻어야 하며, 공동관리하거나 구분관리할 것을 결정한 경우에는 지체 없이 그 내용을 시장·군수·구청장에게 통보하여야 한다.

정답 및 해설

06 ④ 계약기간이 끝난 주택관리업자와의 재계약 결정은 입주자대표회의 구성원의 <u>3분의 2 이상</u>의 찬성으로 결정한다.

07 ② 의무관리대상 공동주택으로 전환되는 경우에는 <u>입주자대표회의의 구성신고가 수리된 날</u>을 말한다.

08 ④ 입주자대표회의는 해당 공동주택의 관리여건상 필요하다고 인정하는 경우에는 인접한 공동주택단지(임대주택단지를 포함한다)와 공동으로 관리하거나 <u>500세대 이상</u>의 단위로 구분하여 관리하게 할 수 있다.

09 공동주택관리법령상 혼합주택단지의 관리방법에 대한 설명으로 틀린 것은?

① 입주자대표회의와 임대사업자는 혼합주택단지의 관리에 관한 대통령령으로 정하는 사항을 공동으로 결정하여야 한다.

② ①의 경우 임차인대표회의가 구성된 혼합주택단지에서는 임대사업자는 민간임대주택에 관한 특별법 제52조 제4항의 사항을 임차인대표회의와 사전에 협의하여야 한다.

③ 공동으로 결정하는 경우에 관리방법의 결정 및 변경과 주택관리업자의 선정에 대하여 합의가 되지 아니한 경우에는 해당 혼합주택단지 공급면적의 2분의 1 이상의 면적을 관리하는 입주자대표회의 또는 임대사업자가 결정한다.

④ 공동으로 결정하는 경우에 장기수선계획의 조정과 장기수선충당금 및 특별수선충당금을 사용하는 주요 시설의 교체 및 보수 등에 관한 사항과 관리비 등을 사용하는 공사 및 용역에 관한 사항에 대하여 합의가 되지 아니한 경우에는 해당 단지 공급면적의 3분의 2 이상을 관리하는 입주자대표회의 또는 임대사업자가 결정한다.

⑤ 공동결정에도 불구하고 각각 별개의 동으로 배치되어 구분관리가 가능하며, 입주자대표회의와 임대사업자가 공동으로 결정하지 아니하고 각자 결정하기로 합의를 한 경우에는 각자 결정할 수 있다.

10 공동주택관리법령상 관리방법에 대한 다음 설명 중 틀린 것은?

① 의무관리대상 공동주택을 건설한 사업주체는 입주예정자의 과반수가 입주할 때까지 그 공동주택을 관리하여야 하며, 입주예정자의 과반수가 입주하였을 때에는 입주자 등에게 공동주택을 관리할 것을 요구하여야 한다.

② 사업주체는 ①에 따라 입주예정자의 과반수가 입주할 때까지 공동주택을 직접 관리하는 경우에는 입주예정자와 관리계약을 체결하여야 한다.

③ 사업주체는 그 관리규약에 따라 관리비예치금을 징수할 수 있다.

④ 임대사업자의 경우에도 민간건설임대주택을 임대사업자 외의 자에게 양도하는 경우로서 해당 양도 임대주택 입주예정자의 과반수가 입주하였을 때 위 ①을 준용하여 입주자 등에게 통지하여야 하며, 입주자대표회의의 구성에 협력하여야 한다.

⑤ ④의 경우에 공공건설임대주택에 대하여 분양전환을 하는 경우로서 해당 공공건설임대주택 전체 세대수의 과반수가 분양전환된 때를 말한다.

11 공동주택관리법령상 관리방법에 대한 다음 설명 중 틀린 것은?

① 의무관리대상 공동주택을 건설한 사업주체는 입주예정자의 과반수가 입주하였을 때에는 입주자 등에게 공동주택을 관리할 것을 요구하여야 한다.

② 입주자 등이 ①에 따른 요구를 받았을 때에는 그 요구를 받은 날부터 6개월 이내에 입주자를 구성원으로 하는 입주자대표회의를 구성하여야 한다.

③ 입주자대표회의의 회장은 입주자 등이 해당 공동주택의 관리방법을 결정(위탁관리를 결정한 경우에는 그 주택관리업자의 선정을 포함한다)한 경우에는 이를 사업주체 또는 의무관리대상 전환 공동주택의 관리인에게 통지하여야 한다.

④ ③의 경우에 관리방법 결정일 30일 이내에 관할 특별자치시장·특별자치도지사·시장·군수·구청장에게 신고하여야 한다.

⑤ 사업주체는 입주자대표회의로부터 ③에 따른 통지가 없거나 입주자대표회의가 법 제6조 제1항에 따른 자치관리기구를 구성하지 아니하는 경우에는 주택관리업자를 선정하여야 한다. 이 경우 사업주체는 입주자대표회의 및 관할 시장·군수·구청장에게 그 사실을 알려야 한다.

정답 및 해설

09 ③ 공급면적의 <u>2분의 1을 초과</u>하여 관리하는 입주자대표회의 또는 임대사업자이다.

10 ③ 사업주체는 <u>관리계약</u>에 따라 관리비예치금을 징수할 수 있다.

11 ② <u>3개월 이내</u>에 입주자대표회의를 구성하여야 한다.

12 공동주택관리법령상 관리방법에 대한 다음 설명 중 틀린 것은?

① 사업주체 또는 의무관리대상 전환 공동주택의 관리인은 입주자대표회의의 회장으로부터 주택관리업자의 선정을 통지받거나, 법 제6조 제1항에 따라 자치관리기구가 구성된 경우에 1개월 이내에 해당 관리주체에게 공동주택의 관리업무를 인계하여야 한다.

② ①의 경우는 법 제12조에 따라 사업주체가 주택관리업자를 선정한 경우에도 그러하다.

③ 공동주택의 관리주체가 변경되는 경우에 새로운 관리주체는 기존 관리의 종료일까지 공동주택관리기구를 구성하여야 하며, 기존 관리주체는 해당 관리의 종료일까지 공동주택의 관리업무를 인계하여야 한다.

④ 기존 관리의 종료일까지 인계·인수가 이루어지지 아니한 경우 기존 관리주체는 기존 관리의 종료일부터 1개월 이내에 새로운 관리주체에게 공동주택의 관리업무를 인계하여야 하며, 그 기간에 소요되는 기존 관리주체의 인건비 등은 해당 공동주택의 관리비로 지급하여서는 안 된다.

⑤ 건설임대주택(민간건설임대주택 및 공공건설임대주택을 말한다)을 분양전환(민간임대주택에 관한 특별법에 따른 임대사업자 외의 자에게의 양도 및 공공주택 특별법에 따른 분양전환을 말한다)하는 경우 임대사업자는 관리주체에게 공동주택의 관리업무를 인계하여야 한다.

13 주택법령상 사업주체가 관리업무를 인계할 때에는 입주자대표회의의 회장 및 1명 이상의 감사의 참관하에 인계자와 인수자가 인계·인수서에 각각 서명·날인하여 서류를 인계하여야 하는데, 그 인계서류가 아닌 것은?

① 설계도서, 장비의 명세, 장기수선계획 및 안전관리계획

② 관리비·사용료·이용료의 부과·징수현황 및 이에 관한 회계서류

③ 장기수선충당금의 적립현황, 관리비예치금의 명세

④ 입주자대표회의의 구성현황 및 인적사항

⑤ 세대 전유부분을 입주자에게 인도한 날의 현황

정답 및 해설

12 ④ 해당 공동주택의 관리비로 <u>지급할 수 있다</u>.

13 ④ 관리규약과 그 밖에 공동주택의 관리업무에 필요한 사항에 관한 서류도 해당된다.

제2장 입주자대표회의

대표예제 21 **입주자대표회의 ★★★**

공동주택관리법령상 입주자대표회의의 구성에 관한 설명 중 옳지 않은 것은?

① 입주자대표회의는 4명 이상으로 구성하되, 동별 세대수에 비례하여 공동주택관리규약으로 정한 선거구에 따라 선출된 대표자로 구성한다.

② 관리규약으로 정하는 선거구는 2개 동 이상으로 묶어서 정할 수는 있어도, 통로나 층별로 구획하여 정할 수는 없다.

③ 동별 대표자의 입후보자가 2명 이상인 경우에는 해당 선거구 전체 입주자 등의 과반수가 투표하고 후보자 중 최다득표자를 선출한다.

④ 동별 대표자의 입후보자가 1명인 경우에는 해당 선거구 전체 입주자 등의 과반수가 투표하고 투표자 과반수의 찬성으로 선출한다.

⑤ 동별 대표자의 임기는 2년으로 하되, 한 번만 중임할 수 있다. 다만, 보궐선거 또는 재선거로 선출된 동별 대표자의 임기의 경우 모든 동별 대표자의 임기가 동시에 시작하는 경우에는 2년이지만, 그 외의 경우에는 전임자 임기의 남은 기간으로 한다.

해설 | 관리규약으로 정하는 선거구는 2개 동 이상으로 묶거나 통로나 층별로 구획하여 정할 수 있다.

기본서 p.195~205   정답 ②

01 공동주택관리법령상 동별 대표자가 될 수 없는 자에 대한 설명으로 옳지 않은 것은?

① 금고 이상의 실형선고를 받고 그 집행이 끝나거나 면제된 날로부터 2년이 지나지 아니한 사람
② 이 법 또는 주택법, 민간임대주택에 관한 특별법, 공공주택 특별법, 건축법, 집합건물의 소유 및 관리에 관한 법률을 위반한 범죄로 벌금을 선고받은 후 2년이 지나지 아니한 사람
③ 선거관리위원회 위원(잔여임기를 남겨두고 위원을 사퇴한 사람을 포함한다)
④ 해당 공동주택의 동별 대표자에서 사퇴한 날부터 2년이 지나지 아니한 사람
⑤ 관리비 등을 3개월 이상 연속하여 체납한 사람

02 공동주택관리법령상 사용자인 동별 대표자에 대한 다음 설명 중 틀린 것은?

① 2회의 선출공고에도 불구하고 입주자인 동별 대표자의 후보자가 없는 선거구에서 직전 선출공고일부터 2개월 이내에 선출공고를 하는 경우로서 대통령령으로 정하는 요건을 모두 갖춘 사용자도 동별 대표자가 될 수 있다.
② 사용자인 동별 대표자의 경우에도 해당 공동주택단지 안에서 주민등록을 마친 후 계속하여 3개월 이상 거주하고 있을 것이며 해당 선거구에 주민등록을 마친 후 거주하고 있어야 한다.
③ 사용자인 동별 대표자의 경우에도 동별 대표자의 결격사유에 해당하여서는 안되며, 입주자인 후보자가 있으면 사용자는 후보자의 자격을 상실한다.
④ 사용자인 동별 대표자는 회장이 될 수 없다. 다만, 입주자인 동별 대표자 중에서 회장 후보자가 없는 경우에 전체 입주자 등의 10분의 1 이상이 투표하여 투표자의 과반수의 서면동의를 얻은 경우에는 그러하지 아니하다.
⑤ 입주자대표회의 구성원 중 사용자인 동별 대표자가 과반수인 경우에는 공동주택 공용부분의 담보책임 종료 확인은 의결사항에서 제외하고, 장기수선계획의 수립 또는 조정에 관한 사항은 전체 입주자 과반수의 서면동의를 받아 그 동의 내용대로 의결한다.

03 공동주택관리법령상 입주자대표회의의 구성 등에 관한 설명으로 옳지 않은 것은?

① 동별 대표자 및 입주자대표회의의 임원의 임기는 2년으로 한다.

② 2회의 선출공고에도 불구하고 동별 대표자의 후보자가 없는 경우에는 동별 대표자를 중임한 사람도 해당 선거구 입주자 등의 과반수의 찬성으로 다시 동별 대표자로 선출될 수 있다. 이 경우 후보자 중 동별 대표자를 중임하지 아니한 사람이 있으면 중임한 사람은 후보자의 자격을 상실한다.

③ 동별 대표자는 관리규약으로 정한 사유가 있는 경우에 해당 선거구 입주자 등의 과반수가 투표하고 투표자 과반수 찬성으로 해임한다.

④ 입주자대표회의에서는 동별 대표자 중에서 회장 1명, 감사 2명 이상, 이사 1명 이상의 임원을 두어야 하고, 그 이사 중 공동체생활의 활성화에 관한 업무를 담당하는 이사를 선임할 수 있다.

⑤ ④의 경우 사용자인 동별 대표자는 회장이 될 수 없다. 다만, 입주자인 동별 대표자 중에서 회장 후보자가 없는 경우로서 선출 전에 전체 입주자 과반수의 서면동의를 얻은 경우에는 그러하지 아니하다.

정답 및 해설

01 ④ 해당 공동주택의 동별 대표자를 사퇴한 날부터 <u>1년</u>(해당 동별 대표자에 대한 해임이 요구된 후 사퇴한 경우에는 2년을 말한다)이 지나지 아니하거나 해임된 날부터 2년이 지나지 아니한 사람이다.

02 ④ 사용자인 동별 대표자는 회장이 될 수 없다. 다만, 입주자인 동별 대표자 중에서 회장 후보자가 없는 경우로서 선출 전에 <u>전체 입주자 과반수의 서면동의를 얻은</u> 경우에는 그러하지 아니하다.

03 ① 동별 대표자의 임기는 2년으로 하되, 한 번만 중임할 수 있다. <u>입주자대표회의 임원의 임기는 관리규약으로 정한다</u>.

04 공동주택관리법령상 관리주체 및 입주자대표회의에 관한 설명으로 옳지 않은 것은?

① 동별 대표자의 임기는 3년 단임으로 한다.

② 관리주체 또는 입주자대표회의는 해당 공동주택단지에서 시행하는 공사·용역 등의 적정성에 대하여 국토교통부장관이 지정·고시한 기관 또는 단체 등에 자문할 수 있다.

③ 입주자대표회의와 관리주체는 장기수선계획을 3년마다 검토하고 필요한 경우 이를 조정하여야 하며, 수립 또는 조정된 장기수선계획에 따라 주요 시설을 교체하거나 보수하여야 한다.

④ 의무관리대상 공동주택의 입주자 등은 그 공동주택의 유지관리를 위하여 필요한 관리비를 관리주체에게 내야 한다.

⑤ 공동주택의 관리주체는 입주자 등이 납부하는 대통령령으로 정하는 사용료 등을 입주자 등을 대행하여 그 사용료 등을 받을 자에게 납부할 수 있다.

05 공동주택관리법령상 입주자대표회의의 업무에 관한 설명으로 옳지 않은 것은?

① 입주자대표회의의 회장은 입주자대표회의를 대표하고, 그 회의의 의장이 된다.

② 감사는 관리비·사용료 및 장기수선충당금 등의 부과·징수·지출·보관 등 회계 관계업무와 관리업무 전반에 대하여 관리주체의 업무를 감사한다.

③ 감사는 감사를 한 경우에는 감사보고서를 작성하여 입주자대표회의와 관리주체에게 제출하고 공동주택정보시스템에 공개하여야 한다.

④ 감사는 입주자대표회의에서 의결한 안건이 관계 법령 및 관리규약에 위반된다고 판단되는 경우에는 입주자대표회의에 재심의를 요청할 수 있으며, 재심의를 요청받은 입주자대표회의는 지체 없이 해당 안건을 다시 심의하여야 한다.

⑤ 입주자대표회의의 의결사항의 구체적인 내용은 대통령령으로 정한다. 다만, 입주자대표회의의 구성원 중 사용자인 동별 대표자가 과반수인 경우에는 대통령령으로 그 의결방법 및 의결사항을 달리 정할 수 있다.

06 **공동주택관리법령상 입주자대표회의의 의결사항이 아닌 것은?**

① 관리규약 개정안의 제안(제안서에는 개정안의 취지, 내용, 제안 유효기간 및 제안자 등을 포함한다)

② 관리규약에서 위임한 사항과 그 시행에 필요한 규정의 제정·개정 및 폐지

③ 영 제39조 제5항 및 제6항에 따른 공동주택 공용부분의 담보책임 종료 확인

④ 입주자 등 상호간에 이해가 상반되는 사항의 조정

⑤ 위탁관리를 하는 경우 자치관리기구 직원의 임면에 관한 사항

07 **공동주택관리법령상 입주자대표회의 임원의 선출에 관한 설명으로 옳지 않은 것은?**

① 후보자가 2명 이상인 경우에 회장은 전체 입주자 등의 10분의 1 이상이 투표하고 후보자 중 최다득표자를 선출한다.

② ①에도 불구하고 500세대 미만의 공동주택단지에서 관리규약으로 정하는 경우에는 입주자대표회의 구성원 과반수의 찬성으로 선출하며, 입주자대표회의 구성원 과반수 찬성으로 선출할 수 없는 경우로서 최다득표자가 2인 이상인 경우에는 추첨으로 선출한다.

③ 후보자가 선출필요인원을 초과하는 경우에 감사는 후보자별로 전체 입주자 등의 10분의 1 이상이 투표하고 투표자 과반수의 찬성으로 선출한다.

④ 이사는 입주자대표회의 구성원 과반수의 찬성으로 선출하며, 입주자대표회의 구성원 과반수 찬성으로 선출할 수 없는 경우로서 최다득표자가 2인 이상인 경우에는 추첨으로 선출한다.

⑤ 회장과 감사는 관리규약으로 정한 사유가 있는 경우에 전체 입주자 등의 10분의 1 이상이 투표하고 투표자 과반수의 찬성으로 해임한다. 다만, 입주자대표회의에서 선출된 회장 및 감사는 관리규약으로 정하는 절차에 따라 해임한다.

정답 및 해설

04 ① 동별 대표자의 임기는 <u>2년이고, 한 번만 중임할 수 있다.</u>

05 ③ 감사는 감사를 한 경우에 감사보고서를 작성하여 입주자대표회의와 관리주체에게 제출하고 <u>인터넷 홈페이지</u> [인터넷 홈페이지가 없는 경우에는 인터넷포털에서 제공하는 유사한 기능의 웹사이트(관리주체가 운영·통제하는 경우에 한정한다), 해당 공동주택단지의 관리사무소나 게시판 등을 말한다]에 공개하여야 한다.

06 ⑤ <u>자치관리를 하는 경우</u> 자치관리기구 직원의 임면에 관한 사항이다.

07 ③ 후보자가 선출필요인원을 초과하는 경우에 감사는 <u>전체 입주자 등의 10분의 1 이상이 투표하고 후보자 중 다득표자 순으로 선출한다.</u>

08 공동주택관리법령상 시장·군수·구청장은 입주자대표회의의 구성원에게 입주자대표회의의 운영과 관련하여 필요한 교육 및 윤리교육을 실시하여야 하는데, 그 교육의 내용이 아닌 것은?

① 공동주택의 관리에 관한 관계 법령 및 관리규약의 준칙에 관한 사항
② 입주자대표회의 구성원의 직무·소양 및 윤리에 관한 사항
③ 공동주택단지 공동체의 활성화에 관한 사항
④ 관리비·사용료 및 장기수선충당금에 관한 사항
⑤ 장기수선계획의 조정에 관한 사항

09 공동주택관리법령상 입주자대표회의의 회의에 대한 다음 설명 중 틀린 것은?

① 입주자대표회의는 관리규약으로 정하는 바에 따라 회장이 그 명의로 소집한다.
② 입주자대표회의 구성원 3분의 1 이상이 청구하거나, 입주자 등의 10분의 1 이상이 요청하는 때에는 회장은 해당일부터 14일 이내에 입주자대표회의를 소집해야 한다.
③ ②에 따라 회장이 회의를 소집하지 않는 경우에는 관리규약으로 정하는 이사가 그 회의를 소집하고 회장의 직무를 대행한다.
④ 장기수선계획의 수립 또는 조정에 관한 사항에 대하여는 전체 입주자 등의 5분의 1 이상이 요청하는 경우에도 그러하다.
⑤ 입주자대표회의는 그 회의를 개최한 때에는 회의록을 작성하여 관리주체에게 보관하게 하고, 관리주체는 입주자 등이 회의록의 열람을 청구하거나 자기의 비용으로 복사를 요구하는 때에는 관리규약으로 정하는 바에 따라 이에 응하여야 한다.

10 공동주택관리법령상 입주자대표회의의 교육에 대한 설명으로 틀린 것은?

① 시장·군수·구청장은 대통령령으로 정하는 바에 따라 입주자대표회의 구성원에게 입주자대표회의의 운영과 관련하여 필요한 교육 및 윤리교육을 실시하여야 한다.

② 시장·군수·구청장은 입주자 등이 희망하는 경우에는 ①의 교육을 관리주체와 입주자 등에게 실시할 수 있다.

③ 시장·군수·구청장은 입주자대표회의 구성원 또는 관리주체·입주자 등에 대하여 운영·윤리교육을 하려면 교육 10일 전까지 공고하거나 교육대상자에게 알려야 한다.

④ 운영·윤리교육은 집합교육의 방법으로 한다. 다만, 교육 참여현황의 관리가 가능한 경우에는 그 전부 또는 일부를 온라인교육으로 할 수 있다.

⑤ 운영·윤리교육의 수강비용은 시장·군수·구청장이 부담하여야 한다.

정답 및 해설

08 ⑤ 장기수선계획의 조정에 관한 사항은 <u>관리사무소장에 대한 교육내용</u>이다.
- ▶ 입주자대표회의 구성원에 대한 교육내용
  - 공동주택의 관리에 관한 관계 법령 및 관리규약의 준칙에 관한 사항
  - 입주자대표회의의 구성원의 직무·소양 및 윤리에 관한 사항
  - 공동주택단지 공동체의 활성화에 관한 사항
  - 관리비·사용료 및 장기수선충당금에 관한 사항
  - 공동주택 회계처리에 관한 사항
  - 층간소음 예방 및 입주민간 분쟁의 조정에 관한 사항
  - 하자보수에 관한 사항
  - 그 밖에 입주자대표회의의 운영에 필요한 사항

09 ④ 장기수선계획의 수립 또는 조정에 관한 사항은 <u>전체 입주자의 10분의 1 이상의 요청</u>이다.

10 ⑤ 운영·윤리교육의 수강비용은 <u>입주자대표회의 운영경비에서 부담</u>하며, 입주자 등에 대한 운영·윤리교육의 수강비용은 수강생 본인이 부담한다. 다만, 시장·군수·구청장은 필요하다고 인정하는 경우에는 그 비용의 전부 또는 일부를 지원할 수 있다.

11 공동주택관리법령상 선거관리위원회에 관한 설명 중 옳지 않은 것은?

① 입주자 등은 동별 대표자나 입주자대표회의의 임원을 선출하거나 해임하기 위하여 선거관리위원회를 구성한다.

② 선거관리위원회는 위원장을 포함하여 5명(500세대 미만의 공동주택의 경우에는 3명 이상 5명 이하) 이상 9명 이하의 위원으로 구성하고, 위원장은 호선한다.

③ 선거관리위원회는 그 구성원(관리규약으로 정한 정원을 말한다) 과반수의 찬성으로 그 의사를 결정한다.

④ 선거관리위원회 위원장은 동별 대표자의 결격사유 해당 여부를 확인하기 위하여 동별 대표자 후보자의 동의를 받아 범죄경력을 관계 기관의 장에게 확인하여야 한다.

⑤ ④의 경우에 선거관리위원회가 구성되지 아니하였거나 위원장이 사퇴, 해임 등으로 궐위된 경우에는 입주자대표회의의 회장을 말하며, 입주자대표회의의 회장도 궐위된 경우에는 관리사무소장을 말한다.

12 공동주택관리법령상 선거관리위원회 위원의 결격사유가 아닌 것은?

① 동별 대표자 또는 그 후보자

② ①에 해당하는 사람의 배우자 또는 직계존비속

③ 미성년자, 피성년후견인 또는 피한정후견인, 파산선고를 받고 복권되지 아니한 사람

④ 동별 대표자를 사퇴하거나 그 지위에서 해임된 사람 또는 법 제14조 제5항(결격사유)에 따라 퇴임한 사람으로서 그 남은 임기 중에 있는 사람

⑤ 선거관리위원회 위원을 사퇴하거나 그 지위에서 해임 또는 해촉된 사람으로서 그 남은 임기 중에 있는 사람

정답 및 해설

11 ② 500세대 미만의 공동주택의 경우에는 <u>3명 이상 9명 이하</u>이다.

12 ③ 파산선고자는 선거관리위원회 위원의 결격사유에 해당하지 아니한다.

제3장 공동주택 관리규약

대표예제 22 〉〉 관리규약 등 ★★★

공동주택관리법령상 관리규약의 준칙 및 관리규약에 관한 설명으로 옳은 것은?

① 관리규약의 준칙은 공동주택의 입주자 등을 보호하고 주거생활의 질서를 유지하기 위하여 시장·군수·구청장이 정하여야 한다.

② 입주자대표회의는 관리규약의 준칙을 참조하여 관리규약을 정한다.

③ 공동주택 분양 후 최초의 관리규약은 사업주체가 제안한 내용을 해당 입주예정자의 3분의 2가 서면동의하는 방법으로 이를 결정하며, 의무관리대상 전환 공동주택의 관리규약 제정안은 의무관리대상 전환 공동주택의 관리인이 제안하고, 그 내용을 전체 입주자 등 과반수의 서면동의로 결정한다.

④ 사업주체는 입주예정자와 관리계약을 체결할 때 관리규약 제정안을 제안하여야 한다. 다만, 사업주체가 입주자대표회의가 구성되기 전에 공동주택의 어린이집, 다함께돌봄센터, 공동육아나눔터의 임대계약을 체결하려는 경우에는 입주개시일 1개월 전부터 관리규약 제정안을 제안할 수 있다.

⑤ 입주자대표회의의 회장(제정의 경우에는 사업주체 또는 의무관리대상 전환 공동주택의 관리인)은 관리규약이 제정·개정되거나 입주자대표회의가 구성·변경되는 경우에 그날부터 30일 이내에 시장·군수·구청장에게 신고서를 제출하는 방법으로 그 사실을 신고하여야 한다. 다만, 의무관리대상 전환 공동주택의 관리인이 관리규약의 제정신고를 하지 아니하는 경우에는 입주자 등의 10분의 1 이상이 연서하여 신고할 수 있다.

오답체크 ① 관리규약의 준칙은 공동주택의 입주자 및 사용자를 보호하고 주거생활의 질서를 유지하기 위하여 시·도지사가 정하여야 한다.

② 입주자 등은 관리규약의 준칙을 참조하여 관리규약을 정한다.

③ 공동주택 분양 후 최초의 관리규약은 사업주체가 제안한 내용(관리규약 준칙에 따라 입주예정자와 관리계약을 체결할 때에 제안한 내용을 말한다)을 해당 입주예정자의 과반수가 서면으로 동의하는 방법으로 결정한다.

④ 사업주체가 입주자대표회의가 구성되기 전에 공동주택의 어린이집 임대계약을 체결하려는 경우에는 입주개시일 3개월 전부터 관리규약 제정안을 제안할 수 있다.

기본서 p.205~212

정답 ⑤

01 다음 중 공동주택관리법령상 공동주택관리규약의 준칙에 포함되어야 할 사항이 아닌 것은?

① 입주자 등 상호간에 이해가 상반되는 사항의 조정
② 동별 대표자의 선거구·선출절차와 해임 사유·절차 등에 관한 사항
③ 입주자대표회의의 소집절차, 임원의 해임 사유·절차 등에 관한 사항
④ 관리규약을 위반한 자 및 공동생활의 질서를 문란하게 한 자에 대한 조치
⑤ 공동주택의 층간소음(아이들이 뛰는 소리, 문을 닫는 소리, 애완견이 짖는 소리, 늦은 시간이나 이른 시간에 세탁기·청소기·골프연습기·운동기구 등을 사용하는 소리, 화장실과 부엌에서 물을 내리는 소리 등을 말한다)에 관한 사항

02 공동주택관리법령상 공동주택관리규약과 공동체생활의 활성화에 관한 설명으로 옳지 않은 것은?

① 시·도지사는 공동주택의 관리 또는 사용에 관하여 준거가 되는 공동주택관리규약의 준칙을 정하여야 한다.
② 입주자 등은 공동주택관리규약의 준칙을 참조하여 관리규약을 정한다. 이 경우 어린이집의 임대료 등에 관한 사항은 관리규약의 준칙, 어린이집의 안정적 운영, 보육서비스 수준의 향상 등을 고려하여 결정하여야 한다.
③ 공동주택관리규약은 입주자의 지위를 승계한 자에 대하여도 그 효력이 있다.
④ 공동주택의 입주자 등은 입주자 등의 소통 및 화합 증진 등을 위하여 필요한 활동을 자율적으로 실시할 수 있고, 이를 위하여 필요한 조직을 구성하여 운영할 수 있다.
⑤ 입주자대표회의 또는 관리주체는 공동체생활의 활성화에 필요한 경비의 일부를 재활용품의 매각 수입 등 공동주택을 관리하면서 부수적으로 발생하는 수입에서 지원할 수 있고 이에 따른 경비의 지원은 관리규약으로 정하거나 관리규약에 위배되지 아니하는 범위에서 관리주체가 정한다.

03 공동주택관리법령상 공동주택의 층간소음 예방에 대한 설명 중 틀린 것은?

① 공동주택의 입주자 등(임대주택의 임차인을 포함한다)은 공동주택에서 발생하는 소음 등 층간소음[벽간소음 등 인접한 세대간의 소음(대각선에 위치한 세대간의 소음을 포함한다)을 포함한다]으로 인하여 다른 입주자 등에게 피해를 주지 아니하도록 노력하여야 한다.

② 층간소음으로 피해를 입은 입주자 등은 관리주체에게 층간소음 발생 사실을 알리고, 관리주체가 층간소음 피해를 끼친 해당 입주자 또는 사용자에게 층간소음 발생의 중단이나 차음조치를 권고하도록 요청할 수 있다.

③ 공동주택 층간소음의 범위는 입주자 또는 사용자의 활동으로 인하여 발생하는 소음으로서 다른 입주자 또는 사용자에게 피해를 주는 직접충격소음 및 공기전달소음을 말하며, 욕실, 화장실 및 다용도실 등에서 급수 · 배수로 인하여 발생하는 소음을 포함한다.

④ 공동주택 층간소음의 범위와 기준은 국토교통부와 환경부의 공동부령으로 정한다.

⑤ 관리주체는 필요한 경우 입주자 등을 대상으로 층간소음의 예방, 분쟁의 조정 등을 위한 교육을 실시할 수 있다.

정답 및 해설

01 ① 입주자 등 상호간에 이해가 상반되는 사항의 조정업무는 <u>입주자대표회의 의결사항</u>이다.

02 ⑤ 공동체생활의 활성화에 필요한 경비의 지원은 관리규약으로 정하거나 관리규약에 위배되지 아니하는 범위에서 <u>입주자대표회의 의결</u>로 정한다.

03 ③ 공동주택 층간소음의 범위는 입주자 또는 사용자의 활동으로 인하여 발생하는 소음으로서 다른 입주자 또는 사용자에게 피해를 주는 직접충격소음 및 공기전달소음을 말한다. 다만, 욕실, 화장실 및 다용도실 등에서 급수 · 배수로 인하여 발생하는 소음은 <u>제외한다</u>.

04 공동주택관리법령상 공동주택의 층간소음관리위원회에 대한 설명 중 틀린 것은?

① 입주자 등은 층간소음에 따른 분쟁을 예방하고 조정하기 위하여 관리규약으로 정하는 바에 따라 공동주택 층간소음관리위원회를 구성·운영할 수 있다. 다만, 의무관리대상 공동주택 중 대통령령으로 정하는 규모 이상인 경우에는 층간소음관리위원회를 구성하여야 한다.

② 층간소음 피해를 입은 입주자 등은 관리주체 또는 층간소음관리위원회의 조치에도 불구하고 층간소음 발생이 계속될 경우 공동주택관리 분쟁조정위원회나 환경분쟁 조정법에 따른 환경분쟁조정위원회에 조정을 신청할 수 있다.

③ 층간소음관리위원회의 구성원은 입주자대표회의 임원으로 한다.

④ 국토교통부장관 또는 지방자치단체의 장은 공동주택의 층간소음 예방을 위한 정책의 수립과 시행에 필요한 기초자료를 확보하기 위하여 대통령령으로 정하는 바에 따라 층간소음에 관한 실태조사를 단독 또는 합동으로 실시할 수 있다.

⑤ 국토교통부장관 또는 지방자치단체의 장은 층간소음에 관한 실태조사 업무를 대통령령으로 정하는 기관 또는 단체에 위탁하여 실시할 수 있다.

05 공동주택관리법령상 공동주택의 의사결정방법에 대한 설명으로 틀린 것은?

① 공동주택의 입주자 등은 동별 대표자나 입주자대표회의의 임원을 선출하는 경우, 관리방법을 결정하거나 변경하려는 경우, 관리규약을 제정하거나 개정하려는 경우, 공동관리·구분관리를 결정하는 경우에 전자적 방법을 통하여 결정할 수 있다.

② 공동주택의 입주자 등은 전자투표를 하는 경우에 본인인증을 위한 확인방법으로 휴대전화를 통한 본인확인을 할 수 있다.

③ 위 ②의 경우에 공인전자서명 또는 공인인증서를 통한 본인확인의 방법도 가능하다.

④ 관리주체, 입주자대표회의, 의무관리대상 전환 공동주택의 관리인 또는 선거관리위원회는 전자투표를 실시하려는 경우에는 전자투표를 하는 방법, 전자투표기간, 그 밖에 전자투표의 실시에 필요한 기술적인 사항을 입주자 및 사용자에게 미리 알려야 한다.

⑤ 전자투표를 위한 본인인증을 하는 경우에 위 ②와 ③에서 정한 방법 외에 관리규약으로 따로 정할 수 없다.

정답 및 해설

04 ③ 층간소음관리위원회는 다음의 사람으로 구성한다.
- 입주자대표회의 또는 임차인대표회의의 구성원
- 선거관리위원회 위원
- 제21조에 따른 공동체생활의 활성화를 위한 단체에서 추천하는 사람
- 제64조 제1항에 따른 관리사무소장
- 그 밖에 공동주택관리 분야에 관한 전문지식과 경험을 갖춘 사람으로서 관리규약으로 정하거나 지방자치단체의 장이 추천하는 사람

05 ⑤ 그 밖에 관리규약에서 전자문서 및 전자거래 기본법 제2조 제1호에 따른 전자문서를 제출하는 등 본인확인 절차를 정하는 경우에는 그에 따른 본인확인의 방법으로도 가능하다.

제4장 공동주택의 전문관리

관리사무소장 ★★★

공동주택관리법령상 공동주택 관리사무소장의 손해배상책임에 관한 설명 중 옳지 않은 것은?

① 주택관리사 등은 관리사무소장의 업무를 집행하면서 고의 또는 과실로 입주자에게 재산상의 손해를 입힌 경우에는 그 손해를 배상할 책임이 있다.

② 관리사무소장으로 배치된 주택관리사 등은 손해배상책임을 보장하기 위하여 500세대 이상의 공동주택은 5천만원을 보장하는 보증보험 또는 공제에 가입하거나 공탁을 하여야 한다.

③ 공제 또는 보증보험에 가입한 주택관리사 등으로서 보증기간이 만료되어 다시 보증설정을 하려는 자는 그 보증기간 만료일까지 다시 보증설정을 하여야 한다.

④ 주택관리사 등은 공제금·보증보험금 또는 공탁금으로 손해배상을 한 때에는 30일 이내에 보증보험 또는 공제에 다시 가입하거나 공탁금 중 부족하게 된 금액을 보전하여야 한다.

⑤ 공탁한 공탁금은 주택관리사 등이 해당 공동주택의 관리사무소장의 직책을 사임하거나 그 직에서 해임된 날 또는 사망한 날부터 3년 이내에는 회수할 수 없다.

해설 | 주택관리사 등은 공제금·보증보험금 또는 공탁금으로 손해배상을 한 때에는 15일 이내에 보증보험 또는 공제에 다시 가입하거나 공탁금 중 부족하게 된 금액을 보전하여야 한다.

기본서 p.217~221 정답 ④

---

01 **공동주택관리법령상 공동주택의 관리사무소장에 관한 설명으로 옳은 것은?**

① 위탁관리의 경우에 주택관리사 등을 공동주택의 관리사무소장으로 배치하여야 하는 자는 입주자대표회의이다.

② 500세대 미만의 공동주택의 경우에는 주택관리사보를 관리사무소장으로 배치하여야 한다.

③ 500세대 이상의 공동주택의 경우에는 주택관리사를 관리사무소장으로 배치하여야 한다.

④ 관리사무소장은 그 배치내용과 업무의 집행에 사용할 직인을 국토교통부령으로 정하는 바에 따라 시·도지사에게 신고하여야 한다.

⑤ 관리사무소장은 자기 재산과 동일한 주의로 그 직무를 수행하여야 한다.

02 공동주택관리법령상 다음 중 공동주택의 관리사무소장의 업무가 아닌 것은?

① 입주자대표회의에서 의결하는 공동주택의 운영·관리·유지·보수·교체·개량 및 그 업무를 집행하기 위한 관리비·장기수선충당금이나 그 밖의 경비의 청구·수령·지출 및 그 금액을 관리하는 업무

② 하자의 발견 및 하자보수의 청구, 장기수선계획의 조정, 시설물 안전관리계획의 수립 및 건축물의 안전점검에 관한 업무. 다만, 비용지출을 수반하는 사항에 대하여는 입주자대표회의의 의결을 거쳐야 한다.

③ 관리주체의 각 업무를 지휘·총괄하는 업무

④ 안전관리계획의 조정. 이 경우 3년마다 조정하되, 관리여건상 필요하여 관리사무소장이 입주자대표회의 구성원 과반수의 서면동의를 받은 경우에는 3년이 지나기 전에 조정할 수 있다.

⑤ 관리비 등이 예치된 금융기관으로부터 매월 말일을 기준으로 발급받은 잔고증명서의 금액과 장부상 금액이 일치하는지 여부를 관리비 등이 부과된 달의 다음 달 말일까지 확인하는 업무

정답 및 해설

01 ③ ① 위탁관리의 경우에 주택관리사 등을 공동주택의 관리사무소장으로 배치하여야 하는 자는 <u>주택관리업자</u>이다.
② 500세대 미만의 공동주택에는 주택관리사를 갈음하여 주택관리사보를 해당 공동주택의 관리사무소장으로 <u>배치할 수 있다</u>.
④ 관리사무소장은 그 배치내용과 업무의 집행에 사용할 직인을 국토교통부령으로 정하는 바에 따라 <u>시장·군수·구청장에게 신고하여야 한다</u>.
⑤ 관리사무소장은 <u>선량한 관리자의 주의</u>로 그 직무를 수행하여야 한다.

02 ⑤ 관리비 등이 예치된 금융기관으로부터 매월 말일을 기준으로 발급받은 잔고증명서의 금액과 장부상 금액이 일치하는지 여부를 관리비 등이 부과된 달의 다음 달 <u>10일까지</u> 확인하는 업무

03 공동주택관리법령상 관리사무소장 등에 대한 다음 설명 중 틀린 것은?

① 관리사무소장은 그 배치내용과 업무의 집행에 사용할 직인을 시장·군수·구청장에게 신고하여야 한다. 신고한 배치내용과 직인을 변경할 때에도 또한 같다.

② ①에 따라 신고하려는 관리사무소장은 배치된 날부터 15일 이내에 신고서를 주택관리사단체에 제출하여야 한다.

③ ②에 따라 신고 또는 변경신고를 접수한 주택관리사단체는 관리사무소장의 배치내용 및 직인신고(변경신고하는 경우를 포함한다) 접수현황을 매월 시장·군수·구청장에게 보고하여야 한다.

④ 입주자대표회의(구성원을 포함한다) 및 입주자 등은 관리사무소장의 업무에 대하여 부당하게 간섭하거나, 폭행·협박 등 위력을 사용하여 정당한 업무를 방해하는 행위를 하여서는 아니 된다.

⑤ 관리사무소장은 입주자대표회의 또는 입주자 등이 ④을 위반한 경우 그 위반사실을 설명하고 해당 행위를 중단할 것을 요청하거나 거부할 수 있으며, 시장·군수·구청장에게 이를 보고하고, 사실조사를 의뢰할 수 있다.

대표예제 24 　주택관리업자 ★★

공동주택관리법령상 주택관리업 등록에 관한 설명으로 가장 옳은 것은?

① 주택관리업자가 그 등록이 말소된 후 3년이 지나지 아니한 때에는 다시 등록할 수 없다.

② 사업주체의 직접관리대상 공동주택의 관리를 업으로 하려는 자는 시·도지사에게 등록하여야 한다.

③ 주택관리업 등록의 말소 또는 영업의 정지를 하고자 하는 때에는 처분일 1개월 전까지 해당 주택관리업자가 관리하는 공동주택의 입주자대표회의에 그 사실을 통보하여야 한다.

④ 주택관리업자는 공동주택을 관리함에 있어 배치된 주택관리사 등이 해임, 그 밖의 사유로 결원이 생긴 때에는 그 사유가 발생한 날부터 30일 이내에 새로운 주택관리사 등을 배치하여야 한다.

⑤ 시장·군수·구청장은 주택관리업자가 모든 영업정지사유의 어느 하나에 해당하는 경우에는 영업정지를 갈음하여 2천만원 이하의 과징금을 부과할 수 있다.

① 주택관리업자가 그 등록이 말소된 후 2년이 지나지 아니한 때에는 다시 등록할 수 없다.
② 사업주체의 직접관리대상 공동주택의 관리를 업으로 하려는 자는 시장·군수·구청장에게 등록하여야 한다.
④ 주택관리업자는 공동주택을 관리함에 있어 배치된 주택관리사 등이 해임, 그 밖의 사유로 결원이 생긴 때에는 그 사유가 발생한 날부터 15일 이내에 새로운 주택관리사 등을 배치하여야 한다.
⑤ 과징금 부과로 영업정지처분을 대체할 수 있는 것은 필수적 정지처분을 제외한 임의적 정지처분에 한한다.

기본서 p.222~224   정답 ③

04 공동주택관리법령상 주택관리업에 관한 설명으로 틀린 것은?

① 의무관리대상 공동주택의 관리를 업으로 하려는 자는 시장·군수·구청장에게 등록을 신청하여야 한다.
② 주택관리업의 등록은 전자문서에 의한 방법으로 신청할 수 있다.
③ 등록은 주택관리사(임원 또는 사원의 3분의 1 이상이 주택관리사인 상사법인을 포함한다)가 신청할 수 있다.
④ 주택관리업자는 공동주택을 관리함에 있어 대통령령으로 정하는 기술인력 및 장비를 갖추고 있어야 한다.
⑤ 주택관리업을 등록하는 경우에 갖추어야 하는 자본금은 1억원 이상이다.

정답 및 해설

03 ③ 분기별로 시장·군수·구청장에 보고하여야 한다.

04 ⑤ 주택관리업을 등록하는 경우에 갖추어야 하는 자본금은 2억원 이상이다.

05 공동주택관리법령상 시장·군수·구청장이 주택관리업의 등록을 반드시 말소해야 하는 경우가 아닌 것은?

① 거짓이나 그 밖의 부정한 방법으로 등록을 한 경우
② 영업정지기간 중에 주택관리업을 영위한 경우
③ 다른 자에게 자기의 성명 또는 상호를 사용하여 이 법에서 정한 사업이나 업무를 수행하게 하거나 그 등록증을 대여한 경우
④ 최근 3년간 2회 이상의 영업정지처분을 받은 자로서 그 정지처분을 받은 기간이 합산하여 12개월을 초과한 경우
⑤ 관리비·사용료와 장기수선충당금을 이 법에 따른 용도 외의 목적으로 사용한 경우

대표예제 25 **주택관리사 등 ★★**

다음 중 공동주택관리법령상 주택관리사 등이 될 수 있는 자격을 갖추고 있는 사람은?

① 파산선고를 받은 사람으로서 복권되지 아니한 사람
② 금고 이상의 형의 집행유예를 선고받고 그 유예기간 중에 있는 사람
③ 금고 이상의 실형을 선고받고 그 집행이 끝나거나 집행이 면제된 날부터 2년이 지나지 아니한 사람
④ 미성년자
⑤ 주택관리사 등의 자격이 취소된 후 3년이 지나지 아니한 사람

해설 | 다음의 어느 하나에 해당하는 자는 주택관리사 등이 될 수 없는바, 피성년후견인 또는 피한정후견인의 경우와 달리 미성년자는 주택관리사 등이 될 수 있다.
  1. 피성년후견인 또는 피한정후견인
  2. 파산선고를 받은 사람으로서 복권되지 아니한 사람
  3. 금고 이상의 실형을 선고받고 그 집행이 끝나거나(집행이 끝난 것으로 보는 경우를 포함한다) 집행이 면제된 날부터 2년이 지나지 아니한 사람
  4. 금고 이상의 형의 집행유예를 선고받고 그 유예기간 중에 있는 사람
  5. 주택관리사 등의 자격이 취소된 후 3년이 지나지 아니한 사람(1. 및 2.에 해당하여 주택관리사 등의 자격이 취소된 경우는 제외한다)

기본서 p.225~229 정답 ④

06 공동주택관리법령상 다음의 사유 중 주택관리사 등의 자격을 필수적으로 취소하여야 하는 경우가 아닌 것은?

① 주택관리사 등이 자격정지기간에 주택관리업무를 수행한 경우
② 주택관리사 등이 피성년후견인 또는 피한정후견인에 해당하게 된 경우
③ 주택관리사 등이 업무와 관련하여 금품수수 등 부당이득을 취한 경우
④ 공동주택의 관리업무와 관련하여 금고 이상의 형을 선고받은 경우
⑤ 거짓이나 그 밖의 부정한 방법으로 자격을 취득한 경우

정답 및 해설

05 ⑤ ⑤의 경우와 부정하게 재물 또는 재산상의 이익을 취득하거나 제공한 경우는 <u>필수적 영업정지사유</u>에 해당한다.

06 ③ 시·도지사는 주택관리사 등이 다음의 어느 하나에 해당하면 그 자격을 취소하거나 1년 이내의 기간을 정하여 그 자격을 정지시킬 수 있다. 다만, 1.부터 4.까지, 7. 중 어느 하나에 해당하는 경우에는 그 자격을 취소하여야 한다.
　1. 거짓이나 그 밖의 부정한 방법으로 자격을 취득한 경우
　2. 공동주택의 관리업무와 관련하여 금고 이상의 형을 선고받은 경우
　3. 의무관리대상 공동주택에 취업한 주택관리사 등이 다른 공동주택 및 상가·오피스텔 등 주택 외의 시설에 취업한 경우
　4. 주택관리사 등이 자격정지기간에 공동주택관리업무를 수행한 경우
　5. 고의 또는 중대한 과실로 공동주택을 잘못 관리하여 소유자 및 사용자에게 재산상의 손해를 입힌 경우
　6. 주택관리사 등이 업무와 관련하여 금품수수 등 부당이득을 취한 경우
　7. 법 제90조 제4항을 위반하여 다른 사람에게 자기의 명의를 사용하여 이 법에서 정한 업무를 수행하게 하거나 자격증을 대여한 경우
　8. 법 제93조 제1항에 따른 보고, 자료의 제출, 조사 또는 검사를 거부·방해 또는 기피하거나 거짓으로 보고를 한 경우
　9. 법 제93조 제3항·제4항에 따른 감사를 거부·방해 또는 기피한 경우

07 공동주택관리법령상 주택관리사에 대한 설명으로 올바른 것은?

① 시장·군수·구청장은 주택관리사보 시험에 합격한 자 중 한국토지주택공사의 직원으로서 주택관리업무에의 종사경력이 5년 이상인 자에 대하여 주택관리사자격증을 발급한다.

② 금고 이상의 형의 집행유예를 선고받고 그 유예기간이 끝난 날부터 2년이 지나지 아니한 자는 주택관리사가 될 수 없다.

③ 중대한 과실로 주택을 잘못 관리하여 입주자 및 사용자에게 재산상의 손해를 입힌 경우에는 1차 자격정지 1년에 처한다.

④ 같은 주택관리사가 둘 이상의 위반행위를 한 경우 가장 무거운 위반행위에 대한 처분기준이 자격정지인 경우에는 자격취소처분을 한다.

⑤ 시·도지사는 위반행위의 동기·내용·횟수 및 위반의 정도 등을 고려하여 처분이 자격정지인 경우에는 그 처분기준의 2분의 1의 범위에서 가중하거나 감경할 수 있다.

08 공동주택관리법령상 주택관리업자 등의 교육에 관한 설명 중 옳지 않은 것은?

① 주택관리업자(법인인 경우에는 그 대표자를 말한다)와 관리사무소장은 국토교통부령으로 정하는 시기에 교육수탁기관으로부터 공동주택관리에 관한 교육과 윤리교육을 받아야 한다.

② ①의 교육시기로서 주택관리업자의 경우는 주택관리업의 등록을 한 날부터 3개월 이내, 관리사무소장은 배치된 날(주택관리사보로서 관리사무소장이던 사람이 주택관리사의 자격을 취득한 경우에도 그러하다)부터 3개월 이내

③ 관리사무소장의 직무에 관한 보수교육은 주택관리사와 주택관리사보로 구분하여 실시하며, 교육기간은 3일로 하며, 관리사무소장으로 배치받아 근무 중인 주택관리사는 교육을 받은 후 3년마다 주택관리에 관한 교육을 받아야 한다.

④ 관리사무소장으로 배치받으려는 주택관리사 등이 배치예정일부터 직전 5년 이내에 관리사무소장·공동주택관리기구의 직원 또는 주택관리업자의 임직원으로서 종사한 경력이 없는 경우에는 관리사무소장의 직무에 관한 보수교육을 이수하여야 관리사무소장으로 배치받을 수 있다.

⑤ 국토교통부장관은 교육의 전국적 균형을 유지하기 위하여 교육수준 및 교육방법 등에 필요한 지침을 마련하여 시행할 수 있다.

정답 및 해설

07 ⑤ ① 주택관리사자격증은 <u>시·도지사</u>가 발급한다.

② 금고 이상의 형의 집행유예를 선고받고 그 유예기간 중에 있는 자는 주택관리사가 될 수 없다. 따라서 그 유예기간이 끝난 자는 2년이 지났는지의 여부를 불문하고 주택관리사가 될 수 있다.

③ 주택관리사가 중대한 과실로 주택을 잘못 관리하여 입주자 및 사용자에게 재산상의 손해를 입힌 경우에는 <u>1차 자격정지 3개월</u>에 처한다.

④ 같은 주택관리사가 둘 이상의 위반행위를 한 경우 가장 무거운 위반행위에 대한 처분기준이 <u>자격취소인 경우에는 자격취소처분</u>을 한다. 한편, 각 위반행위에 대한 처분기준이 자격정지인 경우에는 가장 중한 처분의 2분의 1까지 가중할 수 있되, 각 처분기준을 합산한 기간을 초과할 수 없다.

08 ② 주택관리사보로서 관리사무소장이던 사람이 주택관리사의 자격을 취득한 경우에는 <u>그 자격 취득일로부터 3개월 이내</u>이다.

관리업무 ★★★

공동주택관리법령상 관리주체의 회계감사에 대한 설명으로 틀린 것은?

① 의무관리대상 공동주택의 관리주체는 매 회계연도 종료 후 9개월 이내에 대통령령으로 정하는 재무제표에 대하여 주식회사 등의 외부감사에 관한 법률에 따른 감사인의 회계감사를 매년 1회 이상 받아야 한다.

② 300세대 이상인 공동주택의 입주자 등의 과반수가 서면으로 회계감사를 받지 아니하는 데 동의한 연도에는 회계감사를 받지 아니할 수 있다.

③ 300세대 미만인 공동주택의 입주자 등의 과반수가 서면으로 회계감사를 받지 아니하는 데 동의한 연도에는 회계감사를 받지 아니할 수 있다.

④ 관리주체는 회계감사를 받은 경우에는 감사보고서 등 회계감사의 결과를 제출받은 날부터 1개월 이내에 입주자대표회의에 보고하고 해당 공동주택단지의 인터넷 홈페이지 및 동별 게시판에 공개하여야 한다.

⑤ 회계감사의 감사인은 회계감사 완료일부터 1개월 이내에 회계감사 결과를 해당 공동주택을 관할하는 시장·군수·구청장에게 제출하고 공동주택관리정보시스템에 공개하여야 한다.

해설 | 1. 의무관리대상 공동주택의 관리주체는 매 회계연도 종료 후 9개월 이내에 다음의 재무제표에 대하여 주식회사 등의 외부감사에 관한 법률 제2조 제7호에 따른 감사인의 회계감사를 매년 1회 이상 받아야 한다.
- 재무상태표
- 운영성과표
- 이익잉여금처분계산서(또는 결손금처리계산서)
- 주석(註釋)
2. 회계감사의 생략: 위에도 불구하고 다음의 구분에 따른 연도에는 그러하지 아니하다.
- 300세대 이상인 공동주택: 해당 연도에 회계감사를 받지 아니하기로 입주자 등의 3분의 2 이상의 서면동의를 받은 경우 그 연도
- 300세대 미만인 공동주택: 해당 연도에 회계감사를 받지 아니하기로 입주자 등의 과반수의 서면동의를 받은 경우 그 연도

기본서 p.233~242

정답 ②

01 의무관리대상 공동주택의 관리주체는 대통령령으로 정하는 재무제표에 대하여 감사인의 회계감사를 매년 1회 이상 받아야 하는데, 다음 중 그 재무제표가 아닌 것은?

① 재무상태표　　　　　　　　　② 운영성과표
③ 결손금처리계산서　　　　　　　④ 이익잉여금처분계산서
⑤ 관리규약

02 공동주택관리법령상 관리주체의 관리업무에 대한 설명으로 틀린 것은?

① 의무관리대상 공동주택의 관리주체는 관리비 등의 징수·보관·예치·집행 등 모든 거래행위에 관하여 장부를 월별로 작성하여 그 증빙서류와 함께 해당 회계연도 종료일부터 5년간 보관하여야 한다.

② 의무관리대상 공동주택의 관리주체는 주택관리업자 및 사업자 선정 관련 증빙서류를 해당 계약체결일부터 5년간 보관하여야 한다.

③ 의무관리대상 공동주택의 관리주체는 다음 회계연도에 관한 관리비 등의 사업계획 및 예산안을 매 회계연도 개시 1개월 전까지 입주자대표회의에 제출하여 승인을 받아야 하며, 승인사항에 변경이 있는 때에는 변경승인을 받아야 한다.

④ 사업주체로부터 공동주택의 관리업무를 인계받은 관리주체는 지체 없이 다음 회계연도가 시작되기 전까지의 기간에 대한 사업계획 및 예산안을 수립하여 입주자대표회의의 승인을 받아야 한다. 다만, 다음 회계연도가 시작되기 전까지의 기간이 6개월 미만인 경우로서 입주자대표회의 의결이 있는 경우에는 생략할 수 있다.

⑤ 의무관리대상 공동주택의 관리주체는 회계연도마다 사업실적서 및 결산서를 작성하여 회계연도 종료 후 2개월 이내에 입주자대표회의에 제출하여야 한다.

정답 및 해설

01 ⑤　관리규약이 아니라 주석이다.

02 ④　다음 회계연도가 시작되기 전까지의 기간이 <u>3개월 미만</u>인 경우로서 입주자대표회의 의결이 있는 경우에는 생략할 수 있다.

03 공동주택관리법령상 관리주체는 주민운동시설을 관리주체가 아닌 자에게 위탁하여 운영할 수 있는데, 위탁하려면 다음의 구분에 따른 요건을 갖추어야 한다. 그 빈칸에 공통으로 들어갈 내용은 무엇인가?

> 1. 사업계획승인을 받아 건설한 공동주택에 입주한 주민을 위한 주민운동시설의 경우: 입주자대표회의의 의결 또는 전체 입주자 등의 10분의 1 이상이 제안하고, 전체 입주자 등의 (   ) 이상의 동의를 받을 것
> 2. 임대를 목적으로 하여 건설한 공동주택에 입주한 주민을 위한 주민운동시설의 경우: 임대사업자 또는 전체 임차인의 10분의 1 이상이 제안하고, 전체 임차인의 (   ) 이상의 동의를 받을 것
> 3. 건축법에 따른 건축허가를 받아 주택 외의 시설과 주택을 동일 건축물로 건축한 건축물에 입주한 주민을 위한 주민운동시설의 경우: 입주자대표회의의 의결 또는 전체 입주자 등의 10분의 1 이상이 제안하고, 전체 입주자 등의 (   ) 이상의 동의를 받을 것

① 2분의 1 　　　　　　　　　② 3분의 2
③ 4분의 3 　　　　　　　　　④ 4분의 5
⑤ 과반수

04 공동주택관리법령상 의무관리대상 공동주택의 관리비 등의 집행을 위한 사업자 선정에 대한 설명 중 틀린 것은?

① 관리주체 또는 입주자대표회의는 전자입찰방식으로 사업자를 선정하여야 한다. 다만, 선정방법 등이 전자입찰방식을 적용하기 곤란한 경우로서 국토교통부장관이 정하여 고시하는 경우에는 전자입찰방식으로 선정하지 아니할 수 있다.
② 장기수선충당금을 사용하는 공사와 전기안전관리를 위한 용역에 대한 사업자의 선정과 그 집행은 입주자대표회의가 한다.
③ 입주자대표회의의 감사가 입찰과정 참관을 원하는 경우에는 참관할 수 있도록 하여야 한다.
④ 입주자 등은 전체 입주자 등의 과반수의 서면동의로 새로운 사업자의 선정을 위한 입찰에서 기존 용역사업자의 참가를 제한하도록 관리주체 또는 입주자대표회의에 요구할 수 있다. 이 경우 관리주체 또는 입주자대표회의는 그 요구에 따라야 한다.
⑤ 의무관리대상 공동주택의 관리주체 또는 입주자대표회의는 선정한 주택관리업자 또는 사업자와 계약을 체결하는 경우 그 체결일부터 1개월 이내에 그 계약서를 해당 공동주택단지의 인터넷 홈페이지 및 동별 게시판에 공개하여야 한다.

05 **공동주택관리법령상 관리업무에 대한 다음 설명 중 틀린 것은?**

① 시장·군수·구청장은 입주자대표회의가 구성되기 전에 어린이집 임대계약의 체결이 필요하다고 인정하는 경우에는 사업주체로 하여금 입주예정자 과반수의 서면동의를 받아 어린이집, 다함께돌봄센터, 공동육아나눔터의 임대계약을 체결하도록 할 수 있다.

② 사업주체는 ①에 따라 임대계약을 체결하려는 경우에는 해당 공동주택단지의 인터넷 홈페이지에 관련 내용을 공고하고 입주예정자에게 개별 통지하여야 한다.

③ 사업주체는 어린이집 임대계약을 체결하는 경우에는 관리규약의 어린이집 임차인 선정기준에 따라야 한다.

④ 지방자치단체의 장은 그 지방자치단체의 조례로 정하는 바에 따라 공동주택의 관리에 필요한 비용의 일부를 지원할 수 있으며, 국가는 공동주택의 보수·개량에 필요한 비용의 일부를 주택도시기금에서 융자할 수 있다.

⑤ 국토교통부장관은 예산의 범위에서 공동주택관리 지원기구의 운영 및 사무처리에 필요한 경비를 출연 또는 보조할 수 있고, 공동주택관리지원기구는 그 업무를 수행하는 데 필요한 경비를 국가로부터 받을 수 있다.

정답 및 해설

03 ⑤ 주민운동시설의 위탁운영에 관한 결정은 모든 경우에 과반수 이상의 동의를 요한다.

04 ② 장기수선충당금을 사용하는 공사와 전기안전관리를 위한 용역에 대한 <u>사업자의 선정은 입주자대표회의가</u> <u>한다. 다만, 그 집행은 관리주체가 한다.</u>

05 ⑤ 공동주택관리지원기구는 그 업무를 수행하는 데 필요한 <u>경비의 전부 또는 일부를 관리주체 또는 입주자대</u> <u>표회의로부터 받을 수 있다.</u>

공동주택관리법령상 공동주택의 감독에 대한 설명 중 틀린 것은?

① 공동주택의 입주자 등은 전체 입주자 등의 과반수의 동의를 받아 지방자치단체의 장에게 입주자대표회의나 그 구성원, 관리주체, 관리사무소장 또는 선거관리위원회나 그 구성원의 업무에 대하여 감사를 요청할 수 있다.

② 감사 요청은 그 사유를 소명하고 이를 뒷받침할 수 있는 자료를 첨부하여 서면으로 하여야 하고, 지방자치단체의 장은 감사 요청이 이유가 있다고 인정하는 경우에는 감사를 실시한 후 감사를 요청한 입주자 또는 사용자에게 그 결과를 통보하여야 한다.

③ 지방자치단체의 장은 감사 요청이 없더라도 공동주택관리의 효율화와 입주자·사용자의 보호를 위하여 필요하다고 인정하는 경우에는 감사를 실시할 수 있다.

④ 지방자치단체의 장은 명령, 조사 또는 검사, 감사의 결과 등을 통보하는 경우 그 내용을 해당 공동주택의 입주자대표회의 및 관리주체에게도 통보하여야 한다.

⑤ 관리주체는 위 ④에 따라 통보를 받은 날부터 10일 이내에 그 내용을 공동주택단지의 인터넷 홈페이지 및 동별 게시판에 7일 이상 공개해야 한다. 이 경우 동별 게시판에는 주요 내용 및 조치사항 등을 요약하여 공개할 수 있다.

해설 | 과반수가 아니라 전체 입주자 등의 10분의 2 이상의 동의를 받아야 한다.

기본서 p.242~246   정답 ①

06 공동주택관리법령상 공동주택 관리비리 신고센터(이하 '신고센터'라 함)에 대한 다음 설명 중 틀린 것은?

① 국토교통부장관은 공동주택 관리비리와 관련된 불법행위 신고의 접수 · 처리 등에 관한 업무를 효율적으로 수행하기 위하여 공동주택 관리비리 신고센터를 설치 · 운영할 수 있으며, 신고센터의 장은 국토교통부의 공동주택 관리업무를 총괄하는 부서의 장으로 한다.

② 공동주택관리와 관련하여 불법행위를 인지한 자는 신고센터에 그 사실을 신고할 수 있다. 이 경우 신고를 하려는 자는 자신의 인적사항과 신고의 취지 · 이유 · 내용을 적고 서명한 문서와 함께 신고대상 및 증거 등을 제출하여야 한다.

③ 신고센터는 확인 결과 신고서가 신고자의 인적사항이나 신고내용의 특정에 필요한 사항을 갖추지 못한 경우에는 신고자로 하여금 15일 이내의 기간을 정하여 이를 보완하게 할 수 있다.

④ 신고센터는 신고서를 받은 날부터 60일 이내(15일 이내의 보완기간은 제외한다)에 해당 지방자치단체의 장에게 신고사항에 대한 조사 및 조치를 요구하고, 그 사실을 신고자에게 통보하여야 한다.

⑤ 조사 및 조치를 요구받은 지방자치단체의 장은 요구를 받은 날부터 60일 이내에 조사 및 조치를 완료하고, 조사 및 조치를 완료한 날부터 10일 이내에 국토교통부장관에게 통보하여야 하며, 국토교통부장관은 통보를 받은 경우 즉시 신고자에게 그 결과의 요지를 알려야 한다.

정답 및 해설

06 ④ 신고센터는 신고서를 받은 날부터 <u>10일 이내</u>(15일 이내의 보완기간은 제외한다)에 해당 지방자치단체의 장에게 신고사항에 대한 조사 및 조치를 요구하고, 그 사실을 신고자에게 통보하여야 한다.

07 공동주택관리법령상 공동주택의 관리에 대한 다음 설명 중 틀린 것은?

① 공동주택의 관리와 관련하여 입주자대표회의와 관리사무소장은 공모하여 부정하게 재물 또는 재산상의 이익을 취득하거나 제공하여서는 안되며, 입주자 등, 관리주체, 입주자대표회의, 선거관리위원회는 부정하게 재물 또는 재산상의 이익을 취득하거나 제공하여서는 아니 된다.

② 입주자대표회의 및 관리주체는 관리비 · 사용료와 장기수선충당금을 이 법에 따른 용도 외의 목적으로 사용하여서는 아니 된다.

③ 국토교통부장관 또는 지방자치단체의 장은 사업주체 등 및 공동주택의 입주자 등, 관리주체, 입주자대표회의나 그 구성원이 이 법 또는 이 법에 따른 명령이나 처분을 위반한 경우에는 공사의 중지, 원상복구, 하자보수 이행 또는 그 밖에 필요한 조치를 명할 수 있다.

④ 위 ③에 따른 통보를 받은 관리주체는 통보를 받은 날부터 10일 이내에 그 내용을 공동주택단지의 인터넷 홈페이지 및 동별 게시판에 7일 이상 공개해야 한다. 이 경우 동별 게시판에는 통보받은 일자, 통보한 기관 및 관계 부서, 주요 내용 및 조치사항 등을 요약하여 공개할 수 있다.

⑤ 의무관리대상 공동주택의 관리주체는 장기수선충당금 또는 관리비가 체납된 경우 국세 또는 지방세 체납처분의 예에 따라 해당 장기수선충당금 또는 관리비를 강제징수할 수 있다.

08 공동주택관리법령상 공동주택의 감독 등에 대한 다음 설명 중 틀린 것은?

① 국토교통부장관 또는 지방자치단체의 장은 필요하다고 인정할 때에는 이 법에 따라 허가를 받거나 신고 · 등록 등을 한 자에게 필요한 보고를 하게 하거나, 관계 공무원으로 하여금 사업장에 출입하여 필요한 검사를 하게 할 수 있다.

② ①에 따른 검사를 할 때에는 검사 7일 전까지 검사일시, 검사이유 및 검사내용 등 검사계획을 검사를 받을 자에게 알려야 한다. 다만, 긴급한 경우나 사전에 통지하면 증거인멸 등으로 검사 목적을 달성할 수 없다고 인정하는 경우에는 그러하지 아니하다.

③ 국토교통부장관은 공동주택관리의 투명성과 효율성을 제고하기 위하여 공동주택관리에 관한 정보를 종합적으로 관리할 수 있는 공동주택관리정보시스템을 구축 · 운영할 수 있다.

④ 시 · 도지사는 공동주택단지를 모범적으로 관리한 사례를 발굴 · 전파하기 위하여 매년 공동주택 모범관리단지를 선정할 수 있으며, 모범관리단지를 선정하는 경우 층간소음 예방 및 분쟁 조정활동을 모범적으로 수행한 단지를 별도로 선정할 수 있다.

⑤ 시 · 도지사는 공동주택 모범관리단지 중에서 공동주택 우수관리단지를 선정하여 표창하고, 공동주택관리 관련 강의 · 상담 등의 지원을 할 수 있다.

대표예제 28 시설물 안전관리와 공동주택 안전점검 ★★

공동주택관리법령상 공동주택 시설물의 안전관리에 대한 설명으로 틀린 것은?

① 의무관리대상 공동주택의 관리주체는 해당 공동주택의 시설물로 인한 안전사고를 예방하기 위하여 안전관리계획을 수립하여야 한다.

② 관리주체는 안전관리계획을 3년마다 조정하되, 전체 입주자의 과반수의 서면동의를 얻은 경우에는 3년이 경과하기 전에 조정할 수 있다.

③ 지방자치단체의 장은 의무관리대상에 해당하지 아니하는 공동주택의 관리와 안전사고의 예방 등을 위하여 시설물에 대한 안전관리계획을 수립 및 시행할 수 있다.

④ 주택관리업자를 선정하는 경우에는 그 계약기간은 장기수선계획의 조정주기를 고려하여야 한다.

⑤ 안전관리계획에는 시설별 안전관리자 및 안전관리책임자에 의한 책임점검사항, 국토교통부령이 정하는 시설의 안전관리에 관한 기준 및 진단사항, 점검 및 진단 결과 위해의 우려가 있는 시설에 관한 이용제한 또는 보수 등 필요한 조치사항, 수립된 안전관리계획의 조정에 관한 사항 등이 포함되어야 한다.

해설 | 입주자대표회의 구성원 과반수의 서면동의이다.

기본서 p.251~254

정답 ②

정답 및 해설

07 ⑤ 국가 또는 지방자치단체인 관리주체가 관리하는 공동주택의 장기수선충당금 또는 관리비가 체납된 경우 국가 또는 지방자치단체는 국세 또는 지방세 체납처분의 예에 따라 해당 장기수선충당금 또는 관리비를 강제징수할 수 있다.

08 ⑤ 국토교통부장관은 시·도지사가 선정한 공동주택 모범관리단지 중에서 공동주택 우수관리단지를 선정하여 표창하고, 공동주택관리 관련 강의·상담 등의 지원을 할 수 있다.

09 공동주택관리법령상 공동주택의 안전점검에 관한 설명으로 옳지 않은 것은?

① 의무관리대상 공동주택의 관리주체는 그 공동주택의 기능유지와 안전성 확보로 입주자 및 사용자를 재해 및 재난 등으로부터 보호하기 위하여 매년 1회 이상 공동주택의 안전점검을 실시하여야 한다.

② 관리주체는 안전점검의 결과, 재해 및 재난 등이 발생할 우려가 있는 경우에는 지체 없이 입주자대표회의(임대주택은 임대사업자를 말한다)에 그 사실을 통보한 후 시장·군수·구청장에게 그 사실을 보고하고, 필요한 조치를 하여야 한다.

③ 시장·군수 또는 구청장은 위해의 우려가 있다고 보고를 받은 공동주택에 대하여는 일정한 조치를 하고 매월 1회 이상 점검을 실시하여야 한다.

④ 의무관리대상 공동주택의 입주자대표회의 및 관리주체는 건축물과 공중의 안전 확보를 위하여 건축물의 안전점검과 재난예방에 필요한 예산을 매년 확보하여야 한다.

⑤ 공동주택의 안전점검 비용은 거주하는 입주자 등이 관리주체에게 납부하여야 한다.

10 공동주택관리법령상 16층 이상인 공동주택(15층 이하의 공동주택으로서 사용검사일부터 30년이 경과되었거나 안전등급이 C등급·D등급 또는 E등급에 해당하는 공동주택을 포함한다)에 대하여는 안전점검을 실시할 수 있는 자가 아닌 것은?

① 시설물의 안전 및 유지관리에 관한 특별법 시행령에 따른 책임기술자로서 해당 공동주택단지의 관리직원인 자

② 주택관리사 또는 주택관리사보로서 국토교통부령으로 정하는 교육기관에서 시설물의 안전 및 유지관리에 관한 특별법 시행령에 따른 안전점검교육을 이수한 자 중 관리사무소장으로 배치된 자 또는 해당 공동주택단지의 관리직원인 자

③ 시설물의 안전 및 유지관리에 관한 특별법에 따라 국토교통부장관으로부터 지정받은 안전진단전문기관

④ 건설산업기본법의 규정에 따라 국토교통부장관에게 등록한 유지관리업자

⑤ 시설물의 안전 및 유지관리에 관한 특별법에 따른 국토안전관리원

11 공동주택관리법령상 의무관리대상 공동주택의 관리주체는 공동주택의 체계적인 유지관리를 위하여 설계도서 등을 보관하여야 하는데, 그 설계도서가 아닌 것은?

① 영 제10조 제4항에 따라 사업주체로부터 인계받은 설계도서 및 장비의 명세

② 법 제33조 제1항에 따른 안전점검 결과보고서

③ 주택법 제54조 제3항에 따른 마감자재목록표

④ 주택법 제44조 제2항에 따른 감리보고서

⑤ 영 제32조 제2항에 따른 공용부분 시설물의 교체, 유지보수 및 하자보수 등의 이력관리 관련 서류·도면 및 사진

정답 및 해설

09 ① 관리주체는 공동주택의 기능 및 안전을 유지하기 위하여 <u>반기마다</u> 안전점검을 하여야 한다. 다만, 16층 이상인 공동주택(15층 이하의 공동주택으로서 사용검사일부터 30년이 경과되었거나 재난 및 안전관리 기본법 시행령 제34조의2 제1항에 따른 안전등급이 C등급·D등급 또는 E등급에 해당하는 공동주택을 포함한다)에 대하여는 대통령령으로 정하는 자가 안전점검을 실시하도록 하여야 한다.

10 ⑤ 국토안전관리원은 안전점검기관에 해당하지 아니한다.

11 ③ 마감자재목록표는 <u>시장·군수·구청장</u>이 보관할 서류이다.

12 공동주택관리법령상 의무관리대상 공동주택의 관리주체는 공용부분에 관한 시설의 교체, 유지보수 및 하자보수 등을 한 경우에는 그 실적을 시설별로 이력관리하여야 하며, 다음의 서류를 공동주택관리정보시스템에도 등록하여야 하는데. 그 빈칸에 각각 들어갈 내용으로 옳은 것은?

> • (㉠)
> • 공사 전·후의 (㉡) 및 단면도 등 주요 도면
> • 주요 공사 사진

① ㉠ 이력명세, ㉡ 설계도서
② ㉠ 마감자재목록표, ㉡ 이력명세
③ ㉠ 이력명세, ㉡ 평면도
④ ㉠ 마감자재목록표, ㉡ 조감도
⑤ ㉠ 설계도서, ㉡ 평면도

대표예제 29 | 장기수선계획 및 장기수선충당금 ★★★

공동주택관리법령상 장기수선계획에 관한 다음 설명 중 옳지 않은 것은?

① 장기수선계획은 대통령령으로 정하는 공동주택을 건설·공급하는 사업주체 또는 리모델링을 하는 자가 수립하여야 한다.

② ①의 주택으로는 300세대 이상의 공동주택, 승강기가 설치된 공동주택 및 중앙집중식 또는 지역난방방식의 공동주택과 건축허가를 받아 주택 외의 시설과 주택을 동일 건축물로 건축한 건축물이 있다.

③ 장기수선계획은 사용검사를 신청할 때에 사용검사권자에게 제출하고, 사용검사권자는 이를 그 공동주택의 관리주체에게 인계하여야 한다.

④ 장기수선계획은 공동주택의 주요구조부를 대상으로 수립한다.

⑤ 입주자대표회의와 관리주체는 장기수선계획을 3년마다 조정하되, 관리여건상 필요하여 입주자 과반수의 서면동의를 얻은 경우에는 3년이 경과하기 전에 조정할 수 있다.

해설 | 장기수선계획은 공동주택의 주요구조부가 아니라 공용부분을 대상으로 수립한다.

기본서 p.254~257 정답 ④

13 공동주택관리법령상 장기수선계획에 관한 설명으로 옳지 않은 것은?

① 장기수선계획에 따라 주요 시설을 교체하거나 보수하지 아니한 입주자대표회의의 대표자와 장기수선충당금을 용도 외로 사용한 자에게는 1천만원 이하의 과태료를 부과한다.

② 사업주체는 승강기가 설치된 공동주택에 대하여 장기수선계획을 수립하여야 한다.

③ 장기수선계획은 5년마다 조정한다.

④ 장기수선계획은 공동주택의 공용부분을 대상으로 수립한다.

⑤ 사업주체는 사용검사를 신청할 때 장기수선계획을 사용검사권자에게 제출하여야 한다.

14 공동주택관리법령상 장기수선충당금에 관한 설명으로 옳지 않은 것은?

① 장기수선충당금은 사업주체가 해당 주택의 소유자로부터 징수하여 적립하여야 한다.

② 장기수선충당금은 공동주택의 주요 시설의 교체 및 보수에 필요한 것으로 장기수선계획에 따라 징수하여 적립하여야 한다.

③ 장기수선충당금의 요율은 관리규약으로 정하고, 적립금액과 사용은 장기수선계획에서 정한다.

④ 장기수선충당금은 관리주체가 장기수선충당금 사용계획서를 장기수선계획에 따라 작성하고 입주자대표회의의 의결을 거쳐 사용한다.

⑤ 장기수선충당금은 해당 공동주택의 사용검사일부터 1년이 경과한 날이 속하는 달부터 매월 적립한다.

정답 및 해설

12 ③ 이력명세와 평면도이다.

13 ③ 장기수선계획은 <u>3년마다 검토하고 필요한 경우에 조정한다.</u>

14 ① 장기수선충당금은 사업주체가 아니라 <u>관리주체가</u> 해당 주택의 소유자로부터 징수하여 적립하여야 한다.

15 공동주택관리법령상 장기수선충당금에 관한 설명으로 옳지 않은 것은?

① 관리주체는 장기수선계획에 따라 공동주택의 주요 시설의 교체 및 보수에 필요한 장기수선충당금을 해당 주택의 소유자로부터 징수하여 적립하여야 하는데, 미분양된 세대의 장기수선충당금은 사업주체가 이를 부담하여야 한다.

② 장기수선충당금의 요율은 장기수선계획으로 정하고, 적립금액은 관리규약에서 정한다. 다만, 임대주택을 분양전환한 이후 관리업무를 인계하기 전까지의 장기수선충당금 요율은 민간임대주택에 관한 특별법과 공공주택 특별법에 따른 특별수선충당금 적립요율에 따라야 한다.

③ 장기수선충당금은 해당 공동주택의 사용검사일부터 1년이 경과한 날이 속하는 달부터 매월 적립한다. 다만, 분양전환된 경우에는 임대사업자가 관리주체에게 관리업무를 인수인계한 날이 속하는 달부터 매월 적립한다.

④ 장기수선충당금의 사용은 장기수선계획에 따른다. 다만, 입주자 과반수의 서면동의가 있는 경우에는 하자심사분쟁조정 등의 비용, 하자진단 및 감정에 드는 비용 등으로 사용할 수 있다.

⑤ 장기수선충당금은 관리주체가 장기수선충당금 사용계획서를 장기수선계획에 따라 작성하고 입주자대표회의의 의결을 거쳐 사용한다.

16 공동주택관리법령상 장기수선계획 및 장기수선충당금에 관한 설명으로 가장 옳은 것은?

① 장기수선계획 수립대상 공동주택과 장기수선충당금 징수대상 공동주택은 다르다.

② 장기수선충당금의 적립금액과 사용은 관리규약에 따른다.

③ ②에도 불구하고, 입주자 과반수의 서면동의가 있는 경우에는 하자심사분쟁조정 등의 비용, 하자진단 및 감정에 드는 비용, 그 비용을 청구하는 데 드는 비용의 용도로 사용할 수 있다.

④ 장기수선계획은 5년마다 조정하되, 관리여건상 필요하여 입주자 과반수의 서면동의를 얻은 경우에는 5년이 지나기 전에 조정할 수 있다.

⑤ 장기수선충당금은 공동주택의 입주자로부터 징수하여 적립하여야 하는바, 공동주택 중 분양되지 아니한 세대의 장기수선충당금은 사업주체가 이를 부담하여야 한다.

대표예제 30 | 비용관리 ★★

공동주택관리법령상 관리비 등에 대한 설명으로 틀린 것은?

① 관리주체는 해당 공동주택의 공용부분의 관리비예치금을 공동주택의 소유자로부터 징수할 수 있다.

② ①에 따라 징수한 관리비예치금은 소유자가 공동주택의 소유권을 상실한 경우에는 반환하여야 한다. 다만, 소유자가 관리비·사용료 및 장기수선충당금 등을 미납한 때에는 관리비예치금에서 정산한 후 그 잔액을 반환할 수 있다.

③ 의무관리대상 공동주택의 입주자 등은 그 공동주택의 유지관리를 위하여 필요한 관리비를 관리주체에게 내야 한다.

④ 장기수선계획에서 제외되는 공동주택의 공용부분의 수선·보수에 소요되는 비용, 재난예방비용 등은 수선유지비에 포함되어 부과한다.

⑤ 건축물의 안전점검비용과 장기수선충당금, 안전진단실시비용은 관리비와 구분하여 징수하여야 한다.

해설 | 건축물의 안전점검비용은 수선유지비에 포함하여 관리비로 징수하여야 하는 항목이다.

기본서 p.264~268 정답 ⑤

정답 및 해설

15 ② 장기수선충당금의 요율은 해당 공동주택의 공용부분의 내구연한 등을 감안하여 <u>관리규약</u>으로 정하고, 적립금액은 장기수선계획에서 정한다.

16 ③ ① 장기수선계획 수립대상 공동주택과 장기수선충당금 징수대상 공동주택은 <u>동일하다</u>.
② 장기수선충당금의 적립금액과 사용은 <u>장기수선계획</u>에 따른다.
④ 입주자대표회의와 관리주체는 주요 시설을 신설하는 등 관리여건상 필요하여 전체 입주자 과반수의 서면동의를 받은 경우에는 <u>3년이 지나기 전</u>에 장기수선계획을 조정할 수 있다.
⑤ 장기수선충당금은 공동주택의 <u>소유자</u>로부터 징수하여 적립하여야 하는바, 공동주택 중 분양되지 아니한 세대의 장기수선충당금은 사업주체가 이를 부담하여야 한다.

17 공동주택관리법령상 관리비 등에 관한 설명으로 옳지 않은 것은?

① 입주자 등이 관리비를 관리주체에게 내야 하는 공동주택과 사업주체가 입주예정자의 과반수가 입주할 때까지 직접 관리하여야 하는 공동주택은 일치한다.

② 관리비는 일정한 비목의 월별 금액의 합계액으로 하는바, 입주자대표회의의 운영비는 관리비의 비목에 해당하지 않는다.

③ 관리주체는 관리비 등을 입주자대표회의가 지정하는 금융기관에 예치하여 관리하되, 장기수선충당금은 별도의 계좌로 예치·관리하여야 한다. 이 경우 계좌는 관리사무소장의 직인 외에 입주자대표회의의 회장 인감을 복수로 등록할 수 있다.

④ 관리주체는 인양기 등 공용시설물의 사용료를 해당 시설의 사용자에게 따로 부과할 수 있다.

⑤ 관리주체는 건축물의 안전점검비용을 관리비와 구분하여 징수하여야 한다.

18 공동주택관리법령상 관리주체가 입주자 및 사용자를 대행하여 그 사용료 등을 받을 자에게 납부할 수 있는 항목이 아닌 것은?

① 전기료(공동으로 사용되는 시설의 전기료를 포함한다), 수도료(공동으로 사용하는 수도료를 포함한다)

② 중앙집중식 또는 지역난방방식인 공동주택의 난방비와 급탕비

③ 가스사용료, 정화조오물수수료

④ 공동주택단지 안의 건물 전체를 대상으로 하는 보험료

⑤ 입주자대표회의와 선거관리위원회의 운영비

19 공동주택관리법령상 관리비 등의 공개에 대한 다음 설명 중 잘못된 것은?

① 의무관리대상 공동주택의 관리주체는 관리비, 사용료 등 장기수선충당금과 그 적립금액 및 기타 대통령령으로 정하는 사항을 공개하여야 한다.

② ①에 따른 공개는 부과한 다음 달 말일까지 해당 공동주택단지의 인터넷 홈페이지 및 동별 게시판(통로별 게시판을 포함한다)과 공동주택관리정보시스템에 공개해야 하며, 잡수입의 경우에도 동일한 방법으로 공개하여야 한다.

③ 의무관리대상이 아닌 공동주택으로서 50세대(주택 외의 시설과 주택을 동일 건축물로 건축한 건축물의 경우 주택을 기준으로 한다) 이상인 공동주택의 관리인은 대통령령으로 정하는 사항을 공개해야 한다.

④ 위 ③에 따라 공개하여야 할 항목은 관리비의 비목별 월별 합계액, 장기수선충당금, 징수대행항목의 각각의 사용료(세대수가 50세대 이상 100세대 미만인 공동주택의 경우에는 각각의 사용료의 합계액)와 잡수입이다.

⑤ 의무관리대상이 아닌 공동주택의 관리인은 관리비 등을 부과한 경우에 다음 달 말일까지 해당 공동주택단지의 인터넷 홈페이지 및 동별 게시판(통로별 게시판을 포함한다)과 공동주택관리정보시스템에 공개해야 한다.

정답 및 해설

17 ⑤ 건축물의 안전점검비용, 재난 및 재해 등의 예방에 따른 비용은 <u>수선유지비에 속한다</u>.
▶ 관리비와 구분하여 징수하는 비용
• 장기수선충당금
• 안전진단실시비용

18 ② 중앙집중식 난방방식의 난방비와 급탕비는 관리비에 포함되는 항목이다.

19 ⑤ 의무관리대상이 아닌 공동주택의 관리비 등 공개에 공동주택관리정보시스템에는 제외한다.

20 공동주택관리법령상 공동주택의 입주자·사용자가 하려는 다음의 행위 가운데 시장·군수·구청장의 허가를 받거나 신고를 하여야 할 필요가 없는 행위는?

① 공동주택의 비내력벽의 철거(입주자 공유가 아닌 복리시설의 비내력벽의 철거는 제외한다)
② 공동주택에 광고물·표지물 또는 표지를 부착하는 행위
③ 공동주택을 신축·증축·개축·대수선 또는 리모델링하는 행위
④ 공동주택을 사업계획에 따른 용도 외의 용도에 사용하는 행위
⑤ 공동주택을 파손 또는 훼손하거나 해당 시설의 전부 또는 일부를 철거하는 행위(국토교통부령으로 정하는 경미한 행위는 제외한다)

21 공동주택관리법령상 공동주택의 입주자·사용자 또는 관리주체가 허가 또는 신고 없이 할 수 있는 행위가 아닌 것은?

① 창틀·문틀의 교체
② 세대 내 천장·벽·바닥의 마감재 교체
③ 급·배수관 등 배관설비의 교체
④ 시설물의 파손·철거를 제외한 난방방식의 변경
⑤ 공동주택의 비내력벽의 철거(입주자 공유가 아닌 복리시설의 비내력벽의 철거는 제외한다)

22 공동주택관리법령상 주택의 관리에 관한 설명으로 옳지 않은 것은?

① 입주자대표회의는 사용검사일부터 10년이 경과하면 하자보수보증금을 일시에 반환하여야 한다.
② 입주자 등은 공동주택에 광고물·표지물 또는 표지를 부착하는 행위를 하려는 경우에는 관리주체의 동의를 받아야 한다.
③ 관리주체는 장기수선충당금을 해당 주택의 소유자로부터 징수하여 적립하여야 한다.
④ 승강기가 설치된 공동주택을 건설·공급하는 사업주체는 그 공동주택의 공용부분에 대한 장기수선계획을 수립하여야 한다.
⑤ 공동주택 중 분양되지 아니한 세대의 장기수선충당금은 사업주체가 이를 부담하여야 한다.

정답 및 해설

20 ② 공동주택에 광고물·표지물 또는 표지를 부착하는 행위는 관리주체의 동의를 받아야 하는 행위이다.

21 ⑤ 비내력벽을 철거하고자 하는 경우에는 시장·군수·구청장의 허가를 받거나 시장·군수·구청장에게 신고를 하여야 한다.

22 ① 하자보수보증금은 하자담보책임기간별로 책임기간이 종료한 경우에 순차적으로 반환하여야 한다.

제6장 하자담보책임

대표예제 31 **하자담보책임 ★**

공동주택관리법령상 주택의 관리에 있어서의 담보책임에 관한 설명으로 옳지 않은 것은?

① 하자보수책임을 지는 사업주체에는 건축허가를 받아 분양을 목적으로 하는 공동주택을 건축한 건축주 및 공동주택을 증축·개축·대수선하는 행위와 리모델링을 수행한 시공자를 포함한다.

② 하자보수책임을 청구할 수 있는 자는 공동주택의 입주자·입주자대표회의·관리주체(대행하는 경우에 한한다) 또는 집합건물의 소유 및 관리에 관한 법률에 따라 구성된 관리단과 공공임대주택의 임차인 또는 임차인대표회의다.

③ 시설공사별 하자보수책임의 대상이 되는 하자는 공사상의 잘못으로 인한 건축물 또는 시설물의 기능·미관 또는 안전상의 지장을 초래할 정도의 하자를 말한다.

④ 내력구조부별 하자보수대상 하자의 범위는 공동주택 구조체의 일부 또는 전부가 붕괴된 경우이거나, 공동주택의 구조안전상 위험을 초래하거나 그 위험을 초래할 우려가 있는 정도의 균열·침하 등의 결함이 발생한 경우이다.

⑤ 내력구조부별(건축법에 따른 건물의 주요구조부를 말한다) 하자에 대한 담보책임기간은 10년이며, 그 책임기간의 기산은 전유부분은 사용검사일부터이다.

해설 | 담보책임기간의 기간은 전유부분은 입주자 또는 임차인에게 인도한 날부터, 공용부분은 주택법 제49조에 따른 사용검사일(공동주택의 전부에 대하여 임시사용승인을 받은 경우에는 그 임시사용승인일을 말하고, 분할 사용검사나 동별 사용검사를 받은 경우에는 그 분할 사용검사일 또는 동별 사용검사일을 말한다) 또는 건축법 제22조에 따른 공동주택의 사용승인일부터 기산한다.

기본서 p.271~279 정답 ⑤

01 공동주택관리법령상 공동주택의 하자보수에 관한 설명으로 옳지 않은 것은?

① 입주자대표회의 등 또는 임차인 등은 공동주택에 하자가 발생한 경우에는 담보책임기간 내에 사업주체에게 하자보수를 청구하여야 한다.

② 사업주체는 하자보수를 청구받은 날부터 15일 이내에 그 하자를 보수하거나 하자보수계획을 입주자대표회의 등 또는 임차인 등에 서면(전자문서를 포함한다)으로 통보하고 그 계획에 따라 하자를 보수하여야 한다.

③ ②에서 청구받은 날이란 하자진단결과를 통보받은 때에는 그 통보받은 날을 말한다. 다만, 하자가 아니라고 판단되는 사항에 대해서는 그 이유를 서면으로 통보하여야 한다.

④ 하자보수를 실시한 사업주체는 하자보수가 완료되면 즉시 그 보수결과를 하자보수를 청구한 입주자대표회의 등 또는 임차인 등에 통보하여야 한다.

⑤ 하자보수청구를 하는 경우에 전유부분은 입주자대표회의 또는 임차인대표회의가 청구하여야 한다.

02 공동주택관리법령상 담보책임기간 중 다른 하나는 무엇인가?

① 대지조성공사   ② 주요구조부 공사
③ 철근콘크리트공사   ④ 조적공사
⑤ 방수공사

정답 및 해설

01 ⑤   전유부분은 입주자 또는 공공임대주택의 임차인이 청구할 수 있다.

02 ②   내력구조부별(건물의 주요구조부를 말한다) 하자에 대한 담보책임기간과 지반공사의 하자담보책임기간은 10년이다. 그리고 담보책임기간이 5년인 것은 다음과 같다.

대지조성공사	• 토공사 • 옹벽공사(토목옹벽) • 포장공사	• 석축공사 • 배수공사
철근콘크리트공사	• 일반철근콘크리트공사 • 프리캐스트콘크리트공사 • 콘크리트공사	• 특수콘크리트공사 • 옹벽공사(건축옹벽)
철골공사	• 일반철골공사 • 경량철골공사	• 철골부대공사
조적공사	• 일반벽돌공사 • 블록공사	• 점토벽돌공사 • 석공사(건물 외부 공사)
방수공사	• 방수공사	

03 공동주택관리법령상 담보책임의 종료에 대한 다음 설명 중 틀린 것은?

① 사업주체는 담보책임기간이 만료되기 30일 전까지 그 만료 예정일을 해당 공동주택의 입주자대표회의(의무관리대상 공동주택이 아닌 경우에는 관리인을 말한다) 또는 공공임대주택의 임차인대표회의에 서면으로 통보하여야 한다.

② ①에 따라 통보를 하는 경우에 하자보수를 청구한 경우에는 하자보수를 완료한 내용, 담보책임기간 내에 하자보수를 신청하지 아니하면 하자보수를 청구할 수 있는 권리가 없어진다는 사실을 함께 알려야 한다.

③ 통보를 받은 입주자대표회의 등 또는 임차인 등은 전유부분에 대한 조치로서 담보책임기간이 만료되는 날까지 하자보수를 청구하도록 입주자 또는 공공임대주택의 임차인에게 개별통지하고 공동주택단지 안의 잘 보이는 게시판에 20일 이상 게시하여야 한다.

④ ③에 따른 조치로서 공용부분에 대하여는 담보책임기간이 만료되는 날까지 하자보수 청구를 하여야 한다.

⑤ 사업주체는 하자보수청구를 받은 사항에 대하여 지체 없이 보수하고 그 보수결과를 서면으로 입주자대표회의 등 또는 임차인 등에 통보하여야 한다. 다만, 하자가 아니라고 판단한 사항에 대해서는 그 이유를 명확히 기재한 서면을 통보하여야 한다.

04 공동주택관리법령상 하자보수책임의 종료에 대한 설명으로 틀린 것은?

① 보수결과를 통보받은 입주자대표회의 등 또는 임차인 등은 30일 이내에 이유를 명확히 기재한 서면으로 사업주체에게 이의를 제기할 수 있다.

② ①의 경우에 사업주체는 이의제기 내용이 타당하면 지체 없이 하자를 보수하여야 한다.

③ 사업주체와 전유부분은 입주자, 공용부분은 입주자대표회의의 회장(의무관리대상 공동주택이 아닌 경우는 관리인) 또는 5분의 4이상의 입주자(입주자대표회의 구성원 중 사용자인 동별 대표자가 과반수인 경우)이 하자보수가 끝난 때에는 공동으로 담보책임 종료확인서를 작성하여야 한다.

④ 입주자대표회의의 회장은 공용부분의 담보책임 종료확인서를 작성하려면 의견청취를 위하여 입주자에게 개별통지하고 공동주택단지 안의 게시판에 20일 이상 게시한 후 입주자대표회의 의결을 거쳐야 한다.

⑤ ④의 경우에 전체 입주자의 10분의 1 이상이 서면으로 반대하는 경우에는 입주자대표회의는 의결을 할 수 없다.

05 공동주택관리법령상 입주자대표회의 등의 하자보수 요구에 대해 이의가 있을 때, 입주자대표회의 등과 협의하여 안전진단기관에 보수책임이 있는 하자범위에 해당하는지 여부 등 하자진단을 의뢰할 수 있는데, 이 경우 의뢰할 수 있는 안전진단기관이 아닌 것은?

① 기술사법에 따라 등록한 해당 분야의 기술사
② 건축사법에 따라 신고한 건축사
③ 한국건설기술연구원
④ 엔지니어링산업 진흥법에 따라 신고한 엔지니어링사업자
⑤ 건설산업기본법에 따른 건설분쟁조정위원회

정답 및 해설

03 ① 의무관리대상 공동주택이 아닌 경우에는 <u>관리단</u>을 말한다.

04 ⑤ 전체 입주자의 <u>5분의 1 이상</u>이 서면으로 반대하는 경우이다.

05 ⑤ 사업주체 등은 입주자대표회의 등의 하자보수청구에 이의가 있는 경우, 입주자대표회의 등과 협의하여 다음의 안전진단기관에 보수책임이 있는 하자범위에 해당하는지 여부 등 하자진단을 의뢰할 수 있다.
  • 국토안전관리원
  • 한국건설기술연구원
  • 엔지니어링산업 진흥법에 따라 신고한 해당 분야의 엔지니어링사업자
  • 기술사법에 따라 등록한 기술사
  • 건축사법에 따라 신고한 건축사
  • 건축 분야 안전진단전문기관

고난도

06 공동주택관리법령상 하자심사 · 분쟁조정위원회의 분과위원회는 하자진단 결과에 대하여 다투는 사건, 당사자 쌍방 또는 일방이 하자감정을 요청하는 사건, 하자원인이 불분명한 사건 등에 해당하는 경우에 안전진단기관에 그에 따른 감정을 요청할 수 있는데, 이때 감정기관에 해당하지 아니하는 것은?

① 국토안전관리원
② 한국건설기술연구원
③ 국립 또는 공립의 주택 관련 시험 · 검사기관
④ 엔지니어링산업 진흥법에 의한 해당 분야의 엔지니어링사업자
⑤ 건축사법에 따라 설립한 건축사협회

고난도

07 공동주택관리법령상 시장 · 군수 · 구청장은 담보책임기간에 공동주택의 구조안전에 중대한 하자가 있다고 인정하는 경우에는 안전진단기관에 안전진단을 의뢰할 수 있는데, 그 기관에 해당하지 아니하는 것은?

① 과학기술분야 정부출연연구기관 등의 설립 · 운영 및 육성에 관한 법률에 따른 한국건설기술연구원
② 국토안전관리원
③ 건축사법에 따라 신고한 건축사
④ 고등교육법의 대학 및 산업대학의 부설연구기관(상설기관으로 한정한다)
⑤ 건축 분야 안전진단전문기관

대표예제 32 | 하자보수보증금 ★★

공동주택관리법령상 하자보수보증금에 관한 설명으로 옳지 않은 것은?

① 사업주체는 사용검사권자가 지정하는 금융기관에 입주자대표회의의 명의로 하자보수보증금을 예치하여야 한다.

② 입주자대표회의는 하자보수보증금을 관리주체에게 보관하게 한다.

③ 하자보수보증금은 현금 또는 일정한 증서로 예치하여야 한다.

④ 국가·지방자치단체·한국토지주택공사 및 지방공사인 사업주체의 경우에는 하자보수보증금을 예치하지 않는다.

⑤ 입주자대표회의는 사업주체가 예치한 하자보수보증금을 일정한 구분에 따라 순차적으로 사업주체에게 반환하여야 한다.

해설 | 사업주체는 사용검사권자가 지정하는 금융기관에 사용검사권자의 명의로 하자보수보증금을 예치하여야 한다.

기본서 p.279~283

정답 ①

정답 및 해설

06 ⑤ 하자분쟁조정위원회는 법 제48조 제2항에 해당하는 사건의 경우에는 다음의 안전진단기관에 그에 따른 감정을 요청할 수 있다. 다만, 하자진단기관은 같은 사건의 심사·조정대상 시설에 대해서는 감정을 하는 안전진단기관이 될 수 없다.
   - 국토안전관리원
   - 한국건설기술연구원
   - 국립 또는 공립의 주택 관련 시험·검사기관
   - 고등교육법에 따른 대학 및 산업대학의 주택 관련 부설 연구기관(상설기관에 한한다)
   - 엔지니어링산업 진흥법에 따라 신고한 해당 분야의 엔지니어링사업자
   - 기술사법에 따라 등록한 기술사
   - 건축사법에 따라 신고한 건축사
   - 건축 분야 안전진단전문기관

07 ③ 건축사법에 따라 설립한 건축사협회이다.

08 공동주택관리법령상 사업주체는 사용검사권자가 지정하는 금융기관에 사용검사권자의 명의로 하자보수보증금을 현금 또는 증서로 예치해야 하는데, 다음 중 예치하는 증서에 해당하지 않는 것은?

① 주택도시보증공사가 발행하는 보증서
② 금융기관의 지급보증서
③ 건설산업기본법에 따른 건설공제조합이 발행하는 보증서
④ 국토안전관리원이 발행하는 보증서
⑤ 보험업법에 따른 보증보험업을 영위하는 자가 발행하는 이행보증보험증권

09 공동주택관리법령상 하자보수에 관한 설명으로 옳지 않은 것은?

① 사업주체는 하자보수를 청구받은 날부터 15일 이내에 그 하자를 보수하거나 하자보수 계획을 입주자대표회의 등에 서면(전자문서를 포함한다)으로 통보하고 그 계획에 따라 하자를 보수하여야 한다.
② 사용검사권자는 입주자대표회의가 구성된 때에는 지체 없이 하자보수보증금의 예치 명의를 해당 입주자대표회의의 명의로 변경하여야 한다.
③ 입주자대표회의 등은 공동주택에 하자가 발생한 경우에는 담보책임기간 내에 사업주체에게 하자보수를 청구하여야 한다.
④ 하자심사·분쟁조정위원회는 조정신청을 받은 날부터 30일 이내에 그 절차를 완료하여야 한다.
⑤ 입주자대표회의가 하자보수보증금을 반환할 경우 사용검사일부터 5년이 경과된 때에는 하자보수보증금의 100분의 25의 비율로 계산한다.

고난도

10 공동주택관리법령상 하자보수보증금의 용도가 아닌 것은?

① 하자분쟁조정위원회가 하자로 판정한 시설공사 등에 대한 하자보수비용
② 하자분쟁조정위원회가 송달한 조정서 정본에 따른 하자보수비용
③ 사업주체가 입주자대표회의 등과 협의하여 하자진단을 실시한 경우 그 결과에 따른 하자보수비용
④ 법원의 재판결과에 따른 하자보수비용
⑤ 시장·군수·구청장의 요청에 따라 실시한 안전진단실시비용

대표예제 33   안전진단 및 하자분쟁의 처리 ★

공동주택관리법령상 안전진단 및 분쟁조정 등에 관한 설명으로 틀린 것은?

① 시장·군수·구청장은 담보책임기간에 공동주택의 구조안전에 중대한 하자가 있다고 인정하는 경우에는 안전진단기관에 의뢰하여 안전진단을 할 수 있다.

② 안전진단에 소요되는 비용은 사업주체가 이를 부담한다. 다만, 하자의 원인이 사업주체 외의 자에게 있는 경우에는 그 자가 부담한다.

③ 사업주체는 입주자대표회의 등이 청구하는 하자보수에 대하여 이의가 있는 경우, 입주자대표회의 등과 협의하여 안전진단기관에 보수책임이 있는 하자범위에 해당하는지 여부 등 하자진단을 의뢰할 수 있다.

④ 안전진단기관은 하자진단 또는 감정을 의뢰받은 날부터 20일 이내에 그 결과를 제출하여야 하며, 하자진단에 드는 비용과 감정에 드는 비용은 당사자간 합의한 바에 따라 부담한다.

⑤ 입주자대표회의 등과 사업주체(하자보수보증금의 보증서발급기관을 포함한다)는 담보책임기간 안에 발생한 하자의 책임범위에 대하여 분쟁이 발생한 때에는 건축법에 따른 건축위원회에 조정을 신청할 수 있다.

해설 | 입주자대표회의 등과 사업주체(하자보수보증금의 보증서발급기관을 포함한다)는 담보책임기간 안에 발생한 하자의 책임범위에 대하여 분쟁이 발생한 때와 사업주체·설계자 및 감리자 사이에 하자의 책임범위에 대하여 분쟁이 발생한 경우에는 하자심사·분쟁조정위원회에 조정을 신청할 수 있다.

기본서 p.283~293   정답 ⑤

정답 및 해설

08 ④ 국토안전관리원이 발행하는 보증서는 예치하는 증서에 해당하지 않는다.

09 ④ 하자심사·분쟁조정위원회는 조정신청을 받은 날부터 <u>60일(공용부분은 90일)</u> 이내에 그 절차를 완료하여야 한다.

10 ⑤ 안전진단실시비용은 사업주체가 부담하는 것이 원칙이다. 하자보수보증금의 사용용도는 다음과 같다.
- 송달된 하자 여부 판정서(법 제48조 제8항에 따른 재심의결정서를 포함한다) 정본에 따라 하자로 판정된 시설공사 등에 대한 하자보수비용
- 하자분쟁조정위원회(법 제39조 제1항에 따른 하자심사·분쟁조정위원회를 말한다)가 송달한 조정서 정본에 따른 하자보수비용
- 재판상 화해와 동일한 효력이 있는 재정에 따른 하자보수비용
- 법원의 재판결과에 따른 하자보수비용
- 실시한 하자진단의 결과에 따른 하자보수비용

11 공동주택관리법령상 하자심사 · 분쟁조정위원회 및 분쟁의 심사 · 조정에 관한 설명 중 옳지 않은 것은?

① 담보책임 및 하자보수 등과 관련한 심사 · 조정을 위하여 시 · 군 · 구에 하자심사 · 분쟁조정위원회(이하 '위원회'라 한다)를 둔다.

② 입주자대표회의 등과 사업주체는 담보책임기간 안에 발생한 하자의 책임범위에 대하여 분쟁이 발생한 때에는 위원회에 조정을 신청할 수 있다.

③ 위원회는 조정 등의 신청을 받은 날부터 60일(공용부분은 90일) 이내에 그 절차를 완료하여야 하지만, 이 기간 이내에 조정 등을 완료할 수 없는 경우에는 위원회의 의결로 그 기간을 30일 이내에서 연장할 수 있다. 이 경우 분쟁재정의 신청을 받은 경우에는 150일(공용부분의 경우 180일)이다.

④ 조정안을 제시받은 당사자는 그 제시를 받은 날부터 30일 이내에 그 수락 여부를 위원회에 통보하여야 한다.

⑤ 당사자가 조정안을 수락한 때에는 당사자간에 조정서와 동일한 내용의 재판상 화해와 동일한 효력이 있는 것으로 본다.

고난도

12 공동주택관리법령상 하자심사 · 분쟁조정위원회의 권한과 관련된 설명으로 옳지 않은 것은?

① 하자 여부를 판정한다.

② 하자담보책임 및 하자보수 등에 대한 사업주체 · 하자보수보증금의 보증서 발급기관과 입주자대표회의 등간의 분쟁의 조정업무를 수행한다.

③ 하자의 책임범위 등에 대하여 사업주체 등 · 설계자 및 감리자간에 발생하는 분쟁의 조정업무를 수행한다.

④ 하자분쟁조정위원회는 위원장 1명을 포함한 50명 이내의 위원으로 구성한다.

⑤ 조정서의 내용은 당사자간에 합의가 성립된 것으로 본다.

13 공동주택관리법령상 하자심사·분쟁조정위원회의 분과위원회에서는 일정한 사건에 대하여 대통령령으로 정하는 안전진단기관에 그에 따른 감정을 요청할 수 있는데, 여기서 그 사건에 해당하지 않는 것은?

① 하자진단결과에 대하여 다투는 사건
② 당사자 쌍방 또는 일방이 하자감정을 요청하는 사건
③ 하자원인이 불분명한 사건
④ 분과위원회에서 하자감정이 필요하다고 결정하는 사건
⑤ 시장·군수·구청장이 담보책임기간에 공동주택의 구조안전에 중대한 하자가 있다고 인정하여 의뢰한 안전진단결과에 대하여 불복하는 사건

대표예제 34 \ **공동주택관리 분쟁조정위원회 등**

공동주택관리법령상 중앙 공동주택관리 분쟁조정위원회의 업무범위가 아닌 것은?

① 둘 이상의 시·군·구의 관할구역에 걸친 분쟁
② 시·군·구에 지방분쟁조정위원회가 설치되지 아니한 경우 해당 시·군·구 관할 분쟁
③ 분쟁당사자가 쌍방이 합의하여 중앙분쟁조정위원회에 조정을 신청하는 분쟁
④ 300세대 이상의 공동주택단지에서 발생한 분쟁
⑤ 지방분쟁조정위원회가 스스로 조정하기 곤란하다고 결정하여 중앙분쟁조정위원회에 이송한 분쟁

해설 | 500세대 이상의 공동주택단지에서 발생하는 분쟁이다.

기본서 p.299~304   정답 ④

정답 및 해설

11 ① 담보책임 및 하자보수 등과 관련한 심사·조정을 위하여 <u>국토교통부</u>에 하자심사·분쟁조정위원회를 둔다.

12 ⑤ 조정서의 내용은 <u>재판상 화해</u>와 동일한 효력이 있다.

13 ⑤ 시장·군수·구청장이 실시한 안전진단결과에 대하여 불복하는 사건은 감정요청사건에 해당하지 아니한다.

14 공동주택관리법령상 공동주택관리 분쟁조정위원회에 대한 다음 설명 중 틀린 것은?

① 중앙분쟁조정위원회는 위원장 1명을 포함한 15명 이내의 위원으로 구성하고, 지방분쟁조정위원회는 위원장 1명을 포함하여 10명 이내의 위원으로 구성한다.

② 분쟁조정위원으로서 관리사무소장의 경력은 중앙위원회에서는 공동주택의 관리사무소장으로 10년 이상 근무한 주택관리사나, 지방위원회에서는 관리사무소장으로 5년 이상 근무한 경력이 있는 주택관리사이다.

③ 중앙분쟁조정위원회는 조정절차를 개시한 날부터 30일 이내에 그 절차를 완료한 후 조정안을 작성하여 지체 없이 이를 각 당사자에게 제시하여야 한다.

④ ③에 따라 조정안을 제시받은 당사자는 그 제시를 받은 날부터 30일 이내에 그 수락 여부를 중앙분쟁조정위원회에 서면으로 통보하여야 하며, 조정안을 수락하거나 수락한 것으로 보는 때에는 그 조정서의 내용은 재판상 화해와 동일한 효력을 갖는다.

⑤ 지방분쟁조정위원회의 회의·운영 등에 필요한 사항은 해당 시·군·구의 조례로 정하며, 분쟁당사자가 지방분쟁조정위원회의 조정결과를 수락한 경우에는 당사자간에 조정조서와 같은 내용의 합의가 성립된 것으로 본다.

15 공동주택관리법령상 과태료 부과사유에 해당하지 않는 것은?

① 입주자대표회의 및 관리주체가 장기수선충당금을 주택법에 따른 용도 외의 목적으로 사용한 경우

② 입주자대표회의 등이 하자보수보증금을 주택법에 따른 용도 외의 목적으로 사용한 경우

③ 사업주체가 입주자대표회의로부터 주택관리업자의 선정을 통지받고 대통령령으로 정하는 기간 이내에 해당 관리주체에게 공동주택의 관리업무를 인계하지 않은 경우

④ 500세대 이상의 공동주택을 관리하는 주택관리업자가 주택관리사를 해당 공동주택의 관리사무소장으로 배치하지 않은 경우

⑤ 300세대 이상인 공동주택의 입주자가 입주자대표회의를 구성하고 시장·군수·구청장에게 신고를 하지 않은 경우

정답 및 해설

14 ② 주택관리사로서 공동주택의 관리사무소장으로 10년 이상 근무한 사람이다.

15 ④ ④ 주택관리업자가 주택관리사를 배치하지 아니한 경우: <u>1천만원 이하의 벌금</u>
① 장기수선충당금의 용도 외 사용: 1천만원 이하의 과태료
② 하자보수보증금의 용도 외 사용: 2천만원 이하의 과태료
③ 관리업무를 인계하지 아니한 자: 1천만원 이하의 과태료
⑤ 입주자대표회의 구성신고를 하지 아니한 자: 500만원 이하의 과태료

제2편 주관식 기입형 문제

01 공동주택관리법령에 대한 설명이다. (   )에 들어갈 용어를 쓰시오.

> 사업주체는 입주예정자의 과반수가 입주할 때까지 공동주택을 직접 관리하는 경우에는 입주
> 예정자와 관리계약을 체결하여야 하며, 그 관리계약에 따라 해당 공동주택의 공용부분의 관
> 리 및 운영 등에 필요한 비용, 즉 (   )을(를) 공동주택의 소유자로부터 징수할 수 있다.

고난도

02 공동주택관리법령에 대한 설명이다. (   )에 들어갈 용어를 쓰시오.

> • 공동주택의 관리에 관하여 이 법에서 정하지 아니한 사항에 대하여는 (㉠)을 적용한다.
> • 입주자 등은 의무관리대상 공동주택을 (㉡)하거나 주택관리업자에게 위탁하여 관리하여
> 야 한다.

03 공동주택관리법령에 대한 설명이다. (   )에 들어갈 아라비아 숫자를 쓰시오.

> • 의무관리대상 공동주택의 입주자 등이 공동주택을 자치관리할 것을 정한 경우에는 입주자
> 대표회의는 법 제11조 제1항에 따른 요구가 있은 날(의무관리대상 공동주택으로 전환되는
> 경우에는 입주자대표회의의 구성신고가 수리된 날을 말한다)부터 (㉠)개월 이내에 공동
> 주택의 관리사무소장을 자치관리기구의 대표자로 선임하고, 자치관리기구를 구성하여야
> 한다.
> • 입주자대표회의는 선임된 관리사무소장이 해임되거나 그 밖의 사유로 결원이 되었을 때에는
> 그 사유가 발생한 날부터 (㉡)일 이내에 새로운 관리사무소장을 선임하여야 한다.

정답 및 해설

01 관리비예치금

02 ㉠ 주택법, ㉡ 자치관리

03 ㉠ 6, ㉡ 30

04 공동주택관리법령에 대한 설명이다. ( )에 들어갈 아라비아 숫자를 순서대로 쓰시오.

- 의무관리대상 전환 공동주택의 입주자 등은 관리규약의 제정신고가 수리된 날부터 ( ) 월 이내에 입주자대표회의를 구성하여야 하며, 입주자대표회의의 구성신고가 수리된 날부터 ( )개월 이내에 공동주택의 관리방법을 결정하여야 한다.
- 의무관리대상 전환 공동주택의 입주자 등이 공동주택을 위탁관리할 것을 결정한 경우 입주자대표회의는 입주자대표회의의 구성신고가 수리된 날부터 ( )개월 이내에 주택관리업자를 선정하여야 한다.

05 공동주택관리법령에 대한 설명이다. ( )에 들어갈 용어를 쓰시오.

층간소음 발생이 계속될 경우에는 층간소음 피해를 입은 입주자 등은 관리주체의 조치에도 불구하고 층간소음 발생이 계속될 경우에는 층간소음 피해를 입은 입주자 등은 공동주택 ( )에 조정을 신청할 수 있다.

06 공동주택관리법령에 대한 설명이다. ( )에 들어갈 용어를 쓰시오.

주택관리업자를 선정하는 경우 그 계약기간은 ( )의 조정주기를 고려하여야 한다.

07 공동주택관리법령에 대한 설명이다. ( )에 들어갈 용어를 쓰시오.

(㉠)(이)란 공동주택의 소유자 또는 그 소유자를 대리하는 배우자 및 직계존비속을 말하고, (㉡)(이)란 공동주택을 임차하여 사용하는 사람(임대주택의 임차인은 제외한다) 등을 말한다.

08 공동주택관리법령에 대한 설명이다. ( )에 들어갈 용어와 아라비아 숫자를 쓰시오.

> 동별 대표자의 임기는 (㉠)년이며, 입주자대표회의 임원의 임기는 (㉡)(으)로 정한다.

09 공동주택관리법령에 대한 설명이다. ( )에 들어갈 용어를 쓰시오.

> 입주자 등은 입주자대표회의의 회장과 감사 및 동별 대표자를 민주적이고 공정하게 선출(해임하는 경우를 포함한다)하기 위하여 자체적으로 ( )을(를) 구성한다.

10 공동주택관리법령에 대한 설명이다. ( )에 들어갈 용어를 쓰시오.

> 공동주택 분양 후 최초의 관리규약은 사업주체가 제안한 내용을 해당 ( )의 과반수가 서면동의하는 방법으로 이를 결정한다.

11 공동주택관리법령에 대한 설명이다. ( )에 들어갈 아라비아 숫자를 쓰시오.

> 공동관리의 경우에는 세대수가 (㉠)세대 이하이어야 하며, 구분관리의 경우에는 (㉡)세대 이상의 단위로 구분하여 관리할 수 있다.

정답 및 해설

04 3, 3, 6

05 층간소음관리위원회

06 장기수선계약

07 ㉠ 입주자, ㉡ 사용자

08 ㉠ 2, ㉡ 관리규약

09 선거관리위원회

10 입주예정자

11 ㉠ 1,500, ㉡ 500

12 공동주택관리법령에 대한 설명이다. (   )에 들어갈 용어를 쓰시오.

> 분양을 목적으로 건설한 공동주택과 임대주택이 함께 있는 주택단지의 경우 입주자와 사용자, 임대사업자는 해당 주택단지에 공통적으로 적용할 수 있는 관리규약을 정할 수 있다. 이 경우 임대사업자는 (   )와(과) 사전에 협의하여야 한다.

13 공동주택관리법령에 대한 설명이다. (   )에 들어갈 용어를 쓰시오.

> 시장·군수·구청장은 주택관리업자가 영업정지사유(필수적 정지사유는 제외한다)에 해당하는 경우에는 영업정지를 갈음하여 2천만원 이하의 (   )을(를) 부과할 수 있다.

14 공동주택관리법령에 대한 설명이다. (   )에 들어갈 용어를 쓰시오.

> 배치된 주택관리사 등은 손해배상책임을 보장하기 위하여 500세대 미만의 공동주택은 (㉠)만원, 500세대 이상의 공동주택은 (㉡)만원을 보장하는 보증보험 또는 공제에 가입하거나 공탁을 하여야 한다.

15 공동주택관리법령에 대한 설명이다. (   )에 들어갈 용어를 쓰시오.

> 관리주체는 공동주택의 시설물에 대한 (㉠)을(를) 수립하여야 하며, 수립된 (㉠)은(는) 3년마다 조정하여야 하고, 그 조정기간을 앞당기고자 할 경우에는 (㉡) 구성원의 과반수의 서면동의를 받아야 한다.

16 공동주택관리법령에 대한 설명이다. (   )에 들어갈 용어를 쓰시오.

> 의무관리대상 공동주택의 관리주체는 그 공동주택의 기능유지와 안전성 확보로 입주자 및 사용자를 재해 및 재난 등으로부터 보호하기 위하여 (   )마다 공동주택의 안전점검을 실시하여야 한다.

17 공동주택관리법령에 대한 설명이다. (   )에 들어갈 용어를 쓰시오.

> 입주자대표회의 및 관리주체는 건축물과 공중의 안전확보를 위하여 건축물의 (   )와(과) 재난예방에 필요한 예산을 매년 확보하여야 한다.

18 공동주택관리법령에 대한 설명이다. (   )에 들어갈 용어를 쓰시오.

> 시·도지사는 매년 공동주택 (㉠)을(를) 선정할 수 있고, 국토교통부장관은 시·도지사가 선정한 공동주택 (㉠) 중에서 공동주택 (㉡)을(를) 선정하여 표창하고, 공동주택관리 관련 강의·상담 등의 지원을 할 수 있다.

19 공동주택관리법령상 관리사무소장의 손해배상책임에 관한 내용이다. (   )에 들어갈 아라비아 숫자를 순서대로 쓰시오.

> 관리사무소장으로 배치된 주택관리사 등은 손해배상책임을 보장하기 위하여 (   )세대 미만의 공동주택의 경우 (   )만원의 금액을 보장하는 보증보험 또는 공제에 가입하거나 공탁하여야 한다.

정답 및 해설

12 임차인대표회의

13 과징금

14 ㉠ 3천, ㉡ 5천

15 ㉠ 안전관리계획, ㉡ 입주자대표회의

16 반기

17 안전점검

18 ㉠ 모범관리단지, ㉡ 우수관리단지

19 500, 3천

20 공동주택관리법령에 대한 설명이다. (   )에 들어갈 용어를 쓰시오.

> 관리주체는 (   )와(과) 안전진단실시비용에 대하여는 이를 관리비와 구분하여 징수하여야 한다.

21 공동주택관리법령에 대한 설명이다. (   )에 들어갈 용어를 쓰시오.

> 장기수선계획에서 제외되는 공동주택의 공용부분의 수선·보수에 소요되는 비용, 건축물의 안전점검비용은 관리비의 (   ) 항목에 해당한다.

22 공동주택관리법령에 대한 설명이다. (   )에 들어갈 용어를 쓰시오.

> 300세대 이상의 공동주택, 승강기가 설치된 공동주택, 중앙집중식(지역) 난방방식의 공동주택, 건축허가를 받은 복합주택을 건설·공급하는 사업주체 또는 리모델링을 하는 자는 그 공동주택의 공용부분에 대한 (   )을(를) 수립하여 사용검사를 신청할 때에 사용검사권자에게 제출하여야 한다.

23 공동주택관리법령에 대한 설명이다. (   )에 들어갈 용어를 쓰시오.

> 입주자대표회의와 관리주체는 장기수선계획을 3년마다 검토하여 필요한 경우에 조정하되, 주요 시설을 신설하는 등 관리여건상 필요하여 전체 (   ) 과반수의 서면동의를 얻은 경우에는 3년이 경과하기 전에 조정할 수 있다.

24 공동주택관리법령에 대한 설명이다. (   )에 들어갈 용어를 쓰시오.

> (   )은(는) 장기수선계획을 조정하기 전에 해당 공동주택의 관리사무소장으로 하여금 국토교통부령으로 정하는 바에 따라 시·도지사가 실시하는 장기수선계획의 비용산출 및 공사방법 등에 관한 교육을 받게 할 수 있다.

25 공동주택관리법령에 대한 설명이다. ( )에 들어갈 용어를 쓰시오.

> 관리주체는 장기수선계획에 따라 공동주택의 주요 시설의 교체 및 보수에 필요한 장기수선충당금을 해당 주택의 (㉠)로부터 징수하여 적립하여야 하는데, 공동주택 중 분양되지 아니한 세대의 장기수선충당금은 (㉡)이(가) 이를 부담하여야 한다.

26 공동주택관리법령에 대한 설명이다. ( )에 들어갈 용어를 쓰시오.

> 장기수선충당금의 요율은 해당 공동주택의 공용부분의 내구연한 등을 감안하여 (㉠)(으)로 정하고, 적립금액은 (㉡)에서 정한다.

27 공동주택관리법령에 대한 설명이다. ( )에 들어갈 용어를 쓰시오.

> 임대를 목적으로 하여 건설한 공동주택을 분양전환한 이후 관리업무를 인계하기 전까지의 장기수선충당금 요율은 민간임대주택에 관한 특별법 시행령에 따른 ( ) 적립요율에 따라야 한다.

정답 및 해설

20 장기수선충당금

21 수선유지비

22 장기수선계획

23 입주자

24 관리주체

25 ㉠ 소유자, ㉡ 사업주체

26 ㉠ 관리규약, ㉡ 장기수선계획

27 특별수선충당금

28 공동주택관리법령에 대한 설명이다. (   )에 공통적으로 들어갈 용어를 쓰시오.

> 장기수선충당금의 사용은 (   )에 따르며, 그 사용절차는 관리주체가 장기수선충당금 사용계획서를 (   )에 따라 작성하고 입주자대표회의의 의결을 거쳐 사용한다.

29 공동주택관리법령에 대한 설명이다. (   )에 들어갈 용어를 쓰시오.

> - 지방자치단체의 장은 그 지방자치단체의 조례로 정하는 바에 따라 공동주택의 관리에 필요한 비용의 일부를 지원할 수 있으며, 국가는 공동주택의 보수·개량에 필요한 비용의 일부를 (㉠)에서 융자할 수 있다.
> - 지방자치단체의 장은 의무관리대상 공동주택에 해당하지 아니하는 공동주택의 관리와 안전사고의 예방 등을 위하여 (㉡)의 수립 및 시행과 공동주택에 대한 (㉢)업무를 할 수 있다.

30 공동주택관리법령에 대한 설명이다. (   )에 들어갈 용어를 쓰시오.

> 공동주택관리법령상 시설공사별 하자의 범위는 공사상의 잘못으로 인한 균열·처짐·비틀림·들뜸·침하·파손·붕괴·누수·누출·탈락, 작동 또는 기능불량, 부착·접지 또는 결선불량, 고사 및 입상불량 등이 발생하여 건축물 또는 시설물의 안전상·(   )상 또는 미관상의 지장을 초래할 정도의 결함이 발생한 경우를 말한다.

31 공동주택관리법령에 대한 설명이다. (   )에 들어갈 아라비아 숫자를 쓰시오.

> 공동주택관리법령상 담보책임기간은 하자의 중대성, 시설물 내구연한 및 교체가능성 등을 고려하여 공동주택의 내력구조부별 및 시설공사별로 (   )년의 범위에서 정한다.

32 공동주택관리법령에 대한 설명이다. (   )에 들어갈 아라비아 숫자를 쓰시오.

사업주체는 하자보수를 청구받은 날(하자진단결과를 통보받은 때에는 그 통보받은 날을 말한다)부터 (   )일 이내에 그 하자를 보수하거나 하자보수계획을 입주자대표회의 등 또는 임차인 등에 서면(정보처리시스템을 사용한 전자문서를 포함한다)으로 통보하고 그 계획에 따라 하자를 보수하여야 한다. 다만, 하자가 아니라고 판단되는 사항에 대해서는 그 이유를 서면으로 통보하여야 한다.

33 공동주택관리법령에 대한 설명이다. (   )에 들어갈 아라비아 숫자를 쓰시오.

사업주체는 담보책임기간이 만료되기 (㉠)일 전까지 그 만료 예정일을 해당 공동주택의 입주자대표회의와 임차인대표회의에 서면으로 통보하여야 하며, 통보를 받은 입주자대표회의와 임차인대표회의는 전유부분에 대한 조치로서는 담보책임기간이 만료되는 날까지 하자보수를 청구하도록 입주자 또는 임차인에게 개별통지하고 공동주택단지 안의 잘 보이는 게시판에 (㉡)일 이상 게시하여야 하고, 공용부분에 대한 조치로서는 담보책임기간이 만료되는 날까지 하자보수청구를 하여야 한다.

정답 및 해설

28 장기수선계획

29 ㉠ 주택도시기금, ㉡ 안전관리계획, ㉢ 안전점검

30 기능

31 10

32 15

33 ㉠ 30, ㉡ 20

---

34 공동주택관리법령에 대한 설명이다. (   )에 들어갈 아라비아 숫자를 쓰시오.

> 입주자대표회의가 하자보수보증금의 지급을 청구하는 경우에 청구를 받은 하자보수보증서 발급기관은 청구일부터 (㉠)일 이내에 하자보수보증금을 지급하여야 하며, 입주자대표회의는 하자보수보증금을 사용한 때에는 그날부터 (㉡)일 이내에 그 사용명세를 사업주체에게 통보하여야 하며, 의무관리대상 공동주택의 경우에는 하자보수보증금의 사용 후 (㉢)일 이내에 그 사용내역을 시장·군수·구청장에게 신고하여야 한다.

35 공동주택관리법령에 대한 설명이다. (   )에 들어갈 아라비아 숫자를 쓰시오.

> 입주자대표회의는 사용검사일부터 5년이 경과된 때에는 하자보수보증금의 100분의 (   )에 해당하는 금액을 사업주체에게 반환하여야 한다.

36 공동주택관리법령에 대한 설명이다. (   )에 들어갈 아라비아 숫자를 쓰시오.

> 하자분쟁조정위원회는 조정 등의 신청을 받은 때에는 지체 없이 조정 등의 절차를 개시하여야 한다. 이 경우 하자분쟁조정위원회는 조정신청을 받은 날부터 (㉠)일[공용부분의 하자는 (㉡)일로 하고, 흠결보정기간 및 하자감정기간은 산입하지 아니한다] 이내에 그 절차를 완료하여야 한다.

37 공동주택관리법령에 대한 설명이다. (   )에 들어갈 아라비아 숫자를 쓰시오.

> 하자 여부 판정 결과에 대하여 이의가 있는 자는 하자여부판정서를 송달받은 날부터 (   )일 이내에 이의신청을 할 수 있으며, 하자분쟁조정위원회는 이의신청이 있는 경우에는 하자 여부 판정을 의결한 분과위원회가 아닌 다른 분과위원회에서 해당 사건에 대하여 재심의를 하도록 하여야 한다.

38 공동주택관리법령에 대한 설명이다. ( )에 들어갈 용어와 아라비아 숫자를 쓰시오.

> 하자분쟁조정위원회의 조정안을 제시받은 당사자는 그 제시를 받은 날부터 (㉠)일 이내에 그 수락 여부를 하자분쟁조정위원회에 통보하여야 한다. 이 경우 수락 여부에 대한 답변이 없는 때에는 그 조정안을 수락한 것으로 보며, 조정서의 내용은 (㉡)와(과) 동일한 효력이 있다.

39 공동주택관리법령에 대한 설명이다. ( )에 들어갈 아라비아 숫자를 쓰시오.

> 하자진단을 의뢰받은 안전진단기관은 하자진단을 의뢰받은 날부터 (㉠)일 이내에 그 결과를 사업주체 등과 입주자대표회의 등에 제출하여야 하며, 하자감정을 의뢰받은 안전진단기관은 하자감정을 의뢰받은 날부터 (㉡)일 이내에 그 결과를 하자분쟁조정위원회에 제출하여야 한다.

40 공동주택관리법령에 대한 설명이다. ( )에 들어갈 용어와 아라비아 숫자를 쓰시오.

> • 중앙분쟁조정위원회는 조정절차를 개시한 날부터 (㉠)일 이내에 그 절차를 완료한 후 조정안을 작성하여 지체 없이 이를 각 당사자에게 제시하여야 한다. 조정안을 제시받은 당사자는 그 제시를 받은 날부터 (㉡)일 이내에 그 수락 여부를 중앙분쟁조정위원회에 서면으로 통보하여야 한다. 이 경우 의사표시가 없는 때에는 수락한 것으로 보며, 조정안을 수락하거나 수락한 것으로 보는 때에는 그 조정서의 내용은 (㉢)와(과) 동일한 효력을 갖는다.
> • 분쟁당사자가 지방분쟁조정위원회의 조정결과를 수락한 경우에는 당사자간에 조정조서와 같은 내용의 (㉣)이(가) 성립된 것으로 본다.

정답 및 해설

34 ㉠ 30, ㉡ 30, ㉢ 30

35 25

36 ㉠ 60, ㉡ 90

37 30

38 ㉠ 30, ㉡ 재판상 화해

39 ㉠ 20, ㉡ 20

40 ㉠ 30, ㉡ 30, ㉢ 재판상 화해, ㉣ 합의

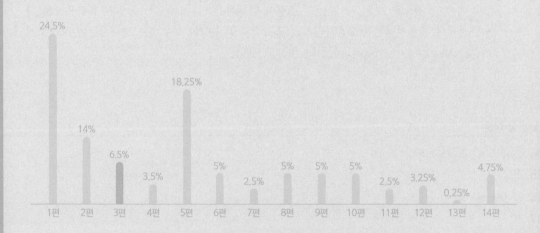

제3편

민간임대주택에 관한 특별법

제3편 민간임대주택에 관한 특별법

민간임대주택에 관한 특별법령상 용어에 대한 설명으로 틀린 것은?

① '민간임대주택'이란 임대 목적으로 제공하는 주택으로서 임대사업자가 등록한 주택을 말한다.

② 민간임대주택에는 주택법령상의 준주택을 모두 포함한다.

③ '민간매입임대주택'이란 임대사업자가 매매 등으로 소유권을 취득하여 임대하는 민간임대주택을 말한다.

④ '장기일반민간임대주택'이란 임대사업자가 공공지원민간임대주택이 아닌 주택을 10년 이상임대할 목적으로 취득하여 임대하는 민간임대주택[아파트(도시형 생활주택이 아닌 것)를임대하는 민간매입임대주택은 제외한다]을 말한다.

⑤ '공유형 민간임대주택'이란 가족관계가 아닌 2명 이상의 임차인이 하나의 주택에서 거실·주방 등 어느 하나 이상의 공간을 공유하여 거주하는 민간임대주택으로서 임차인이 각각임대차계약을 체결하는 민간임대주택을 말한다.

해설 | 민간임대주택에는 토지를 임차하여 건설된 주택 및 다음의 요건을 모두 갖춘 오피스텔 등(이하 '준주택'이라 한다) 및 다가구주택으로서 임대사업자 본인이 거주하는 실을 제외한 나머지 실 전부를 임대하는 주택을 포함한다.
1. 주택 외의 건축물을 기숙사로 리모델링한 건축물
2. 다음의 요건을 모두 갖춘 오피스텔
   • 전용면적이 120제곱미터 이하일 것
   • 상·하수도 시설이 갖추어진 전용입식 부엌, 전용수세식 화장실 및 목욕시설(전용수세식 화장실에 목욕시설을 갖춘 경우를 포함한다)을 갖출 것

기본서 p.315~318   정답 ②

01 민간임대주택에 관한 특별법령상 용어에 대한 설명으로 틀린 것은?

① '공공지원민간임대주택'이란 임대사업자가 공적인 지원을 받아 민간임대주택을 10년 이상 임대할 목적으로 취득하여 이 법에 따른 임대료 및 임차인의 자격제한 등을 받아 임대하는 민간임대주택을 말한다.

② '임대사업자'란 공공주택사업자가 아닌 자로서 2호 이상의 민간임대주택을 취득하여 임대하는 사업을 할 목적으로 등록한 자를 말한다.

③ '자기관리형 주택임대관리업'이란 주택의 소유자로부터 주택을 임차하여 자기책임으로 전대하는 형태의 업을 말한다.

④ '위탁관리형 주택임대관리업'이란 주택의 소유자로부터 수수료를 받고 임대료 부과·징수 및 시설물 유지·관리 등을 대행하는 형태의 업을 말한다.

⑤ '공공지원민간임대주택 공급촉진지구'란 공공지원민간임대주택의 공급을 촉진하기 위하여 지정·고시한 지구를 말한다.

02 '역세권 등'이란 대통령령으로 정하는 시설부터 1킬로미터 거리 이내에 위치한 지역을 말한다. 여기서 대통령령으로 정하는 시설이 아닌 것은?

① 도시철도법에 따라 건설 및 운영되는 철도역

② 간선급행버스체계의 건설 및 운영에 관한 특별법에 따른 환승시설

③ 산업입지 및 개발에 관한 법률에 따른 산업단지

④ 건축법 시행령 별표 1 제10호 마목에 따른 연구소

⑤ 초·중등교육법에 따른 고등학교

정답 및 해설

01 ② 1호 이상의 민간임대주택이다.

02 ⑤ 고등교육법 제2조 제1호에 따른 대학, 같은 조 제2호에 따른 산업대학, 같은 조 제3호에 따른 교육대학 및 같은 조 제4호에 따른 전문대학이다.

민간임대주택에 관한 특별법령상 임대사업자에 대한 설명 중 틀린 것은?

① 주택을 임대하려는 자는 특별자치시장·특별자치도지사·시장·군수 또는 구청장에게 등록을 신청할 수 있다.

② 임대관리업을 등록하는 경우에 2인 이상이 공동으로 건설하거나 소유하는 주택의 경우에는 공동명의로 등록하여야 한다.

③ 미성년자는 임대사업자로 등록할 수 없다. 법인의 경우 그 임원 중 미성년자에 해당하는 사람이 있는 경우에도 또한 같다.

④ 시장·군수·구청장이 임대사업자의 등록신청을 받은 경우에 해당 신청인의 신용도, 신청 임대주택의 부채비율 등을 고려하여 임대보증금 보증 가입이 현저히 곤란하다고 판단되는 경우이거나 해당 주택이 정비사업 또는 소규모주택정비사업으로 인하여 임대의무기간 내 멸실 우려가 있다고 판단되는 경우에는 그 등록을 거부할 수 있다.

⑤ 과거 5년 이내에 민간임대주택 또는 공공임대주택사업에서 부도가 발생한 사실이 있는 자는 임대사업자로 등록할 수 없다. 부도 후 부도 당시의 채무를 변제하고 사업을 정상화시킨 경우도 그러하다.

해설 | 부도 후 부도 당시의 채무를 변제하고 사업을 정상화시킨 경우에는 임대사업자로 등록할 수 있다.

보충 | 임대사업자의 결격사유
다음의 어느 하나에 해당하는 자는 임대사업자로 등록할 수 없다. 법인의 경우 그 임원 중 다음의 어느 하나에 해당하는 사람이 있는 경우에도 또한 같다.
- 미성년자
- 법 제6조 제1항(등록말소사유) 제1호, 제4호 및 제7호부터 제9호까지의 규정에 따라 등록이 전부 말소된 후 2년이 지나지 아니한 자
- 임차인에 대한 보증금반환채무의 이행과 관련하여 형법 제347조의 죄(사기죄)를 범하여 금고 이상의 형을 선고받고 집행이 종료(집행이 종료된 것으로 보는 경우를 포함한다)되거나 그 집행이 면제된 날부터 2년이 지나지 아니한 자이거나, 형의 집행유예를 선고받고 그 유예기간 중에 있는 자

기본서 p.323~330   정답 ⑤

03 민간임대주택에 관한 특별법령상 임대사업자가 등록이 전부 말소된 후 2년이 지나지 아니한 경우에는 임대사업자로 등록을 할 수 없는 경우가 있는데, 그 경우가 아닌 것은?

① 거짓이나 그 밖의 부정한 방법으로 등록한 경우

② 법 제5조 제6항의 등록기준을 갖추지 못한 경우

③ 법 제44조에 따른 임대조건을 위반한 경우

④ 법 제45조를 위반하여 임대차계약을 해제·해지하거나 재계약을 거절한 경우

⑤ 임대보증금에 대한 보증에 가입하지 아니한 경우로서 대통령령으로 정하는 경우

04 민간임대주택에 관한 특별법령상 임대사업자로 등록을 할 수 있는 자가 아닌 자는?

① 민간임대주택으로 등록할 주택을 소유한 자

② 민간임대주택으로 등록할 주택을 건설하기 위하여 주택법에 따른 사업계획승인을 받은 자

③ 민간임대주택으로 등록할 주택을 매입하기 위하여 매매계약을 체결하거나 분양계약을 체결한 자

④ 소속 근로자에게 임대하기 위하여 민간임대주택을 건설하려는 고용자(법인 또는 개인인 자)

⑤ 민간임대주택으로 등록할 주택을 취득하기 위하여 주택법에 따라 등록한 주택건설사업자

정답 및 해설

03 ⑤ ⑤는 말소 2년 이내에 등록을 할 수 없는 사유에 해당하지 아니한다.
①②③④ 외에 등록할 수 없는 사유에 해당하는 것은 법 제50조의 준주택에 대한 용도제한을 위반한 경우 등 5가지이다.

04 ④ 소속 근로자에게 임대하기 위하여 민간임대주택을 건설하려는 <u>고용자로서 법인인</u> 자이다. 즉, 개인인 자는 제외한다.

05 민간임대주택에 관한 특별법령상 임대사업자가 등록한 후 일정한 기간 안에 민간임대주택을 취득하지 아니하는 경우에는 그 등록을 말소할 수 있는데, 그 기간이 틀린 것은?

① 민간임대주택으로 등록할 주택을 건설하기 위하여 주택법에 따른 사업계획승인을 받은 자의 경우는 임대사업자로 등록한 날부터 6년

② 민간임대주택으로 등록할 주택을 건설하기 위하여 건축법 제11조에 따른 건축허가를 받은 자의 경우는 임대사업자로 등록한 날부터 4년

③ 민간임대주택으로 등록할 주택을 매입하기 위하여 매매계약을 체결한 자의 경우는 임대사업자로 등록한 날부터 6개월

④ 민간임대주택으로 등록할 주택을 매입하기 위하여 분양계약을 체결한 자의 경우는 임대사업자로 등록한 날부터 1년

⑤ 부동산투자회사법 제2조 제1호에 따른 부동산투자회사는 임대사업자로 등록한 날부터 6년

06 민간임대주택에 관한 특별법령상 임대사업자에 대한 다음 설명 중 틀린 것은?

① 시장·군수·구청장이 임대사업자의 등록신청을 받은 경우에 해당 신청인의 국세 또는 지방세 체납기간, 금액 등을 고려할 때 임차인에 대한 보증금반환채무의 이행이 현저히 곤란한 경우로서 대통령령으로 정하는 경우에는 그 등록을 거부할 수 있다.

② 시장·군수·구청장이 임대사업자의 등록을 말소하고자 하는 경우에는 청문을 하여야 하며, 임대사업자가 등록말소를 신청하거나 청문통보를 받은 경우 7일 이내에 그 사실을 임차인에게 통지하여야 한다.

③ 임대사업자의 등록이 말소된 경우에는 그 임대사업자(해당 주택을 양도한 경우에는 그 양수한 자를 말한다)를 임대의무기간의 종료일까지 임차인에 대한 관계에서 이 법에 따른 임대사업자로 본다.

④ 종전의 장기일반민간임대주택 중 아파트(도시형 생활주택이 아닌 것을 말한다)를 임대하는 민간매입임대주택 및 단기민간임대주택은 임대의무기간이 종료한 날 등록이 말소된다.

⑤ 임대사업자는 등록한 민간임대주택이 임대의무기간과 임대료 증액기준을 준수하여야 하는 재산임을 소유권등기에 부기등기하여야 하며, 그 부기등기는 임대사업자의 등록 후 지체 없이 하여야 한다. 다만, 임대사업자로 등록한 이후에 소유권보존등기를 하는 경우에는 소유권보존등기와 동시에 하여야 한다.

07 민간임대주택에 관한 특별법령상 민간임대협동조합에 대한 설명으로 틀린 것은?

① 30호 이상의 대통령령으로 정하는 주택을 공급할 목적으로 설립된 협동조합 기본법에 따른 협동조합 또는 사회적 협동조합이나 민간임대협동조합의 발기인이 조합원을 모집하려는 경우 해당 민간임대주택 건설대지의 관할 시장·군수·구청장에게 신고하여야 한다.

② 해당 민간임대주택 건설대지의 50퍼센트 이상에 해당하는 토지의 사용권원을 확보하지 못한 경우에 시장·군수·구청장은 조합원 모집신고를 수리해서는 아니 된다.

③ 민간임대협동조합은 공개모집의 방법으로 조합원을 모집하여야 한다. 다만, 공개모집 이후 조합원의 사망·자격상실·탈퇴 등으로 인한 결원을 충원하거나 미달된 조합원을 재모집하는 경우에는 신고하지 아니하고 선착순의 방법으로 조합원을 모집할 수 있다.

④ 조합원 모집신고를 하고 조합원을 모집하는 민간임대협동조합 및 민간임대협동조합의 발기인(모집주체)은 민간임대협동조합 가입 계약 체결시 대통령령으로 정하는 사항을 조합 가입 신청자에게 설명하고 이를 확인받아야 한다.

⑤ 모집주체는 ④에 따라 설명한 내용을 민간임대협동조합 가입을 신청한 자가 이해했음을 서명 또는 기명날인의 방법으로 확인받아 조합 가입 신청자에게 교부해야 한다.

정답 및 해설

05 ③ 6개월이 아니라 <u>3개월</u>이다.

06 ③ <u>이미 체결된 임대차계약의 기간이 끝날 때까지 임차인에 대한 관계에서 이 법에 따른 임대사업자로 본다.</u>

07 ② <u>80퍼센트 이상</u>의 토지의 사용권원을 확보하여야 한다.

08 민간임대주택에 관한 특별법령상 민간임대협동조합에 대한 설명으로 틀린 것은?

① 조합 가입 신청자가 민간임대협동조합 가입 계약을 체결하면 모집주체는 조합 가입 신청자로 하여금 계약 체결시 가입비 등을 대통령령으로 정하는 예치기관에 예치하게 하여야 한다.

② 조합 가입 신청자는 민간임대협동조합 가입비 등의 예치일부터 30일 이내에 민간임대협동조합 가입에 관한 청약을 철회할 수 있으며, 청약철회를 서면으로 하는 경우에는 청약철회의 의사를 표시한 서면을 발송한 날에 그 효력이 발생한다.

③ 모집주체는 조합 가입 신청자가 청약철회를 한 경우 청약철회 의사가 도달한 날부터 7일 이내에 예치기관의 장에게 가입비 등의 반환을 요청하여야 하며, 예치기관의 장은 가입비 등의 반환요청을 받은 경우 요청일부터 10일 이내에 가입비 등을 조합 가입 신청자에게 반환하여야 한다.

④ 조합 가입 신청자가 ②에 따른 기간 이내에 청약철회를 하는 경우 모집주체는 조합 가입 신청자에게 청약철회를 이유로 위약금 또는 손해배상을 청구할 수 없다.

⑤ 모집주체는 민간임대협동조합 가입 계약 체결일부터 30일이 지난 경우 예치기관의 장에게 가입비 등의 지급을 요청할 수 있다. 이 경우 예치기관의 장은 요청서를 받은 경우 요청일부터 10일 이내에 가입비 등을 모집주체에게 지급해야 한다.

대표예제 37 **주택임대관리업 ★★★**

민간임대주택에 관한 특별법령상 주택임대관리업에 대한 설명으로 틀린 것은?

① 주택임대관리업을 하려는 자는 시장·군수·구청장에게 등록할 수 있다.

② ①의 경우에 자기관리형 주택임대관리업의 경우 단독주택은 300호, 공동주택은 300세대 이상, 위탁관리형 주택임대관리업의 경우 단독주택은 100호, 공동주택은 100세대 이상으로 주택임대관리업을 하려는 자는 등록하여야 한다.

③ ②의 경우에 국가·지방자치단체·공공기관·지방공사는 제외한다.

④ 주택임대관리업으로 등록한 자가 등록한 사항이 변경된 경우에는 변경사유가 발생한 날부터 15일 이내에 시장·군수·구청장(주소변경인 경우에는 전입지의 시장·군수·구청장)에게 신고하여야 한다.

⑤ 주택임대관리업을 폐업하려면 폐업일 30일 이전에 시장·군수·구청장에게 말소신고를 하여야 한다. 다만, 자본금 또는 전문인력의 수가 증가한 경우는 신고하지 아니하여도 된다.

> 해설 | 자기관리형 주택임대관리업의 경우 단독주택은 100호, 공동주택은 100세대 이상, 위탁관리형 주택임대관리업의 경우 단독주택은 300호, 공동주택은 300세대 이상으로 주택임대관리업을 하려는 자는 등록하여야 한다.
>
> 기본서 p.330~335   정답 ②

09 민간임대주택에 관한 특별법령상 주택임대관리업에 대한 설명으로 틀린 것은?

① 주택임대관리업을 등록하는 경우에는 자기관리형 주택임대관리업과 위탁관리형 주택임대관리업을 구분하여 등록하여야 한다.

② 위탁관리형 주택임대관리업을 등록한 경우에는 자기관리형 주택임대관리업도 등록한 것으로 본다.

③ 주택임대관리업의 등록을 하려는 자는 자기관리형의 경우에는 자본금을 1억 5천만원 이상으로, 위탁관리형의 경우에는 1억원 이상이어야 한다.

④ 임대사업자인 임대인이 자기관리형 주택임대관리업자에게 임대관리를 위탁한 경우 주택임대관리업자는 위탁받은 범위에서 이 법에 따른 임대사업자의 의무를 이행하여야 한다.

⑤ ④의 경우에 이 법의 벌칙의 적용에 있어서 주택임대관리업자를 임대사업자로 본다.

정답 및 해설

08 ② 민간임대협동조합 가입 계약 체결일부터 30일 이내이다.

09 ② 자기관리형 주택임대관리업을 등록한 경우에는 위탁관리형 주택임대관리업도 등록한 것으로 본다.

10 민간임대주택에 관한 특별법령상 주택임대관리업으로 등록을 할 수 없는 경우가 아닌 것은?

① 파산선고를 받고 복권되지 아니한 자
② 피성년후견인 또는 피한정후견인
③ 주택임대관리업의 등록이 말소된 후 2년이 지나지 아니한 자. 이 경우 등록이 말소된 자가 법인인 경우에는 말소 당시의 원인이 된 행위를 한 사람과 대표자를 포함한다.
④ 이 법, 주택법 또는 공공주택 특별법을 위반하여 금고 이상의 실형을 선고받고 집행이 종료(집행이 종료된 것으로 보는 경우를 포함한다)되거나 그 집행이 면제된 날부터 5년이 지나지 아니한 사람
⑤ 이 법, 주택법 또는 공공주택 특별법을 위반하여 형의 집행유예를 선고받고 그 유예기간 중에 있는 사람

11 민간임대주택에 관한 특별법령상 주택임대관리업자의 등록을 의무적으로 말소하여야 하는 경우가 아닌 것은?

① 영업정지기간 중에 주택임대관리업을 영위한 경우
② 최근 3년간 2회 이상의 영업정지처분을 받은 자로서 그 정지처분을 받은 기간이 합산하여 12개월을 초과한 경우
③ 다른 자에게 자기의 명의 또는 상호를 사용하여 이 법에서 정한 사업이나 업무를 수행하게 하거나 그 등록증을 대여한 경우
④ 거짓이나 그 밖의 부정한 방법으로 등록을 한 경우
⑤ 정당한 사유 없이 최종 위탁계약 종료일의 다음 날부터 1년 이상 위탁계약 실적이 없는 경우

12 민간임대주택에 관한 특별법령상 주택임대관리업자에 대한 설명 중 틀린 것은?

① 주택임대관리업을 등록하려는 자는 자기관리형 주택임대관리업과 위탁관리형 주택임대관리업을 구분하여 등록하여야 한다.

② 주택임대관리업을 등록한 자가 등록한 사항을 변경하거나 말소하고자 할 경우에 국토교통부령으로 정하는 경미한 사항을 제외하고는 시장·군수·구청장에게 신고하여야 한다.

③ 주택임대관리업의 등록이 말소된 후 3년이 지나지 아니한 자는 주택임대관리업의 등록을 할 수 없다.

④ 시장·군수·구청장은 주택임대관리업자가 거짓이나 그 밖의 부정한 방법으로 등록을 한 경우에는 해당 주택임대관리업자의 등록을 말소하여야 한다.

⑤ 주택임대관리업자는 분기마다 그 분기가 끝나는 달의 다음 달 말일까지 자본금, 전문인력, 관리 호수 등 대통령령으로 정하는 정보를 시장·군수·구청장에게 신고하여야 한다.

13 민간임대주택에 관한 특별법령상 주택임대관리업자의 부수적 업무가 아닌 것은?

① 시설물 유지·보수·개량 및 그 밖의 주택관리 업무

② 임차인이 거주하는 주거공간의 관리

③ 임차인의 입주 및 명도·퇴거 등(중개업을 포함한다)

④ 임차인의 안전 확보에 필요한 업무

⑤ 임차인의 입주에 필요한 지원 업무

정답 및 해설

10 ④ 3년이 지나지 아니한 사람이다.

11 ⑤ ①②③④는 필수적 등록말소의 경우이다. ⑤는 영업정지 또는 등록을 말소할 수 있는 사유에 해당한다.

12 ③ 주택임대관리업자의 등록결격사유로서 말소는 2년, 전과는 3년이다.

13 ③ 주택임대관리업자는 임대를 목적으로 하는 주택에 대하여 다음의 주업무를 수행한다.
  • 임대차계약의 체결·해제·해지·갱신 및 갱신거절 등
  • 임대료의 부과·징수 등
  • 임차인의 입주 및 명도·퇴거 등(공인중개사법 제2조 제3호에 따른 중개업은 제외한다)

14 민간임대주택에 관한 특별법령상 주택임대관리업에 대한 설명으로 틀린 것은?

① 자기관리형 주택임대관리업자는 임대인 및 임차인의 권리보호를 위하여 보증상품에 가입하여야 한다.

② ①에 따라 보증에 가입하는 경우에 임대인의 권리보호를 위한 보증내용은 약정한 임대료를 지급하지 아니하는 경우 약정한 임대료의 1개월분 이상의 지급을 책임지는 보증이다.

③ ②의 경우에 임차인의 권리보호를 위한 보증내용은 임대보증금의 반환을 책임지는 보증을 말한다.

④ 자기관리형 주택임대관리업자는 보증상품의 내용을 변경하거나 해지하는 경우에는 그 사실을 임대인 및 임차인에게 알리고, 임대인 및 임차인이 잘 볼 수 있는 장소에 게시하여야 한다.

⑤ 주택임대관리업자는 분기마다 그 분기가 끝나는 달의 다음 달 말일까지 자본금, 전문인력, 관리 호수 등 정보를 시장·군수·구청장에게 신고하여야 한다.

15 민간임대주택에 관한 특별법령상 주택임대관리업자는 위·수탁계약서를 작성하여 주택의 소유자에게 교부하고 그 사본을 보관하는데, 그 위·수탁계약서에 포함될 내용이 아닌 것은?

① 관리수수료(위탁관리형 주택임대관리업자만 해당한다)

② 임대료(위탁관리형 주택임대관리업자만 해당한다)

③ 전대료 및 전대보증금(자기관리형 주택임대관리업자만 해당한다)

④ 계약기간

⑤ 주택임대관리업자 및 임대인의 권리·의무에 관한 사항

대표예제 38 민간임대주택의 건설 ★

민간임대주택에 관한 특별법령상 민간임대주택의 건설에 대한 설명으로 틀린 것은?

① 국가·지방자치단체·공공기관 또는 지방공사가 그가 소유하거나 조성한 토지를 공급하는 경우에는 민간임대주택을 건설하려는 임대사업자에게 우선적으로 공급할 수 있다.

② 국가·지방자치단체·한국토지주택공사 또는 지방공사는 그가 조성한 토지 중 10퍼센트 이상을 임대사업자에게 우선공급하여야 한다.

③ 위 ①과 ②에 따라 토지 및 종전 부동산을 공급받은 자는 토지 등을 공급받은 날부터 2년 이내에 민간임대주택을 건설하여야 한다.

④ 사업주체가 주택을 공급하는 경우에는 공공지원민간임대주택 또는 장기일반민간임대주택 으로 운영하려는 임대사업자에게 주택(분양가상한제 적용주택은 제외한다) 전부를 우선적 으로 공급할 수 있다.

⑤ 주택법에 따라 간선시설을 설치하는 자는 민간임대주택 건설사업이나 민간임대주택 건설을 위한 대지조성사업에 필요한 간선시설을 다른 주택건설사업이나 대지조성사업보다 우선하 여 설치하여야 한다.

해설 | 조성토지 중 3퍼센트 이상을 임대사업자에게 우선공급하여야 한다.

기본서 p.339~342 정답 ②

---

14 ② 임대료의 <u>3개월분</u> 이상의 지급을 책임지는 보증이다.

15 ② 임대료는 <u>자기관리형 주택임대관리업자</u>만 해당한다.

---

16 민간임대주택에 관한 특별법령상 국가 · 지방자치단체 · 공공기관 또는 지방공사가 공공지원민간임대주택용으로 토지를 공급하는 경우에 그 공급방법에 대한 다음 설명 중 틀린 것은?

① 토지 및 종전 부동산의 공급(매각 또는 임대를 말한다)은 미리 가격을 정한 후 공급받을 자를 선정하여 공급하는 방법으로 한다.

② ①에 따라 공급받을 자를 선정할 때에는 주택사업실적, 시공능력 등이 일정 기준 이상인 자로 자격을 제한하여 경쟁에 부친다.

③ ②의 경우에도 신속한 토지 공급 등을 위하여 필요한 경우에는 국토교통부장관이 정하는 바에 따라 추첨의 방법으로 공급할 수 있다.

④ 추첨방식에 따른 공급이 2회 이상 성립되지 아니한 경우에는 경쟁입찰방법에 따른다.

⑤ 관할 지역에 민간임대주택 공급을 촉진하기 위하여 지방자치단체의 장이 해당 지방자치단체 또는 지방공사가 소유한 토지를 공모의 방법으로 선정한 자에게 공급하는 경우에는 수의계약방법으로 공급할 수 있다.

17 민간임대주택에 관한 특별법령상 국가 · 지방자치단체 · 공공기관 또는 지방공사가 공공지원민간임대주택용으로 토지를 공급하는 경우에 그 공급받은 자에 대한 다음 설명 중 틀린 것은?

① 공급받은 자는 토지 등을 공급받은 날부터 2년 이내에 민간임대주택을 건설하여야 한다.

② 위 ①에도 불구하고 민간임대주택을 건설하지 아니한 경우 토지 등을 공급한 자는 토지 등을 환매하거나 임대차계약을 해제 또는 해지할 수 있다.

③ 토지 등을 공급하는 자는 그 토지 등을 공급한 날부터 2년 이내에 민간임대주택 건설을 착공하지 아니하면 그 토지 등을 환매하거나 임대차계약을 해제 · 해지할 수 있다는 특약조건을 붙여 공급하여야 한다. 이 경우 환매특약은 등기하여야 한다.

④ 토지 등을 공급받은 자는 그 토지에 민간임대주택 건설을 착공하면 그 사실을 증명하는 서류를 첨부하여 토지 등을 공급한 자에게 통지하여야 한다.

⑤ 토지 등을 공급한 자는 토지 등을 공급한 날부터 2년 이내에 그 토지 등을 공급받은 자로부터 ④에 따른 통지가 없는 경우에는 그 토지 등을 공급받은 자에게 지체 없이 착공할 것을 촉구하여야 한다.

18 다음은 민간임대주택에 관한 특별법령상 민간임대주택용 택지의 수용·사용에 대한 내용이다. ( ) 안에 들어갈 내용으로 틀린 것은?

> 임대사업자가 전용면적 (①)제곱미터 이하의 민간임대주택을 (②)호(세대) 이상 건설하기 위하여 사업대상 토지면적의 (③)퍼센트 이상을 매입한 경우(토지소유자로부터 매입에 관한 동의를 받은 경우를 포함한다)로서 나머지 토지를 취득하지 아니하면 그 사업을 시행하기가 현저히 곤란해질 사유가 있는 경우에는 (④)에게 공익사업을 위한 토지 등의 취득 및 보상에 관한 법률 제4조 제5호에 따른 지정을 요청할 수 있으며, 그 지정을 받은 임대사업자가 주택법에 따른 (⑤)을 받으면 공익사업을 위한 토지 등의 취득 및 보상에 관한 법률에 따른 사업인정을 받은 것으로 본다. 다만, 재결신청은 공익사업을 위한 토지 등의 취득 및 보상에 관한 법률에도 불구하고 (⑤) 받은 주택건설사업기간에 할 수 있다.

① 85　　　　　　　　　　　　② 100
③ 90　　　　　　　　　　　　④ 시·도지사
⑤ 사업계획승인

정답 및 해설

16 ④ 다음의 경우에는 수의계약방법으로 공급할 수 있다.
1. 다음의 어느 하나에 해당하는 자가 단독 또는 공동으로 총지분의 50퍼센트를 초과하여 출자한 부동산투자회사에 공급하는 경우
ㄱ. 국가
ㄴ. 지방자치단체
ㄷ. 한국토지주택공사
ㄹ. 지방공사
ㅁ. ㄱ부터 ㄹ까지에 해당하는 자가 출자하여 설립한 부동산투자회사 또는 집합투자기구
2. 관할 지역에 민간임대주택 공급을 촉진하기 위하여 지방자치단체의 장이 해당 지방자치단체 또는 지방공사가 소유한 토지를 공모의 방법으로 선정한 자에게 공급하는 경우
3. 추첨방식에 따른 공급이 2회 이상 성립되지 아니한 경우
4. 그 밖에 관계 법령에 따라 수의계약으로 공급할 수 있는 경우

17 ⑤ 2년이 아니라 1년 6개월 이내이다.

18 ③ 사업대상 토지면적의 80퍼센트 이상을 매입한 경우(토지소유자로부터 매입에 관한 동의를 받은 경우를 포함한다)이다.

---

19 민간임대주택에 관한 특별법령상 사업계획승인권자 또는 건축허가권자는 임대사업자가 공공지원민간임대주택을 건설하기 위하여 사업계획승인을 신청하거나 건축허가를 신청하는 경우에 완화된 기준을 적용할 수 있는데, 그 완화될 수 있는 기준이 아닌 것은?

① 조례로 정한 건폐율에도 불구하고 건폐율의 상한까지 완화
② 조례로 정한 용적률에도 불구하고 용적률의 상한까지 완화
③ 건축물의 층수 제한을 연립주택에 대하여 건축위원회의 심의를 받은 경우에는 주택으로 쓰는 층수를 5층까지 건축할 수 있다.
④ 건축물의 층수 제한을 다중주택에 대하여 건축위원회의 심의를 받은 경우에는 주택으로 쓰는 층수를 5층까지 건축할 수 있다.
⑤ 공공지원민간임대주택과 공공지원민간임대주택이 아닌 시설을 같은 건축물로 건축하는 경우 전체 연면적 대비 공공지원민간임대주택 연면적의 비율이 50퍼센트 이상인 경우에 한정한다.

대표예제 39   **공공지원민간임대주택 공급촉진지구 ★★**

민간임대주택에 관한 특별법령상 공급지원민간임대주택 공급촉진지구(이하 '촉진지구'라 함)의 지정요건에 대한 설명 중 틀린 것은?

① 촉진지구에서 건설·공급되는 전체 주택 호수의 50퍼센트 이상이 공공지원민간임대주택으로 건설·공급되어야 한다.
② 촉진지구를 지정하고자 하는 경우에 도시지역의 부지면적은 5천제곱미터 이상이 되도록 하여야 한다.
③ 역세권 등에서 촉진지구를 지정하는 경우 2천제곱미터 이상의 범위에서 해당 지방자치단체가 조례로 정하는 면적 이상이어야 한다.
④ 부지에 도시지역과 그 인접지역이 함께 포함된 경우에는 그 부지면적이 2만제곱미터 이상이어야 한다.
⑤ 촉진지구에서 유상공급 토지면적(도로, 공원 등 관리청에 귀속되는 공공시설 면적을 제외한 면적을 말한다) 중 주택건설 용도가 아닌 토지로 공급하는 면적이 유상공급 토지면적의 50퍼센트를 초과하지 아니하여야 한다.

해설 | 역세권 등에서 촉진지구를 지정하는 경우 1천제곱미터 이상의 범위에서 해당 지방자치단체가 조례로 정하는 면적 이상이어야 한다.

기본서 p.345~355   정답 ③

20 민간임대주택에 관한 특별법령상 촉진지구의 지정에 관한 주민 등의 의견청취 공고 등이 있는 지역 및 촉진지구 내에서 일정한 행위를 하고자 하는 자는 시장·군수·구청장의 허가를 받아야 하는데, 그 행위가 아닌 것은?

고난도

① 건축물의 건축 등: 건축물(가설건축물을 포함한다)의 건축, 대수선 또는 용도변경
② 토지의 형질변경: 절토, 성토, 정지, 포장 등의 방법으로 토지의 형상을 변경하는 행위, 토지의 굴착 또는 공유수면의 매립행위
③ 토지의 분할·합병
④ 재해복구 또는 재난수습에 필요한 응급조치를 위하여 하는 행위
⑤ 죽목(竹木)을 베거나 심는 행위

정답 및 해설

19 ④ 건축물의 층수 제한을 <u>다세대주택</u>에 대하여 건축위원회의 심의를 받은 경우에는 주택으로 쓰는 층수를 5층까지 건축할 수 있다.

20 ④ ▶ 허가를 받아야 하는 행위

1. 건축물의 건축 등: 건축법 제2조 제1항 제2호에 따른 건축물(가설건축물을 포함한다)의 건축, 대수선 또는 용도변경
2. 인공시설물의 설치: 인공을 가하여 제작한 시설물(건축법 제2조 제1항 제2호에 따른 건축물은 제외한다)의 설치
3. 토지의 형질변경: 절토, 성토, 정지, 포장 등의 방법으로 토지의 형상을 변경하는 행위, 토지의 굴착 또는 공유수면의 매립행위
4. 토석의 채취: 흙, 모래, 자갈, 바위 등의 토석을 채취하는 행위(3.에 따른 토지의 형질변경을 목적으로 하는 경우는 제외한다)
5. 토지의 분할·합병
6. 물건을 쌓아 놓는 행위: 옮기기 쉽지 아니한 물건을 1개월 이상 쌓아 놓는 행위
7. 죽목(竹木)을 베거나 심는 행위

21 민간임대주택에 관한 특별법령상 촉진지구의 지정절차 등에 대한 다음 설명 중 틀린 것은?

① 지정권자는 촉진지구를 지정하려면 대통령령으로 정하는 바에 따라 주민 및 관계 전문가 등의 의견을 들어야 한다. 시행자를 변경하거나 촉진지구의 면적이 10퍼센트를 초과하여 증가하거나 감소하는 경우에도 또한 같다.

② 지정권자가 촉진지구를 지정하려면 중앙도시계획위원회 또는 같은 시·도 도시계획위원회의 심의를 거쳐야 한다.

③ 지정권자는 주거지역 안에서 100만제곱미터 이하의 범위에서 대통령령으로 정하는 면적 이하의 촉진지구를 지정 또는 변경하는 경우에는 중앙도시계획위원회 또는 시·도 도시계획위원회의 심의를 생략할 수 있다.

④ 촉진지구가 지정·고시된 경우 도시지역과 지구단위계획구역으로 결정되어 고시된 것으로 본다.

⑤ 촉진지구가 10만제곱미터 이하인 경우 시행자는 촉진지구 지정을 신청할 때 지구계획 승인, 사업계획승인, 건축허가를 포함하여 신청할 수 있다.

22 민간임대주택에 관한 특별법령상 촉진지구의 지정해제에 대한 설명으로 틀린 것은?

① 지정권자는 촉진지구가 지정고시된 날부터 2년 이내에 지구계획승인을 신청하지 아니하는 경우이거나, 공공지원민간임대주택 개발사업이 완료된 경우에는 촉진지구의 지정을 해제할 수 있다.

② 촉진지구가 해제고시된 경우 용도지역·용도지구·용도구역, 지구단위계획구역 및 도시·군계획시설은 각각 지정 당시로 환원된 것으로 본다.

③ ②의 경우에 사업이 완료된 경우에도 그러하다.

④ ②의 경우에 해제하는 당시 이미 사업이나 공사에 착수한 경우 등 해제고시에서 별도로 정하는 도시·군계획시설은 그 사업이나 공사를 계속할 수 있다.

⑤ 촉진지구의 지정이 해제되는 경우 지정권자는 관보 또는 공보에 고시하여야 한다.

23 민간임대주택에 관한 특별법령상 촉진지구에서의 사업시행자에 대한 설명으로 틀린 것은?

① 촉진지구를 지정할 수 있는 자가 공공지원민간임대주택 개발사업의 시행자를 지정한다.

② 촉진지구 안에서 국유지·공유지를 제외한 토지면적의 50퍼센트 이상에 해당하는 토지소유자의 동의를 받은 임대사업자는 사업시행자가 될 수 있다.

③ 공공주택 특별법에 따른 공공주택사업자는 촉진지구 조성사업에 한정하여 시행자가 될 수 있다.

④ 촉진지구 안에서 국유지·공유지를 제외한 토지면적의 50퍼센트 이상에 해당하는 토지소유자의 동의를 받은 자는 지정권자에게 촉진지구의 지정을 제안할 수 있다.

⑤ ④의 경우 지정권자는 그 지정을 제안한 자를 우선적으로 시행자로 지정할 수 있다.

고난도

24 민간임대주택에 관한 특별법령상 촉진지구에서의 사업시행 특례에 대한 설명 중 틀린 것은?

① 개발제한구역에 촉진지구 지정이 필요한 경우 시행자는 개발제한구역의 해제를 위한 도시·군관리계획의 변경을 지정권자에게 제안할 수 있다.

② ①의 경우에 개발제한구역 해제에 관한 도시·군관리계획이 결정·고시된 날부터 2년 이내에 지구계획이 수립·고시되지 아니한 경우에는 개발제한구역으로 환원된 것으로 본다.

③ 지정권자는 도시계획·건축·환경·교통·재해 등 지구계획승인과 관련된 사항을 검토 및 심의하기 위하여 공공지원민간임대주택 통합심의위원회를 둔다.

④ 시행자는 촉진지구 토지면적의 2분의 1 이상에 해당하는 토지를 소유하고 토지소유자 총수의 3분의 2 이상에 해당하는 자의 동의를 받은 경우 나머지 토지 등을 수용 또는 사용할 수 있다.

⑤ 공공주택사업자가 시행자인 경우 ④의 요건을 적용하지 아니하고 수용 또는 사용할 수 있다.

정답 및 해설

21 ③ 주거지역 안에서 <u>10만제곱미터 이하의</u> 범위에서 대통령령으로 정하는 면적 이하의 촉진지구를 지정 또는 변경하는 경우에는 중앙도시계획위원회 또는 시·도 도시계획위원회의 심의를 생략할 수 있다.

22 ③ 사업의 완료로 인한 해제인 경우에는 환원되지 아니한다.

23 ② 촉진지구 안에서 국유지·공유지를 제외한 토지면적의 50퍼센트 이상에 해당하는 <u>토지를 소유한 임대사업자</u>이다.

24 ④ 촉진지구 토지면적의 <u>3분의 2 이상</u>에 해당하는 토지를 소유하고 토지소유자 총수의 <u>2분의 1 이상</u>에 해당하는 자의 동의를 받은 경우이다.

25 민간임대주택에 관한 특별법령상 촉진지구에서의 사업시행 특례에 대한 설명으로 틀린 것은?

① 국가와 지방자치단체는 관계 법률에도 불구하고 시행자에게 수의계약의 방법으로 국유재산 또는 공유재산을 사용허가하거나 매각·대부할 수 있다.

② ①의 경우에 국가와 지방자치단체는 사용허가 및 대부의 기간을 30년 이내로 할 수 있다.

③ 국가·지방자치단체·공공기관 또는 지방공사가 조성한 토지가 준공 후에도 매각되지 아니한 경우에 지정권자는 해당 토지의 전부 또는 일부를 촉진지구로 지정할 수 있다.

④ 시행자는 촉진지구 조성사업으로 조성된 토지(시행자가 직접 사용하는 토지는 제외한다)를 지구계획에서 정한 바에 따라 공급하여야 한다.

⑤ 촉진지구를 지정하여 고시한 때에는 공익사업을 위한 토지 등의 취득 및 보상에 관한 법률에 따른 사업인정 및 사업인정의 고시가 있는 것으로 보며, 재결신청은 지구계획에서 정하는 사업시행기간 종료일까지 하여야 한다.

대표예제 40 **민간임대주택의 임대조건 ★**

민간임대주택에 관한 특별법령상 민간임대주택의 임대조건에 대한 설명 중 틀린 것은?

① 공공지원민간임대주택은 주거지원대상자 등의 주거안정을 위하여 국토교통부령으로 정하는 기준에 따라 공급하며, 장기일반민간임대주택은 임대사업자가 정한 기준에 따라 공급한다.

② 동일한 주택단지에서 30호 이상의 민간임대주택을 건설 또는 매입한 임대사업자가 최초로 민간임대주택을 공급하는 경우에는 임차인을 모집하려는 날의 30일 전까지 시장·군수·구청장에게 신고하여야 한다.

③ 시장·군수·구청장이 공급신고를 받은 날부터 7일 이내에 신고수리 여부 또는 민원 처리 관련 법령에 따른 처리기간의 연장을 신고인에게 통지하지 아니하면 그 기간이 끝난 날의 다음 날에 신고를 수리한 것으로 본다.

④ 임대사업자는 임대의무기간 동안에도 시장·군수·구청장에게 신고한 후 민간임대주택을 다른 임대사업자에게 양도할 수 있다. 이 경우 양도받는 자는 양도하는 자의 임대사업자로서의 지위를 포괄적으로 승계하며, 이러한 뜻을 양수도계약서에 명시하여야 한다.

⑤ 임대사업자가 임대의무기간이 지난 후 민간임대주택을 양도하려는 경우 국토교통부령으로 정하는 바에 따라 시장·군수·구청장에게 신고하여야 한다. 이 경우 양도받는 자가 임대사업자로 등록하는 경우에는 위 ④의 후단을 적용한다.

해설 | 임차인을 모집하려는 날의 10일 전까지 신고하여야 한다.

기본서 p.359~370

정답 ②

---

26 민간임대주택에 관한 특별법령상 임대사업자는 법정 사정으로 임대를 계속할 수 없는 경우에는 임대의무기간 중에도 시장·군수·구청장에게 허가를 받아 임대사업자가 아닌 자에게 민간임대주택을 양도할 수 있는데, 그 사정이 아닌 것은?

① 2년 연속 적자가 발생한 경우이거나 2년 연속 부(負)의 영업현금흐름이 발생한 경우

② 종전 장기일반민간임대주택 중 아파트(도시형 생활주택이 아닌 것)를 임대하는 민간매입임대주택 또는 단기민간임대주택에 대하여 임대사업자가 임대의무기간 내 등록말소를 신청하는 경우

③ 최근 6개월간 해당 임대사업자의 전체 민간임대주택 중 임대되지 아니한 주택이 20퍼센트 이상이고 같은 기간 동안 특정 민간임대주택이 계속하여 임대되지 아니한 경우

④ 관계 법령에 따라 재개발, 재건축 등으로 민간임대주택의 철거가 예정되어 민간임대사업을 계속하기 곤란한 경우

⑤ 공공지원민간임대주택을 20년 이상 임대하기 위한 경우로서 필요한 운영비용 등을 마련하기 위하여 20년 이상 공급하기로 한 주택 중 일부를 10년 임대 이후 매각하는 경우

정답 및 해설

25 ② 30년이 아니라 <u>50년 이내</u>로 할 수 있다.

26 ③ 6개월이 아니라 최근 <u>12개월</u>이다.

27 민간임대주택에 관한 특별법령상 민간임대주택의 임대조건에 대한 설명으로 틀린 것은?

① 민간임대주택의 최초 임대(임대보증금과 월 임대료를 포함한다)는 국토교통부장관이 고시하는 표준임대료를 넘을 수 없다.

② 임대사업자가 임대의무기간 동안에 임대료의 증액을 청구하는 경우에는 연 5퍼센트의 범위에서 주거비 물가지수, 인근 지역의 임대료 변동률 등을 고려하여야 한다.

③ ②의 경우 공공지원민간임대주택은 임대의무기간을 넘는 임대기간 동안에 임대료의 증액을 청구하는 경우에도 이를 적용한다.

④ 임대료 증액 청구는 임대차계약 또는 약정한 임대료의 증액이 있은 후 1년 이내에는 하지 못하며 임대사업자가 임대료의 증액을 청구하면서 임대보증금과 월 임대료를 상호간에 전환하는 경우에는 주택임대차보호법 제7조의2에 따라 적용하는 비율을 초과할 수 없다.

⑤ 임대사업자는 임대료를 현금 또는 여신전문금융업법 제2조에 따른 신용카드, 직불카드, 선불카드를 이용한 결제로 받을 수 있다.

28 민간임대주택에 관한 특별법령상 민간임대주택의 보증에 대한 설명으로 틀린 것은?

① 민간건설임대주택 또는 분양주택 전부를 우선공급받아 임대하는 민간매입임대주택의 임대사업자는 사용검사를 받은 날부터 임대의무기간이 종료되는 날까지 임대보증금에 대한 보증에 가입하여야 한다.

② ①에 따라 보증에 가입하는 경우 보증대상은 임대보증금 전액으로 한다.

③ 보증수수료의 50퍼센트는 임대사업자가 부담하고, 50퍼센트는 임차인이 부담하여야 한다.

④ 보증수수료는 임대사업자가 납부하여야 한다. 이 경우 임차인이 부담하는 보증수수료는 임대료에 포함하여 징수하되 임대료 납부고지서에 그 내용을 명시하여야 한다.

⑤ 보증수수료를 분할납부하는 경우에는 재산정한 보증수수료를 임대보증금 보증계약일부터 매 1년이 되는 날까지 납부하여야 한다.

29 민간임대주택에 관한 특별법령상 일정한 경우에는 담보권이 설정된 금액과 임대보증금을 합한 금액에서 주택가격의 100분의 60에 해당하는 금액을 뺀 금액 이상으로 대통령령에서 정하는 금액을 보증대상으로 할 수 있는데, 그 경우가 아닌 것은?

① 근저당권이 전체 임차인 세대를 합하여 설정된 경우(근저당권이 주택단지에 설정된 경우에는 근저당권의 공동담보를 해제하고, 채권최고액을 감액하는 근저당권 변경등기의 방법으로 할 수 있다)

② 임대사업자가 임대보증금보다 선순위인 제한물권(다만, ①에 따라 세대별로 분리된 근저당권은 제외한다), 압류·가압류·가처분 등을 해소한 경우

③ 전세권이 설정된 경우 또는 임차인이 대항요건과 확정일자를 갖춘 경우

④ 임차인이 대통령령으로 정하는 금액을 보증대상으로 하는 데 동의한 경우

⑤ 그 밖에 ①에서 ④까지에 준하는 경우로서 대통령령으로 정하는 경우

30 민간임대주택에 관한 특별법령상 임대차계약에 대한 설명으로 틀린 것은?

① 임대사업자가 민간임대주택에 대한 임대차계약을 체결하려는 경우에는 국토교통부령으로 정하는 표준임대차계약서를 사용하여야 한다.

② 임대사업자는 임대차계약 체결일부터 1개월 이내에 신고서에 표준임대차계약서를 첨부하여 시장·군수·구청장에게 신고하여야 한다.

③ ②의 경우에 100세대 이상의 공동주택을 임대하는 임대사업자가 임대차계약에 관한 사항을 변경하여 신고하는 경우에는 변경예정일 1개월 전까지 신고하여야 한다.

④ 시장·군수·구청장은 변경신고의 내용이 임대료 증액 청구기준에 비하여 현저히 부당하다고 인정되는 경우에는 그 내용을 조정하도록 권고할 수 있다.

⑤ ④에 따라 조정권고를 받은 임대사업자는 권고사항을 통지받은 날부터 10일 이내에 재신고하여야 한다.

정답 및 해설

27 ① 민간임대주택의 최초 임대료는 <u>임대사업자가 정하며</u>, 공공지원민간임대주택의 최초 임대료는 국토교통부령으로 정하는 기준에 따라 임대사업자가 정한다.

28 ③ 보증수수료의 <u>75퍼센트는 임대사업자가 부담</u>하고, <u>25퍼센트는 임차인이 부담</u>하여야 한다.

29 ① 근저당권이 <u>세대별로 분리</u>된 경우이다.

30 ② 1개월이 아니라 <u>3개월 이내</u>에 신고하여야 한다.

31 민간임대주택에 관한 특별법령상 표준임대차계약서에 포함될 내용이 아닌 것은?

① 임대료 및 증액에 관한 사항
② 임대보증금의 보증에 관한 사항
③ 민간임대주택의 선순위담보권, 국세·지방세의 체납사실 등 권리관계에 관한 사항
④ 임대의무기간 중 남아 있는 기간
⑤ 민간임대주택의 소유권을 취득하기 위하여 대출받은 금액(민간매입임대주택으로 한정한다)

32 민간임대주택에 관한 특별법령상 임대조건을 신고하는 경우에 신고서에 기재하여야 하는 내용이 아닌 것은?

① 임대차기간
② 임대료
③ 임대의무기간 중 남아 있는 기간
④ 민간임대주택의 소유권을 취득하기 위하여 대출받은 금액(민간매입임대주택으로 한정한다)
⑤ 임차인 현황(준주택으로 한정한다)

33 민간임대주택에 관한 특별법령상 임대사업자는 임대의무기간 동안에도 임대차계약을 해제 또는 해지하거나 재계약을 거절할 수 있는 경우가 있는데, 그 사유가 아닌 것은?

① 거짓이나 그 밖의 부정한 방법으로 민간임대주택을 임대받은 경우
② 임대사업자의 귀책사유 없이 임대의무기간의 개시 시점으로부터 3개월 이내에 입주하지 아니한 경우
③ 월 임대료를 3개월 이상 연체한 경우
④ 민간임대주택 및 그 부대시설을 임대사업자의 동의를 받지 아니하고 개축·증축 또는 변경하거나 본래의 용도가 아닌 용도로 사용한 경우
⑤ 민간임대주택 및 그 부대시설을 고의로 파손 또는 멸실하거나 표준임대차계약서상의 의무를 위반한 경우

대표예제 41	민간임대주택의 관리 ★

민간임대주택에 관한 특별법령상 민간임대주택의 관리에 관한 설명으로 틀린 것은?

① 300세대 이상의 공동주택단지를 임대하는 임대사업자는 주택관리업자에게 관리를 위탁하거나 자체관리하여야 한다.

② 임대사업자가 민간임대주택을 자체관리하려면 대통령령으로 정하는 기술인력 및 장비를 갖추고 시장·군수·구청장의 인가를 받아야 한다.

③ 임대사업자가 동일한 시·군 지역에서 민간임대주택을 관리하는 경우에는 단지별로 임차인대표회의의 서면동의를 받은 경우로서 둘 이상의 민간임대주택단지가 서로 인접하고 있어 공동으로 관리하는 것이 합리적이라고 시장 또는 군수가 인정하는 경우에는 공동으로 관리할 수 있다.

④ ③의 경우에 기술인력 및 장비기준을 적용할 때에는 각각 별도의 단지 규정을 적용한다.

⑤ 임대사업자는 국토교통부령으로 정하는 바에 따라 임차인으로부터 민간임대주택을 관리하는 데에 필요한 경비를 받을 수 있다.

해설 | 공동관리하는 경우에 둘 이상의 민간임대주택단지를 하나의 민간임대주택단지로 본다.

기본서 p.375~381   정답 ④

정답 및 해설

31 ⑤ 민간임대주택의 소유권을 취득하기 위하여 대출받은 금액은 신고서에 포함될 내용이다.
   ▶ 표준임대차계약서에 포함될 내용
   • 임대료 및 법 제44조에 따른 임대료 증액 제한에 관한 사항
   • 임대차계약기간
   • 법 제49조에 따른 임대보증금의 보증에 관한 사항
   • 민간임대주택의 선순위담보권, 국세·지방세의 체납사실 등 권리관계에 관한 사항
   • 임대사업자 및 임차인의 권리·의무에 관한 사항
   • 민간임대주택의 수선·유지 및 보수에 관한 사항
   • 임대의무기간 중 남아 있는 기간과 법 제45조에 따른 임대차계약의 해제·해지 등에 관한 사항
   • 그 밖에 국토교통부령으로 정하는 사항(민간임대주택 양도 가능 시기)

32 ③ 임대의무기간 중 남아 있는 기간은 표준임대차계약서에 포함될 내용이다.

33 ③ 월 임대료를 3개월 이상 연속하여 연체한 경우이다.

34 민간임대주택에 관한 특별법령상 특별수선충당금에 관한 설명으로 틀린 것은?

① 관리대상 민간임대주택의 임대사업자는 해당 민간임대주택의 공용부분, 부대시설 및 복리시설(분양된 시설은 제외한다)에 대한 장기수선계획을 수립하여 사용검사 신청시 함께 제출하여야 한다.

② ①에 따른 임대사업자는 주요 시설을 교체하고 보수하는 데에 필요한 특별수선충당금을 사용검사일 또는 임시사용승인일부터 1년이 지난 날이 속하는 달부터 사업계획승인 당시 표준건축비의 1만분의 4의 요율로 매달 적립하여야 한다.

③ 특별수선충당금은 임대사업자와 해당 민간임대주택의 소재지를 관할하는 시장·군수·구청장의 공동명의로 금융회사 등에 예치하여 따로 관리하여야 한다.

④ 임대사업자는 특별수선충당금을 사용하려면 미리 해당 민간임대주택의 소재지를 관할하는 시장·군수·구청장과 협의하여야 한다.

⑤ 임대사업자가 민간임대주택을 양도하는 경우에는 특별수선충당금을 최초로 구성되는 입주자대표회의에 넘겨주어야 한다.

35 민간임대주택에 관한 특별법령상 임차인대표회의에 관한 설명으로 틀린 것은?

① 임대사업자가 20세대 이상의 민간임대주택을 공급하는 공동주택단지에 입주하는 임차인은 임차인대표회의를 구성하여야 한다.

② 임대사업자는 입주예정자의 과반수가 입주한 때에는 과반수가 입주한 날부터 30일 이내에 입주현황과 임차인대표회의를 구성할 수 있다는 사실을 입주한 임차인에게 통지하여야 한다.

③ 임대사업자가 ②에 따른 통지를 하지 아니하는 경우 시장·군수·구청장이 임차인대표회의를 구성하도록 임차인에게 통지할 수 있다.

④ 임차인대표회의는 민간임대주택의 동별 세대수에 비례하여 선출한 대표자(동별 대표자)로 구성한다.

⑤ 동별 대표자가 될 수 있는 사람은 해당 민간임대주택단지에서 6개월 이상 계속 거주하고 있는 임차인으로 한다. 다만, 최초로 임차인대표회의를 구성하는 경우에는 그러하지 아니하다.

36 □고난도

민간임대주택에 관한 특별법령상 임차인대표회의가 임대사업자와 협의할 수 있는 사항이 아닌 것은?

① 민간임대주택 관리규약의 제정 및 개정
② 민간임대주택의 관리방법의 결정 및 임대료의 증감
③ 관리비
④ 민간임대주택의 공용부분·부대시설 및 복리시설의 유지·보수
⑤ 하자보수 및 공동주택의 관리에 관하여 임대사업자와 임차인대표회의가 합의한 사항

37 □고난도

민간임대주택에 관한 특별법령상 선수관리비에 대한 다음 설명 중 틀린 것은?

① 임대사업자는 민간임대주택을 관리하는 데 필요한 경비를 임차인이 최초로 납부하기 전까지 해당 민간임대주택의 유지관리 및 운영에 필요한 경비(이하 '선수관리비'라 한다)를 대통령령으로 정하는 바에 따라 부담할 수 있다.
② 임대사업자는 ①에 따라 민간임대주택을 관리하는 데 필요한 경비를 임차인이 최초로 납부하기 전까지 선수관리비를 부담하는 경우에는 해당 임차인의 입주가능일 전까지 공동주택관리법에 따른 관리주체에게 선수관리비를 지급해야 한다.
③ 관리주체는 해당 임차인의 임대기간이 종료되는 경우 ②에 따라 지급받은 선수관리비를 임대사업자에게 반환해야 한다.
④ ③에도 불구하고 다른 임차인이 해당 주택에 입주할 예정인 경우 등 임대사업자와 관리주체가 협의하여 정하는 경우에는 선수관리비를 반환하지 않을 수 있다.
⑤ ②에 따라 관리주체에게 지급하는 선수관리비의 금액은 해당 민간임대주택의 유형 및 세대수 등을 고려하여 임대사업자와 임차인대표회의가 협의하여 정한다.

정답 및 해설

34 ② 표준건축비의 <u>1만분의 1</u>의 요율로 매달 적립하여야 한다.

35 ① 20세대 이상의 민간임대주택을 공급하는 공동주택단지에 입주하는 임차인은 임차인대표회의를 <u>구성할 수 있다</u>. 다만, 다음의 공동주택단지에 입주하는 임차인은 임차인대표회의를 구성하여야 한다.
- 300세대 이상의 공동주택
- 150세대 이상의 승강기가 설치된 공동주택
- 150세대 이상의 중앙집중식 난방방식 또는 지역난방방식인 공동주택

36 ② 민간임대주택의 관리방법은 <u>임대사업자가 자체관리 또는 위탁관리</u>를 선택한다.

37 ⑤ 관리주체에게 지급하는 선수관리비의 금액은 해당 민간임대주택의 유형 및 세대수 등을 고려하여 <u>임대사업자와 관리주체</u>가 협의하여 정한다.

38 민간임대주택에 관한 특별법령상 임대주택분쟁조정위원회의 위원이 될 수 있는 사람이 아닌 것은?

① 법학, 경제학이나 부동산학 등 주택 분야와 관련된 학문을 전공한 사람으로서 고등교육법에 따른 학교에서 조교수 이상으로 1년 이상 재직한 사람 1명 이상

② 변호사, 회계사, 감정평가사 또는 세무사로서 1년 이상 근무한 사람 1명 이상

③ 주택관리사로서 관리사무소장의 업무에 3년 이상 근무한 사람 1명 이상

④ 국가 또는 다른 지방자치단체에서 민간임대주택 또는 공공임대주택사업의 인·허가 등 관련 업무를 수행하는 7급 이상 공무원으로서 해당 기관의 장이 추천한 사람 또는 해당 지방자치단체에서 민간임대주택 또는 공공임대주택사업의 인·허가 등 관련 업무를 수행하는 5급 이상 공무원 1명 이상

⑤ 한국토지주택공사 또는 지방공사에서 민간임대주택 또는 공공임대주택사업 관련 업무에 종사하고 있는 임직원으로서 해당 기관의 장이 추천한 사람 1명 이상

39 민간임대주택에 관한 특별법령에 대한 설명으로 틀린 것은?

① 국토교통부장관은 특별수선충당금을 적립하지 아니하여 과태료를 부과받은 시점부터 6개월 이상 특별수선충당금을 적립하지 아니한 임대사업자에 대하여 주택도시기금 융자금에 연 1퍼센트포인트의 범위에서 가산금리를 부과할 수 있다.

② 임대사업자는 민간임대사업의 건전한 발전을 도모하기 위하여 임대사업자단체를 설립할 수 있다.

③ 주택임대관리업자는 주택임대관리업의 효율적인 업무수행을 위하여 주택임대관리업자단체를 설립할 수 있다.

④ 협회를 설립하려면 임대사업자단체는 5인, 주택임대관리업자단체는 5인 이상의 인원을 발기인으로 하여 정관을 마련한 후 창립총회의 의결을 거쳐 국토교통부장관의 인가를 받아야 한다.

⑤ 국토교통부장관은 임대주택에 대한 국민의 정보 접근을 쉽게 하고 관련 통계의 정확성을 제고하기 위하여 임대주택정보체계를 구축·운영할 수 있다.

정답 및 해설

38 ③ 주택관리사가 된 후 관련 업무에 3년 이상 근무한 사람 1명 이상이다.

39 ④ 주택임대관리업자단체는 10인 이상의 인원을 발기인으로 하여야 한다.

제3편 주관식 기입형 문제

01 민간임대주택에 관한 특별법령에 대한 설명이다. (   )에 들어갈 용어를 쓰시오.

> 이 법은 민간임대주택의 건설·공급 및 관리와 민간 (   ) 육성 등에 관한 사항을 정함으로
> 써 민간임대주택의 공급을 촉진하고 국민의 주거생활을 안정시키는 것을 목적으로 한다.

02 민간임대주택에 관한 특별법령에 대한 설명이다. (   )에 들어갈 용어를 쓰시오.

> 민간임대주택에는 토지를 임차하여 건설된 주택 및 일정 요건을 모두 갖춘 오피스텔 등[이하
> '(㉠)'(이)라 한다] 및 (㉡)(으)로서 임대사업자 본인이 거주하는 실을 제외한 나머지 실
> 전부를 임대하는 주택을 포함한다.

03 민간임대주택에 관한 특별법령에 대한 설명이다. (   )에 들어갈 용어를 쓰시오.

> • '장기일반민간임대주택'이란 임대사업자가 공공지원민간임대주택이 아닌 주택을 10년 이
>   상 임대할 목적으로 취득하여 임대하는 민간임대주택[아파트(㉠)이(가) 아닌 것)를 임대
>   하는 민간매입임대주택은 제외한다]을 말한다.
> • '(㉡)'(이)란 임대사업자가 공공지원을 받은 민간임대주택을 10년 이상 임대할 목적으로
>   취득하여 이 법에 따른 임대료 및 임차인의 자격제한 등을 받아 임대하는 민간임대주택을
>   말한다.

정답 및 해설

01 주택임대사업자

02 ㉠ 준주택, ㉡ 다가구주택

03 ㉠ 도시형 생활주택, ㉡ 공공지원민간임대주택

04 민간임대주택에 관한 특별법령에 대한 설명이다. (   )에 들어갈 용어와 아라비아 숫자를 쓰시오.

> '임대사업자'란 공공주택사업자가 아닌 자로서 (㉠)호 이상의 민간임대주택을 취득하여 임대하는 사업을 할 목적으로 (㉡)한 자를 말한다.

05 민간임대주택에 관한 특별법령에 대한 설명이다. (   )에 들어갈 용어를 쓰시오.

> 주택의 소유자로부터 주택을 임차하여 자기책임으로 전대하는 형태의 업을 (㉠) 주택임대관리업이라 하고, 주택의 소유자로부터 수수료를 받고 임대료 부과·징수 및 시설물 유지·관리 등을 대행하는 형태의 업을 (㉡) 주택임대관리업이라 한다.

06 민간임대주택에 관한 특별법령에 대한 설명이다. (   )에 들어갈 용어를 쓰시오.

> '(   )'(이)란 청년·신혼부부 등 주거지원이 필요한 사람으로서 국토교통부령으로 정하는 요건을 충족하는 사람을 말한다.

07 민간임대주택에 관한 특별법령에 대한 설명이다. (   )에 들어갈 용어를 쓰시오.

> '(   )'(이)란 공공지원민간임대주택에 거주하는 임차인 등의 경제활동과 일상생활을 지원하는 시설로서 대통령령으로 정하는 시설을 말한다.

08 민간임대주택에 관한 특별법령에 대한 설명이다. (   )에 들어갈 용어를 쓰시오.

> - 임대사업자는 등록한 민간임대주택이 제43조에 따른 임대의무기간과 제44조에 따른 임대료 증액기준을 준수하여야 하는 재산임을 소유권등기에 (   )하여야 한다.
> - 위 (   )는 임대사업자의 등록 후 지체 없이 하여야 한다. 다만, 임대사업자로 등록한 이후에 소유권보존등기를 하는 경우에는 소유권보존등기와 동시에 하여야 한다.

09 민간임대주택에 관한 특별법령에 대한 설명이다. (   )에 들어갈 용어를 쓰시오.

'(   )'(이)란 조합원에게 공급하는 민간건설임대주택을 포함하여 30호 이상으로서 대통령령으로 정하는 호수 이상의 주택을 공급할 목적으로 설립된 협동조합 기본법에 따른 협동조합 또는 사회적 협동조합을 말한다.

10 민간임대주택에 관한 특별법령에 대한 설명이다. (   )에 들어갈 용어를 쓰시오.

민간임대주택의 건설·공급 및 관리 등에 관하여 이 법에서 정하지 아니한 사항에 대하여는 주택법, (   ) 및 주택임대차보호법을 적용한다.

11 민간임대주택에 관한 특별법령에 대한 설명이다. (   )에 들어갈 용어와 아라비아 숫자를 쓰시오.

자기관리형 주택임대관리업을 하는 주택임대관리업자는 임대인 및 임차인의 권리보호를 위하여 다음의 보증을 할 수 있는 보증상품에 가입하여야 한다.
- 임대인의 권리보호를 위한 보증: 자기관리형 주택임대관리업자가 약정한 임대료를 지급하지 아니하는 경우 약정한 (㉠)의 (㉡)개월분 이상의 지급을 책임지는 보증
- 임차인의 권리보호를 위한 보증: 자기관리형 주택임대관리업자가 (㉢)의 반환의무를 이행하지 아니하는 경우 (㉢)의 반환을 책임지는 보증

정답 및 해설

04 ㉠ 1, ㉡ 등록

05 ㉠ 자기관리형, ㉡ 위탁관리형

06 주거지원대상자

07 복합지원시설

08 부기등기

09 민간임대협동조합

10 건축법

11 ㉠ 임대료, ㉡ 3, ㉢ 임대보증금

---

12 민간임대주택에 관한 특별법령에 대한 설명이다. (   )에 들어갈 아라비아 숫자를 쓰시오.

> 국가 · 지방자치단체 · 한국토지주택공사 또는 지방공사는 그가 조성한 토지 중 (㉠)퍼센트 이상을 임대사업자[소속 근로자에게 임대하기 위하여 민간임대주택을 건설하려는 고용자(법인에 한정한다)로서 임대사업자로 등록한 자를 포함한다]에게 우선공급하여야 하고, 공급받은 자는 토지 등을 공급받은 날부터 (㉡)년 이내에 민간임대주택을 건설하여야 한다.

13 민간임대주택에 관한 특별법령에 대한 설명이다. (   )에 들어갈 아라비아 숫자를 쓰시오.

> 국가 · 지방자치단체 · 한국토지주택공사 또는 지방공사는 그가 조성한 토지 중 1퍼센트 이상의 범위에서 대통령령으로 정하는 비율(3퍼센트) 이상을 임대사업자에게 우선공급하여야 한다. 다만, 해당 토지는 (㉠)개 단지 이상의 공동주택용지 공급계획이 포함된 경우로서 (㉡)만제곱미터 이상이어야 한다.

14 민간임대주택에 관한 특별법령에 대한 설명이다. (   )에 들어갈 아라비아 숫자를 쓰시오.

> 임대사업자가 전용면적 85제곱미터 이하의 민간임대주택을 단독주택 (㉠)호, 공동주택의 경우는 (㉠)세대 이상 건설하기 위하여 사업대상 토지면적의 (㉡)퍼센트 이상을 매입한 경우(토지소유자로부터 매입에 관한 동의를 받은 경우를 포함한다)로서 나머지 토지를 취득하지 아니하면 그 사업을 시행하기가 현저히 곤란해질 사유가 있는 경우에는 시 · 도지사에게 공익사업을 위한 토지 등의 취득 및 보상에 관한 법률 제4조 제5호에 따른 지정을 요청할 수 있다.

15 민간임대주택에 관한 특별법령상 촉진지구에 대한 설명이다. (   )에 들어갈 아라비아 숫자를 쓰시오.

> 시 · 도지사는 부지면적이 다음의 면적 이상으로서 그 부지면적 중 유상공급면적의 (㉠)퍼센트 이상을 공공지원민간임대주택(준주택은 제외한다)으로 건설 · 공급하기 위하여 공공지원민간임대주택 공급촉진지구를 지정할 수 있다.
> 1. 국토의 계획 및 이용에 관한 법률에 따른 도시지역의 경우: (㉡)제곱미터
> 2. 도시지역과 인접한 다음의 지역의 경우: (㉢)제곱미터
>   • 도시지역과 경계면이 접한 지역
>   • 도시지역과 경계면이 도로, 하천 등으로 분리되어 있으나 도시지역의 도로, 상하수도, 학교 등 주변 기반시설의 연결 또는 활용이 적합한 지역

16 민간임대주택에 관한 특별법령에 대한 설명이다. (   )에 들어갈 용어를 쓰시오.

> 공공지원민간임대주택 공급촉진지구가 지정 · 고시된 경우 (㉠)지역과 (㉡)구역으로 결정되어 고시된 것으로 본다.

17 민간임대주택에 관한 특별법령에 대한 설명이다. (   )에 들어갈 용어와 아라비아 숫자를 쓰시오.

> 촉진지구 안에서 국유지 · 공유지를 제외한 토지면적의 (㉠)퍼센트 이상에 해당하는 토지소유자의 동의를 받은 자는 지정권자에게 촉진지구의 지정을 (㉡)할 수 있다. 이 경우 지정권자는 그 지정을 (㉡)한 자를 우선적으로 시행자로 지정할 수 있다.

정답 및 해설

12 ㉠ 3, ㉡ 2

13 ㉠ 2, ㉡ 15

14 ㉠ 100, ㉡ 80

15 ㉠ 50, ㉡ 5천, ㉢ 2만

16 ㉠ 도시, ㉡ 지구단위계획

17 ㉠ 50, ㉡ 제안

18 민간임대주택에 관한 특별법령에 대한 설명이다. (   )에 들어갈 용어를 쓰시오.

> 지정권자는 지구계획에 따른 기반시설 확보를 위하여 필요한 부지 또는 설치비용의 전부 또는 일부를 (㉠)에게 부담시킬 수 있다. 이 경우 기반시설의 부지 또는 설치비용의 부담은 건축제한의 완화에 따른 (㉡)을(를) 초과하지 아니하도록 한다.

19 민간임대주택에 관한 특별법령에 대한 설명이다. (   )에 들어갈 용어를 쓰시오.

> 시행자는 촉진지구 토지면적의 (㉠) 이상에 해당하는 토지를 소유하고 토지소유자 총수의 (㉡) 이상에 해당하는 자의 동의를 받은 경우 나머지 토지 등을 수용 또는 사용할 수 있다. 다만, 공공주택사업자가 시행자인 경우에는 그러하지 아니하다.

20 민간임대주택에 관한 특별법령에 대한 설명이다. (   )에 들어갈 용어와 아라비아 숫자를 쓰시오.

> • 국가와 지방자치단체는 국유재산법, 공유재산 및 물품 관리법, 그 밖의 관계 법률에도 불구하고 시행자에게 (㉠)의 방법으로 국유재산 또는 공유재산을 사용허가하거나 매각·대부할 수 있다. 이 경우 국가와 지방자치단체는 사용허가 및 대부의 기간을 (㉡)년 이내로 할 수 있다.
> • 국가·지방자치단체·공공기관 또는 지방공사가 조성한 토지가 준공 후에도 매각되지 아니한 경우에 지정권자는 해당 토지의 전부 또는 일부를 (㉢)로 지정할 수 있다.

21 민간임대주택에 관한 특별법령에 대한 설명이다. (   )에 들어갈 용어를 쓰시오.

> 촉진지구 지정, 사업의 시행, 공공시설의 귀속, 준공검사 등에 관하여 이 법에서 정하지 아니한 사항은 (   )법을 준용한다.

22 민간임대주택에 관한 특별법령에 대한 설명이다. (   )에 들어갈 용어와 아라비아 숫자를 쓰시오.

> 민간임대주택의 최초 임대료(임대보증금과 월 임대료를 포함한다)는 임대사업자가 정한다. 다만, 공공지원민간임대주택의 최초 임대료는 (㉠)으로 정하는 기준에 따라야 한다. 임대사업자가 임대의무기간 동안에 임대료의 증액을 청구하는 경우에는 연 (㉡)퍼센트의 범위에서 주거비 물가지수, 인근 지역의 임대료 변동률 등을 고려하여야 한다.

23 민간임대주택에 관한 특별법령에 대한 설명이다. (   )에 공통적으로 들어갈 용어를 쓰시오.

> 민간임대주택으로 등록한 (   )은(는) 주거용이 아닌 용도로 사용할 수 없고, 이를 위하여 시장·군수·구청장은 민간임대주택으로 등록한 (   )이 주거용으로 사용되고 있는지를 확인하기 위하여 필요한 경우 임대사업자 및 임차인에게 필요한 서류 등의 제출을 요구할 수 있고, 소속 공무원으로 하여금 해당 (   )에 출입하여 조사하게 하거나 관계인에게 필요한 질문을 하게 할 수 있다. 이 경우 임대사업자 및 임차인은 정당한 사유가 없으면 이에 따라야 한다.

24 민간임대주택에 관한 특별법령에 대한 설명이다. (   )에 들어갈 용어와 아라비아 숫자를 쓰시오.

> 국토교통부장관은 다음의 어느 하나에 해당하는 임대사업자에 대하여 주택도시기금 융자금에 연 (㉠)퍼센트포인트의 범위에서 (㉡)을(를) 부과할 수 있다.
> • 보증에 가입하지 아니하거나 보증수수료(분할납부액을 포함한다)를 납부하지 아니한 자
> • 과태료를 부과받은 시점부터 6개월 이상 (㉢)을(를) 적립하지 아니한 자

정답 및 해설

18 ㉠ 시행자, ㉡ 토지가치상승분

19 ㉠ 3분의 2, ㉡ 2분의 1

20 ㉠ 수의계약, ㉡ 50, ㉢ 촉진지구

21 도시개발

22 ㉠ 국토교통부령, ㉡ 5

23 준주택

24 ㉠ 1, ㉡ 가산금리, ㉢ 특별수선충당금

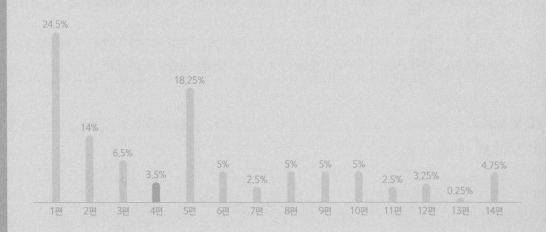

제4편

공공주택 특별법

제4편 공공주택 특별법

대표예제 42 용어의 정의 ★★★

공공주택 특별법령상 다음 설명 중 틀린 것은?

① '영구임대주택'이란 국가나 지방자치단체의 재정을 지원받아 최저소득 계층의 주거안정을 위하여 50년 이상 또는 영구적인 임대를 목적으로 공급하는 공공임대주택을 말한다.

② '국민임대주택'이란 국가나 지방자치단체의 재정이나 주택도시기금법에 따른 주택도시기금의 자금을 지원받아 저소득 서민의 주거안정을 위하여 20년 이상 장기간 임대를 목적으로 공급하는 공공임대주택을 말한다.

③ '행복주택'이란 국가나 지방자치단체의 재정이나 주택도시기금의 자금을 지원받아 대학생, 사회초년생, 신혼부부 등 젊은 층의 주거안정을 목적으로 공급하는 공공임대주택을 말한다.

④ '장기전세주택'이란 국가나 지방자치단체의 재정이나 주택도시기금의 자금을 지원받아 전세계약의 방식으로 공급하는 공공임대주택을 말한다.

⑤ '분양전환공공임대주택'이란 일정 기간 임대 후 분양전환할 목적으로 공급하는 공공임대주택을 말한다.

해설 | 국민임대주택은 30년 이상 장기간 임대를 목적으로 공급하는 공공임대주택이다.

기본서 p.397~402

정답 ②

01 공공주택 특별법령상 다음 설명 중 틀린 것은?

① '기존주택등매입임대주택'이란 국가나 지방자치단체의 재정이나 주택도시기금의 자금을 지원받아 기존 주택 등을 매입하여 국민기초생활 보장법에 따른 수급자 등 저소득층과 청년 및 신혼부부 등에게 공급하는 공공임대주택을 말한다.

② '기존주택전세임대주택'이란 국가나 지방자치단체의 재정이나 주택도시기금의 자금을 지원받아 기존 주택을 임차하여 국민기초생활 보장법에 따른 수급자 등 저소득층과 청년 및 신혼부부 등에게 전대하는 공공임대주택을 말한다.

③ '통합공공임대주택'이란 국가나 지방자치단체의 재정이나 주택도시기금의 자금을 지원받아 최저소득 계층, 저소득 서민, 젊은 층 및 장애인·국가유공자 등 사회 취약계층 등의 주거안정을 목적으로 공급하는 공공임대주택을 말한다.

④ '공공매입임대주택'이란 공공주택사업자가 직접 건설하지 아니하고 매매 등으로 취득하여 공급하는 공공임대주택을 말한다.

⑤ '분양전환'이란 공공임대주택을 임대사업자가 아닌 자에게 매각하는 것을 말한다.

공공주택 특별법

제4편

정답 및 해설

01 ⑤ 공공주택 특별법령상의 분양전환이란 공공임대주택을 <u>공공주택사업자가 아닌</u> 자에게 매각하는 것을 말한다.

02 공공주택 특별법령상 공공준주택에 대한 설명 중 빈칸에 들어갈 내용이 틀린 것은?

'공공준주택'이란 공공주택사업자가 국가 또는 지방자치단체의 재정이나 (①)을 지원받아 건설, 매입 또는 임차하여 임대를 목적으로 공급하는 다음의 준주택을 말하며, 공공준주택의 면적은 주거기본법 제17조에 따라 국토교통부장관이 공고한 (②) 중 1인 가구의 최소주거면적을 만족하여야 한다.
1. 주택법 시행령 제2조의2 제1호부터 제3호까지의 규정에 따른 준주택으로서 전용면적이 (③)제곱미터 이하인 것
2. 주택법 시행령 제2조의2 제4호에 따른 (④)로서 다음 각 목의 요건을 모두 갖춘 것
   가. 전용면적이 (⑤)제곱미터 이하일 것
   나. 상·하수도 시설이 갖추어진 전용입식 부엌, 전용수세식 화장실 및 목욕시설(전용수세식 화장실에 목욕시설을 갖춘 경우를 포함한다)을 갖출 것

① 주택도시기금   ② 최저주거기준
③ 85   ④ 오피스텔
⑤ 120

03 공공주택 특별법령상 다음 설명 중 틀린 것은?

① '지분적립형 분양주택'이란 공공주택사업자가 직접 건설하거나 매매 등으로 취득하여 공급하는 공공분양주택으로서 주택을 공급받은 자가 20년 또는 30년 중에서 공공주택사업자가 정하는 기간 동안 공공주택사업자와 주택의 소유권을 공유하면서 소유지분을 적립하여 취득하는 주택을 말한다.

② 공공주택사업자는 소유권 공유기간을 정하는 경우 20년 또는 30년 중에서 지분적립형 분양주택을 공급받을 자가 선택하게 하는 방식으로 소유권 공유기간을 정할 수 있다.

③ 지분적립형 분양주택을 공급받은 자는 ① 또는 ②에 따른 기간 동안 10퍼센트 이상 20퍼센트 이하의 범위에서 공공주택사업자가 정하는 비율에 따라 정해지는 회차별로 공급받은 주택의 지분을 적립하여 취득할 수 있다.

④ '이익공유형 분양주택'이란 공공주택사업자가 직접 건설하거나 매매 등으로 취득하여 공급하는 공공분양주택으로서 주택을 공급받은 자가 해당 주택을 처분하려는 경우 공공주택사업자가 환매하되 공공주택사업자와 처분손익을 공유하는 것을 조건으로 분양하는 주택을 말한다.

⑤ '도심 공공주택 복합지구'란 도심 내 역세권, 준공업지역, 저층주거지에서 공공주택과 업무시설, 판매시설, 산업시설 등을 복합하여 조성하는 거점으로 지정·고시하는 지구를 말한다.

04 다음은 공공주택 특별법령상 공공주택지구와 도심 공공주택 복합지구에 대한 설명이다. 다음 중 빈칸에 해당하는 내용이 틀린 것은?

> 1. '공공주택지구'란 공공주택의 공급을 위하여 공공주택이 전체 주택 중 100분의 50 이상이 되고, 법 제6조 제1항에 따라 지정·고시하는 지구를 말한다. 이 경우 공공임대주택과 공공분양주택의 주택비율은 전체 주택 중 100분의 50 이상의 범위에서 다음과 같이 정한다.
>   • **공공임대주택**: 공공주택지구 전체 주택 호수의 100분의 (①) 이상
>   • **공공분양주택**: 공공주택지구 전체 주택 호수의 100분의 (②) 이하
> 2. '도심 공공주택 복합지구'란 도심 내 역세권, (③), 저층주거지에서 공공주택과 업무시설, 판매시설, 산업시설 등을 복합하여 조성하는 거점으로 지정·고시하는 지구를 말한다. 이 경우 주택비율은 각각 다음과 같이 정한다.
>   • **공공임대주택**: 전체 주택 호수의 100분의 (④) 이상. 다만, 주거상업고밀지구의 경우에는 100분의 15 이상으로 한다.
>   • **공공분양주택**: 다음의 구분에 따른 비율
>   ㉠ 지분적립형 또는 이익공유형 분양주택: 전체 주택 호수의 100분의 (⑤) 이상
>   ㉡ ㉠ 외의 공공분양주택: 전체 주택 호수의 100분의 60 이상

① 35
② 30
③ 준공업지역
④ 30
⑤ 10

05 공공주택 특별법령상 공공주택사업에 해당하지 않는 것은?

① 공공주택지구조성사업
② 공공주택건설사업
③ 공공주택매입사업
④ 공공주택관리사업
⑤ 공공주택임대사업

정답 및 해설

02 ⑤ 전용면적이 <u>85제곱미터 이하</u>일 것

03 ③ <u>10퍼센트 이상 25퍼센트 이하</u>의 범위이다.

04 ④ 공공임대주택: 전체 주택 호수의 <u>100분의 10 이상</u>이다.

05 ⑤ 공공주택임대사업이 아니라 <u>도심 공공주택 복합사업</u>이다.

06 공공주택 특별법령상 공공주택의 지원에 대한 설명으로 틀린 것은?

① 국가 및 지방자치단체는 매년 공공주택 건설, 매입 또는 임차에 사용되는 자금을 세출 예산에 반영하도록 노력하여야 한다.

② 국가 및 지방자치단체는 청년층, 장애인, 고령자, 신혼부부 및 저소득층 등 주거지원이 필요한 계층의 주거안정을 위하여 공공주택의 건설 · 취득 또는 관리와 관련한 국세 또는 지방세를 감면할 수 있다.

③ 국토교통부장관은 공공주택의 건설, 매입 또는 임차에 주택도시기금을 우선적으로 배정하여야 한다.

④ 다른 법령에 따른 개발사업을 하려는 자가 임대주택 건설용지를 공급할 때 임대주택 유형이 결정되지 아니한 경우 공공임대주택을 공급하려는 공공주택사업자에게 경쟁입찰방법으로 매각하거나 임대할 수 있다.

⑤ 국가 · 지방자치단체 또는 공기업 및 준정부기관은 그가 소유한 토지를 매각하거나 임대할 때 공공임대주택을 건설하려는 공공주택사업자에게 우선적으로 매각 또는 임대할 수 있다.

07 공공주택 특별법령상 공공주택에 관한 설명으로 옳은 것을 모두 고른 것은?

㉠ 국가 및 지방자치단체는 저소득층의 주거안정을 위하여 공공주택의 건설 · 취득 또는 관리와 관련한 국세 또는 지방세를 조세특례제한법, 지방세특례제한법, 그 밖에 조세 관계 법률 및 조례로 정하는 바에 따라 감면할 수 있다.

㉡ 다른 법령에 따른 개발사업을 하려는 자가 임대주택을 계획하는 경우 공공임대주택을 우선 고려하여야 한다.

㉢ '장기전세주택'이란 국가나 지방자치단체의 재정이나 주택도시기금의 자금을 지원받아 전세계약의 방식으로 공급하는 공공임대주택을 말한다.

㉣ 국토교통부장관은 공공주택의 건설, 매입 또는 임차에 주택도시기금을 배정하기에 앞서 국가의 재정을 우선적으로 배정하여야 한다.

① ㉠, ㉡

② ㉢, ㉣

③ ㉠, ㉡, ㉢

④ ㉠, ㉡, ㉣

⑤ ㉡, ㉢, ㉣

대표예제 43 공공주택지구와 도심 공공주택 복합지구 ★

공공주택 특별법령상 공공주택지구의 지정 등에 대한 다음 설명 중 틀린 것은?

① 국토교통부장관은 공공주택지구조성사업을 추진하기 위하여 필요한 지역을 공공주택지구로 지정하거나 지정된 주택지구를 변경 또는 해제할 수 있다.

② ①의 경우에 중앙도시계획위원회의 심의를 거쳐야 하며, 심의를 하는 경우에는 60일 이내에 심의를 완료하여야 하고 같은 기간 내에 심의를 완료하지 아니한 경우에는 심의한 것으로 본다.

③ 공공주택사업자는 국토교통부장관에게 주택지구의 지정을 제안할 수 있다.

④ 국토교통부장관은 주택지구를 해제할 때 100만제곱미터 이상으로서 체계적인 관리계획을 수립하여 관리하지 아니할 경우 난개발이 우려되는 지역에 대하여 10년의 범위에서 특별관리지역으로 지정할 수 있다.

⑤ 국토교통부장관은 특별관리지역을 지정하고자 할 경우에는 특별관리지역 관리계획을 수립하여야 한다.

해설 | 330만제곱미터 이상의 지역이다.

기본서 p.407~413 정답 ④

정답 및 해설

06 ④ 공공주택사업자에게 <u>수의계약의 방법</u>으로 매각하거나 임대할 수 있다.

07 ③ ㉣ <u>주택도시기금을 먼저</u> 우선적으로 배정하여야 한다.

08 공공주택 특별법령상 공공주택지구의 지정 등에 대한 다음 설명 중 틀린 것은?

① 특별관리지역의 지정기간이 만료되거나 해당 기관장이 특별관리지역 중 전부 또는 일부에 대하여 도시·군관리계획을 수립한 경우에는 해당 지역은 특별관리지역에서 해제된 것으로 본다.

② 특별관리지역의 지정기간이 만료된 때에는 해당 특별시장·광역시장·특별자치시장·특별자치도지사·시장 또는 군수는 지체 없이 도시·군관리계획을 수립하여야 한다.

③ 국토교통부장관은 주거지역 안에서 10만제곱미터 이하의 주택지구를 지정 또는 변경하는 경우에는 중앙도시계획위원회의 심의를 생략할 수 있다.

④ 국토교통부장관은 주거지역 이외의 지역에서 대통령령으로 정하는 규모 이하의 주택지구를 지정 또는 변경하는 경우에는 이와 동시에 지구계획을 승인할 수 있다.

⑤ 국토교통부장관은 주택지구로 지정하고자 하는 지역이 10만제곱미터 이상인 경우로서 국민의 주거안정과 주거수준 향상을 위하여 국무회의의 심의를 거쳐 주택지구의 지정 여부를 결정할 수 있다.

09 공공주택 특별법령상 공공주택지구의 조성에 대한 다음 설명 중 틀린 것은?

① 국토교통부장관은 주택지구 지정을 제안한 자를 공공주택사업자로 우선지정할 수 있다.

② 공공주택사업자는 주택지구가 지정·고시된 날부터 1년 이내에 지구계획을 수립하여 국토교통부장관에게 승인을 신청하여야 한다.

③ 국토교통부장관은 공공주택사업자가 1년 이내에 지구계획 승인을 신청하지 아니한 때에는 다른 공공주택사업자로 하여금 지구계획을 수립·신청하게 할 수 있다.

④ 국토교통부장관은 공공주택사업자가 지구계획의 승인을 받은 후 2년 이내에 지구조성사업에 착수하지 아니하는 경우에는 주택지구를 해제할 수 있다.

⑤ 공공주택사업자는 토지 등을 수용 또는 사용할 수 있다. 이 경우 주택지구를 지정하여 고시한 때에 사업인정·고시가 있는 것으로 보며, 재결의 신청은 지구계획에서 정하는 사업의 시행기간 내에 할 수 있다.

10 **공공주택 특별법령상 공공주택지구에 대한 다음 설명 중 틀린 것은?**

① 주택지구로 조성된 토지를 공급하려는 자는 지구계획에서 정한 바에 따라 공급하여야 한다.

② 공공주택사업자는 주택법에 따른 국민주택의 건설용지로 사용할 토지를 공급할 때 그 가격을 조성원가 이하로 할 수 있다.

③ 주택지구로 조성된 토지를 공급받은 자는 소유권이전등기를 하기 전까지는 그 토지를 공급받은 용도대로 사용하지 아니한 채 그대로 전매할 수 없다. 다만, 이주대책용으로 공급하는 주택건설용지 등 대통령령으로 정하는 경우에는 그러하지 아니하다.

④ 토지를 공급받은 자가 ③을 위반하여 토지를 전매한 경우 해당 법률행위를 무효로 하며, 공공주택사업자(당초의 토지 공급자)는 토지 공급 당시의 가액 및 은행의 1년 만기 정기예금 평균이자율을 합산한 금액을 지급하고 해당 토지를 환매할 수 있다.

⑤ 공공주택사업자는 시·도지사의 승인을 받아 토지를 공급받을 자로부터 그 대금의 전부 또는 일부를 미리 받을 수 있으며, 공공주택사업자는 토지상환채권을 발행할 수 있다.

정답 및 해설

08 ⑤ <u>10제곱킬로미터 이상</u>이다.

09 ④ 지구계획의 승인을 받은 후 2년 이내에 지구조성사업에 착수하지 아니하는 경우에는 <u>다른 공공주택사업자</u>를 지정하여 해당 지구조성사업을 시행하게 할 수 있다.

10 ⑤ <u>국토교통부장관</u>의 승인을 받아야 한다.

11 공공주택 특별법령상 도심 공공주택 복합지구(이하 '복합지구'라 함)에 대한 다음 설명 중 틀린 것은?

① 국토교통부장관 또는 시 · 도지사는 도심 공공주택 복합사업을 추진하기 위하여 필요한 지역을 복합지구로 지정하거나 변경 또는 해제할 수 있다.

② ①의 경우에 지방공사 또는 지방공사가 총지분의 100분의 50을 초과하여 출자 · 설립한 법인이 제안을 하는 경우에는 시 · 도지사가, 그 외의 공공주택사업자가 제안을 하는 경우 국토교통부장관이 지정권자가 된다.

③ 공공주택사업자는 지정권자에게 복합지구의 지정 · 변경을 제안할 수 있다.

④ 공공주택사업자는 복합지구 지정 후 2년이 경과한 구역으로서 복합지구에 위치한 토지등소유자 2분의 1 이상이 공공주택사업자에게 해제를 요청하는 경우에는 지정권자에게 복합지구의 해제를 제안할 수 있다.

⑤ 지정권자가 복합지구를 지정 · 변경하려면 공고를 하여 주민 및 관계 전문가 등의 의견을 들어야 한다. 이 경우 지정 공고한 지역은 도심 공공주택 복합사업 예정지구로 지정된 것으로 본다.

12 공공주택 특별법령상 도심 공공주택 복합지구에 대한 다음 설명 중 그 빈칸에 들어갈 내용으로 틀린 것은?

> 지정권자는 다음의 어느 하나에 해당하는 경우에는 복합지구 지정 · 변경제안을 반려하여야 하며, 반려된 경우 예정지구 지정은 해제된 것으로 보며 지정권자는 이를 공고하여야 한다.
> • (①)이(가) 복합지구의 지정 · 변경에 관한 주민 등의 의견청취의 공고일부터 (②)년이 지날 때까지 토지등소유자 (③) 이상의 동의와 토지면적의 2분의 1 이상에 해당하는 토지를 확보(토지소유권을 취득하거나 사용동의를 받은 것)하지 못하는 경우
> • 사정의 변경으로 인하여 복합사업을 추진할 필요성이 없어지거나 추진하는 것이 현저히 곤란한 경우
> • 복합지구의 지정 · 변경에 관한 주민 등의 의견청취의 공고일부터 (④)개월이 지난 날 이후로 (⑤)을(를) 초과하는 토지등소유자가 예정지구 지정 해제를 요청하는 경우

① 공공주택사업자　　　　　② 2
③ 3분의 2　　　　　④ 6
⑤ 2분의 1

13 **공공주택 특별법령상 도심 공공주택 복합사업에 대한 다음 설명 중 틀린 것은?**

① 공공주택사업자는 도심 공공주택 복합사업계획을 수립하여 지정권자의 승인을 받아야 한다.

② 공공주택사업자는 복합지구에서 복합사업을 시행하기 위하여 필요한 경우에는 토지 등을 수용 또는 사용할 수 있으며, 복합사업계획을 승인받고 고시한 때에는 공익사업을 위한 토지 등의 취득 및 보상에 관한 법률에 따른 사업인정 및 사업인정의 고시가 있는 것으로 본다.

③ 공공주택사업자는 토지등소유자가 공익사업을 위한 토지 등의 취득 및 보상에 관한 법률에 따른 협의에 응하여 그가 소유하는 복합지구 내 토지 등의 전부를 공공주택사업자에게 양도하는 경우로서 토지등소유자가 원하는 경우에는 사업시행으로 건설되는 건축물로 보상(현물보상)할 수 있다.

④ ③에 따라 현물보상을 받기로 결정된 권리는 현물보상을 약정한 날부터 현물보상으로 공급받는 건축물의 소유권이전등기를 마칠 때까지 전매(상속 및 그 밖에 대통령령으로 정하는 경우는 제외한다)할 수 없다.

⑤ 공공주택사업자가 시공자를 선정하는 경우 토지등소유자는 경쟁입찰 또는 수의계약(2회 이상 경쟁입찰이 유찰된 경우로 한정한다)의 방법으로 시공자를 추천할 수 있다.

정답 및 해설

11 ④ 복합지구 지정 후 <u>3년</u>이 경과한 구역이다.

12 ② <u>1년</u>이다.

13 ② <u>복합지구를 지정하여 고시한</u> 때에는 공익사업을 위한 토지 등의 취득 및 보상에 관한 법률에 따른 사업인정 및 사업인정의 고시가 있는 것으로 본다.

14 공공주택 특별법령상 지정권자는 복합사업의 원활한 시행을 위하여 필요한 경우에는 대통령령으로 정하는 범위에서 일정한 법정 사항에 대하여 완화된 기준을 정하여 시행할 수 있는데, 그 법정 사항이 아닌 것은?

① 국토의 계획 및 이용에 관한 법률에 따른 용도지역 및 용도지구에서의 건축물 건축제한

② 국토의 계획 및 이용에 관한 법률에 따른 건폐율의 제한

③ 국토의 계획 및 이용에 관한 법률에 따른 용적률의 제한

④ 국토의 계획 및 이용에 관한 법률에 따른 높이의 제한

⑤ 주차장법 및 주택법에 따른 주차장의 설치기준

15 공공주택 특별법령상 중소규모 주택지구에 대한 다음 설명 중 그 빈칸에 들어갈 내용으로 틀린 것은?

> • 국토교통부장관은 (㉠)제곱미터 이하의 주택지구를 지정 또는 변경하는 경우에는 이와 동시에 지구계획을 승인할 수 있다. 이 경우 공공주택사업자는 법 제6조 제2항에 따라 주택지구의 지정 또는 변경을 제안할 때 지구계획 승인신청을 포함하여 할 수 있다(법 제7조 제3항).
> • 도시지역으로서 개발제한구역이 아닌 지역에서 주택지구 지정 또는 변경[(㉡)제곱미터 이하의 주택지구를 지정 또는 변경하는 경우로 한정한다]을 위하여 공공주택통합심의위원회 심의를 거친 경우에는 중앙도시계획위원회의 심의를 생략할 수 있다.

① ㉠ 10만, ㉡ 100만

② ㉠ 100만, ㉡ 10만

③ ㉠ 50만, ㉡ 30만

④ ㉠ 20만, ㉡ 10만

⑤ ㉠ 100만, ㉡ 100만

대표예제 44 / 공공주택의 건설 등 ★

공공주택 특별법령상 공공주택의 건설 등에 대한 다음 설명 중 틀린 것은?

① 공공주택사업자는 공공주택에 대한 사업계획(부대시설 및 복리시설의 설치에 관한 계획을 포함한다)을 작성하여 시·도지사의 승인을 받아야 한다.

② 국토교통부장관은 주택지구 내에서 건설되는 공공주택 외의 주택(민간분양주택 등)의 건설에 대한 사업계획을 해당 사업의 주체로부터 직접 또는 이 법에 따른 공공주택사업자를 통하여 신청받아 이를 승인할 수 있다.

③ 영구임대주택, 국민임대주택, 행복주택의 공급을 위하여 철도시설부지 등을 공공주택사업 면적의 100분의 50 이상 포함하는 토지에서 판매시설, 업무시설, 숙박시설 등을 공공주택과 함께 건설할 수 있다.

④ 국가와 지방자치단체는 국유재산법 등에도 불구하고 공공주택사업자에게 수의계약의 방법으로 국유재산을 사용허가하거나 매각·대부할 수 있다. 이 경우 국가와 지방자치단체는 사용허가 및 대부의 기간을 50년 이내로 할 수 있다.

⑤ 철도시설에서 공공주택사업을 시행하는 경우에 필요한 경우에는 그 공공주택사업자에 대하여 50년 내의 범위에서 철도시설의 점용허가를 할 수 있다.

해설 | 국토교통부장관의 승인을 받아야 한다.

기본서 p.427~439   정답 ①

정답 및 해설

14 ④ 도시공원 및 녹지 등에 관한 법률에 따른 도시공원 또는 녹지 확보 기준이다.

15 ② 100만, 10만이다.

16 공공주택 특별법령상 부도공공주택의 매입 등에 대한 다음 설명 중 틀린 것은?

① 공공주택사업자는 부도임대주택 중에 국토교통부장관이 지정·고시하는 주택을 매입하여 공공임대주택으로 공급할 수 있다.

② 부도임대주택의 임차인이 공공주택사업자에게 매입을 동의한 경우에는 임차인에게 부여된 우선매수할 권리를 공공주택사업자에게 양도한 것으로 본다. 이 경우 공공주택사업자는 보증을 제공하고 우선매수신고를 할 수 있다.

③ 국가 또는 지방자치단체는 공공주택사업자가 부도임대주택을 매입하는 경우 재정이나 주택도시기금에 따른 공공주택 건설자금 지원수준을 고려하여 공공주택사업자를 지원할 수 있다.

④ 공공주택사업자가 ③에 따라 재정이나 주택도시기금을 지원받은 경우 공공주택사업자는 지원받는 금액의 범위에서 주택 수리비 등을 제외하고 남은 금액을 임차인의 임대보증금 보전비용으로 사용할 수 있다.

⑤ 공공주택사업의 신속한 추진 및 효율적 지원을 위하여 국토교통부에 공공주택본부를 설치한다.

17 공공주택 특별법령상 공공주택사업자의 주택매입 등에 대한 설명으로 틀린 것은?

① 공공주택사업자 외의 자는 건설 중에 있는 주택(건설을 계획하고 있는 경우를 포함한다)을 공공임대주택으로 매입하여 줄 것을 공공주택사업자에게 제안할 수 있다.

② ①에 따라 제안을 하려는 공공주택사업자 외의 자는 건설 중에 있는 주택에 대한 대지의 사용권원을 확보하여야 한다.

③ 임대의무기간이 30년 이상인 공공임대주택을 공급하려는 공공주택사업자가 재정비촉진사업의 사업시행자, 정비사업의 사업시행자 또는 조합에 임대주택의 인수를 요청하여 해당 사업시행자 또는 조합이 동의한 경우에는 임대주택을 우선인수할 수 있다.

④ 공공주택사업자는 기존주택(전용면적 85제곱미터 이하이어야 한다. 다만, 입주자가 속한 가구가 가구원수가 5명 이상이거나 다자녀가구인 경우에는 그러하지 아니하다)을 임차하여 공공임대주택으로 공급할 수 있다.

⑤ ④의 경우 국가 또는 지방자치단체는 공공주택사업자가 공공임대주택을 공급하는 경우 재정이나 주택도시기금으로 이를 지원할 수 있다. 다만, 지원을 받으려면 임차 전에 사업계획을 수립하여 국토교통부장관의 승인을 받아야 한다.

18 공공주택 특별법령상 공공주택사업자는 사용검사 또는 사용승인을 받은 기존주택등을 매입하여 공공매입임대주택으로 공급할 수 있는데, 이에 해당하는 것은?

> ㉠ 단독주택　　　　　　　　　　 ㉡ 다중주택
> ㉢ 다가구주택　　　　　　　　　 ㉣ 공동주택(국민주택규모 이하인 것)
> ㉤ 제1종 근린생활시설, 제2종 근린생활시설, 노유자시설, 수련시설, 업무시설 또는 숙박시설의 용도로 사용하는 건축물

① 없다
② ㉠, ㉡, ㉢
③ ㉡, ㉢, ㉣
④ ㉡, ㉢, ㉣, ㉤
⑤ ㉠, ㉡, ㉢, ㉣, ㉤

> **대표예제 45** 　 **공공주택의 공급 ★**
>
> **공공주택 특별법령상 공공주택의 공급에 대한 다음 설명 중 틀린 것은?**
>
> ① 공공주택의 입주자의 자격, 선정방법 및 입주자 관리에 관한 사항은 국토교통부령으로 정한다.
> ② 공공주택사업자는 주거지원필요계층과 다자녀가구에게 공공주택을 우선공급하여야 한다.
> ③ 주택지구 전체 개발면적의 100분의 50 이상을 개발제한구역을 해제하여 조성하는 주택지구에서 공공기관이 건설하여 공급하는 공공주택의 경우에 국토교통부장관이 분양가심사위원회를 설치·운영하여야 한다.
> ④ 시장·군수·구청장은 공공주택의 입주자모집승인을 할 때에는 분양가심사위원회의 심사결과에 따라 승인 여부를 결정하여야 한다.
> ⑤ 공공주택사업자는 임차인에 관한 정보를 국토교통부장관이 지정·고시하는 기관(전산관리지정기관)에 통보하여야 한다.
>
> **해설 |** 공공주택사업자가 분양가심사위원회를 설치·운영하여야 한다.
>
> 기본서 p.443~457　　　　　　　　　　　　　　　　　　　　　　　 정답 ③

정답 및 해설

16 ② <u>보증의 제공 없이</u> 우선매수신고를 할 수 있다.
17 ② 건설 중에 있는 주택에 대한 <u>대지의 소유권</u>을 확보하여야 한다.
18 ⑤ 모두 기존주택등 매입대상에 해당한다.

19 공공주택 특별법령상 공공주택의 임대조건 등에 대한 설명으로 틀린 것은?

① 공공임대주택의 최초의 임대료(임대보증금 및 월 임대료를 말한다)는 국토교통부장관이 정하여 고시하는 표준임대료를 초과할 수 없다.

② ①의 경우 전용면적이 85제곱미터 이하이거나 분납임대주택 또는 장기전세주택으로 공급하는 공공임대주택의 최초의 임대보증금에는 적용하지 아니한다.

③ 공공임대주택의 최초의 임대보증금과 월 임대료는 임차인이 동의한 경우에 임대차계약에 따라 상호 전환할 수 있다.

④ ③의 경우 최초의 임대보증금은 해당 임대주택과 그 부대시설에 대한 건설원가에서 주택도시기금의 융자금을 뺀 금액을 초과할 수 없다.

⑤ 분납임대주택의 임대료는 임차인이 미리 납부한 분양전환가격에 해당하는 금액(분양전환금) 등을 고려하여 국토교통부장관이 따로 정하여 고시하는 표준임대료를 초과할 수 없다.

20 공공주택 특별법령상 공공주택의 임대조건 등에 대한 설명으로 틀린 것은?

① 장기전세주택의 최초의 임대보증금은 해당 장기전세주택과 같거나 인접한 시·군 또는 자치구에 있는 주택 중 비슷한 2개 또는 3개 단지의 공동주택의 전세계약금액을 평균한 금액의 80퍼센트를 초과할 수 없다.

② 기존주택등매입임대주택의 최초의 임대료는 해당 기존주택매입임대주택의 주변 지역 임대주택의 임대료에 대한 감정평가금액의 80퍼센트 이내의 금액으로 한다.

③ 공공임대주택의 공공주택사업자가 임대료 증액을 청구하는 경우(재계약을 하는 경우를 포함한다)에는 임대료의 100분의 5 이내의 범위에서 증액하여야 한다. 이 경우 증액이 있은 후 1년 이내에는 증액하지 못한다.

④ 임대보증금이 증액되는 경우 임차인은 증액된 임대보증금이 적용된 임대차계약을 체결한 날부터 1년 이내에 3회에 걸쳐 임대보증금의 증액분을 분할하여 납부할 수 있다.

⑤ 공공임대주택의 임대료 등 임대조건을 정하는 경우에는 임차인의 소득수준 및 공공임대주택의 규모 등을 고려하여 차등적으로 정할 수 있다.

21 공공주택 특별법령상 공공주택사업자가 임대보증금과 월 임대료를 상호 전환하고자 하는 경우에는 일정한 사항을 임차인에게 알려주어야 하는데, 그 사항이 아닌 것은?

① 해당 주택의 건설을 위한 주택도시기금 융자금
② 저당권, 전세권 등 해당 주택에 대한 제한물권 설정금액
③ 임대보증금에 대한 보증가입 여부
④ 가압류, 가처분 등 해당 주택에 대한 보전처분 여부
⑤ 해당 주택의 신탁 여부

22 공공주택 특별법령상 공공임대주택에 대한 임대차계약을 체결하려는 자는 표준임대차계약서를 사용하여야 하는데, 그 계약서에 포함되어야 하는 내용이 아닌 것은?

① 임대료 및 그 증액에 관한 사항, 임대차계약기간
② 분양전환공공임대주택의 분양전환 시기 및 분양전환가격 산정기준(전용면적이 85제곱미터를 초과하는 경우에는 분양전환가격 산정기준을 포함하지 아니할 수 있다)
③ 공공주택사업자 및 임차인의 권리·의무에 관한 사항
④ 분납임대주택의 분납금의 납부 시기 및 산정기준
⑤ 공공매입임대주택의 경우 매입을 위하여 받은 금융기관의 대출금 현황

정답 및 해설

19 ② 전용면적이 85제곱미터를 초과하는 경우이다.

20 ② 기존주택등매입임대주택의 최초의 임대료는 해당 기존주택매입임대주택의 주변 지역 임대주택의 임대료에 대한 감정평가금액의 50퍼센트 이내의 금액으로 한다.

21 ③ 임대보증금에 대한 보증가입 여부는 상호 전환하는 경우에 통지하여야 하는 사항에 해당하지 아니한다.

22 ⑤ 금융기관의 대출금 현황은 표준임대차계약서의 내용에 해당하지 아니한다.

23 공공주택 특별법령상 공공주택사업자는 임차인이 법정사유에 해당하는 경우에는 임대차 계약을 해제 또는 해지하거나 재계약을 거절할 수 있는데, 그 사유가 아닌 것은?

① 임차인의 자산과 소득이 임차인의 입주자격 요건을 초과하는 범위에서 국토교통부장관이 정하는 기준을 초과하는 경우

② 임차인이 공공임대주택에 중복하여 입주하거나 계약한 것으로 확인된 경우

③ 공공임대주택의 임차권을 다른 사람에게 양도하거나 공공임대주택을 전대한 경우

④ 임차인이 분양전환 신청기간 이내에 분양전환 신청을 하지 아니한 경우

⑤ 월 임대료를 3개월 이상 연체한 경우

24 공공주택 특별법령상 공공주택사업자는 임차인이 법정사유에 해당하는 경우에는 임대차 계약을 해제 또는 해지하거나 재계약을 거절할 수 있는데, 그 사유가 아닌 것은?

① 거짓이나 그 밖의 부정한 방법으로 공공임대주택을 임대받은 경우

② 공공주택사업자의 귀책사유 없이 임대차계약기간이 시작된 날부터 3개월 이내에 입주하지 아니한 경우

③ 분납임대주택의 분납금을 3개월 이상 연체한 경우

④ 전용면적 85제곱미터 초과 공공임대주택에 입주하고 있는 임차인이 임대차계약기간 중 다른 주택을 소유하게 된 경우

⑤ 임차인이 해당 주택에서 퇴거하거나 다른 공공임대주택에 당첨되어 입주하는 경우

25 공공주택 특별법령상 임차인은 임대주택이 법정사유에 해당하는 경우에는 임대차계약을 해제 또는 해지하거나 재계약을 거절할 수 있는데, 그 사유가 아닌 것은?

① 공공임대주택에 거주하기 곤란할 정도의 중대한 하자가 있다고 임차인이 인정한 경우

② 공공주택사업자가 시장·군수 또는 구청장이 지정한 기간에 하자보수명령을 이행하지 아니한 경우

③ 공공주택사업자가 임차인의 의사에 반하여 공공임대주택의 부대시설·복리시설을 파손하거나 철거시킨 경우

④ 공공주택사업자의 귀책사유로 입주기간 종료일부터 3개월 이내에 입주할 수 없는 경우

⑤ 공공주택사업자가 표준임대차계약서상의 의무를 위반한 경우

26 공공주택 특별법령상 공공임대주택의 임차인은 임차권을 다른 사람에게 양도하거나 전대할 수 없는 것이 원칙이나, 일정한 사유에 해당하는 경우에는 양도하거나 전대할 수 있다. 이에 대한 설명으로 잘못된 것은?

① 임대의무기간이 10년 이하인 공공주택 임차인의 세대구성원 모두가 상속 또는 혼인으로 소유하게 된 주택으로 이전할 경우에는 무주택세대구성원에게 양도할 수 있다.

② 공공주택의 임차인이 이혼으로 공공임대주택에서 퇴거하고, 해당 공공임대주택에 계속 거주하려는 배우자로 임차인 지위를 변경할 수 있다.

③ 임대의무기간이 10년 이하인 공공주택 임차인의 세대구성원 모두가 생업상 사정으로 인하여 직선거리 20킬로미터 이상 거리의 다른 시·군·구로 주거를 이전하는 경우에도 양도 등이 가능하다.

④ 지방자치분권 및 지역균형발전에 관한 특별법에 따라 이전하는 기관에 종사하는 사람이 해당 기관이 이전하기 이전에 공공임대주택을 공급받은 경우에 그 임대주택을 전대할 수 있다. 다만, 해당 기관의 이전이 완료된 경우에는 계약기간이 종료된 후 3개월 이내에 입주하여야 한다. 이 경우 전대차계약기간은 2년을 넘을 수 없다.

⑤ 공공임대주택의 임차권을 불법으로 양도하거나 공공임대주택을 전대하는 임차인에 대하여 위반사실이 확인된 날부터 4년까지 공공임대주택의 입주자격을 제한할 수 있다.

정답 및 해설

23 ⑤ 월 임대료를 3개월 이상 연속하여 연체한 경우이다.

24 ④ 공공임대주택의 임대차계약기간 중 다른 주택을 소유하게 된 경우에는 공공주택사업자가 임차인과의 계약해지 등을 할 수 있는데 다음의 경우에는 그러하지 아니하다.
- 상속·판결 또는 혼인 등 그 밖의 부득이한 사유로 다른 주택을 소유하게 되어 부적격자로 통보받은 날부터 6개월 이내에 해당 주택을 처분하는 경우
- 혼인 등의 사유로 주택을 소유하게 된 세대구성원이 소유권 취득 후 14일 이내에 전출신고를 하여 세대가 분리된 경우
- 전용면적 85제곱미터 초과 공공임대주택에 입주하고 있는 경우
- 해당 공공임대주택의 입주자모집 당시 입주자를 선정하고 남은 공공임대주택의 임차권을 선착순의 방법으로 취득한 경우

25 ① 거주가 곤란할 정도의 중대한 하자의 인정은 시장·군수·구청장이 인정한 경우에 한한다.

26 ③ 직선거리로 40킬로미터 이상이어야 한다.

27 공공주택 특별법령상 가정어린이집 공급에 대한 다음 설명 중 틀린 것은?

① 공공주택사업자는 임차인의 보육수요 충족을 위하여 필요하다고 판단하는 경우 해당 공공임대주택의 일부 세대를 6년 이내의 범위에서 가정어린이집을 설치·운영하려는 자에게 임대할 수 있다.

② ①의 경우 공공주택사업자는 국토교통부령으로 정하는 바에 따라 관할 시장·군수 또는 구청장과 협의하여야 한다.

③ 공공임대주택을 임차하여 가정어린이집을 설치·운영하는 자는 해당 공공임대주택에 거주하여야 한다.

④ ①에 따라 임차인으로 선정된 자가 가정어린이집을 설치·운영하지 아니하게 된 경우에는 즉시 그 사실을 공공주택사업자에게 통보하여야 한다.

⑤ 가정어린이집의 임대료는 해당 공공임대주택의 규모, 주변 지역의 임대료 등을 고려하여 공공주택사업자가 정한다.

28 공공주택 특별법령상 지분적립형 분양주택에 대한 다음 설명 중 틀린 것은?

① 지분적립형 분양주택의 소유지분 또는 입주자로 선정된 지위는 10년이 지나기 전에는 전매하거나 전매를 알선할 수 없으며, 전매행위 제한기간은 해당 주택의 입주자로 선정된 날부터 기산한다.

② 지분적립형 분양주택을 공급받은 자가 ①에 따른 전매제한기간이 지난 후 해당 주택의 소유권 전부를 취득하기 이전에 소유지분을 전매하려면 공공주택사업자와 주택의 매매가격 등을 협의한 후 공공주택사업자의 동의를 받아 공공주택사업자의 소유지분과 함께 해당 주택의 소유권 전부를 전매하여야 한다. 다만, 해당 주택의 소유지분을 배우자에게 증여하는 경우에는 그러하지 아니하다.

③ 위 ②에 따라 지분적립형 분양주택을 전매하는 경우로서 매매가격이 대통령령으로 정하는 취득가격보다 높은 경우에는 그 차액을 공공주택사업자와 해당 주택을 공급받은 자가 전매 시점의 소유지분비율에 따라 나누어야 한다.

④ 지분적립형 분양주택을 공급받은 자와 공공주택사업자가 해당 주택의 소유권을 공유하는 동안에는 민법 제268조에도 불구하고 그 주택에 대하여 공유물의 분할을 청구할 수 없다.

⑤ 지분적립형 분양주택을 공급받은 자(상속받은 자는 제외한다)는 해당 주택의 최초 입주가능일부터 10년 동안 계속하여 해당 주택에 거주하여야 하며, 공공주택사업자는 지분적립형 분양주택을 취득한 경우 국토교통부령으로 정하는 바에 따라 지분적립형 분양주택으로 재공급하여야 한다.

29 공공주택 특별법령상 이익공유형 분양주택에 대한 다음 설명 중 틀린 것은?

① '이익공유형 분양주택'이란 공공주택사업자가 직접 건설하거나 매매 등으로 취득하여 공급하는 공공분양주택으로서 주택을 공급받은 자가 해당 주택을 처분하려는 경우 공공주택사업자가 환매하되 공공주택사업자와 처분손익을 공유하는 것을 조건으로 분양하는 주택을 말한다.

② 이익공유형 분양주택을 공급받은 자가 해당 주택[해당 주택의 입주자로 선정된 지위(입주자로 선정되어 그 주택에 입주할 수 있는 권리 · 자격 · 지위 등을 말한다)를 포함한다]을 처분하려는 경우에는 공공주택사업자의 동의를 받아야 한다.

③ ②에 따라 매입신청을 받은 공공주택사업자가 이익공유형 분양주택을 환매하는 경우 해당 주택을 공급받은 자는 해당 주택의 공급가격 등을 고려하여 대통령령으로 정하는 기준에 따라 처분손익을 공공주택사업자와 공유하여야 한다.

④ 이익공유형 분양주택을 공급받은 자가 이를 처분하려는 경우 공공주택사업자가 환매하는 주택임을 소유권에 관한 등기에 부기등기하여야 한다. 이 경우 부기등기는 주택의 소유권보존등기와 동시에 하여야 한다.

⑤ 이익공유형 분양주택을 공급받은 자(상속받은 자는 제외한다)는 해당 주택의 최초 입주가능일부터 5년 동안 계속하여 해당 주택에 거주하여야 한다.

정답 및 해설

27 ③ 공공임대주택을 임차하여 가정어린이집을 설치 · 운영하는 자는 해당 공공임대주택에 <u>거주하지 아니할 수 있다</u>.

28 ⑤ 지분적립형 분양주택을 공급받은 자(상속받은 자는 제외한다)는 해당 주택의 최초 입주가능일부터 <u>5년 동안</u> 계속하여 해당 주택에 거주하여야 한다.

29 ② <u>환매조건에 따라 공공주택사업자에게 해당 주택의 매입을 신청하여야 한다</u>.

30 공공주택 특별법령상 공공임대주택의 임대의무기간이 틀린 것은?

① 영구임대주택: 50년 ② 국민임대주택: 30년
③ 통합공공임대주택: 30년 ④ 장기전세주택: 20년
⑤ 위 ①부터 ④까지의 규정에 해당하지 아니하는 공공임대주택: 5년

31 공공주택 특별법령상 공공주택사업자가 공공임대주택의 임대의무기간이 지나기 전에 매각할 수 있는 경우 등에 관한 설명으로 틀린 것은?

① 국토교통부령으로 정하는 바에 따라 민간임대사업자 또는 공공주택사업자에게 매각하는 경우
② 위 ①의 경우에 공공임대주택을 매입한 공공주택사업자는 기존 공공주택사업자의 지위를 포괄적으로 승계한다.
③ 공공주택사업자가 경제적 사정 등으로 공공임대주택에 대한 임대를 계속할 수 없는 경우로서 공공주택사업자가 국토교통부장관의 허가를 받아 임차인에게 분양전환하는 경우
④ 임대 개시 후 해당 주택의 임대의무기간의 2분의 1이 지난 분양전환공공임대주택에 대하여 공공주택사업자와 임차인이 해당 임대주택의 분양전환에 합의하여 공공주택사업자가 임차인에게 분양전환하는 경우
⑤ 주택도시기금의 융자를 받아 주택이 없는 근로자를 위하여 건설한 공공임대주택(1994년 9월 13일 이전에 사업계획승인을 받은 경우로 한정한다)을 시장·군수 또는 구청장의 허가를 받아 분양전환하는 경우

32 공공주택 특별법령상 공공임대주택을 분양전환하는 경우에 우선분양전환 대상이 되는 임차인이 아닌 자는?

① 입주일 이후부터 분양전환 당시까지 해당 임대주택에 거주한 무주택자인 임차인
② 공공건설임대주택에 입주한 후 상속·판결 또는 혼인으로 다른 주택을 소유하게 된 경우 분양전환 당시까지 거주한 사람으로서 그 주택을 처분하여 무주택자가 된 임차인
③ 임차권을 양도받은 경우에는 양도일 이후부터 분양전환 당시까지 거주한 무주택자인 임차인
④ 선착순의 방법으로 입주자로 선정된 경우에는 분양전환 당시까지 거주하고 분양전환 당시 무주택자인 임차인
⑤ 전용면적 85제곱미터 초과 주택에 분양전환 당시 거주하고 있는 무주택자인 임차인

33 공공주택 특별법령상 공공건설임대주택의 분양전환에 대한 설명으로 틀린 것은?

① 공공주택사업자는 공공건설임대주택의 임대의무기간이 지난 후 해당 주택의 임차인에게 우선분양전환 자격, 우선분양전환 가격 등 우선분양전환에 관한 사항을 통보하여야 한다.

② ①의 경우 우선분양전환 자격이 있다고 통보받은 임차인이 우선분양전환에 응하려는 경우에는 그 통보를 받은 후 6개월(임대의무기간이 10년인 공공건설임대주택의 경우에는 12개월을 말한다) 이내에 분양전환신청을 하여야 한다.

③ 분양전환가격 산정을 위한 감정평가는 공공주택사업자가 비용을 부담하는 조건으로 시장·군수 또는 구청장이 국토교통부장관이 고시하는 기준을 충족하는 감정평가법인 두 곳에 의뢰하여야 한다.

④ 공공주택사업자는 ②의 기간 이내에 임차인이 우선분양전환 계약을 하지 아니한 경우 해당 임대주택을 통보한 분양전환가격 이하의 가격으로 국토교통부령으로 정하는 바에 따라 제3자에게 매각할 수 있다.

⑤ 공공주택사업자는 ④에 따라 제3자에게 공공건설임대주택을 매각하려는 경우 그 매각 시점이 감정평가가 완료된 날부터 1년이 지난 때에는 매각가격을 재산정할 수 있다.

정답 및 해설

30 ⑤ 공공임대주택의 임대의무기간은 다음과 같다.
1. 영구임대주택: 50년
2. 국민임대주택: 30년
3. 행복주택: 30년
4. 통합공공임대주택: 30년
5. 장기전세주택: 20년
6. 1.부터 5.까지의 규정에 해당하지 않는 공공임대주택 중 임대조건을 신고할 때 임대차계약기간을 6년 이상 10년 미만으로 정하여 신고한 주택: 6년
7. 1.부터 5.까지의 규정에 해당하지 않는 공공임대주택 중 임대조건을 신고할 때 임대차계약기간을 10년 이상으로 정하여 신고한 주택: 10년
8. 1부터 7.까지의 규정에 해당하지 않는 공공임대주택: 5년

31 ① 공공임대주택의 임대의무기간 중에는 공공주택사업자에게 매각하여야 한다.

32 ⑤ 전용면적 85제곱미터를 초과하는 임대주택인 경우에는 분양전환 당시 거주하고 있는 임차인이다. 즉, 이 경우에는 무주택자인 경우를 필요로 하지 않는다.

33 ② 우선분양전환 자격이 있다는 통보를 받은 후 6개월(임대의무기간이 10년인 공공건설임대주택의 경우에는 12개월을 말한다) 이내에 우선분양전환 계약을 하여야 한다.

34 공공주택 특별법령상 특별수선충당금에 대한 설명으로 틀린 것은?

① 승강기가 설치된 공동주택의 공공주택사업자는 주요 시설을 교체하고 보수하는 데에 필요한 특별수선충당금을 적립하여야 한다.

② ①의 경우에 1997년 3월 1일 전에 주택건설사업계획의 승인을 받은 공공임대주택은 제외한다.

③ 특별수선충당금 적립대상 공공임대주택을 건설한 공공주택사업자는 장기수선계획을 수립하여 사용검사를 신청할 때 사용검사신청서와 함께 제출하여야 하며, 임대기간 중 해당 임대주택단지에 있는 관리사무소에 장기수선계획을 갖춰 놓아야 한다.

④ 공공주택사업자는 특별수선충당금을 사용검사일부터 1년이 지난 달부터 매달 적립하여야 한다.

⑤ 공공주택사업자는 특별수선충당금을 금융회사 등에 예치하여 따로 관리하여야 하고, 특별수선충당금을 사용하려면 미리 해당 공공임대주택의 주소지를 관할하는 시장·군수 또는 구청장과 협의하여야 한다.

고난도

35 공공주택 특별법령상 선수관리비에 대한 설명으로 틀린 것은?

① 공공주택사업자는 공공임대주택을 관리하는 데 필요한 경비를 임차인이 최초로 납부하기 전까지 해당 공공임대주택의 유지관리 및 운영에 필요한 경비(이하 '선수관리비'라 한다)를 대통령령으로 정하는 바에 따라 부담할 수 있다.

② 공공주택사업자는 ①에 따라 선수관리비를 부담하는 경우에는 해당 임차인의 입주가 능일 전까지 관리주체에게 선수관리비를 지급해야 한다.

③ 관리주체는 해당 임차인의 임대기간이 종료되는 경우 ②에 따라 지급받은 선수관리비를 공공주택사업자에게 반환해야 한다.

④ ③에도 불구하고 다른 임차인이 해당 주택에 입주할 예정인 경우 등 공공주택사업자와 관리주체가 협의하여 정하는 경우에는 선수관리비를 반환하지 않을 수 있다.

⑤ 관리주체에게 지급하는 선수관리비의 금액은 국토교통부장관이 정한다.

정답 및 해설

34 ④ 사용검사일부터 <u>1년이 지난 날이 속하는 달</u>부터 매달 적립하여야 한다.

35 ⑤ 관리주체에게 지급하는 선수관리비의 금액은 해당 공공임대주택의 유형 및 세대수 등을 고려하여 <u>공공주택 사업자와 관리주체가 협의하여 정한다</u>.

제4편 주관식 기입형 문제

01 공공주택 특별법령에 대한 설명이다. (   )에 들어갈 용어를 쓰시오.

> • '(㉠)'이란 국가나 지방자치단체의 재정을 지원받아 최저소득 계층의 주거안정을 위하여 50년 이상 또는 영구적인 임대를 목적으로 공급하는 공공임대주택을 말한다.
> • '(㉡)'이란 국가나 지방자치단체의 재정이나 주택도시기금법에 따른 주택도시기금의 자금을 지원받아 저소득서민의 주거안정을 위하여 30년 이상 장기간 임대를 목적으로 공급하는 공공임대주택을 말한다.
> • '(㉢)'이란 국가나 지방자치단체의 재정이나 주택도시기금의 자금을 지원받아 대학생, 사회초년생, 신혼부부 등 젊은 층의 주거안정을 목적으로 공급하는 공공임대주택을 말한다.

02 공공주택 특별법령에 대한 설명이다. (   )에 공통적으로 들어갈 용어를 쓰시오.

> • '(㉠)'이란 국가나 지방자치단체의 재정이나 주택도시기금의 자금을 지원받아 전세계약의 방식으로 공급하는 공공임대주택을 말한다.
> • '(㉡)'이란 국가나 지방자치단체의 재정이나 주택도시기금의 자금을 지원받아 기존 주택을 매입하여 국민기초생활 보장법에 따른 수급자 등 저소득층과 청년 및 신혼부부 등에게 공급하는 공공임대주택을 말한다.
> • '(㉢)'이란 국가나 지방자치단체의 재정이나 주택도시기금의 자금을 지원받아 최저소득 계층, 저소득서민, 젊은 층 및 장애인·국가유공자 등 사회 취약계층 등의 주거안정을 목적으로 공급하는 공공임대주택을 말한다.

정답 및 해설

01 ㉠ 영구임대주택, ㉡ 국민임대주택, ㉢ 행복주택

02 ㉠ 장기전세주택, ㉡ 기존주택등매입임대주택, ㉢ 통합공공임대주택

03 공공주택 특별법령에 대한 설명이다. (   )에 들어갈 용어를 쓰시오.

> 공공주택사업의 신속한 추진 및 효율적 지원을 위하여 국토교통부에 (   )을(를) 설치한
> 다. (   )의 구성 및 운영 등에 필요한 사항은 대통령령으로 정한다.

04 공공주택 특별법령에 대한 설명이다. (   )에 들어갈 아라비아 숫자를 쓰시오.

> 공공주택의 공급을 위하여 지정·고시하는 지구를 말하며, 공공주택이 전체 주택 중 100분
> 의 50 이상이 되고, 이 경우 공공임대주택과 공공분양주택의 주택비율은 전체 주택 중 100
> 분의 50 이상의 범위에서 다음과 같다.
> • **공공임대주택**: 공공주택지구 전체 주택 호수의 100분의 (㉠) 이상
> • **공공분양주택**: 공공주택지구 전체 주택 호수의 100분의 (㉡) 이하

05 공공주택 특별법령상 공공주택사업에 대한 설명이다. (   )에 들어갈 용어를 쓰시오.

> 공공주택지구조성사업, 공공주택(㉠), 공공주택매입사업, 공공주택(㉡), (㉢)

06 공공주택 특별법령에 대한 설명이다. (   )에 공통적으로 들어갈 용어를 쓰시오.

> 공공임대주택의 최초의 임대료는 (   )을(를) 초과할 수 없다. 다만, 전용면적 85제곱미터
> 를 초과하거나 분납임대주택 또는 장기전세주택의 최초의 임대보증금에는 적용하지 아니하
> 며, 이 경우 분납임대주택의 임대료는 임차인이 미리 납부한 분양전환금 등을 고려하여 국토교
> 통부장관이 따로 정하여 고시하는 (   )을(를) 초과할 수 없다.

07 공공주택 특별법령에 대한 설명이다. (   )에 들어갈 아라비아 숫자를 쓰시오.

> • 장기전세주택의 임대보증금: 최초의 임대보증금은 같거나 인접한 시·군·구에 있는 주택
>   중 해당 공공임대주택과 비슷한 2개 또는 3개 단지의 공동주택의 전세계약금액을 평균한
>   금액의 (㉠)퍼센트를 초과할 수 없다.
> • 기존주택등매입임대주택 임대료: 최초의 임대료는 주변 지역 임대주택의 임대료의 감정평
>   가금액의 (㉡)퍼센트 이내로 한다.

08 공공주택 특별법령에 대한 설명이다. (   )에 들어갈 아라비아 숫자를 쓰시오.

> • 영구임대주택: 50년   • 국민임대주택: 30년
> • 행복주택: (㉠)년   • 통합공공임대주택: 30년
> • 장기전세주택: (㉡)년

09 공공주택 특별법 제49조(공공임대주택의 임대조건 등) 규정의 일부이다. (   )에 들어
갈 아라비아 숫자를 순서대로 쓰시오.

> 공공임대주택의 공공주택사업자가 임대료 증액을 청구하는 경우(재계약을 하는 경우를 포
> 함한다)에는 임대료의 100분의 (   ) 이내의 범위에서 주거비 물가지수, 인근 지역의 주택
> 임대료 변동률 등을 고려하여 증액하여야 한다. 이 경우 증액이 있은 후 (   )년 이내에는
> 증액하지 못한다. (단, 소득수준 등의 변화로 임대료가 변경되는 경우는 고려하지 않음)

정답 및 해설

03 공공주택본부

04 ㉠ 35, ㉡ 30

05 ㉠ 건설사업, ㉡ 관리사업, ㉢ 도심 공공주택 복합사업

06 표준임대료

07 ㉠ 80, ㉡ 50

08 ㉠ 30, ㉡ 20

09 5, 1

10 공공주택 특별법 제50조의4 규정의 일부이다. (   )에 공통적으로 들어갈 용어를 쓰시오.

- 300세대 이상의 공동주택 등 대통령령으로 정하는 규모에 해당하는 공공임대주택의 공공주택사업자는 주요 시설을 교체하고 보수하는 데 필요한 (   )을(를) 적립하여야 한다.
- 공공주택사업자가 임대의무기간이 지난 공공건설임대주택을 분양전환하는 경우에는 (   )을(를) 공동주택관리법 제11조에 따라 최초로 구성되는 입주자대표회의에 넘겨주어야 한다.

house.Hackers.com

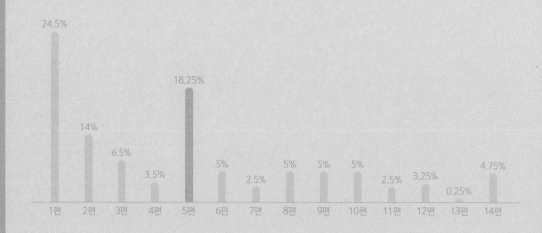

제5편

건축법

대표예제 46 건축법령상 적용범위 ★★

다음 중 건축법을 적용하지 아니하는 건축물로 옳은 것은?

① 전통양식의 한옥
② 군사시설
③ 철도역사
④ 고속도로 통행료 징수시설
⑤ 고속도로 관리사무소

보충 | 건축법 적용제외 건축물
1. 문화유산의 보존 및 활용에 관한 법률에 따른 지정문화유산이나 임시지정문화유산 또는 자연유산의 보존 및 활용에 관한 법률에 따라 지정된 천연기념물 등이나 임시지정천연기념물, 임시지정명승, 임시지정시·도자연유산, 임시자연유산자료
2. 철도나 궤도의 선로 부지(敷地)에 있는 다음의 시설
   • 운전보안시설
   • 철도선로의 위나 아래를 가로지르는 보행시설
   • 플랫폼
   • 해당 철도 또는 궤도사업용 급수(給水)·급탄(給炭) 및 급유(給油)시설
3. 고속도로 통행료 징수시설
4. 컨테이너를 이용한 간이창고(산업집적활성화 및 공장설립에 관한 법률 제2조 제1호에 따른 공장의 용도로만 사용되는 건축물의 대지에 설치하는 것으로서 이동이 쉬운 것만 해당된다)
5. 하천법에 따른 하천구역 내의 수문조작실

기본서 p.475~479
정답 ④

01 건축법령상 일정한 공작물을 축조(건축물과 분리하여 축조하는 것을 말함)하려는 자는 특별자치시장·특별자치도지사 또는 시장·군수·구청장에게 신고하여야 하는바, 다음 중 그 신고기준이 틀린 것은?

① 높이 4미터를 넘는 옹벽 또는 담장
② 높이 6미터를 넘는 굴뚝
③ 높이 4미터를 넘는 광고탑·광고판
④ 바닥면적 30제곱미터를 넘는 지하대피호
⑤ 높이 8미터(위험방지를 위한 난간의 높이는 제외함) 이하의 기계식 주차장

02 건축법령상 대지에 대한 설명으로 잘못된 것은?

① '대지'라 함은 공간정보의 구축 및 관리 등에 관한 법률에 따라 각 필지로 나눈 토지를 말한다.

② 하나의 건축물을 두 필지 이상에 걸쳐 건축하는 경우에 그 건축물이 건축되는 각 필지의 토지를 합한 토지도 하나의 대지로 할 수 있다.

③ 각 필지의 지번부여지역이 다른 경우라 할지라도 토지의 소유자와 소유권 이외의 권리관계가 같은 경우에는 하나의 대지로 할 수 있다.

④ 2필지 이상에 걸쳐서 도시·군계획시설이 설치되는 경우에 그 도시·군계획시설이 설치되는 일단의 토지를 하나의 대지로 할 수 있다.

⑤ 서로 인접하고 있는 2필지의 소유권과 소유권 이외의 권리관계가 같은 경우에도 지반이 서로 연속되지 아니한 경우에는 하나의 대지로 할 수 없다.

03 건축법령상 하나 이상의 필지의 일부를 하나의 대지로 할 수 있는 토지로 가장 적절하지 못한 것은?

① 사용승인을 신청할 때 필지를 나눌 것을 조건으로 건축허가를 하는 경우에 그 필지가 나누어지는 토지

② 하나 이상의 필지의 일부에 대하여 산지관리법에 따른 산지전용허가를 받은 경우에 그 허가받은 부분의 토지

③ 하나 이상의 필지의 일부에 대하여 국토의 계획 및 이용에 관한 법률에 따른 토지거래계약허가를 받은 경우에 그 허가받은 부분의 토지

④ 하나 이상의 필지의 일부에 대하여 농지법에 따른 농지전용허가를 받은 경우에 그 허가받은 부분의 토지

⑤ 하나 이상의 필지의 일부에 대하여 도시·군계획시설이 결정·고시된 경우에 그 결정·고시된 부분의 토지

정답 및 해설

01 ① <u>높이 2미터를 넘는 옹벽 또는 담장</u>이어야 한다.

02 ⑤ 서로 인접하고 있는 2필지의 지반이 연속되지 아니하거나 지번부여지역이 서로 다를지라도 소유권과 소유권 이외의 권리관계가 동일한 경우에는 <u>하나의 대지로 할 수 있다</u>.

03 ③ 하나 이상의 필지의 일부에 대하여 국토의 계획 및 이용에 관한 법률에 따른 <u>개발행위허가를 받은 경우</u>에 그 허가받은 부분의 토지이어야 한다.

04 건축법령상 건축에 관한 설명으로 옳은 것은?

① 건축물이 없는 대지에 새로 건축물을 축조하는 것은 그 건축물이 주된 건축물일 경우에만 신축에 해당한다.

② 기존 건축물이 전부 해체 또는 멸실된 대지에 종전과 같은 규모의 범위에서 건축물을 다시 축조하는 것은 신축이다.

③ 기존 건축물이 있는 대지에서 그 건축물의 한 개 층을 나누어 두 개 층으로 만드는 것은 증축에 해당하지 아니한다.

④ 재축이란 기존 건축물의 전부를 해체하고 그 대지에 종전과 같은 규모의 범위에서 다시 축조하는 것을 말한다.

⑤ 개축에서 요구되는 기존 건축물의 일부해체는 내력벽·기둥·보·지붕틀 중 셋 이상이 포함되는 경우를 말한다.

05 건축법령상 건축 등에 관한 설명으로 옳은 것은?

① 연면적 100제곱미터인 부속건축물만 있는 대지에 새로 연면적 300제곱미터인 주택을 주된 건축물로 축조하는 것은 증축에 해당한다.

② 연면적 100제곱미터인 주택의 전부를 해체하고 그 대지에 연면적 200제곱미터의 주택을 다시 축조하는 것은 신축에 해당한다.

③ 높이 5미터인 기존 주택이 있는 대지에서 높이 8미터로 주택의 높이를 늘리는 것은 대수선에 해당한다.

④ 연면적 100제곱미터인 주택이 천재지변으로 멸실된 경우 그 대지에 연면적 100제곱미터인 주택을 다시 축조하는 것은 개축에 해당한다.

⑤ 건축물의 주요구조부를 해체하지 아니하고 다른 대지로 옮기는 것은 이전에 해당한다.

06 건축법령상 용어의 정의가 옳지 않은 것으로 짝지어진 것은?

> ⊙ '재축'이라 함은 기존 건축물의 전부를 해체하고 그 대지에 종전과 같은 규모의 범위에서 건축물을 다시 축조하는 것을 말한다.
> ⓛ '거실'이란 주택의 침실뿐만 아니라 공장의 작업장, 학교의 교실 등을 말한다.
> ⓒ '지하층'이란 건축물의 바닥이 지표면 아래에 있는 층으로서 바닥에서 지표면까지 평균높이가 해당 층 높이의 2분의 1 이상인 것을 말한다.
> ⓔ '주요구조부'란 내력벽, 기둥, 바닥, 보, 지붕틀 및 주계단을 말한다.
> ⓜ '리모델링'이란 건축물의 노후화 억제나 기능향상을 위한 대수선으로서 증축을 제외한 행위를 말한다.

① ⊙, ⓛ

② ⊙, ⓜ

③ ⓛ, ⓒ

④ ⓛ, ⓜ

⑤ ⓒ, ⓔ

정답 및 해설

04 ⑤ ① 건축물이 없는 대지에 새로 건축물을 축조하는 것은 그 건축물이 <u>주된 건축물이건 부속건축물이건 신축</u>에 해당한다.
② 기존 건축물이 전부 해체 또는 멸실된 대지에 종전 규모를 초과하여 건축물을 다시 축조하는 것은 신축에 해당하고, 종전과 같은 규모의 범위에서 건축물을 다시 축조하는 것은 <u>해체의 경우는 개축, 멸실인 경우는 재축</u>에 해당한다.
③ 증축이란 기존 건축물이 있는 대지에서 건축물의 건축면적, 연면적, 층수 또는 높이를 늘리는 것을 말하는바, 기존 건축물이 있는 대지에서 그 건축물의 한 개 층을 나누어 두 개 층으로 만드는 것은 층수·연면적을 늘리게 되므로 증축에 해당한다.
④ 기존 건축물의 전부를 해체하고 그 대지에 종전과 같은 규모의 범위에서 다시 축조하는 것은 <u>개축</u>이다.

05 ② 기존 건축물의 전부를 해체하였지만, 그 대지에 종전 규모를 초과하여 건축물을 다시 축조하는 것은 개축이 아니라 신축에 해당한다. 반면, 그 대지에 종전과 같은 규모의 범위(건축면적 100제곱미터 이하)에서 건축물을 다시 축조하는 것은 개축에 해당한다.
① 부속건축물만 있는 대지에 새로 주된 건축물을 축조하는 것은 증축이 아니라 <u>신축</u>에 해당한다.
③ 기존 건축물이 있는 대지에서 건축물의 높이를 늘리는 것은 대수선이 아니라 <u>증축</u>에 해당한다.
④ 건축물이 천재지변으로 멸실된 경우 그 대지에 종전과 같은 규모로 다시 축조하는 것은 개축이 아니라 <u>재축</u>에 해당한다. 반면에, 전부 또는 일부(내력벽·기둥·보·지붕틀 중 셋 이상이 포함되는 경우를 말한다)를 해체한 경우라면 개축에 해당한다.
⑤ 건축물의 주요구조부를 해체하지 아니하고 <u>같은 대지의 다른 위치로 옮기는 것</u>은 이전에 해당한다. 다른 대지로 옮기는 것은 이전이 아니며, 다른 대지의 상황에 따라 건축의 종류가 달라지게 된다.

06 ② ⊙ 기존 건축물의 전부를 해체하고 그 대지에 종전과 같은 규모의 범위에서 건축물을 다시 축조하는 것은 <u>개축</u>이다.
ⓜ '리모델링'이란 건축물의 노후화를 억제하거나 기능향상 등을 위하여 <u>대수선하거나 일부 증축하는 행위</u>를 말한다. 즉, 리모델링에는 증축이 포함된다.

07 건축법령상 건축신고대상인 대수선에 해당하지 않는 것은?

① 주요구조부의 해체 없이 내력벽의 면적을 20제곱미터 수선하는 것
② 주요구조부의 해체 없이 기둥을 세 개 수선하는 것
③ 주요구조부의 해체 없이 보를 세 개 수선하는 것
④ 주요구조부의 해체 없이 지붕틀을 세 개 수선하는 것
⑤ 주요구조부의 해체 없이 방화벽을 수선하는 것

08 건축법상 대수선에 대한 설명으로 옳지 않은 것은?

① '대수선'이란 건축물의 기둥, 보, 내력벽, 주계단 등의 구조나 외부 형태를 수선·변경하거나 증설하는 것으로서 대통령령으로 정하는 것을 말한다.
② 대수선은 건축법상 건축에 해당하지 아니한다.
③ 기둥과 보, 지붕틀을 각 2개 수선하는 행위는 대수선에 해당한다.
④ 기둥을 증설·해체하는 행위는 대수선에 해당한다.
⑤ 주계단을 증설 또는 해체하거나 수선 또는 변경하는 것은 대수선에 해당한다.

대표예제 47   **건축물의 용도변경 ★★★**

건축법령상 주택에 관한 설명으로 옳은 것은?

① 노인복지시설 중 노인복지주택은 건축법령상의 주택에 포함된다.
② 다중주택은 연면적이 330제곱미터 이하이고 층수가 3층 이하일 것이 요구된다.
③ 다가구주택은 주택으로 쓰이는 층수(지하층은 제외한다)가 4개 층 이하이고, 19세대 이하가 거주할 수 있어야 한다.
④ 아파트나 연립주택에서 층수를 산정할 때 1층 전부를 필로티 구조로 하여 주차장으로 사용하는 경우에는 필로티 부분을 층수에서 제외한다.
⑤ 연립주택은 주택으로 쓰는 1개 동의 바닥면적(지하주차장 면적도 포함한다) 합계가 660제곱미터 이하이어야 한다.

09 다음의 주택 중 건축법령상 공동주택에 해당하지 않는 것은?

① 기숙사   ② 다세대주택
③ 아파트   ④ 다중주택
⑤ 연립주택

10 건축법령상 제2종 근린생활시설에 해당하는 것은?

① 미용원   ② 독서실
③ 마을회관   ④ 변전소
⑤ 의원

정답 및 해설

07 ① 내력벽의 면적을 <u>30제곱미터 이상을 수선 또는 변경하는 경우</u>에 대수선에 해당한다.

08 ③ 기둥, 보, 지붕틀의 경우는 어느 하나라도 <u>3개 이상 수선</u>하여야 대수선이 된다.

09 ④ 건축법령상 공동주택에 해당하는 것으로는 <u>아파트, 연립주택, 다세대주택 및 기숙사</u>가 있다. 다중주택은 단독주택, 다가구주택 및 공관과 더불어 단독주택에 해당한다.

10 ② 미용실, 마을회관, 변전소, 의원은 <u>제1종 근린생활시설</u>에 해당한다.

11 다음 중 건축법령상 제2종 근린생활시설에 해당하는 것만으로 묶여 있는 것은?

① 마을회관, 공중화장실
② 동물병원, 안마시술소
③ 산업전시장, 동·식물원
④ 철도시설, 여객자동차터미널
⑤ 관망탑, 휴게소

12 다음 중 건축법령상 운수시설에 해당하지 않는 것은?

① 여객자동차터미널
② 철도시설
③ 물류터미널
④ 공항시설
⑤ 항만시설

13 다음 중 건축물의 종류와 용도의 연결이 옳은 것은?

① 무도학원 － 교육연구시설
② 동·식물원 － 문화 및 집회시설
③ 다가구주택 － 공동주택
④ 야외음악당 － 문화 및 집회시설
⑤ 운전학원 및 정비학원 － 교육연구시설

14 다음 건축물의 용도변경 중 특별자치시장·특별자치도지사 또는 시장·군수·구청장의 허가를 받아야 하는 경우는?

① 자동차관련시설을 제2종 근린생활시설로 용도변경하려는 경우
② 동물 및 식물관련시설을 문화 및 집회시설로 용도변경하려는 경우
③ 방송통신시설을 업무시설로 용도변경하려는 경우
④ 숙박시설을 수련시설로 용도변경하려는 경우
⑤ 종교시설을 단독주택으로 용도변경하려는 경우

15 건축법령상 용도변경에 관한 설명으로 가장 타당하지 않은 것은?

① 판매시설을 업무시설로 용도변경하려는 경우 특별자치시장·특별자치도지사 또는 시장·군수·구청장에게 신고를 하여야 한다.

② 자동차관련시설을 위험물 저장 및 처리시설로 용도변경하려는 경우 특별자치시장·특별자치도지사 또는 시장·군수·구청장에게 신고를 하여야 한다.

③ 창고시설을 판매시설로 용도변경하려는 경우 특별자치시장·특별자치도지사 또는 시장·군수·구청장에게 신고를 하여야 한다.

④ 숙박시설을 단독주택으로 용도변경하려는 경우 특별자치시장·특별자치도지사 또는 시장·군수·구청장에게 신고를 하여야 한다.

⑤ 숙박시설을 관광휴게시설로 용도변경하려는 경우 특별자치시장·특별자치도지사 또는 시장·군수·구청장에게 신고를 하여야 한다.

정답 및 해설

11 ② ① 마을회관, 공중화장실은 <u>제1종 근린생활시설</u>에 해당한다.
③ 산업전시장, 동·식물원은 <u>문화 및 집회시설</u>에 해당한다.
④ 철도시설, 여객자동차터미널은 <u>운수시설</u>에 해당한다.
⑤ 관망탑, 휴게소는 <u>관광휴게시설</u>에 해당한다.

12 ③ 물류터미널은 <u>창고시설</u>에 해당한다.

13 ② ① 무도학원 – 위락시설
③ 다가구주택 – 단독주택
④ 야외음악당, 야외극장 – 관광휴게시설
⑤ 운전학원 및 정비학원 – 자동차관련시설

14 ② ② 상위군에 해당하는 용도로 변경하려는 경우(그 밖의 시설군 ⇨ 문화집회시설군)이므로 특별자치시장·특별자치도지사 또는 시장·군수·구청장의 허가를 받아야 한다.
① 하위군에 해당하는 용도로 변경하려는 경우(자동차관련시설군 ⇨ 근린생활시설군)이므로 특별자치시장·특별자치도지사 또는 시장·군수·구청장에게 신고를 하여야 한다.
③ 하위군에 해당하는 용도로 변경하려는 경우(전기통신시설군 ⇨ 주거업무시설군)이므로 특별자치시장·특별자치도지사 또는 시장·군수·구청장에게 신고를 하여야 한다.
④ 하위군에 해당하는 용도로 변경하려는 경우(영업시설군 ⇨ 교육 및 복지시설군)이므로 특별자치시장·특별자치도지사 또는 시장·군수·구청장에게 신고를 하여야 한다.
⑤ 하위군에 해당하는 용도로 변경하려는 경우(문화집회시설군 ⇨ 주거업무시설군)이므로 특별자치시장·특별자치도지사 또는 시장·군수·구청장에게 신고를 하여야 한다.

15 ⑤ 숙박시설을 관광휴게시설로 용도변경하려는 경우 <u>시장·군수·구청장의 허가</u>를 받아야 한다.

16 건축법령상 사용승인을 받은 건축물의 용도를 변경하려는 경우에 특별자치시장 · 특별자치도지사 또는 시장 · 군수 · 구청장의 허가를 받아야 하는 경우는?

① 운동시설을 업무시설로 용도변경하는 경우
② 공동주택을 제1종 근린생활시설로 용도변경하는 경우
③ 문화 및 집회시설을 판매시설로 용도변경하는 경우
④ 종교시설을 수련시설로 용도변경하는 경우
⑤ 교육연구시설을 국방 · 군사시설로 용도변경하는 경우

고난도

17 건축주인 甲은 4층 건축물을 병원으로 사용하던 중 이를 서점으로 용도변경하고자 한다. 건축법령상 이에 관한 설명으로 옳은 것은? (단, 다른 조건은 고려하지 않음)

① 甲이 용도변경을 위하여 건축물을 대수선할 경우 그 설계는 건축사가 아니어도 할 수 있다.
② 甲은 건축물의 용도를 서점으로 변경하려면 용도변경을 신고하여야 한다.
③ 甲은 서점에 다른 용도를 추가하여 복수용도로 용도변경 신청을 할 수 없다.
④ 甲의 병원이 준주거지역에 위치하고 있다면 서점으로 용도변경을 할 수 없다.
⑤ 甲은 서점으로 용도변경을 할 경우 피난 용도로 쓸 수 있는 광장을 옥상에 설치하여야 한다.

고난도

18 건축법령상 용도변경에 대한 다음 설명 중 틀린 것은?

① 같은 용도에 속하는 건축물 상호간의 변경인 경우에는 건축물대장 기재내용의 변경을 신청하여야 한다.
② 허가 및 신고대상인 경우로서 바닥면적의 합계가 100제곱미터 이상인 경우에는 건축물의 사용승인 규정을 준용한다.
③ ②의 경우에 용도변경하려는 부분의 바닥면적의 합계가 500제곱미터 미만으로서 대수선에 해당되는 공사를 수반하지 아니하는 경우에는 그러하지 아니하다.
④ 허가대상인 경우로서 용도변경하고자 하는 부분의 바닥면적의 합계가 500제곱미터 이상인 용도변경의 설계에 관하여는 건축물의 설계규정을 준용한다.
⑤ 건축주는 건축물의 용도를 복수로 하여 건축허가, 건축신고 및 용도변경 허가 · 신고 또는 건축물대장 기재내용의 변경신청을 할 수 있다.

19 건축법령상 국토의 계획 및 이용에 관한 법률에 따른 도시지역 및 지구단위계획구역 외의 지역으로서 동이나 읍(동이나 읍에 속하는 섬의 경우에는 인구가 500명 이상인 경우만 해당됨)이 아닌 지역은 건축법의 일부 규정을 적용하지 아니하는바, 다음 중 그 규정이 아닌 것은?

① 대지와 도로의 관계　　　　　② 도로의 지정·폐지 또는 변경

③ 대지의 조경　　　　　　　　④ 대지의 분할제한

⑤ 방화지구 안의 건축물

20 건축법령상 리모델링이 쉬운 구조의 공동주택의 건축을 촉진하기 위하여 공동주택을 일정한 요건에 적합한 구조로 하여 건축허가를 신청하면 법 제56조(건축물의 용적률), 제60조(건축물의 높이제한) 및 제61조(일조 등의 확보를 위한 건축물의 높이제한)에 따른 기준의 얼마를 완화하여 적용할 수 있는가?

① 100분의 115　　　　　　　② 100분의 120

③ 100분의 140　　　　　　　④ 100분의 150

⑤ 100분의 200

제5편

정답 및 해설

16 ② 공동주택의 근린생활시설로의 용도변경인 경우는 <u>하위군에서 상위군으로의 용도변경</u>이므로 허가를 받아야 하며, 나머지는 상위군에서 하위군으로의 용도변경이므로 신고대상이 된다.

17 ② ① 건축사의 설계가 아니어도 되는 건축물 중에서 대수선의 경우는 해당 건축물의 <u>연면적이 200제곱미터 미만이고 3층 미만</u>이어야 한다. 4층 건축물의 대수선의 경우에는 건축사의 설계대상에 해당한다.
　　③ 복수용도로 용도변경을 신청할 수 있다.
　　④ 준주거지역에서는 서점으로의 용도변경을 할 수 있다.
　　⑤ 옥상광장 설치대상에 해당하지 않는다.

18 ① 같은 용도에 속하는 건축물 상호간의 변경이거나 제1종과 제2종 근린생활시설 상호간의 용도변경인 경우에는 건축물대장 기재내용의 변경을 신청할 필요가 없다.

19 ③ 대지와 도로와의 관계, 도로의 지정·변경·폐지, 건축선의 지정과 건축제한, 대지의 분할제한면적, 방화지구의 규정은 위 설문 지역 외의 지역에서는 적용되지 아니한다.

20 ② 100분의 120을 완화하여 적용할 수 있다.

21 건축법령상 일정한 공동주택의 주민공동시설을 설치하는 경우 용적률의 완화를 요청할
수 있는데, 잘못된 것은?

① 주택법에 따라 사업계획승인을 받아 건축하는 공동주택에 설치하는 주민공동시설의
경우에 용적률의 완화를 요청할 수 있다.

② 상업지역 또는 준주거지역에서 법 제11조에 따라 건축허가를 받아 건축하는 300세대
미만인 공동주택에 설치하는 주민공동시설의 면적인 경우에 용적률의 완화를 요청할
수 있다.

③ 건축허가를 받아 건축하는 주택법 시행령에 따른 도시형 생활주택에 설치하는 주민공
동시설의 면적에 대하여 용적률 적용의 완화를 요청할 수 있다.

④ ③에서 완화요청이 가능한 주민공동시설은 주택소유자가 공유하는 시설로서 영리를
목적으로 하지 아니하고 주택의 부속용도로 사용하는 시설만 해당한다.

⑤ ③에서 완화하는 용적률의 기준은 해당 지역에 적용되는 용적률에 주민공동시설에 해
당하는 용적률을 가산한 범위에서 건축조례로 정하는 용적률을 적용하여야 한다.

대표예제 48 　　　건축법령상 용어의 정의 ★★★

건축법령상 건축 관련 용어의 정의에 관한 설명으로 옳은 것은?

① '초고층 건축물'이란 층수가 30층 이상이거나 높이가 120미터 이상인 건축물을 말한다.

② '지하층'이란 건축물의 바닥이 지표면 아래에 있는 층으로서 바닥에서 지표면까지 평균높이
가 해당 층 높이의 3분의 1을 넘는 것을 말한다.

③ '건축물'이란 토지에 정착하는 공작물 중 지붕과 기둥 또는 벽이 있는 것을 말하며, 이에
딸린 시설물은 건축물에 해당하지 않는다.

④ '준초고층 건축물'이란 고층건축물 중에서 초고층 건축물이 아닌 것을 말한다.

⑤ '리모델링'이란 건축물의 노후화 억제, 기능향상 등을 위하여 대수선 또는 일부 증축 또는
재축하는 행위를 말한다.

오답│① '초고층 건축물'이란 50층 이상이거나 높이가 200미터 이상인 건축물을 말한다.
체크│② 2분의 1 이상인 것을 말한다.
　　③ 건축물에 딸린 담장 등 시설물도 건축물에 해당한다.
　　⑤ 일부 증축 또는 개축하는 행위를 말한다.

기본서 p.497~502　　　　　　　　　　　　　　　　　　　　　　　　　　　　　　정답 ④

---

22 건축법령상 주요구조부에 해당하지 않는 것은?

① 내력벽
② 바닥
③ 주계단
④ 최하층 바닥
⑤ 기둥

23 건축법령상 지하층에 관한 설명으로 가장 옳은 것은?

① 지하층은 건축물의 층수에 산입한다.
② 지하층의 면적은 용적률을 산정할 때에는 연면적에서 제외한다.
③ 건축주는 대통령령으로 정하는 용도 및 규모의 건축물을 건축하는 경우에는 지하층을 설치하여야 한다.
④ '지하층'이란 건축물의 바닥이 지표면 아래에 있는 층으로서 바닥에서 지표면까지 평균높이가 해당 층 높이의 3분의 2 이상인 것을 말한다.
⑤ 건축물 지하층의 출입구 상부는 건축면적에 산입한다.

정답 및 해설

21 ② 200세대 이상 300세대 미만이어야 한다.

22 ④ 주요구조부란 내력벽, 기둥, 바닥, 보, 지붕틀 및 주계단을 말한다. 다만, 사이기둥, 최하층 바닥, 작은 보, 차양, 옥외계단, 그 밖에 이와 유사한 것으로 건축물의 구조상 중요하지 아니한 부분은 제외한다.

23 ② ① 지하층은 건축물의 층수에 산입하지 아니한다.
③ 건축주는 건축물을 건축하는 경우에 지하층을 설치하여야 하는 것은 아니나, 지하층을 설치할 경우에는 그 구조 및 설비는 국토교통부령으로 정하는 기준에 맞게 하여야 한다.
④ '지하층'이란 건축물의 바닥이 지표면 아래에 있는 층으로서 바닥에서 지표면까지 평균높이가 해당 층 높이의 2분의 1 이상인 것을 말한다.
⑤ 건축물 지하층의 출입구 상부는 건축면적에 산입하지 아니한다.

24 건축법령상 용어의 정의로 옳은 것은?

① '건축'이란 건축물을 신축·증축·개축·재축하는 것을 말하며, 건축물을 이전하는 것은 건축에 해당하지 않는다.

② 건축물의 기능향상을 위해 일부 증축하는 행위는 리모델링에 해당하나, 동일한 목적을 위한 대수선은 리모델링이 아니다.

③ 현장관리인을 두어 스스로 건축설비의 설치·공사를 하는 자는 건축주가 아니다.

④ 층수가 30층 미만이고 높이가 120미터 이상인 건축물은 고층 건축물에 해당한다.

⑤ 기둥, 최하층 바닥은 건축물의 주요구조부에 해당한다.

25 건축법령상 용어의 정의로서 옳지 않은 것은?

① '고층 건축물'이란 층수가 30층 이상이거나 높이가 120미터 이상인 건축물을 말한다.

② '건축'이란 건축물을 신축·증축·개축·재축하거나 건축물을 이전하는 것을 말한다.

③ '부속건축물'이란 건축물의 내부와 외부를 연결하는 완충공간으로서 전망이나 휴식 등의 목적으로 건축물의 외벽에 접하여 부가적으로 설치되는 공간을 말한다.

④ '지하층'이란 건축물의 바닥이 지표면 아래에 있는 층으로서 바닥에서 지표면까지 평균높이가 해당 층 높이의 2분의 1 이상인 것을 말한다.

⑤ '재축'이란 건축물이 천재지변이나 그 밖의 재해로 멸실된 경우, 그 대지에 연면적, 동수, 층수 및 높이가 종전 규모 이하로 다시 축조하는 것을 말한다.

26 건축법령상 다중이용건축물이 아닌 것은?

① 바닥면적의 합계가 5천제곱미터인 숙박시설 중 관광숙박시설

② 바닥면적의 합계가 6천제곱미터인 종교시설

③ 바닥면적의 합계가 7천제곱미터인 판매시설

④ 바닥면적의 합계가 8천제곱미터인 동물원

⑤ 층수가 18층인 건축물

27 건축법령상 다중이용건축물에 해당하는 것은? (단, 불특정한 다수의 사람들이 이용하는 건축물을 전제로 함)

① 종교시설로 사용하는 바닥면적의 합계가 4천제곱미터인 5층의 성당

② 문화 및 집회시설로 사용하는 바닥면적의 합계가 5천제곱미터인 10층의 식물원

③ 숙박시설로 사용하는 바닥면적의 합계가 4천제곱미터인 16층의 관광호텔

④ 교육연구시설로 사용하는 바닥면적의 합계가 5천제곱미터인 15층의 연구소

⑤ 문화 및 집회시설로 사용하는 바닥면적의 합계가 5천제곱미터인 2층의 동물원

고난도

28 건축법령상 준다중이용건축물에 해당하지 않는 것은?

① 종교시설로 사용하는 바닥면적의 합계가 2천제곱미터인 5층의 교회

② 위락시설로 사용하는 바닥면적의 합계가 1천제곱미터인 5층의 단란주점

③ 관광숙박시설로 사용하는 바닥면적의 합계가 3천제곱미터인 11층의 관광호텔

④ 교육연구시설로 사용하는 바닥면적의 합계가 5천제곱미터인 5층의 연구소

⑤ 판매시설로 사용하는 바닥면적의 합계가 800제곱미터인 2층의 일용품 판매점

정답 및 해설

24 ④ ① 건축물의 이전도 건축행위에 해당한다.
② 대수선하거나 일부 개축하는 행위도 리모델링에 해당한다.
③ 건축주에 해당한다.
⑤ 최하층 바닥은 주요구조부에 해당하지 않는다.

25 ③ 발코니에 대한 설명이다. 부속건축물이란 같은 대지에서 주된 건축물과 분리된 부속용도의 건축물로서 주된 건축물을 이용 또는 관리하는 데에 필요한 건축물을 말한다.

26 ④ 다중이용건축물의 경우에는 문화 및 집회시설 중 동물원과 식물원은 제외한다.

27 ③ 16층 이상인 건축물은 다중이용건축물에 해당한다.

28 ⑤ 준다중이용건축물이 사용하는 바닥면적은 1천제곱미터 이상이어야 한다.

29 건축법령상 실내건축의 재료 또는 장식물에 해당하는 것을 모두 고른 것은?

> ㉠ 실내에 설치하는 배수시설의 재료
> ㉡ 실내에 설치하는 환기시설의 재료
> ㉢ 실내에 설치하는 난간의 재료
> ㉣ 실내에 설치하는 창호의 재료
> ㉤ 실내에 설치하는 전기시설의 재료

① ㉠, ㉡

② ㉢, ㉣, ㉤

③ ㉠, ㉢, ㉣, ㉤

④ ㉡, ㉢, ㉣, ㉤

⑤ ㉠, ㉡, ㉢, ㉣, ㉤

대표예제 49 **각종 면적 등에 관한 정의 ★★**

건축법령상 대지면적의 산정에 관한 설명으로 옳지 않은 것은?

① 도로의 모퉁이에 위치하여 대지에 건축선이 정하여진 경우 그 건축선과 도로 사이의 대지면적도 제외한다.

② 대지에 도시·군계획시설인 도로·공원 등이 있는 경우 그 도시·군계획시설에 포함되는 대지면적도 제외한다.

③ 특별자치시장·특별자치도지사 또는 시장·군수·구청장에 의하여 건축선이 지정된 경우 그 건축선과 도로 사이의 면적도 대지면적에서 제외한다.

④ 대지면적은 대지의 조경, 건폐율 및 용적률과 직접적으로 관련이 있다.

⑤ 대지의 수평투영면적으로 하지만, 소요너비에 못 미치는 너비의 도로에 접하여 대지에 건축선이 정하여진 경우 그 건축선과 도로 사이의 대지면적은 제외한다.

해설 | 특별자치시장·특별자치도지사 또는 시장·군수·구청장에 의하여 건축선이 지정된 경우 그 건축선과 도로 사이의 대지면적은 제외하지 않는다.

기본서 p.503~509

정답 ③

30 건축법령상 건축면적의 산정대상인 것은?

① 건축물의 지상층에 일반인이나 차량이 통행할 수 있도록 설치한 보행통로나 차량통로
② 지하주차장의 경사로
③ 건축물 지하층의 출입구 상부(출입구 너비에 상당하는 규모의 부분)
④ 생활폐기물 보관함(음식물쓰레기, 의류 등의 수거함)
⑤ 태양열을 주된 에너지원으로 이용하는 주택

31 건축법령상 바닥면적의 산정에 관한 설명으로 옳지 않은 것은?

① '바닥면적'이란 건축물의 각 층 또는 그 일부로서 벽, 기둥, 그 밖에 이와 비슷한 구획의 중심선으로 둘러싸인 부분의 수평투영면적으로 한다.
② 벽·기둥의 구획이 없는 건축물의 바닥면적은 지붕 끝부분으로부터 수평거리 1미터를 후퇴한 선으로 둘러싸인 수평투영면적으로 한다.
③ 주택의 발코니는 난간 등의 설치 여부에 관계없이 발코니의 면적에서 발코니가 접한 가장 긴 외벽에 접한 길이에 1.5미터를 곱한 값을 뺀 면적을 바닥면적에 산입한다.
④ 공동주택의 필로티 부분은 그 부분이 공중의 통행이나 차량의 통행 또는 주차에 전용되는 경우에 한하여 바닥면적에 산입하지 아니한다.
⑤ 공동주택으로서 지상층에 설치한 기계실, 전기실, 어린이놀이터, 조경시설 및 생활폐기물 보관함의 면적은 바닥면적에 산입하지 아니한다.

정답 및 해설

29 ⑤ 실내건축이란 건축물의 실내를 안전하고 쾌적하며 효율적으로 사용하기 위하여 내부공간을 칸막이로 구획하거나 벽지, 천장재, 바닥재, 유리 등 다음의 재료 또는 장식물을 설치하는 것을 말한다.
  • 벽, 천장, 바닥 및 반자틀의 재료
  • 실내에 설치하는 난간, 창호 및 출입문의 재료
  • 실내에 설치하는 전기·가스·급수(給水), 배수(排水)·환기시설의 재료
  • 실내에 설치하는 충돌·끼임 등 사용자의 안전사고 방지를 위한 시설의 재료

30 ⑤ 태양열을 주된 에너지원으로 이용하는 주택의 건축면적과 단열재를 구조체의 외기측에 설치하는 단열공법으로 건축된 건축물의 건축면적은 건축물의 외벽 중 내측 내력벽의 중심선을 기준으로 한다.

31 ④ 필로티나 그 밖에 이와 비슷한 구조의 부분은 그 부분이 공중의 통행이나 차량의 통행 또는 주차에 전용되는 경우와 <u>공동주택의 경우</u>에는 바닥면적에 산입하지 아니한다.

32 건축법령상 용적률을 산정함에 있어서 연면적에서 제외되는 면적이 아닌 것은?

① 지하층의 면적

② 지상층의 주차용(해당 건축물의 부속용도인 경우만 해당한다)으로 쓰는 면적

③ 초고층 건축물과 준초고층 건축물에 설치하는 피난안전구역의 면적

④ 11층 이상인 건축물로서 11층 이상인 층의 바닥면적의 합계가 1만제곱미터 이상인 건축물 지붕을 경사지붕으로 하는 경우 경사지붕 아래에 설치하는 대피공간

⑤ 주택법에 따라 사업계획승인을 받아 건축하는 공동주택에 설치하는 주민공동시설의 면적

33 건축법령상 건폐율 및 용적률에 관한 설명으로 옳지 않은 것은?

① 건폐율과 용적률의 최대한도는 국토의 계획 및 이용에 관한 법률에 따른 용적률의 기준에 따른다.

② '건폐율'이란 대지면적에 대한 건축면적(대지에 건축물이 둘 이상 있는 경우에는 이들 건축면적의 합계로 한다)의 비율을 말한다.

③ '용적률'이란 대지면적에 대한 연면적(대지에 건축물이 둘 이상 있는 경우에는 이들 연면적의 합계로 한다)의 비율을 말한다.

④ 건폐율과 용적률의 최대한도에 대하여 건축법에서 기준을 완화하거나 강화하여 적용하도록 규정한 경우에는 그에 따른다.

⑤ '연면적'이란 하나의 건축물 각 층의 바닥면적의 합계로 하는데, 용적률을 산정할 때에는 지하층의 면적도 포함한다.

34 다음과 같이 대지면적이 1천제곱미터인 토지에 지하 1층, 지상 4층의 건축물이 있다. 이 토지에서 허용되는 용적률이 400퍼센트라고 하면 현재 상태에서 증축이 가능한 최대 면적은 얼마인가? (다른 건축제한은 없는 것으로 가정함)

| 내과의원(500m²) |
| 치과의원(500m²) |
| 보습학원(500m²) |
| 필로티(부설주차장) |
| 지하상가(500m²) |

① 1천제곱미터   ② 2천제곱미터

③ 2천 5백제곱미터   ④ 3천제곱미터

⑤ 3천 5백제곱미터

---

32 ⑤ 주택법에 따라 사업계획승인을 받아 건설된 공동주택의 주민공동시설의 면적은 용적률을 산정하는 경우에 완화를 요청할 수 있는 경우이다.

33 ⑤ 지하층의 면적은 연면적에는 포함되나, 용적률을 산정하는 경우에는 <u>지하층의 면적은 연면적에서 제외</u>된다.

34 ③ 용적률이 400퍼센트라 하면 대지면적의 4배까지 연면적을 가져갈 수 있으므로 연면적 4천제곱미터까지 건축이 가능하다. 또한 용적률 계산시 지하층은 제외되며, 필로티 부분이 주차장 용도 등으로 사용될 경우에 바닥면적에서 제외된다. 따라서 현재 산정되는 면적은 2, 3, 4층의 거실면적으로서 1천 5백제곱미터만 용적률 계산시에 반영되어진다. 따라서 증축을 하는 경우에 최고 2천 5백제곱미터까지 증축이 가능하다.

35 건축법령상 면적, 높이 및 층수의 산정에 관한 설명으로 옳지 않은 것은?

① 처마, 차양, 부연, 그 밖에 이와 비슷한 것으로서 그 외벽의 중심선으로부터 수평거리 1미터 이상 돌출된 부분이 있는 전통사찰보존법에 따른 전통사찰의 건축면적은 그 돌출된 끝부분으로부터 4미터 이하의 범위에서 외벽의 중심선까지의 수평거리를 후퇴한 선으로 둘러싸인 부분의 수평투영면적으로 한다.

② 건축면적은 원칙적으로 건축물의 외벽(외벽이 없는 경우에는 외곽 부분의 기둥을 말한다)의 중심선으로 둘러싸인 부분의 수평투영면적으로 한다.

③ 승강기탑(옥상출입용 승강장을 포함한다), 계단탑, 망루, 장식탑, 옥탑, 그 밖에 이와 비슷한 건축물의 옥상 부분으로서 그 수평투영면적의 합계가 원칙적으로 해당 건축물 건축면적의 6분의 1 이하인 것은 건축물의 층수에 산입하지 아니한다.

④ 바닥면적은 건축물의 각 층 또는 그 일부로서 벽, 기둥, 그 밖에 이와 비슷한 구획의 중심선으로 둘러싸인 부분의 수평투영면적으로 한다.

⑤ 건축물의 1층 전체에 필로티가 설치되어 있는 경우에는 법 제60조(건축물의 높이제한) 및 법 제61조(일조 등의 확보를 위한 건축물의 높이제한) 제2항을 적용할 때 필로티의 층고를 제외한 높이로 한다.

36 건축법령상 건축물의 높이, 처마높이, 반자높이, 층고의 산정방법에 관한 설명으로 옳지 않은 것은?

① 층고는 방의 바닥구조체 윗면으로부터 위층 바닥구조체의 아랫면까지의 높이로 한다.

② 건축물의 높이는 지표면으로부터 그 건축물의 상단까지의 높이로 한다.

③ 반자높이는 방의 바닥면으로부터 반자까지의 높이로 한다.

④ 처마높이는 지표면으로부터 건축물의 지붕틀 또는 이와 비슷한 수평재를 지지하는 벽·깔도리 또는 기둥의 상단까지의 높이로 한다.

⑤ 층고의 산정에 있어서 한 방에서 층의 높이가 다른 부분이 있는 경우에는 그 각 부분 높이에 따른 면적에 따라 가중평균한 높이로 한다.

37 건축물의 면적, 높이 등의 산정방법에 관한 설명으로 옳은 것은?

① 한 방에서 반자높이가 다른 부분이 있는 경우, 반자높이는 가장 높은 부분과 가장 낮은 부분의 평균치로 한다.

② 층의 구분이 명확하지 아니한 건축물은 그 건축물의 높이 3미터마다 하나의 층으로 보고 그 층수를 산정한다.

③ 처마높이는 지표면으로부터 건축물의 지붕틀 또는 이와 비슷한 수평재를 지지하는 벽·처마도리 또는 보의 상단까지의 높이로 한다.

④ 바닥면적은 일반적으로 건축물의 각 층 또는 그 일부로서 벽, 기둥, 그 밖에 이와 비슷한 구획의 중심선으로 둘러싸인 부분의 수평투영면적으로 한다.

⑤ 지하층의 지표면은 각 층의 주위가 접하는 각 지표면 부분의 높이를 평균한 높이를 지표면으로 산정한다.

정답 및 해설

35 ③ 승강기탑(옥상출입용 승강장을 포함한다), 계단탑, 망루, 장식탑, 옥탑, 그 밖에 이와 비슷한 건축물의 옥상부분으로서 그 수평투영면적의 합계가 원칙적으로 해당 건축물 건축면적의 <u>8분의 1</u>(주택법에 따른 사업계획승인 대상인 공동주택 중 세대별 전용면적이 85제곱미터 이하인 경우에는 6분의 1) 이하인 것은 건축물의 층수에 산입하지 아니한다.

36 ① 층고는 방의 바닥구조체 윗면으로부터 <u>위층 바닥구조체의 윗면까지의</u> 높이로 한다.

37 ④ ① 한 방에서 반자높이가 다른 부분이 있는 경우, 반자높이는 <u>그 각 부분의 반자면적에 따라 가중평균한 높이</u>로 한다.
② 층의 구분이 명확하지 아니한 건축물은 그 <u>건축물의 높이 4미터마다</u> 하나의 층으로 보고 그 층수를 산정한다.
③ 처마높이는 지표면으로부터 건축물의 지붕틀 또는 이와 비슷한 수평재를 지지하는 <u>벽·깔도리 또는 기둥의 상단까지의 높이</u>로 한다.
⑤ 지하층의 지표면은 각 층의 주위가 접하는 각 지표면 부분의 높이를 <u>그 지표면 부분의 수평거리에 따라 가중평균한 높이의 수평면</u>을 지표면으로 산정한다.

대표예제 50 / 건축허가 ★★

건축법령상 건축허가에 관한 설명으로 옳지 않은 것은?

① 건축물을 건축하거나 대수선하려는 자는 원칙적으로 특별자치시장·특별자치도지사 또는 시장·군수·구청장의 허가를 받아야 한다.

② 층수가 21층 이상이거나 연면적의 합계가 10만제곱미터 이상인 건축물(공장, 창고 및 지방 건축위원회의 심의를 거친 건축물은 제외한다)을 시나 군에 건축하려면 도지사의 허가를 받아야 한다.

③ ②의 건축물을 특별시나 광역시에 건축하려면 특별시장이나 광역시장의 허가를 받아야 한다.

④ 자연환경이나 수질을 보호하기 위하여 도지사가 지정·공고한 구역에 건축하는 3층 이상 또는 연면적의 합계가 1천제곱미터 이상인 공동주택의 건축을 시장·군수가 허가하려면 미리 도지사의 승인을 받아야 한다.

⑤ 주거환경이나 교육환경 등 주변 환경을 보호하기 위하여 필요하다고 인정하여 도지사가 지정·공고한 구역에 건축하는 위락시설 및 숙박시설에 해당하는 건축물의 건축을 시장·군수가 허가하려면 미리 도지사의 승인을 받아야 한다.

해설 | 층수가 21층 이상이거나 연면적의 합계가 10만제곱미터 이상인 건축물(공장, 창고 및 지방건축위원회의 심의를 거친 건축물은 제외한다)을 특별시나 광역시에 건축하려면 특별시장이나 광역시장의 허가를 받아야 하고, 시 또는 군에 건축하려면 시장·군수의 허가를 받아야 한다. 다만, 시장·군수가 허가하려면 미리 도지사의 승인을 받아야 한다.

기본서 p.513~522 정답 ②

01 건축법령상 건축 관련 입지와 규모의 사전결정에 관한 설명으로 옳지 않은 것은?

① 건축허가를 신청하기 전에 허가권자에게 신청할 수 있다.

② 건축허가 및 건축신고대상 건축물에 대하여 신청할 수 있다.

③ 사전결정신청자는 건축위원회 심의와 도시교통정비 촉진법에 따른 교통영향평가서의 검토를 동시에 신청할 수 있다.

④ 사전결정통지를 받은 경우에는 국토의 계획 및 이용에 관한 법률에 따른 개발행위허가를 받은 것으로 본다.

⑤ 사전결정신청자는 사전결정을 통지받은 날부터 2년 이내에 건축허가를 신청하여야 하며, 이 기간에 건축허가를 신청하지 아니하면 사전결정의 효력이 상실된다.

02 건축법령상 건축물 중 그 건축을 시장·군수가 허가하려면 미리 도지사의 승인을 받아야 하는 것으로 적절하지 못한 것은? (단, 공장, 창고 및 지방건축위원회의 심의를 거친 건축물은 제외함)

① 층수가 21층 이상인 건축물 또는 연면적의 합계가 10만제곱미터 이상인 건축물

② 주거환경이나 교육환경 등 주변 환경을 보호하기 위하여 필요하다고 인정하여 도지사가 지정·공고한 구역에 건축하는 위락시설 및 숙박시설에 해당하는 건축물

③ 자연환경이나 수질을 보호하기 위하여 도지사가 지정·공고한 구역에 건축하는 3층 이상인 공동주택

④ 자연환경이나 수질을 보호하기 위하여 도지사가 지정·공고한 구역에 건축하는 연면적의 합계가 1천제곱미터 이상인 제2종 근린생활시설

⑤ 사전승인의 신청을 받은 도지사는 승인요청을 받은 날부터 50일 이내에 승인 여부를 시장·군수에게 통보하여야 한다. 다만, 건축물의 규모가 큰 경우 등 불가피한 경우에는 30일의 범위 내에서 그 기간을 연장할 수 있다.

정답 및 해설

01 ② 건축허가대상 건축물에 대하여만 신청할 수 있고, <u>건축신고대상 건축물에 대하여는 신청할 수 없다.</u>

02 ④ 제2종 근린생활시설 가운데는 <u>일반음식점에 한하여</u> 그 건축을 시장·군수가 허가하려면 미리 도지사의 승인을 받아야 한다.

03 건축법령상 건축허가에 대한 다음 설명 중 틀린 것은?

① 건축허가를 받으려는 자는 해당 대지의 소유권을 확보하여야 한다.

② 건축주가 대지의 소유권을 확보하지 못하였으나 그 대지를 사용할 수 있는 권원을 확보한 경우에도 건축허가를 신청할 수 있다.

③ ②의 경우에 분양을 목적으로 하는 공동주택은 제외한다.

④ 건축주가 공유자 수의 100분의 50 이상의 동의를 얻고 동의한 공유자의 지분 합계가 전체 지분의 100분의 50 이상인 경우에는 신축을 위한 건축허가를 신청할 수 있다.

⑤ ④의 경우에 건축허가를 받은 건축주는 해당 건축물 또는 대지의 공유자 중 동의하지 아니한 공유자에게 그 공유지분을 시가로 매도할 것을 청구할 수 있다.

⌐고난도
04 건축법령상 공유대지 등의 건축허가에 대한 다음 설명 중 틀린 것은?

① 건축주가 공유자 수의 100분의 80 이상의 동의를 얻고 동의한 공유자의 지분 합계가 전체 지분의 100분의 80 이상인 경우에는 건축허가를 신청할 수 있다.

② ①에 따라 건축허가를 받은 건축주는 해당 건축물 또는 대지의 공유자 중 동의하지 아니한 공유자에게 그 공유지분을 시가로 매도할 것을 청구할 수 있다.

③ ②에 따라 매도청구를 하기 전에 매도청구대상이 되는 공유자와 30일 이상 협의를 하여야 한다.

④ 건축허가를 받은 건축주는 해당 건축물 또는 대지의 공유자가 거주하는 곳을 확인하기가 곤란한 경우에는 둘 이상의 일간신문에 두 차례 이상 공고하고, 공고한 날부터 30일 이상이 지났을 때에는 매도청구대상이 되는 건축물 또는 대지로 본다.

⑤ 공유지분의 감정평가액은 허가권자가 추천하는 감정평가법인 등 2명 이상이 평가한 금액을 산술평균하여 산정한다.

05 **건축법령상 허가 거부 등에 관한 설명으로 옳은 것은?**

① 허가권자는 위락시설이나 숙박시설에 해당하는 건축물의 건축을 허가하는 경우 자연환경이나 수질을 고려할 때 부적합하다고 인정하면 건축위원회의 심의를 거쳐 건축허가를 하지 아니할 수 있다.

② 주무부장관은 국방, 문화재보존, 환경보전 또는 국민경제를 위하여 특히 필요하다고 인정하면 허가권자의 건축허가나 허가를 받은 건축물의 착공을 제한할 수 있다.

③ 특별시장·광역시장·도지사는 지역계획이나 도시·군계획에 특히 필요하다고 인정하면 시장·군수·구청장의 건축허가나 허가를 받은 건축물의 착공을 제한할 수 있다. 다만, 제한한 경우에는 즉시 그 제한내용을 국토교통부장관에게 보고하여야 한다.

④ 건축허가나 건축물의 착공을 제한하는 경우 제한기간은 3년 이내로 한다.

⑤ ④의 경우 1회에 한하여 2년 이내의 범위에서 제한기간을 연장할 수 있다.

정답 및 해설

03 ④ 공유자 수의 100분의 80 이상의 동의를 얻고 동의한 공유자의 지분 합계가 전체 지분의 100분의 80 이상인 경우 건축허가를 신청할 수 있다.

04 ③ 매도청구대상이 되는 공유자와 3개월 이상 협의를 하여야 한다.

05 ③ ① 허가권자는 위락시설이나 숙박시설에 해당하는 건축물의 건축을 허가하는 경우 주거환경이나 교육환경 등 주변 환경을 고려할 때 부적합하다고 인정하면 건축위원회의 심의를 거쳐 건축허가를 하지 아니할 수 있다.
② 주무부장관은 허가권자의 건축허가나 허가를 받은 건축물의 착공을 제한할 수는 없고, 국토교통부장관에게 허가권자의 건축허가나 허가를 받은 건축물의 착공의 제한을 요청하여야 한다.
④⑤ 건축허가나 건축물의 착공을 제한하는 경우 제한기간은 2년 이내로 하지만, 1회에 한하여 1년 이내의 범위에서 제한기간을 연장할 수 있다.

06 건축법령상 건축허가의 제한에 관한 설명으로 옳은 것은?

① 국토교통부장관이 건축허가나 건축물의 착공을 제한하는 경우 그 제한기간은 2년 이내로 하되, 1회에 한하여 2년 이내의 범위에서 제한기간을 연장할 수 있다.

② 특별시장·광역시장·도지사는 주무부장관이 국민경제를 위하여 특히 필요하다고 인정하여 요청하면 허가권자의 건축허가를 제한할 수 있다.

③ 특별시장·광역시장·도지사는 국토관리를 위하여 특히 필요하다고 인정하면 허가권자의 건축허가를 제한할 수 있다.

④ 특별시장·광역시장·도지사는 지역계획이나 도시·군계획에 특히 필요하다고 인정하면 시장·군수·구청장의 건축허가나 허가를 받은 건축물의 착공을 제한할 수 있다.

⑤ 특별시장·광역시장·도지사가 건축허가를 제한하는 경우에는 제한 목적·기간, 대상건축물의 용도 등을 상세하게 정하여 국토교통부장관에게 통보하여야 한다.

07 건축법령상 건축허가의 제한에 관한 설명으로 틀린 것은?

① 국방부장관이 국방을 위하여 특히 필요하다고 인정하여 요청하면 국토교통부장관은 허가권자의 건축허가를 제한할 수 있다.

② 교육감이 교육환경의 개선을 위하여 특히 필요하다고 인정하여 요청하면 국토교통부장관은 허가를 받은 건축물의 착공을 제한할 수 있다.

③ 특별시장은 지역계획에 특히 필요하다고 인정하면 관할 구청장의 건축허가를 제한할 수 있다.

④ 건축물의 착공을 제한하는 경우 제한기간은 2년 이내로 하되, 1회에 한하여 1년 이내의 범위에서 제한기간을 연장할 수 있다.

⑤ 도지사가 관할 군수의 건축허가를 제한한 경우, 국토교통부장관은 제한내용이 지나치다고 인정하면 해제를 명할 수 있다.

08 **건축법령상 건축허가의 취소 등에 대한 설명으로 틀린 것은?**

① 건축위원회의 심의를 받은 자가 심의결과를 통지받은 날부터 2년 이내에 건축허가를 신청하지 아니하면 건축위원회 심의의 효력이 상실된다.

② 건축허가를 받은 자는 허가를 받은 날부터 2년(공장은 3년) 이내에 공사에 착수하여야 한다. 다만, 정당한 사유가 있다고 인정되면 1년의 범위에서 공사의 착수기간을 연장할 수 있다.

③ 허가를 받은 날부터 2년 이내에 공사에 착수하지 아니한 경우에는 허가권자는 그 허가를 취소할 수 있다.

④ 국토의 계획 및 이용에 관한 법률에 따른 방재지구 또는 자연재해위험개선지구 등 상습적으로 침수되거나 침수가 우려되는 지역에 건축하려는 건축물의 일부를 주거용으로 사용하려는 경우에 허가권자는 건축위원회의 심의를 거쳐 건축허가를 하지 아니할 수 있다.

⑤ 국가나 지방자치단체는 건축물을 건축하거나 대수선하려는 경우에는 대통령령으로 정하는 바에 따라 미리 건축물의 소재지를 관할하는 허가권자와 협의하여야 하며 협의한 경우에는 건축허가 또는 건축신고를 한 것으로 본다.

정답 및 해설

06 ④ ① 국토교통부장관이 건축허가나 건축물의 착공을 제한하는 경우 그 제한기간은 2년 이내로 하되, 1회에 한하여 <u>1년 이내의 범위</u>에서 제한기간을 연장할 수 있다.
　② <u>국토교통부장관</u>은 주무부장관이 국민경제를 위하여 특히 필요하다고 인정하여 요청하면 허가권자의 건축허가를 제한할 수 있다.
　③ <u>국토교통부장관</u>은 국토관리를 위하여 특히 필요하다고 인정하면 허가권자의 건축허가를 제한할 수 있다.
　⑤ 특별시장·광역시장·도지사가 건축허가를 제한하는 경우에는 제한 목적·기간, 대상건축물의 용도 등을 상세하게 정하여 <u>시장·군수·구청장에게 통보</u>하여야 한다.

07 ② <u>주무부장관의 요청</u>이 있는 경우에 국토교통부장관이 허가 등을 제한할 수 있다. 교육감이 필요로 하는 경우에는 교육부장관의 요청이 있는 경우이어야 한다.

08 ③ 허가를 받은 날부터 2년 이내에 공사에 착수하지 아니한 경우에는 허가권자는 그 허가를 <u>취소하여야 한다</u>.

건축신고 등 ★★

건축법령상 건축신고를 하면 건축허가를 받은 것으로 볼 수 있는 경우에 해당하지 않는 것은?

① 연면적 150제곱미터인 3층 건축물의 피난계단 증설
② 연면적 180제곱미터인 2층 건축물의 대수선
③ 연면적 270제곱미터인 3층 건축물의 방화벽 수선
④ 1층의 바닥면적 50제곱미터, 2층의 바닥면적 30제곱미터인 2층 건축물의 신축
⑤ 바닥면적 100제곱미터인 단층 건축물의 신축

해설 | 대수선의 경우에 신고대상으로는 해당 건축물의 바닥면적이 200제곱미터 미만이고 3층 미만인 건축물의 대수선이거나, 건축물의 규모와는 관계없이 수선에 해당하는 대수선인 경우이어야 한다. 피난계단의 증설은 대수선 허가사항에 해당한다.

기본서 p.522~530 정답 ①

09 건축법령상 허가대상 건축물이라 하더라도 미리 특별자치시장·특별자치도지사 또는 시장·군수·구청장에게 신고를 하면 건축허가를 받은 것으로 보는 경우에 해당하지 않는 것은?

① 바닥면적의 합계가 100제곱미터인 건축물의 재축
② 바닥면적의 합계가 80제곱미터인 건축물의 증축
③ 국토의 계획 및 이용에 관한 법률에 따른 관리지역에서 연면적이 150제곱미터이고 2층인 건축물의 건축(다만, 지구단위계획구역, 방재지구, 붕괴위험지역에서의 건축은 제외한다)
④ 국토의 계획 및 이용에 관한 법률에 따른 자연환경보전지역에서 연면적이 180제곱미터이고 2층인 건축물의 건축(다만, 지구단위계획구역, 방재지구, 붕괴위험지역에서의 건축은 제외한다)
⑤ 연면적이 150제곱미터이고 2층인 건축물의 대수선

10 건축법령상 건축허가 또는 건축신고에 관한 설명으로 옳지 않은 것은?

① 건축허가를 받은 자는 건축물의 건축공사를 중단하고 장기간 공사현장을 방치할 경우 공사현장의 미관개선과 안전관리 등 필요한 조치를 하여야 한다.

② 허가권자는 연면적이 1천제곱미터 이상으로서 지방자치단체의 조례로 정하는 건축물에 대하여는 착공신고를 하는 건축주에게 장기간 건축물의 공사현장이 방치되는 것에 대비하여 미리 미관개선과 안전관리에 필요한 비용을 건축공사비의 1퍼센트의 범위에서 예치하게 할 수 있다.

③ 국가나 지방자치단체는 건축허가 또는 신고에 따른 건축물을 건축하거나 대수선하려는 경우에는 미리 건축물의 소재지를 관할하는 허가권자와 협의하여야 한다.

④ 협의한 건축물에는 사용승인의 규정을 적용하지 아니한다. 다만, 건축물의 공사가 끝난 경우에는 지체 없이 허가권자에게 통보하여야 한다.

⑤ 건축신고에 따라 신고를 한 자가 신고일부터 2년 이내에 공사에 착수하지 아니하면 그 신고의 효력은 없어진다.

11 건축법령상 도시계획시설 또는 도시계획시설예정지에서 가설건축물을 건축하는 경우에 특별자치시장·특별자치도지사 또는 시장·군수·구청장의 허가를 받을 수 있는 기준에 관한 다음 기술 중 옳지 않은 것은?

① 존치기간은 원칙적으로 2년 이내일 것

② 3층 이하일 것

③ 철근콘크리트조 또는 철골철근콘크리트조가 아닐 것

④ 전기·수도·가스 등 새로운 간선공급설비의 설치를 필요로 하지 아니할 것

⑤ 공동주택·판매시설·운수시설 등으로서 분양을 목적으로 건축하는 건축물이 아닐 것

정답 및 해설

09 ① 바닥면적의 합계가 <u>85제곱미터 이하</u>인 건축물의 재축이라야 신고대상에 해당한다.

10 ⑤ 건축신고에 따라 신고를 한 자가 <u>신고일부터 1년 이내</u>에 공사에 착수하지 아니하면 그 신고의 효력은 없어진다.

11 ① 존치기간은 원칙적으로 <u>3년 이내</u>일 것이라야 한다. 다만, 도시·군계획사업이 시행될 때까지 그 기간을 연장할 수 있다.

12 건축법령상 가설건축물의 건축허가 또는 축조신고에 관한 설명으로 옳지 않은 것은?

① 신고하여야 하는 가설건축물의 존치기간은 3년 이내로 한다. 다만, 공사용 가설건축물 및 공작물의 경우에는 해당 공사의 완료일까지의 기간을 말한다.

② 허가를 받아야 하는 가설건축물은 국토의 계획 및 이용에 관한 법률(도시계획시설부지에서의 개발행위)에 적합하여야 하고, 3층 이하여야 한다.

③ 허가를 받아야 하는 가설건축물 외에 일정한 용도의 가설건축물을 축조하려는 자는 특별자치시장 · 특별자치도지사 또는 시장 · 군수 · 구청장에게 신고한 후 착공하여야 한다.

④ 도시 · 군계획시설 또는 도시 · 군계획시설예정지에서 일정한 기준을 충족하는 가설건축물의 건축은 특별자치시장 · 특별자치도지사 또는 시장 · 군수 · 구청장의 허가를 받아야 한다.

⑤ 허가대상 가설건축물의 존치기간을 연장하려는 건축주는 존치기간 만료일 7일 전까지 특별자치시장 · 특별자치도지사 또는 시장 · 군수 · 구청장에게 허가를 신청하여야 한다.

13 건축법령상 가설건축물의 건축이나 축조에 관한 설명으로 틀린 것은?

① 도시 · 군계획시설예정지에서 가설건축물을 건축하는 경우에는 특별자치시장 · 특별자치도지사 또는 시장 · 군수 · 구청장의 허가를 받아야 한다.

② 도시 · 군계획시설예정지에서는 4층 이상의 가설건축물을 건축할 수 없다.

③ 전시를 위한 견본주택을 축조하려는 자는 특별자치시장 · 특별자치도지사 또는 시장 · 군수 · 구청장에게 신고한 후 착공하여야 하는바, 그 존치기간은 2년 이내로 한다.

④ 신고대상 가설건축물의 존치기간을 연장하려는 건축주는 존치기간 만료일 7일 전까지 특별자치시장 · 특별자치도지사 또는 시장 · 군수 · 구청장에게 신고하여야 한다.

⑤ 가설건축물의 소유자나 가설건축물에 대한 이해관계자는 가설건축물관리대장을 열람할 수 있다.

| 대표예제 52 | 기타 건축절차 ★★ |

건축법령상 건축절차에 관한 설명으로 옳지 않은 것은?

① 건축허가를 받아야 하거나 건축신고를 하여야 하는 건축물의 건축 등을 위한 설계는 원칙적으로 건축사가 아니면 할 수 없다.

② 주택법에 따른 리모델링을 하는 건축물의 건축 등을 위한 설계도 원칙적으로 건축사가 아니면 할 수 없다.

③ 건축주는 건설산업기본법을 위반하여 건축물의 공사를 하거나 하게 할 수 없다.

④ 건축허가 · 건축신고 또는 가설건축물 건축허가에 따라 허가를 받거나 신고를 한 건축물의 공사를 착수하려는 건축주는 착수 7일 전까지 허가권자에게 공사계획을 신고하여야 한다. 다만, 건축물의 철거를 신고할 때 착공예정일을 기재한 경우에는 그러하지 아니하다.

⑤ 건축주는 건축허가를 받아야 하는 건축물(건축신고대상 건축물은 제외한다)을 건축하는 경우에는 건축사를 공사감리자로 지정하여 공사감리를 하게 하여야 한다.

해설 | 건축허가 · 건축신고 또는 가설건축물 건축허가에 따라 허가를 받거나 신고를 한 건축물의 공사를 착수하려는 건축주는 허가권자에게 공사계획을 신고하여야 하는바, 착공신고는 착수하기 전에만 하면 되는 것이지, 착수 7일 전까지 하여야 하는 것은 아니다. 단, 착공신고를 받으면 허가권자는 3일 이내에 신고수리 여부 또는 민원 처리 관련 법령에 따른 처리기간의 연장 여부를 신고인에게 통지하여야 한다.

기본서 p.530~546

정답 ④

정답 및 해설

12 ⑤ 허가대상 가설건축물은 <u>존치기간 만료일 14일 전까지</u> 연장허가를 신청하여야 한다.

13 ③ 전시를 위한 견본주택을 축조하려는 자는 특별자치시장 · 특별자치도지사 또는 시장 · 군수 · 구청장에게 신고한 후 착공하여야 하는바, 그 <u>존치기간은 3년 이내</u>로 한다.

14 건축법령상 공사감리에 관한 설명으로 옳지 않은 것은?

① 건축주는 사용승인을 받은 후 15년 이상이 되어 리모델링이 필요한 건축물을 리모델 링하는 경우에는 건축사를 공사감리자로 지정하여 공사감리를 하게 하여야 한다.

② 건축주는 건축신고대상 건축물을 건축하는 경우에는 건축사를 공사감리자로 지정하 여 공사감리를 하게 하여야 한다.

③ 건축주는 다중이용건축물을 건축하는 경우로서 건설기술관리법 시행령에 따라 감리 원을 배치하는 경우가 아니면 건설기술관리법에 따른 건설기술용역사업자를 공사감 리자로 지정하여 공사감리를 하게 하여야 한다.

④ 공사감리자는 공사감리를 할 때 건축법과 건축법에 따른 명령이나 처분, 그 밖의 관계 법령에 위반된 사항을 발견하거나 공사시공자가 설계도서대로 공사를 하지 아니하면 이를 건축주에게 알린 후 공사시공자에게 시정하거나 재시공하도록 요청하여야 한다.

⑤ 공사감리자는 공사시공자가 시정이나 재시공 요청을 받은 후 이에 따르지 아니하거나 공사중지 요청을 받고도 공사를 계속하면 이를 허가권자에게 보고하여야 한다.

15 건축법령상 감리를 하는 경우 건축과정에서 부득이하게 발생하는 오차는 허용되는데, 그 오차가 잘못된 것은?

① 건축선의 후퇴거리: 3퍼센트 ② 건폐율: 0.5퍼센트
③ 건축물의 높이: 1퍼센트 ④ 반자높이: 2퍼센트
⑤ 벽체 두께: 3퍼센트

16 건축법령상 허가권자가 건축허가를 하기 전에 안전영향평가를 실시하는 건축물에 대한 다음 설명 중 (   ) 안에 들어갈 내용을 순서대로 옳게 나열한 것은?

> • (   )
> • 연면적이 (   )제곱미터 이상이면서 16층 이상인 건축물

① 다중이용건축물, 1만 ② 준다중이용건축물, 1만
③ 초고층건축물, 5만 ④ 초고층건축물, 10만
⑤ 고층건축물, 5만

17 건축법령상 건축사의 설계대상에 해당하는 것은?

① 바닥면적의 합계가 85제곱미터 미만인 증축·개축 또는 재축

② 연면적이 200제곱미터 미만이고 층수가 3층 미만인 건축물의 대수선

③ 주택법에 따른 리모델링을 하는 건축물의 건축

④ 읍·면 지역에서 건축하는 건축물 중 연면적이 200제곱미터 이하인 창고 및 농막과 연면적 400제곱미터 이하인 축사, 작물재배사

⑤ 신고대상 가설건축물로서 건축조례로 정하는 가설건축물

정답 및 해설

14 ② 건축주는 건축허가를 받아야 하는 건축물(건축신고대상 건축물은 제외한다)을 건축하는 경우에는 건축사를 공사감리자로 지정하여 공사감리를 하게 하여야 한다.

15 ③ 건축물의 높이는 2퍼센트이다.
    ▶ 허용오차범위
- 건폐율: 0.5퍼센트
- 용적률: 1퍼센트
- 각종 높이와 너비: 2퍼센트
- 각종 두께와 거리: 3퍼센트

16 ④ 초고층건축물이거나 연면적 10만제곱미터 이상이면서 16층 이상인 건축물인 경우에 안전영향평가 대상에 해당한다.

17 ③ 주택법에 따른 리모델링을 하는 건축물의 건축 등을 위한 설계는 건축사가 아니면 할 수 없다.

18 건축법령상 건축절차에 대한 다음 설명 중 틀린 것은?

① 건축허가 · 건축신고, 허가대상 가설건축물의 공사를 착수하고자 하는 건축주는 허가권자에게 공사계획을 신고하여야 한다.

② 허가권자는 ①에 따른 신고를 받은 날부터 3일 이내에 신고수리 여부 또는 민원 처리 관련 법령에 따른 처리기간의 연장 여부를 신고인에게 통지하여야 한다.

③ 연면적의 합계 1천제곱미터 이상인 건축공사의 공사시공자는 공사감리자로부터 상세 시공도면 작성을 요청받으면 상세시공도면을 작성하여 감리자의 확인을 받아야 한다.

④ 공사시공자는 건축주와 감리자의 동의를 받아 서면으로 설계자에게 설계변경을 요청할 수 있다.

⑤ 허가권자는 연면적이 1천제곱미터 이상의 건축물의 건축주에게 공사현장안전관리예치금을 예치하게 할 수 있다.

19 건축법령상 사용승인에 관한 설명으로 옳지 않은 것은?

① 허가권자는 사용승인신청을 받은 경우 그 신청서를 받은 날부터 7일 이내에 일정한 사항에 대한 검사를 실시하고, 검사에 합격된 건축물에 대하여는 사용승인서를 내주어야 한다.

② 건축주가 가설건축물 축조신고에 따라 신고를 한 건축물의 건축공사를 완료한 후에는 그 건축물을 사용하려는 경우에 허가권자에게 사용승인을 신청할 필요가 없다.

③ 국가나 지방자치단체가 허가권자와 협의한 건축물을 사용하려면 사용승인을 신청하여야 한다.

④ 임시사용승인의 기간은 2년 이내로 한다. 다만, 허가권자는 대형건축물 또는 암반공사 등으로 인하여 공사기간이 긴 건축물에 대하여는 그 기간을 연장할 수 있다.

⑤ 하나의 대지에 둘 이상의 건축물을 건축하는 경우 동별 공사를 완료한 경우에도 허가권자의 사용승인을 받을 수 있다.

20 건축법령상 건축지도원에 관한 기술 중 옳지 않은 것은?

① 구조안전 및 화재안전, 건축설비 등이 법령 등에 적합하게 유지·관리되고 있는지의 확인·지도 및 단속을 한다.

② 건축지도원은 시장·군수·구청장이 건축직렬의 공무원과 건축에 관한 학식이 풍부한 자로서 건축조례로 정하는 자격을 갖춘 자 중에서 지정한다.

③ 건축신고를 하고 건축 중에 있는 건축물의 시공지도와 위법시공 여부의 확인·지도 및 단속을 한다.

④ 건축지도원의 지정절차, 보수기준 등에 관하여 필요한 사항은 건축조례로 정한다.

⑤ 건축허가대상 건축물의 시공지도와 위법시공 여부의 확인·지도 및 단속을 한다.

21 건축법령상 건축물대장에 관한 설명으로 옳지 않은 것은?

① 건축물대장에는 건축물뿐만 아니라 그 대지의 현황까지 적어서 보관하여야 한다.

② 건축물대장은 특별자치시장·특별자치도지사 또는 시장·군수·구청장이 보관하여야 한다.

③ 건축물대장은 일반건축물대장과 집합건축물대장으로 구분한다.

④ 건축물대장은 건축물 1동을 단위로 하여 각 건축물마다 작성하고, 부속건축물이 있는 경우 부속건축물은 주된 건축물대장과 분리하여 작성한다.

⑤ 건축물의 소유자는 건축물의 전부 또는 일부가 철거·멸실 등으로 인하여 건축물이 없어진 경우에는 특별자치시장·특별자치도지사 또는 시장·군수·구청장에게 건축물대장의 말소를 신청하여야 한다.

정답 및 해설

18 ③ 연면적의 합계 5천제곱미터 이상인 경우이다.

19 ③ 국가나 지방자치단체가 허가권자와 협의한 건축물에는 건축물의 사용승인규정을 적용하지 아니하므로, 이를 사용하려는 경우에 사용승인을 신청할 필요가 없다.

20 ⑤ 건축신고대상 건축물의 시공지도이다. 건축허가대상 건축물에 대하여는 건축감리자가 시공지도를 한다.

21 ④ 건축물대장은 건축물 1동을 단위로 하여 각 건축물마다 작성하고, 부속건축물이 있는 경우 부속건축물은 주된 건축물대장에 포함하여 작성한다.

대표예제 53   **건축대지 ★★**

건축법령상 대지의 안전에 대한 설명으로 틀린 것은?

① 대지는 이와 인접하는 도로면보다 낮아서는 안 된다. 다만, 배수에 지장이 없거나 방습의 필요가 없는 경우에는 그러하지 아니하다.

② 습한 토지, 물이 나올 우려가 많은 토지 또는 쓰레기 등으로 매립된 토지에 건축하는 경우에는 성토, 지반의 개량, 기타 필요한 조치를 하여야 한다.

③ 대지에는 빗물·오수 처리를 위한 하수관·하수구·저수탱크, 기타 시설을 하여야 한다.

④ 손궤의 우려가 있는 토지에 대지를 조성할 경우에는 옹벽 설치 등 필요한 조치를 하여야 한다.

⑤ ④에 따라 옹벽을 설치하여야 하는 경우는 성토 또는 절토하는 부분의 경사도가 1 : 1.5 이상으로서 높이가 3미터 이상인 경우이다.

해설 | 높이가 1미터 이상인 경우이다.

기본서 p.557~565

정답 ⑤

01 건축법령상 대지의 조경에 관한 설명으로 틀린 것은?

① 건축면적 200제곱미터 이상인 건축물을 건축하는 건축주는 용도지역 및 건축물의 규모에 따라 해당 지방자치단체의 조례로 정하는 기준에 따라 대지에 조경이나 그 밖에 필요한 조치를 하여야 한다.

② 면적 5천제곱미터 미만인 대지에 건축하는 공장에 대하여는 조경 등의 조치를 하지 아니할 수 있다.

③ 연면적의 합계가 1,500제곱미터 미만인 물류시설(주거지역 또는 상업지역에 건축하는 것은 제외한다)로서 국토교통부령으로 정하는 것에 대하여는 조경 등의 조치를 하지 아니할 수 있다.

④ 건축물의 옥상에 국토교통부장관이 고시하는 기준에 따라 조경이나 그 밖에 필요한 조치를 하는 경우에는 옥상 부분 조경면적의 3분의 2에 해당하는 면적을 대지의 조경면적으로 산정할 수 있다.

⑤ ④의 경우 조경면적으로 산정하는 면적은 대지의 조경면적의 100분의 50을 초과할 수 없다.

02 건축법령상 대지의 설치의무 조경면적이 600제곱미터가 필요한데, 옥상 부분에 1,200제곱미터의 면적으로 조경을 하였을 때 ㉠ 옥상 부분에 설치한 조경면적은 얼마로 인정받을 수 있으며, ㉡ 대지에 추가로 설치해야 하는 최소한의 조경면적은 얼마인가?

① ㉠ 800제곱미터, ㉡ 300제곱미터 　② ㉠ 600제곱미터, ㉡ 300제곱미터

③ ㉠ 300제곱미터, ㉡ 600제곱미터 　④ ㉠ 800제곱미터, ㉡ 400제곱미터

⑤ ㉠ 300제곱미터, ㉡ 800제곱미터

정답 및 해설

01 ① 건축면적 200제곱미터 이상인 건축물을 건축하는 건축주가 아니라, 면적이 200제곱미터 이상인 대지에 건축을 하는 건축주는 용도지역 및 건축물의 규모에 따라 해당 지방자치단체의 조례로 정하는 기준에 따라 대지에 조경이나 그 밖에 필요한 조치를 하여야 한다. 즉, 대지의 조경은 건축면적이 아니라 대지면적을 기준으로 한다.

02 ① 옥상조경면적의 3분의 2까지 조경으로 인정받는다. 즉, 1,200제곱미터의 3분의 2인 800제곱미터를 조경으로 인정받을 수 있으나, 대지에 설치해야 하는 부분을 대체할 수 있는 것은 최대 100분의 50까지이므로 의무면적 600제곱미터의 100분의 50, 즉 300제곱미터까지 대체할 수 있고 나머지 300제곱미터는 대지에 조성하여야 한다.

03 건축법령상 대지의 공개공지 등(공개공지 또는 공개공간을 말함)의 확보대상지역이 아닌 것은?

① 일반주거지역   ② 상업지역

③ 일반공업지역   ④ 준공업지역

⑤ 준주거지역

04 다음은 건축법령상의 공개공지에 대한 설명이다. 법령의 내용과 다른 것은?

① 준주거지역에서 종교시설로 사용하는 바닥면적의 합계가 5천제곱미터 이상인 건축물의 경우에는 일반이 사용할 수 있도록 공개공지를 설치하여야 한다.

② 공개공지를 설치하여야 하는 경우 그 설치면적은 대지면적의 10퍼센트 이하의 범위에서 건축조례로 정한다.

③ 공개공지를 설치하는 경우에 대지의 조경면적과는 다르게 설치하여야 한다.

④ 설치하는 공개공지의 면적에는 물건을 쌓아 놓거나 출입을 차단하여서는 아니 되나, 연간 60일 범위 내에서 법령상 허용되는 판매 등의 활동을 할 수도 있다.

⑤ 공개공지를 설치하는 경우에 건폐율과 용적률과 건축물의 높이 규정을 완화하여 적용할 수 있다.

05 건축법령상 공개공지 또는 공개공간을 설치하여야 하는 건축물에 해당하지 않는 것은? (단, 건축물은 해당 용도로 쓰는 바닥면적의 합계가 5천제곱미터 이상이며, 조례는 고려하지 않음)

① 일반공업지역에 있는 종합병원

② 일반주거지역에 있는 교회

③ 준주거지역에 있는 예식장

④ 일반상업지역에 있는 생활숙박시설

⑤ 유통상업지역에 있는 여객자동차터미널

06 건축법령상 대지 안의 공지와 맞벽건축 등에 대한 설명 중 틀린 것은?

① 건축물을 건축하는 경우에는 건축물의 각 부분을 건축선 및 인접대지경계선으로부터 6미터 이내의 범위에서 대통령령이 정하는 바에 의하여 해당 지방자치단체의 조례로 정하는 거리 이상을 띄어야 한다.

② 일정한 지역에서 도시미관 등을 위하여 둘 이상의 건축물 벽을 맞벽(대지경계선으로부터 50센티미터 이내인 경우를 말한다)으로 하여 건축하는 경우에는 법 제58조(대지 안의 공지), 제61조(일조 등의 확보를 위한 건축물의 높이제한) 및 민법 제242조(경계선 부근의 건축)를 적용하지 아니한다.

③ ②에서 말하는 일정한 지역이란 상업지역, 주거지역(건축물 및 토지의 소유자간 맞벽건축을 합의한 경우에 한정한다), 허가권자가 도시미관 또는 한옥 보전·진흥을 위하여 건축조례로 정하는 구역, 건축협정구역이다.

④ 맞벽은 내력벽이어야 한다.

⑤ 아파트(상업지역에서 건축하는 경우는 제외한다)의 경우에 인접대지경계선에서는 2미터 이상 6미터 이하의 범위에서 해당 지방자치단체의 조례로 정하는 거리 이상을 띄어야 한다.

정답 및 해설

03 ③ 대지의 공개공지 등의 확보대상지역은 다음의 어느 하나에 해당하는 지역인바, 일반공업지역은 대지의 공개공지 등의 확보대상지역에 해당하지 않는다.
- 일반주거지역, 준주거지역
- 상업지역
- 준공업지역
- 특별자치시장·특별자치도지사 또는 시장·군수·구청장이 도시화의 가능성이 크다고 인정하여 지정·공고하는 지역

04 ③ 공개공지는 조경면적과 매장문화재 보호 및 조사에 관한 법률 제14조에 따른 매장문화재의 현지보존 조치 면적으로 할 수 있다.

05 ① 종합병원은 공개공지의 설치대상 건축물에 해당하지 아니한다.

06 ④ 맞벽은 주요구조부가 내화구조일 것이고, 마감재료가 불연재료여야 한다.

07 건축법령상 건축물이 있는 대지는 일정 규모 이상의 범위에서 해당 지방자치단체의 조례로 정하는 면적에 못 미치게 분할할 수 없는데, 그 기준면적이 틀린 것은?

① 주거지역: 60제곱미터
② 상업지역: 150제곱미터
③ 공업지역: 150제곱미터
④ 녹지지역: 100제곱미터
⑤ ①부터 ④까지에 해당하지 아니하는 지역: 60제곱미터

08 건축법령상 건축물이 있는 대지는 건축 관련 기준에 못 미치게 분할할 수 없는데, 그 기준이 아닌 것은?

① 대지와 도로의 관계
② 건축물의 건폐율과 용적률
③ 공개공지
④ 대지 안의 공지
⑤ 건축물의 높이제한과 일조 등의 확보를 위한 높이제한

대표예제 54   도로 ★★

건축법령상 도로에 관한 설명으로 옳지 않은 것은?

① 도로는 원칙적으로 보행과 자동차통행이 가능하여야 하고, 너비 4미터 이상이어야 한다.
② 지형적 조건으로 차량통행을 위한 도로의 설치가 곤란하다고 인정하여 특별자치시장·특별자치도지사 또는 시장·군수·구청장이 그 위치를 지정·공고하는 구간 안의 너비 3미터 이상인 도로도 있다.
③ 길이가 35미터인 막다른 도로의 경우에는 그 폭이 6미터 이상이어야 한다.
④ ③의 막다른 도로가 도시지역이 아닌 읍·면 지역에 있을 경우에는 3미터 이상이어도 된다.
⑤ 허가권자는 도로를 지정 또는 변경한 경우에는 도로관리대장에 이를 기재하고 관리하여야 한다.

해설 | 4미터 이상이어야 한다.

기본서 p.566~570   정답 ④

09 건축법령상 대지와 도로의 관계에 관한 설명으로 옳지 않은 것은?

① 허가권자가 도로의 위치를 지정·공고하려는 경우라도 주민이 오랫동안 통행로로 이용하고 있는 사실상의 통로로서 해당 지방자치단체의 조례로 정하는 것인 경우에는 이해관계인의 동의를 받을 필요가 없다.

② 허가권자가 지정한 도로를 폐지하거나 변경하려면 그 도로에 대한 이해관계인의 동의를 받아야 한다.

③ 건축물의 대지는 2미터 이상이 도로(자동차만의 통행에 사용되는 도로는 제외한다)에 접하여야 한다.

④ 건축물의 주변에 광장, 공원, 유원지, 그 밖에 관계 법령에 따라 건축이 금지되고 공중의 통행에 지장이 없는 공지로서 허가권자가 인정한 공지가 있는 경우에는 ③의 의무가 없다.

⑤ 연면적의 합계가 2천제곱미터 이상인 공장의 대지는 너비 6미터 이상의 도로에 4미터 이상 접하여야 한다.

정답 및 해설

07 ④ 녹지지역에서의 기준면적은 <u>200제곱미터</u>이다.

08 ③ 공개공지는 대지의 분할제한기준에 해당하지 아니한다.

09 ⑤ 연면적의 합계가 2천제곱미터(<u>공장인 경우에는 3천제곱미터</u>) 이상인 건축물의 대지는 너비 6미터 이상의 도로에 4미터 이상 접하여야 한다.

10 건축법령상 건축물의 대지와 도로에 관한 설명으로 옳은 것은? (단, 건축법 제3조에 따른 적용 제외는 고려하지 않음)

① 허가권자는 주민이 오랫동안 통행로로 이용하고 있는 사실상의 통로로서 해당 지방자치단체의 조례로 정한 경우에는 이해관계인의 동의와 건축위원회의 심의를 거쳐 도로로 지정하여야 한다.

② 국토의 계획 및 이용에 관한 법률에 따른 도시지역 외의 지역에서 도로의 교차각이 90도이며 해당 도로와 교차하는 도로의 너비가 각각 6미터라면 도로경계선의 교차점으로부터 도로경계선에 따라 각 3미터를 후퇴한 두 점을 연결한 선이 건축선이 된다.

③ 도로면으로부터 높이 4.5미터 이하에 있는 출입구, 창문, 그 밖에 이와 유사한 구조물은 열고 닫을 때 건축선의 수직면을 넘는 구조로 할 수 있다.

④ 건축물의 주변에 건축이 가능한 녹지가 있다면, 건축물의 대지가 2미터 미만으로 도로에 접하여도 건축법령을 위반한 것은 아니다.

⑤ 건축물과 담장, 지표 아래의 창고시설은 건축선의 수직면을 넘어서는 안 된다.

11 건축법령상 건축선에 관한 설명으로 옳지 않은 것은?

① 도로와 접한 부분에 건축물을 건축할 수 있는 선을 말하는 것으로, 원칙적으로 대지와 도로의 경계선으로 한다.

② 소요너비에 못 미치는 너비의 도로인 경우에는 대지와 도로경계선으로부터 그 소요너비의 2분의 1의 수평거리만큼 물러난 선을 건축선으로 한다.

③ 특별자치시장·특별자치도지사 또는 시장·군수·구청장은 시가지 안에서 건축물의 위치나 환경을 정비하기 위하여 필요하다고 인정하면 국토의 계획 및 이용에 관한 법률에 따른 도시지역에는 4미터 이하의 범위에서 건축선을 따로 지정할 수 있다.

④ 건축물과 담장은 건축선의 수직면을 넘어서는 아니 되지만, 지표 아래 부분은 그러하지 아니하다.

⑤ 도로면으로부터 높이 4.5미터 이하에 있는 출입구, 창문, 그 밖에 이와 유사한 구조물은 열고 닫을 때 건축선의 수직면을 넘지 아니하는 구조로 하여야 한다.

12 **건축법령상 건축선의 지정 및 건축제한에 관한 설명으로 옳지 않은 것은?**

① 건축선은 원칙적으로 대지와 도로의 경계선으로 한다.

② 대지가 소요너비에 못 미치는 도로에 접하는 경우 그 중심선에서 그 소요너비의 2분의 1의 수평거리만큼 물러난 선을 건축선으로 한다.

③ 대지가 소요너비에 미달되는 도로에 접하는 경우로서 그 도로의 반대쪽에 경사지 등이 있는 경우 그 경사지 등이 있는 쪽 도로경계선에서 소요너비에 해당하는 수평거리의 선을 건축선으로 한다.

④ 특별자치시장·특별자치도지사 또는 시장·군수·구청장은 시가지 안에서 건축물의 위치나 환경을 정비하기 위하여 건축선을 따로 지정할 수 있다.

⑤ 건축물과 담장 및 그 지표 아래 부분은 건축선의 수직면을 넘어서는 아니 된다.

13 건축법령상 도로의 모퉁이에 위치한 대지의 도로 모퉁이 부분의 건축선에 관한 설명 중 옳지 않은 것은?

① 도로 모퉁이 대지에 건축선이 설정되는 경우 그 건축선과 도로 사이의 대지면적은 대지면적 산정에 포함한다.

② 두 개의 도로가 모두 4미터 이상인 경우에만 모퉁이 건축선이 발생하고, 두 개의 도로 중 어느 하나라도 4미터 미만인 경우에는 발생하지 않는다.

③ 두 개의 도로가 모두 8미터 미만이라야 모퉁이 건축선이 발생하고, 두 개의 도로 중 어느 하나라도 8미터 이상인 경우에는 발생하지 않는다.

④ 도로의 교차각이 120도 미만인 경우에만 모퉁이 건축선이 발생하고, 도로의 교차각이 120도 이상인 경우에는 발생하지 않는다.

⑤ 대지에 접한 도로경계선의 교차점으로부터 도로경계선에 따라 후퇴하는 길이는 최소 2미터 이상 최대 4미터 이하이다.

13 ① 도로 모퉁이 대지에 건축선이 설정되는 경우 그 건축선과 도로 사이의 대지면적은 <u>대지면적 산정에서 제외한다</u>.

제4장 건축물의 구조와 재료

대표예제 55 | 건축물의 구조와 설비 ★

다음은 건축법령상 건축물의 구조안전 확인에 대한 설명이다. 잘못된 것은?

① 연면적이 200제곱미터(기둥과 보가 목구조건축물의 경우에는 500제곱미터) 이상인 건축물을 건축하고자 하는 경우에 설계자는 국토교통부령으로 정하는 구조기준 및 구조계산에 따라 구조안전을 확인하여야 한다.

② 지방자치단체의 장은 구조안전확인 대상건축물에 대하여 대수선 허가를 하는 경우 내진성능 확보 여부를 확인하여야 한다.

③ 한쪽 끝은 고정되고 다른 끝은 지지되지 아니한 구조로 된 보·차양 등이 외벽의 중심선으로부터 3미터 이상 돌출된 건축물을 건축하는 경우 설계자는 국토교통부령으로 정하는 구조기준 등에 따라 그 구조의 안전을 확인하여야 한다.

④ 6층 이상인 건축물을 설계하는 자는 해당 건축물의 구조안전을 확인하는 경우에 건축구조기술자의 협력을 받아야 한다.

⑤ 한쪽 끝은 고정되고 다른 끝은 지지되지 아니한 구조로 된 차양 등이 외벽의 중심선으로부터 3미터 이상 돌출된 건축물의 경우에는 건축구조기술사의 협력을 받지 않아도 된다.

해설 | 해당 지문은 특수구조건축물에 해당한다. 6층 이상인 건축물, 특수구조건축물, 다중이용건축물, 준다중이용건축물은 건축구조기술사의 협력을 받아야 한다.

기본서 p.575~600   정답 ⑤

01 건축법령상 건축물을 건축하고자 하는 자가 사용승인을 받은 즉시 내진능력을 공개하여야 하는 대상 건축물에 대하여 그 (   ) 안에 들어갈 숫자를 순서대로 옳게 나열한 것은?

> • 층수가 2층[주요구조부인 기둥과 보를 설치하는 건축물로서 그 기둥과 보가 목재인 목구조건축물의 경우에는 (   )층] 이상인 건축물
> • 연면적이 (   )제곱미터(목구조건축물의 경우에는 500제곱미터) 이상인 건축물
> • 그 밖에 건축물의 규모와 중요도를 고려하여 대통령령으로 정하는 건축물

① 2, 200   ② 2, 300   ③ 3, 200
④ 3, 300   ⑤ 6, 300

02 건축법령상 국토교통부장관이 고시하는 범죄예방기준에 따라 건축하여야 하는 대상이 아닌 것은?

① 단독주택 중 다중주택
② 제1종 근린생활시설 중 일용품을 판매하는 소매점
③ 제2종 근린생활시설 중 다중생활시설
④ 문화 및 집회시설(동 · 식물원은 제외한다)
⑤ 교육연구시설(연구소 및 도서관은 제외한다)

03 건축법령상 피난 · 소화를 위한 시설 · 설비 등의 설치에 관한 설명으로 옳지 않은 것은?

① 건축물의 피난층 외의 층에서는 피난층 또는 지상으로 통하는 직통계단을 거실의 각 부분으로부터 계단에 이르는 보행거리가 50미터 이하가 되도록 설치하여야 한다.
② 5층 이상 또는 지하 2층 이하인 층에 설치하는 직통계단은 피난계단 또는 특별피난계단으로 설치하여야 한다.
③ 피난층을 제외한 3층 이상인 층으로서 문화 및 집회시설 중 공연장이나 위락시설 중 주점영업의 용도로서 거실의 바닥면적 합계가 300제곱미터 이상인 층에는 직통계단 이외에 그 층으로부터 지상으로 통하는 옥외피난계단을 따로 설치하여야 한다.
④ 옥상광장 또는 2층 이상인 층에 있는 노대나 그 밖에 이와 비슷한 것의 주위에는 높이 1.2미터 이상의 난간을 설치하여야 한다.
⑤ 층수가 11층 이상인 건축물로서 11층 이상인 층의 바닥면적의 합계가 1만제곱미터 이상인 건축물(지붕을 평지붕으로 하는 경우)의 옥상에는 헬리포트를 설치하여야 한다.

04 건축법령상 직통계단을 2개 소 이상 설치하여야 하는 경우가 아닌 것은?

① 종교시설, 위락시설 중 주점영업 또는 장례시설의 용도로 쓰는 층으로서 그 층에서 해당 용도로 쓰는 바닥면적의 합계가 200제곱미터 이상인 것

② 다중주택·다가구주택, 제2종 근린생활시설 중 학원의 용도로 쓰는 3층 이상의 층으로서 그 층의 해당 용도로 쓰는 거실의 바닥면적의 합계가 200제곱미터 이상인 것

③ 공동주택(층당 4세대 이하인 것은 제외한다) 또는 업무시설 중 오피스텔의 용도로 쓰는 층으로서 그 층의 해당 용도로 쓰는 거실의 바닥면적의 합계가 300제곱미터 이상인 것

④ ①부터 ③까지의 용도로 쓰지 아니하는 3층 이상의 층으로서 그 층 거실의 바닥면적의 합계가 400제곱미터 이상인 것

⑤ 지하층으로서 그 층 거실의 바닥면적의 합계가 150제곱미터 이상인 것

정답 및 해설

01 ③ 3층, 200제곱미터이다.

02 ① ▶범죄예방기준에 따라 건축하여야 하는 대상
• 다가구주택, 아파트, 연립주택, 다세대주택
• 제1종 근린생활시설 중 일용품을 판매하는 소매점
• 제2종 근린생활시설 중 다중생활시설
• 문화 및 집회시설(동·식물원은 제외한다)
• 교육연구시설(연구소 및 도서관은 제외한다)
• 노유자시설
• 수련시설
• 업무시설 중 오피스텔
• 숙박시설 중 다중생활시설

03 ① 건축물의 피난층(직접 지상으로 통하는 출입구가 있는 층 및 초고층 건축물과 준초고층 건축물의 경우에는 피난안전구역을 말한다) 외의 층에서는 피난층 또는 지상으로 통하는 직통계단(경사로를 포함한다)을 거실의 각 부분으로부터 계단(거실로부터 가장 가까운 거리에 있는 계단을 말한다)에 이르는 보행거리가 30미터 이하가 되도록 설치하여야 한다.

04 ⑤ 지하층으로서 그 층 거실의 바닥면적의 합계가 200제곱미터 이상인 경우이다.

05 건축법령상 건축물의 피난시설에 관한 설명으로 틀린 것은?

① 초고층 건축물에는 피난층 또는 지상으로 통하는 직통계단과 직접 연결되는 피난안전 구역을 지상층으로부터 최대 30개 층마다 1개 소 이상 설치하여야 한다.

② 준초고층 건축물에는 직통계단과 직접 연결되는 피난안전구역을 해당 건축물 전체 층 수의 2분의 1에 해당하는 층으로부터 상하 5개 층 이내에 1개 소 이상 설치하여야 한다.

③ 바닥면적의 합계가 3천제곱미터 이상인 공연장·집회장·관람장을 지하층에 설치하 는 경우에는 대피할 수 있도록 천장이 개방된 외부공간을 설치하여야 한다.

④ 공동주택(층당 4세대 이하인 것은 제외한다) 또는 업무시설 중 오피스텔의 용도로 쓰 는 층으로서 그 층의 해당 용도로 쓰는 거실의 바닥면적의 합계가 300제곱미터 이상 인 것은 직통계단을 2개 소 이상 설치하여야 한다.

⑤ 갓복도식 16층 공동주택의 경우 16층으로부터 피난층으로 통하는 직통계단은 특별피 난계단으로 설치하여야 한다.

고난도

06 건축법령상 5층 이상인 층을 일정 용도로 쓰는 경우에는 피난용도로 쓸 수 있는 광장을 옥상에 설치하여야 하는바, 다음 중 그 일정 용도가 아닌 것은?

① 판매시설
② 종교시설
③ 장례시설
④ 위락시설 중 주점영업
⑤ 문화 및 집회시설 중 전시장 및 동·식물원

07 건축법령상 건축물의 가구·세대 등 층간소음 방지를 위한 경계벽을 설치하여야 하는 경 우가 아닌 것은?

① 숙박시설의 객실간
② 공동주택 중 기숙사의 침실간
③ 판매시설 중 상점간
④ 교육연구시설 중 학교의 교실간
⑤ 의료시설의 병실간

08 건축법령상 배연설비를 설치하여야 하는 6층 이상의 건축물에 해당하지 않는 것은?

① 문화 및 집회시설
② 제1종 근린생활시설 중 산후조리원
③ 교육연구시설 중 학교의 교실
④ 수련시설 중 유스호스텔
⑤ 노유자시설 중 아동관련시설

고난도

09 건축법령상 일정한 용도의 시설은 같은 건축물에 함께 설치할 수 없는바, 다음 중 그에 관한 설명으로 옳지 않은 것은?

① 의료시설과 위험물 저장 및 처리시설은 같은 건축물에 함께 설치할 수 없다.
② 장례시설과 위락시설은 같은 건축물에 함께 설치할 수 없다.
③ 공동주택 중 기숙사와 공장은 같은 건축물에 함께 설치할 수 없다.
④ 노유자시설 중 아동관련시설 또는 노인복지시설과 판매시설 중 도매시장 또는 소매시장은 같은 건축물에 함께 설치할 수 없다.
⑤ 공동주택과 제2종 근린생활시설 중 다중생활시설은 같은 건축물에 함께 설치할 수 없다.

정답 및 해설

05 ⑤ 건축물(갓복도식 공동주택은 제외한다)의 11층(공동주택의 경우에는 16층) 이상인 층 또는 지하 3층 이하인 층으로부터 피난층 또는 지상으로 통하는 직통계단은 특별피난계단으로 설치하여야 한다.

06 ⑤ 5층 이상인 층이 제2종 근린생활시설 중 공연장·종교집회장·인터넷컴퓨터게임시설제공업소(해당 용도로 쓰는 바닥면적의 합계가 각각 300제곱미터 이상인 경우만 해당한다), 문화 및 집회시설(전시장 및 동·식물원은 제외한다), 종교시설, 판매시설, 위락시설 중 주점영업 또는 장례시설의 용도로 쓰는 경우에는 피난용도로 쓸 수 있는 광장을 옥상에 설치하여야 한다.

07 ③ 상점간의 경계벽은 층간소음 방지를 하여야 하는 대상에 해당하지 아니한다.

08 ③ 6층 이상인 건축물로서 문화 및 집회시설, 종교시설, 판매시설, 운수시설, 의료시설, 교육연구시설 중 연구소, 노유자시설 중 아동관련시설·노인복지시설, 수련시설 중 유스호스텔, 운동시설, 업무시설, 숙박시설, 위락시설, 관광휴게시설 및 장례시설의 거실에는 국토교통부령으로 정하는 기준에 따라 배연설비를 설치하여야 한다.

09 ③ 공동주택 중 기숙사와 공장은 예외적으로 같은 건축물에 함께 설치할 수 있다.

10 건축법령상 국토의 계획 및 이용에 관한 법률에 따른 방화지구 안의 건축물에 관한 다음 설명 중 옳지 않은 것은?

① 방화지구는 화재의 위험을 예방하기 위하여 필요한 지구로, 용도지구의 하나이다.

② 방화지구 안에서는 건축물의 주요구조부와 외벽과 지붕을 방화구조로 하여야 한다.

③ 방화지구 안의 공작물로서 간판, 광고탑, 그 밖에 대통령령으로 정하는 공작물 중 건축물의 지붕 위에 설치하는 공작물이나 높이 3미터 이상의 공작물은 주요부를 불연재료로 하여야 한다.

④ 방화지구 안의 지붕·방화문 및 인접대지경계선에 접하는 외벽은 국토교통부령으로 정하는 구조 및 재료로 하여야 한다.

⑤ 하나의 건축물이 방화지구와 그 밖의 구역에 걸치는 경우에는 그 전부에 대하여 방화지구 안의 건축물에 관한 건축법의 규정을 적용한다.

11 건축법령상 건축물의 구조와 재료에 관한 설명으로 옳은 것은? (단, 건축법 제3조에 따른 적용 제외는 고려하지 않음)

① 방화지구 안에 있더라도 도매시장의 용도로 쓰는 건축물로서 그 주요구조부가 불연재료로 된 건축물은 주요구조부와 외벽을 내화구조로 하지 않을 수 있다.

② 방화지구 안의 공작물로서 건축물의 지붕 위에 설치되어 있는 모든 간판, 광고탑은 주요부를 난연재료로 하여야 한다.

③ 인접대지경계선으로부터 직선거리 3미터에 이웃 주택의 내부가 보이는 창문을 설치하고자 한다면, 차면시설을 설치하여야 한다.

④ 출입이 가능한 옥상광장에 높이 1미터의 난간을 설치한 경우 건축법령에 저촉되지 아니한다.

⑤ 5층 이상의 층을 식물원의 용도로 쓰는 경우에는 피난 용도로 쓸 수 있는 광장을 옥상에 설치하여야 한다.

12 건축법령상 건축기준에 대한 설명으로 틀린 것은?

① 단독주택 및 공동주택의 거실, 교육연구시설 중 학교의 교실, 의료시설의 병실 및 숙박시설의 객실에는 국토교통부령으로 정하는 기준에 따라 채광 및 환기를 위한 창문 등이나 설비를 설치하여야 한다.

② 오피스텔에 거실 바닥으로부터 높이 1.2미터 이하 부분에 여닫을 수 있는 창문을 설치하는 경우에는 국토교통부령으로 정하는 기준에 따라 추락 방지를 위한 안전시설을 설치하여야 한다.

③ 11층 이하의 건축물에는 국토교통부령으로 정하는 기준에 따라 소방관이 진입할 수 있는 곳을 정하여 외부에서 주·야간 식별할 수 있는 표시를 하여야 한다.

④ 건축물의 각 층 거실의 바닥 부분에는 국토교통부령으로 정하는 기준에 따라 방습을 위한 조치를 하여야 한다.

⑤ 인접대지경계선으로부터 직선거리 2미터 이내에 이웃 주택의 내부가 보이는 창문 등을 설치하는 경우에는 차면시설을 설치하여야 한다.

정답 및 해설

10 ② 방화지구 안에서는 건축물의 주요구조부와 외벽과 지붕을 <u>내화구조</u>로 하여야 한다.

11 ① ② 방화지구 안의 공작물로서 간판, 광고탑, 공작물 중 건축물의 지붕 위에 설치하는 공작물이나 높이 3미터 이상의 공작물은 주요부를 <u>불연재료</u>로 하여야 한다.
  ③ 직선거리가 <u>2미터일 경우</u> 차면시설을 설치하여야 한다.
  ④ 난간의 높이는 <u>1.2미터 이상</u>이다.
  ⑤ 식물원은 옥상광장 설치대상 용도에 해당하지 아니한다.

12 ④ 건축물의 <u>최하층에 있는 거실</u>이어야 한다.
  ▶ 방습조치가 필요한 건축물
    다음의 어느 하나에 해당하는 거실·욕실 또는 조리장의 바닥 부분에는 국토교통부령으로 정하는 기준에 따라 방습을 위한 조치를 하여야 한다.
    • 건축물의 최하층에 있는 거실(바닥이 목조인 경우만 해당한다)
    • 제1종 근린생활시설 중 목욕장의 욕실과 휴게음식점 및 제과점의 조리장
    • 제2종 근린생활시설 중 일반음식점, 휴게음식점 및 제과점의 조리장과 숙박시설의 욕실

13 건축법령상 건축기준에 대한 설명으로 틀린 것은?

① 다중이용건축물, 준다중이용건축물 또는 층수가 11층 이상인 건축물이 건축되는 대지에는 소방기본법에 따른 소방자동차의 접근이 가능한 통로를 설치하여야 한다.

② 연면적이 500제곱미터 이상인 건축물의 대지에는 전기사업자가 전기를 배전하는 데 필요한 전기설비를 설치할 수 있는 공간을 확보하여야 한다.

③ 건축물을 건축하는 경우에는 에너지의 합리적인 이용을 위하여 국토교통부령으로 정하는 바에 따라 열의 손실을 방지하는 단열재 및 방습층을 설치하는 등 필요한 조치를 하여야 한다.

④ 국토교통부장관은 지능형 건축물(Intelligent Building)의 건축을 활성화하기 위하여 지능형 건축물 인증제도를 실시한다.

⑤ 허가권자는 지능형 건축물로 인증을 받은 건축물에 대하여 법 제42조에 따른 조경설치면적과, 제56조 및 제60조에 따른 용적률 및 건축물의 높이를 100분의 115의 범위에서 완화하여 적용할 수 있다.

14 건축법령상 승강기에 관한 설명으로 옳지 않은 것은?

① 높이 31층을 넘는 건축물에는 승용 승강기뿐만 아니라 일정한 기준에 따라 비상용 승강기를 추가로 설치하여야 한다. 단, 승용 승강기를 비상용 승강기의 구조로 하는 경우에는 비상용 승강기를 추가로 설치할 필요가 없다.

② 고층 건축물에는 승용 승강기 중 1대 이상을 피난용 승강기로 설치하여야 한다.

③ 2대 이상의 비상용 승강기를 설치하는 경우에는 화재가 났을 때 소화에 지장이 없도록 일정한 간격을 두고 설치하여야 한다.

④ 6층 이상으로서 연면적이 2천제곱미터 이상인 건축물을 건축하려는 건축주는 원칙적으로 승강기를 설치하여야 한다.

⑤ 층수가 6층인 건축물로서 각 층 거실의 바닥면적 300제곱미터 이내마다 1개 소 이상의 직통계단을 설치한 건축물은 승강기를 설치하지 아니할 수 있다.

정답 및 해설

13 ⑤ 법 제42조에 따라 <u>조경설치면적을 100분의 85까지 완화</u>하여 적용할 수 있으며, 제56조 및 제60조에 따른 용적률 및 건축물의 높이를 100분의 115의 범위에서 완화하여 적용할 수 있다.

14 ① <u>높이 31미터를 넘는 건축물</u>에는 승용 승강기뿐만 아니라 일정한 기준에 따른 대수 이상의 비상용 승강기를 추가로 설치하여야 한다.

제5장 기타 건축제한

대표예제 56 / 높이제한 등 ★★

건축법령상 대지가 건축법이나 다른 법률에 따른 지역·지구 또는 구역에 걸치는 경우에 건축물 및 대지 등에 관한 건축법 규정의 적용에 관한 다음 설명 중 옳지 않은 것은?

① 대지의 과반이 속하는 지역이 있는 경우 그 건축물과 대지의 전부에 대하여 대지의 과반이 속하는 지역의 건축물 및 대지 등에 관한 건축법의 규정을 적용한다.

② 하나의 건축물이 방화지구와 그 밖의 구역에 걸치는 경우에는 건축물과 대지의 전부에 대하여 방화지구 안의 건축물과 대지 등에 관한 규정을 적용한다.

③ ②의 경우, 건축물이 방화지구와 그 밖의 구역에 속한 부분의 경계가 방화벽으로 구획되는 경우 그 밖의 구역에 있는 부분에 대하여는 그러하지 아니하다.

④ 대지가 녹지지역과 그 밖의 지역·지구 또는 구역에 걸치는 경우에는 각 지역·지구 또는 구역 안의 건축물 및 대지에 관한 건축법의 규정을 적용한다.

⑤ ④의 경우 녹지지역 안의 건축물이 방화지구에 걸치는 경우에는 건축물의 전부에 대하여 방화지구 안의 건축물에 관한 규정을 적용한다.

해설 | 하나의 건축물이 방화지구와 그 밖의 구역에 걸치는 경우에는 그(건축물) 전부에 대하여 방화지구 안의 건축물에 관한 건축법의 규정을 적용한다.

기본서 p.605~610

정답 ③

01 건축법령상 건축물의 높이제한에 관한 설명으로 옳지 않은 것은?

① 허가권자는 가로구역을 단위로 하여 대통령령으로 정하는 기준과 절차에 따라 건축물의 높이를 지정·공고할 수 있다.

② 허가권자는 도시의 관리를 위하여 필요하면 가로구역별 건축물의 높이를 지방자치단체의 조례로 정할 수 있다.

③ 허가권자는 가로구역별 건축물의 높이를 지정·공고하려면 공고안을 작성하여 15일 이상 주민에게 공람한 후 지방건축위원회의 심의를 거쳐야 한다.

④ 허가권자는 가로구역 단위로 건축물의 높이를 지정·공고하는 경우 같은 가로구역에서 건축물의 용도 및 형태에 따라 건축물의 높이를 다르게 정할 수 있다.

⑤ 특별자치시장·특별자치도지사 또는 시장·군수·구청장은 가로구역의 높이를 완화하여 적용할 필요가 있다고 판단되는 대지에 대하여는 대통령령으로 정하는 바에 따라 건축위원회의 심의를 거쳐 높이를 완화하여 적용할 수 있다.

02 건축법령상 일조 등의 확보를 위한 건축물의 높이제한에 관한 설명으로 옳은 것은?

① 전용주거지역이나 일반주거지역에서 건축물을 건축하는 경우에는 일조 등의 확보를 위하여 건축물의 각 부분을 원칙적으로 정남방향의 인접대지경계선으로부터 일정한 범위에서 건축조례로 정하는 거리 이상을 띄어 건축하여야 한다.

② 전용주거지역이나 일반주거지역에서는 단독주택과 공동주택에 한하여 일조 등의 확보를 위한 건축물의 높이제한을 받는다.

③ 공동주택 건축물(기숙사는 제외한다)의 각 부분의 높이는 그 부분으로부터 채광을 위한 창문 등이 있는 벽면에서 직각방향으로 인접대지경계선까지의 수평거리의 4배(근린상업지역 또는 준주거지역의 건축물은 2배) 이하로 하여야 한다.

④ ③의 경우 채광을 위한 창문 등이 있는 벽면에서 직각방향으로 인접대지경계선까지의 수평거리가 1미터 이상으로서 건축조례로 정하는 거리 이상인 다세대주택은 적용하지 아니한다.

⑤ 2층 이하이거나 높이가 8미터 이하인 건축물에는 해당 지방자치단체의 조례로 정하는 바에 따라 일조 등의 확보를 위한 건축물의 높이제한을 적용하지 아니할 수 있다.

03 건축법령상 전용주거지역이나 일반주거지역에서 일조 등의 확보를 위한 건축물의 높이제한으로 틀린 것은?

① 높이 10미터를 초과하는 부분은 정북방향으로의 인접대지경계선으로부터 해당 건축물 각 부분 높이의 1배 이상을 띄운다.

② 층수에 관계없이 높이 10미터 이하의 부분은 정북방향으로의 인접대지경계선으로부터 1.5미터 이상 띄운다.

③ ①, ②의 경우에 특별가로구역에서 너비 20미터 이상의 도로에 접한 대지 상호간에 건축하는 건축물의 경우에는 그러하지 아니하다.

④ 공동주택의 같은 대지에서 두 동 이상의 건축물이 서로 마주보고 있는 경우에 건축물 각 부분 사이의 거리는 그 대지의 모든 세대가 동지(冬至)를 기준으로 9시에서 15시 사이에 2시간 이상을 계속하여 일조를 확보할 수 있는 거리 이상으로 할 수 있다.

⑤ 공동주택(기숙사를 제외한다)의 각 부분의 높이는 그 부분으로부터 채광을 위한 창문 등이 있는 벽면에서 직각방향으로 인접대지경계선까지의 수평거리의 2배 이하로 한다.

정답 및 해설

01 ② 허가권자 모두가 아니라 허가권자 가운데 특별시장이나 광역시장만이 도시의 관리를 위하여 필요하면 가로구역별 건축물의 높이를 특별시나 광역시의 조례로 정할 수 있다.

02 ④ ① 전용주거지역이나 일반주거지역에서 건축물을 건축하는 경우에는 일조 등의 확보를 위하여 건축물의 각 부분을 원칙적으로 정북방향의 인접대지경계선으로부터 일정한 범위에서 건축조례로 정하는 거리 이상을 띄어 건축하여야 한다.
② 전용주거지역이나 일반주거지역에서는 단독주택과 공동주택은 물론 모든 건축물과 공작물이 일조 등의 확보를 위한 건축물의 높이제한을 받는다.
③ 인접대지경계선까지의 수평거리의 2배(근린상업지역 또는 준주거지역의 건축물은 4배) 이하로 하여야 한다.
⑤ 2층 이하로서 높이가 8미터 이하인 경우이다.

03 ① 높이 10미터를 초과하는 부분은 정북방향으로의 인접대지경계선으로부터 해당 건축물 각 부분 높이의 2분의 1 이상을 띄운다.

---

04 건축법령상 전용주거지역이나 일반주거지역에서 정북방향 대지의 일조 확보를 위한 높이 제한을 적용하지 아니하는 경우가 있는데, 그 경우에 해당하지 않는 것은?

① 국토의 계획 및 이용에 관한 법률에 따른 지구단위계획구역 안의 너비 20미터 이상의 도로에 접한 대지 상호간에 건축하는 건축물의 경우

② 특별가로구역과 경관법에 따른 중점경관관리구역 안의 너비 20미터 이상의 도로에 접한 대지 상호간에 건축하는 건축물의 경우

③ 도시미관 향상을 위하여 허가권자가 지정·공고하는 구역 안의 너비 20미터 이상의 도로에 접한 대지 상호간에 건축하는 건축물의 경우

④ 건축협정구역 안에서 너비 20미터 이상의 도로에 접한 대지 상호간에 건축하는 건축물의 경우

⑤ 건축물의 정북방향의 인접대지가 전용주거지역이나 일반주거지역이 아닌 용도지역에 해당하는 경우

05 건축법령상 전용주거지역이나 일반주거지역에서 건축물을 건축하는 경우라 할지라도 일정한 경우에 해당하면 건축물의 높이를 정남방향의 인접대지경계선으로부터의 거리에 따라 정북방향에 따른 높이의 범위에서 특별자치시장·특별자치도지사 또는 시장·군수·구청장이 정하여 고시하는 높이 이하로 할 수 있는바, 다음 중 그 '일정한 경우'가 아닌 것은?

① 주택법에 따른 대지조성사업지구인 경우

② 택지개발촉진법에 따른 택지개발지구인 경우

③ 도시개발법에 따른 도시개발구역인 경우

④ 정북방향으로 접하고 있는 대지의 소유자와 합의한 경우

⑤ 정남방향으로 도로, 공원, 하천 등 건축이 금지된 공지에 접하는 대지인 경우

건축법령상 특별건축구역에 관한 설명으로 옳지 않은 것은?

① 중앙행정기관의 장, 사업구역을 관할하는 시·도지사 또는 시장·군수·구청장은 특별건축구역의 지정이 필요한 경우에 중앙행정기관의 장 또는 시·도지사는 국토교통부장관에게, 시장·군수·구청장은 특별시장·광역시장·도지사에게 각각 특별건축구역의 지정을 신청할 수 있다.

② 위 ①에 따른 지정신청기관 외의 자는 사업구역을 관할하는 시·도지사에게 특별건축구역의 지정을 제안할 수 있다.

③ 특별건축구역 지정 여부를 결정하기 위하여 지정신청을 받은 날부터 30일 이내에 건축위원회의 심의를 거쳐야 한다.

④ 국토교통부장관 또는 시·도지사는 필요한 경우 직권으로 특별건축구역을 지정할 수 있다.

⑤ 국토교통부장관 또는 시·도지사는 특별건축구역 지정일부터 10년 이내에 특별건축구역 지정목적에 부합하는 건축물의 착공이 이루어지지 아니하는 경우에는 특별건축구역의 전부 또는 일부에 대하여 지정을 해제할 수 있다.

해설 | 10년이 아니라 5년이다.

기본서 p.610~624   정답 ⑤

정답 및 해설

04 ④ 건축협정구역 안에서 대지 상호간에 건축하는 건축물(법 제77조의4 제1항에 따른 건축협정에 일정 거리 이상을 띄어 건축하는 내용이 포함된 경우만 해당한다)의 경우이다. 너비 20미터 이상의 도로 요건은 필요로 하지 않는다.

05 ⑤ 정북방향으로 도로, 공원, 하천 등 건축이 금지된 공지에 접하는 대지인 경우이다.

06 건축법령상 다음의 지역·구역 등 중 특별건축구역을 지정할 수 없는 지역·구역 등이 아닌 것은?

① 도로법에 따른 접도구역

② 군사기지 및 군사시설 보호법에 따른 군사기지 및 군사시설보호구역

③ 자연공원법에 따른 자연공원

④ 산지관리법에 따른 보전산지

⑤ 개발제한구역의 지정 및 관리에 관한 특별조치법에 따른 개발제한구역

07 건축법령상 특별건축구역에서 적용하지 아니할 수 있는 건축규정이 아닌 것은?

① 대지의 조경(법 제42조)

② 대지 안의 공지(법 제58조)

③ 건축물의 높이제한(법 제60조) 및 일조 등의 확보를 위한 건축물의 높이제한(법 제61조)

④ 건축물의 건폐율(법 제55조)

⑤ 대지와 도로의 관계(법 제44조)

ꞏ고난도

08 건축법령상 특별건축구역에 관한 설명으로 옳지 않은 것은?

① 국토교통부장관 또는 특별시장·광역시장·도지사는 특별건축구역의 지정신청이 접수된 경우에는 지정 여부를 결정하기 위하여 지정신청을 받은 날부터 30일 이내에 건축위원회의 심의를 거쳐야 한다.

② 특별건축구역을 지정하거나 변경한 경우에는 국토의 계획 및 이용에 관한 법률에 따른 도시·군관리계획의 결정(용도지역·지구·구역의 지정 및 변경을 제외한다)이 있는 것으로 본다.

③ 특별건축구역에서 국가 또는 지방자치단체가 건축하는 건축물은 건축기준 등의 특례사항을 적용하여 건축할 수 있는 건축물에 해당되지 아니한다.

④ 특별건축구역에서는 주차장법에 따른 부설주차장의 설치에 대하여는 개별 건축물마다 적용하지 아니하고 특별건축구역 전부 또는 일부를 대상으로 통합하여 적용할 수 있다.

⑤ 특별건축구역에 건축하는 건축물에 대하여는 건축물의 높이제한(법 제60조) 및 일조 등의 확보를 위한 건축물의 높이제한(법 제61조)을 적용하지 아니할 수 있다.

09 건축법령상 국토교통부장관 및 허가권자는 도로에 인접한 건축물의 건축을 통한 조화로운 도시경관의 창출을 위하여 이 법 및 관계 법령에 따라 일부 규정을 적용하지 아니하거나 완화하여 적용할 수 있도록 경관지구, 지구단위계획구역에서 일정한 도로에 접한 대지의 일정 구역을 특별가로구역으로 지정할 수 있는데, 여기에 해당하는 도로가 아닌 것은?

① 건축선을 후퇴한 대지에 접한 도로로서 허가권자가 건축조례로 정하는 도로
② 허가권자가 리모델링 활성화가 필요하다고 인정하여 지정·공고한 지역 안의 도로
③ 자동차전용도로로서 도시미관 개선을 위하여 허가권자가 건축조례로 정하는 도로
④ 지역문화진흥법 제18조에 따른 문화지구 안의 도로
⑤ 그 밖에 조화로운 도시경관 창출을 위하여 필요하다고 인정하여 국토교통부장관이 고시하거나 허가권자가 건축조례로 정하는 도로

10 건축법령상 건축협정을 체결할 수 있는 지역 등이 아닌 것은?

① 국토의 계획 및 이용에 관한 법률에 따라 지정된 지구단위계획구역
② 도시 및 주거환경정비법에 따른 주거환경개선사업을 시행하기 위하여 지정·고시된 정비구역
③ 도시재정비 촉진을 위한 특별법에 따른 존치지역
④ 도시재정비 촉진을 위한 특별법에 따른 우선사업구역
⑤ 그 밖에 특별자치시장·특별자치도지사 또는 시장·군수·구청장이 도시 및 주거환경 개선이 필요하다고 인정하여 해당 지방자치단체의 조례로 정하는 구역

정답 및 해설

06 ② 다음의 어느 하나에 해당하는 지역·구역 등에 대하여는 특별건축구역으로 지정할 수 없다. 군사기지 및 군사시설보호구역은 특별건축구역을 지정하고자 하는 경우에 미리 국방부장관과 협의를 하여야 한다.
- 개발제한구역의 지정 및 관리에 관한 특별조치법에 따른 개발제한구역
- 자연공원법에 따른 자연공원
- 도로법에 따른 접도구역
- 산지관리법에 따른 보전산지

07 ⑤ 대지와 도로와의 관계는 적용 제외에 포함되지 아니한다.

08 ③ 특별건축구역에서 국가 또는 지방자치단체가 건축하는 건축물은 건축기준 등의 특례사항을 적용하여 건축할 수 있는 건축물에 <u>해당한다</u>.

09 ③ <u>보행자전용도로</u>이다.

10 ④ 우선사업구역은 건축협정체결 대상지역에 해당하지 아니한다.

11 건축법령상 건축협정구역에서 개별 건축물마다 적용하지 아니하고 전부 또는 일부를 대상으로 통합 적용할 수 있는 규정이 아닌 것은?

① 법 제42조에 따른 대지의 조경
② 법 제44조에 따른 대지와 도로의 관계
③ 법 제53조에 따른 지하층의 설치
④ 주차장법 제19조에 따른 부설주차장의 설치
⑤ 법 제58조에 따른 대지 안의 공지

12 건축법령상 건축협정에 대한 다음 설명 중 틀린 것은?

① 토지 또는 건축물의 소유자, 지상권자 등은 전원의 합의로 건축물의 건축·대수선 또는 리모델링에 관한 협정을 체결할 수 있다.
② 협정체결자는 건축협정서 작성 및 건축협정 관리 등을 위하여 필요한 경우 협정체결자간의 자율적 기구로서 운영회(건축협정위원회)를 설립할 수 있다.
③ 협정체결자 또는 건축협정운영회의 대표자는 건축협정서를 작성하여 국토교통부령으로 정하는 바에 따라 해당 건축협정 인가권자의 인가를 받아야 한다.
④ 협정체결자 또는 건축협정운영회의 대표자는 건축협정을 폐지하려는 경우에는 협정체결자 전원의 동의를 받아 건축협정 인가권자의 인가를 받아야 한다.
⑤ ④의 경우에 특례를 적용하여 착공신고를 한 경우에는 착공신고를 한 날부터 20년이 경과한 후에 건축협정의 폐지인가를 신청할 수 있다.

13 건축법령상 결합건축협정을 체결할 수 있는 지역이 아닌 것은?

① 상업지역
② 역세권개발구역
③ 건축협정구역
④ 특별건축구역
⑤ 재개발사업구역

14 건축법령상 결합건축에 대한 다음 설명 중 틀린 것은?

① 주거환경개선사업구역에서 대지간의 최단거리가 100미터 이내에 있는 2개의 대지가 동일한 지역에 속하고, 너비 12미터 이상인 도로로 둘러싸인 하나의 구역 안에 있는 경우 건축주가 서로 합의한 경우 용적률을 통합 적용하여 건축할 수 있다.

② ①의 경우에 국가·지방자치단체 또는 공공기관이 소유 또는 관리하는 건축물과 결합건축하거나, 빈집 또는 건축물관리법 제42조에 따른 빈 건축물을 철거하여 그 대지에 공원, 광장 등 대통령령으로 정하는 시설을 설치하는 경우에는 3개 이상 대지의 건축주 등이 서로 합의한 경우 3개 이상의 대지를 대상으로 결합건축을 할 수 있다.

③ 위 ①과 ②에도 불구하고 도시경관의 형성, 기반시설 부족 등의 사유로 해당 지방자치단체의 조례로 정하는 지역 안에서는 결합건축을 할 수 없다.

④ 결합건축으로 조정되는 용적률이 도시계획 조례의 용적률의 100분의 20을 초과하는 경우에는 건축위원회와 도시계획위원회의 공동위원회를 구성하여 심의를 하여야 한다.

⑤ 결합건축협정서를 폐지하려는 경우에는 결합건축협정체결자 전원이 동의하여 허가권자에게 신고하여야 하며, 협정체결 유지기간은 최소 20년으로 한다.

정답 및 해설

11 ⑤ 통합 적용할 수 있는 규정은 대지의 조경, 대지와 도로의 관계, 지하층의 설치, 건폐율, 주차장법에 따른 부설주차장의 설치, 하수도법에 따른 개인하수처리시설의 설치규정이다.

12 ④ 건축협정을 폐지하려는 경우에는 <u>협정체결자 과반수의 동의</u>를 받아야 한다.

13 ⑤ ▶ 결합건축협정 체결이 가능한 지역
상업지역, 역세권개발구역, 주거환경개선사업구역, 건축협정구역, 특별건축구역, 리모델링 활성화구역, 도시재생활성화지역, 건축자산 진흥구역

14 ⑤ 결합건축협정의 유지기간은 <u>최소 30년으로 한다.</u>

제6장 건축위원회

대표예제 58 건축위원회와 이행강제금 ★

건축법령상 지방건축위원회의 심의사항이 아닌 것은?

① 특수구조건축물의 구조안전에 관한 사항

② 법 제46조 제2항(지정건축선)에 따른 건축선의 지정에 관한 사항

③ 건축물의 건축 등과 관련된 분쟁의 조정 또는 재정에 관한 사항

④ 다중이용건축물의 구조안전에 관한 사항

⑤ 분양을 목적으로 하는 건축물로서 건축조례로 정하는 용도 및 규모에 해당하는 건축물의
건축에 관한 사항

해설 | 건축분쟁전문위원회는 국토교통부장관이 두는 중앙건축위원회에 설치한다.

기본서 p.629~638   정답 ③

---

01 건축법령상 건축분쟁전문위원회 및 분쟁의 조정·재정에 관한 설명으로 옳은 것은?

① 건축분쟁전문위원회는 시·도지사가 설치하는 지방건축위원회에 두는 시·도 건축분
쟁전문위원회와, 시장·군수·구청장이 설치하는 지방건축위원회에 두는 시·군·구
건축분쟁전문위원회로 구분한다.

② 조정신청은 해당 사건의 당사자 중 1명 이상이 하며, 재정신청은 해당 사건의 당사자
간의 합의로 한다.

③ 건축분쟁전문위원회는 당사자의 조정신청을 받으면 180일 이내에, 재정신청을 받으
면 90일 이내에 절차를 마쳐야 한다.

④ 시·도지사 또는 시장·군수·구청장은 조정 등의 신청이 있으면 해당 공사를 중지하
게 하여야 한다.

⑤ 당사자가 조정안을 수락하고 조정서에 기명날인하면 당사자간에 조정서와 동일한 내
용의 합의가 성립된 것으로 본다.

02 건축법령상 건축민원전문위원회에 대한 설명으로 틀린 것은?

① 건축민원전문위원회는 건축물의 건축 등과 관련된 민원을 심의하며, 시·도지사가 설치하는 건축민원전문위원회와 시장·군수·구청장이 설치하는 건축민원전문위원회로 구분한다.

② 민원을 신청하려는 자는 관할 건축민원전문위원회에 방문하여 구술로 신청하는 것으로 하며, 구술로 신청한 질의민원 심의신청을 접수한 담당 공무원은 신청인이 심의신청서를 작성할 수 있도록 협조하여야 한다.

③ 건축민원전문위원회는 신청인의 질의민원을 받으면 15일 이내에 심의절차를 마쳐야 한다. 다만, 사정이 있으면 건축민원전문위원회의 의결로 15일 이내의 범위에서 기간을 연장할 수 있다.

④ 민원의 심의신청을 받은 건축민원전문위원회는 심의기간 내에 심의하여 심의결정서를 작성하여야 한다.

⑤ 건축민원전문위원회는 민원심의의 결정내용을 지체 없이 신청인 및 해당 허가권자 등에게 통지하여야 하고, 통지받은 허가권자 등은 이를 존중하여야 하며, 통지받은 날부터 10일 이내에 그 처리결과를 해당 건축민원전문위원회에 통보하여야 한다.

정답 및 해설

01 ② ① 건축분쟁전문위원회는 <u>국토교통부에 설치하는 건축위원회에 한하여</u> 설치·운영할 수 있다.
　　③ 건축분쟁전문위원회는 당사자의 <u>조정신청을 받으면 60일 이내에, 재정신청을 받으면 120일 이내에</u> 절차를 마쳐야 한다.
　　④ 시·도지사 또는 시장·군수·구청장은 위해방지를 위하여 긴급한 상황이거나 그 밖에 특별한 사유가 없으면 조정 등의 신청이 있다는 이유만으로 해당 공사를 중지하게 하여서는 아니 된다.
　　⑤ 당사자가 조정안을 수락하고 조정서에 기명날인하면 당사자간에 조정서와 동일한 내용의 <u>재판상 화해</u>가 성립된 것으로 본다.

02 ② 민원을 신청하려는 자는 관할 건축민원전문위원회에 <u>심의신청서를 제출</u>하여야 한다. 다만, 문서에 의할 수 없는 특별한 사정이 있는 경우에는 구술로 신청한 질의민원 심의신청을 접수한 담당 공무원은 신청인이 심의신청서를 작성할 수 있도록 협조하여야 한다.

03 건축법령상 위반 건축물과 기존 건축물에 대한 조치에 관한 설명으로 옳지 않은 것은?

① 허가권자는 대지나 건축물이 건축법 또는 건축법에 따른 명령이나 처분에 위반되면 건축법에 따른 허가 또는 승인을 취소하거나 그 건축물의 건축주 등에게 공사의 중지를 명하거나 상당한 기간을 정하여 그 건축물의 철거, 그 밖에 필요한 조치를 명할 수 있다.

② 허가권자는 건축법에 따른 허가 또는 승인을 취소하려면 청문을 실시하여야 한다.

③ 허가권자는 필요한 조치를 할 때 반드시 행정대집행법에 따른 절차(계고 및 통지)를 거쳐야 대집행할 수 있다.

④ 특별자치시장·특별자치도지사 또는 시장·군수·구청장은 기존 건축물이 국가보안상 이유가 있거나 건축물의 대지와 도로의 규정을 위반하면 해당 건축물의 철거, 그 밖에 필요한 조치를 명할 수 있다.

⑤ 특별자치시장·특별자치도지사 또는 시장·군수·구청장은 ④에 따라 필요한 조치를 명하면 정당한 보상을 하여야 한다.

04 건축법령상 이행강제금에 관한 설명으로 옳지 않은 것은?

① 허가권자는 시정명령을 받은 후 시정기간 내에 시정명령을 이행하지 아니한 건축주 등에 대하여는 그 시정명령의 이행에 필요한 상당한 이행기한을 정하여 그 기한까지 시정명령을 이행하지 아니하면 이행강제금을 부과한다.

② 허가권자는 이행강제금을 부과하기 전에 이행강제금을 부과·징수한다는 뜻을 미리 문서로써 계고하여야 한다.

③ 허가권자는 최초의 시정명령이 있었던 날을 기준으로 하여 1년에 2회 이내의 범위에서 그 시정명령이 이행될 때까지 반복하여 이행강제금을 부과·징수할 수 있다.

④ 허가권자는 이행강제금 부과처분을 받은 자가 이행강제금을 납부기한까지 내지 아니하면 지방세 체납처분의 예에 따라 징수한다.

⑤ 허가권자는 시정명령을 받은 자가 이를 이행하면 새로운 이행강제금의 부과를 즉시 중지하고, 이미 부과된 이행강제금은 그 부과를 철회하여야 한다.

05 건축법령상 이행강제금을 산정하기 위하여 위반내용에 따라 곱하는 비율을 높은 순서대로 나열한 것은? (단, 조례는 고려하지 않음)

> ㉠ 용적률을 초과하여 건축한 경우
> ㉡ 건폐율을 초과하여 건축한 경우
> ㉢ 신고를 하지 아니하고 건축한 경우
> ㉣ 허가를 받지 아니하고 건축한 경우

① ㉠ - ㉡ - ㉣ - ㉢   ② ㉠ - ㉣ - ㉢ - ㉡

③ ㉡ - ㉠ - ㉣ - ㉢   ④ ㉣ - ㉠ - ㉡ - ㉢

⑤ ㉣ - ㉢ - ㉡ - ㉠

정답 및 해설

03 ③ 허가권자는 필요한 조치를 할 때 행정대집행법에 따른 절차(계고 및 통지)에 의하면 <u>그 목적을 달성하기 곤란한</u> 때에는 해당 절차를 거치지 아니하고 대집행할 수 있다.

04 ⑤ 허가권자는 시정명령을 받은 자가 이를 이행하면 새로운 이행강제금의 부과를 즉시 중지하되, <u>이미 부과된 이행강제금은 징수하여야 한다.</u>

05 ④ 이행강제금은 다음과 같이 탄력적으로 부과한다.
- 건폐율을 초과하여 건축한 경우: 100분의 80
- 용적률을 초과하여 건축한 경우: 100분의 90
- 허가를 받지 아니하고 건축한 경우: 100분의 100
- 신고를 하지 아니하고 건축한 경우: 100분의 70

제5편 주관식 기입형 문제

01 건축법령에 대한 설명이다. (   )에 들어갈 용어를 쓰시오.

> '(   )'(이)란 건축물에 설치하는 전기 · 전화설비, 초고속정보통신설비, 지능형 홈네트워크 설비, 가스 · 급수 · 배수(配水) · 배수(排水) · 환기 · 난방 · 냉방 · 소화 · 배연 및 오물처리의 설비, 굴뚝, 승강기, 피뢰침, 국기계양대, 공동시청 안테나, 유선방송 수신시설, 우편함, 저수조, 방범시설, 그 밖에 국토교통부령으로 정하는 설비를 말한다.

02 건축법령상 설계도서에 대한 설명이다. (   )에 들어갈 용어를 쓰시오.

> '설계도서'란 건축물의 건축 등에 관한 공사용 도면, (㉠), (㉡), 그 밖에 국토교통부령으로 정하는 공사에 필요한 서류를 말한다.

03 건축법령에 대한 설명이다. (   )에 들어갈 용어를 쓰시오.

> 산업 등 시설군에 속하는 세부용도는 운수시설, 창고시설, 공장, 위험물 저장 및 처리시설, (㉠)관련시설, 묘지관련시설, (㉡)이다.

04 건축법령에 대한 설명이다. (   )에 들어갈 용어를 쓰시오.

> 문화집회시설군에 속하는 세부용도는 문화 및 집회시설, 종교시설, (   ), 관광휴게시설이다.

05 건축법령에 대한 설명이다. (   )에 들어갈 용어를 쓰시오.

영업시설군에 속하는 세부용도는 판매시설, 운동시설, (㉠), 제2종 근린생활시설 중 (㉡) 이다.

06 건축법령에 대한 설명이다. (   )에 들어갈 용어를 쓰시오.

'용도변경'이란 건축물의 사용용도를 변경하는 것을 말하며, 용도변경은 변경하려는 용도의 (㉠)에 맞게 하여야 하며, 같은 시설군 안에서 용도를 변경하려는 자는 국토교통부령으로 정하는 바에 따라 특별자치시장·특별자치도지사 또는 시장·군수·구청장에게 (㉡) 기 재내용의 변경을 신청하여야 한다.

07 건축법령에 대한 설명이다. (   )에 들어갈 용어와 아라비아 숫자를 쓰시오.

국토의 계획 및 이용에 관한 법률에 따른 도시지역 및 (㉠), 행정구역이 동·읍[동이나 읍에 속하는 섬의 경우에는 인구가 (㉡)명 이상인 경우만 해당된다] 지역인 경우에는 건축 법이 모두 적용된다.

정답 및 해설

01 건축설비

02 ㉠ 구조계산서, ㉡ 시방서

03 ㉠ 자원순환, ㉡ 장례시설

04 위락시설

05 ㉠ 운수시설, ㉡ 다중생활시설

06 ㉠ 건축기준, ㉡ 건축물대장

07 ㉠ 지구단위계획구역, ㉡ 500

08 건축법령상 다음의 설명에 해당하는 용어를 쓰시오.

건축주, 설계자, (㉠) 또는 공사감리자(이하 '건축관계자'라 한다)는 업무를 수행할 때 이 법을 적용하는 것이 매우 불합리하다고 인정되는 대지나 건축물로서 (㉡)으로 정하는 것에 대하여는 이 법의 기준을 완화하여 적용할 것을 허가권자에게 요청할 수 있고, 요청을 받은 허가권자는 건축위원회의 심의를 거쳐 완화 여부와 적용 범위를 결정하고 그 결과를 신청인 에게 알려야 한다.

09 건축법령에 대한 설명이다. ( )에 들어갈 용어를 쓰시오.

- 건축물 안에서 거주, 집무, 작업, 집회, 오락, 그 밖에 이와 유사한 목적을 위하여 사용되 는 방을 (㉠)(이)라 한다.
- 주요구조부란 내력벽, 기둥, 바닥, 보, 지붕틀 및 (㉡)을(를) 말한다.
- 리모델링이란 건축물의 노후화를 억제하거나 기능 향상 등을 위하여 대수선하거나 건축물 의 일부를 증축 또는 (㉢)하는 행위를 말한다.

10 건축법령에 대한 설명이다. ( )에 들어갈 용어를 쓰시오.

- 화재에 견딜 수 있는 성능을 가진 구조로서 국토교통부령으로 정하는 기준에 적합한 구조 를 (㉠)(이)라 한다.
- 화염의 확산을 막을 수 있는 성능을 가진 구조로서 국토교통부령으로 정하는 기준에 적합 한 구조를 (㉡)(이)라 한다.
- 건축물의 건축 등에 관한 공사용 도면, 구조계산서, 시방서, 그 밖에 국토교통부령으로 정하 는 공사에 필요한 서류를 (㉢)(이)라 한다.

┌─고난도
11 건축법령에 대한 설명이다. ( )에 들어갈 용어를 쓰시오.

'( )'(이)란 건축물의 실내를 안전하고 쾌적하며 효율적으로 사용하기 위하여 내부공간을 칸막이로 구획하거나 법정 재료를 설치하는 것을 말한다.

12 건축법령상 다음의 설명에 해당하는 용어를 쓰시오.

> • 한쪽 끝은 고정되고 다른 끝은 지지되지 아니한 구조로 된 보·차양 등이 외벽의 중심선으로부터 3미터 이상 돌출된 건축물
> • 기둥과 기둥 사이의 거리가 20미터 이상인 건축물

13 건축법령에 대한 설명이다. ( )에 들어갈 용어를 쓰시오.

> • 대지면적에 대한 연면적의 비율을 (㉠)(이)라 하고, 대지면적에 대한 건축면적의 비율은 건폐율이라 한다.
> • '건축면적'이란 건축물의 외벽(외벽이 없는 경우에는 외곽 부분의 기둥)의 중심선으로 둘러싸인 부분의 (㉡)(으)로 한다.
> • '(㉢)'(이)란 건축물의 각 층 또는 그 일부로서 벽, 기둥, 그 밖에 이와 비슷한 구획의 중심선으로 둘러싸인 부분의 수평투영면적을 말한다.
> • 초고층 건축물과 준초고층 건축물에 설치하는 (㉣)의 면적은 용적률을 산정하는 경우에 연면적에서 제외한다.

정답 및 해설

08 ㉠ 공사시공자, ㉡ 대통령령

09 ㉠ 거실, ㉡ 주계단, ㉢ 개축

10 ㉠ 내화구조, ㉡ 방화구조, ㉢ 설계도서

11 실내건축

12 특수구조건축물

13 ㉠ 용적률, ㉡ 수평투영면적, ㉢ 바닥면적, ㉣ 피난안전구역

14 건축법령에 대한 설명이다. (   )에 들어갈 용어와 아라비아 숫자를 쓰시오.

건축물의 옥상에 설치되는 승강기탑(옥상 출입용 승강기 포함)·계단탑·망루·장식탑·옥탑 등으로서 그 수평투영면적의 합계가 해당 건축물 건축면적의 (㉠)분의 1[주택법에 따른 사업계획승인 대상인 공동주택 중 세대별 전용면적이 85제곱미터 이하인 경우에는 (㉡)분의 1] 이하인 경우로서 그 부분의 높이가 (㉢)미터를 넘는 경우에는 그 넘는 부분만 해당 건축물의 높이에 산입하고, 충고란 방의 (㉣) 윗면으로부터 위층 (㉣)의 윗면까지의 높이로 한다.

고난도

15 건축법령에 대한 설명이다. (   )에 들어갈 용어를 쓰시오.

건축허가대상 건축물을 건축하려는 자는 건축허가를 신청하기 전에 허가권자에게 그 건축물을 해당 대지에 건축하는 것이 이 법이나 다른 법령에서 허용되는지에 대한 (㉠)을(를) 신청할 수 있고, 신청하는 자는 (㉡) 심의와 도시교통정비 촉진법에 따른 (㉢)의 검토를 동시에 신청할 수 있다.

고난도

16 건축법령에 대한 설명이다. (   )에 들어갈 용어와 아라비아 숫자를 쓰시오.

- 허가권자는 사전결정이 신청된 건축물의 대지면적이 (㉠)법 제43조에 따른 소규모 환경영향평가 대상사업인 경우 환경부장관이나 지방환경관서의 장과 소규모 환경영향평가에 관한 협의를 하여야 한다.
- 허가권자는 신청을 받으면 입지, 건축물의 규모, 용도 등을 사전결정한 후 사전결정일부터 (㉡)일 이내에 사전결정신청자에게 알려야 한다.
- 사전결정신청자는 사전결정을 통지받은 날부터 (㉢)년 이내에 건축허가를 신청하여야 하며, 이 기간에 건축허가를 신청하지 아니하면 사전결정의 효력이 상실된다.

17 건축법령에 대한 설명이다. ( )에 들어갈 용어를 쓰시오.

> 사전결정 통지를 받은 경우에는 다음의 허가를 받거나 신고 또는 협의를 한 것으로 본다.
> • 국토의 계획 및 이용에 관한 법률에 따른 (㉠)
> • 산지관리법에 따른 산지전용허가와 산지전용신고, 같은 법에 따른 산지일시사용허가·신고, 산지전용신고. 다만, 보전산지인 경우에는 도시지역만 해당된다.
> • 농지법에 따른 농지전용허가·신고 및 협의
> • 하천법에 따른 (㉡)

18 건축법령에 대한 설명이다. ( )에 들어갈 용어와 아라비아 숫자를 쓰시오.

> 시장·군수는 사전승인대상 건축물의 건축을 허가하려면 미리 (㉠)와(과) 국토교통부령으로 정하는 건축물의 용도, 규모 및 형태가 표시된 (㉡)을(를) 첨부하여 도지사의 승인을 받아야 하며, 건축위원회의 심의를 받은 자가 심의결과를 통지받은 날부터 (㉢)년 이내에 건축허가를 신청하지 아니하면 건축위원회 심의의 효력이 상실된다.

정답 및 해설

14 ㉠ 8, ㉡ 6, ㉢ 12, ㉣ 바닥구조체

15 ㉠ 사전결정, ㉡ 건축위원회, ㉢ 교통영향평가서

16 ㉠ 환경영향평가, ㉡ 7, ㉢ 2

17 ㉠ 개발행위허가, ㉡ 하천점용허가

18 ㉠ 건축계획서, ㉡ 기본설계도서, ㉢ 2

19 건축법령상 건축허가의 거부에 대한 설명이다. ( )에 들어갈 용어를 쓰시오.

> 허가권자는 다음의 어느 하나에 해당하는 경우에는 이 법이나 다른 법률에도 불구하고 건축위원회의 심의를 거쳐 건축허가를 하지 아니할 수 있다.
> - 위락시설이나 (㉠)에 해당하는 건축물의 건축을 허가하는 경우 주거환경이나 교육환경 등 주변 환경을 고려할 때 부적합하다고 인정되는 경우
> - 국토의 계획 및 이용에 관한 법률에 따른 방재지구 및 자연재해대책법에 따른 (㉡) 등 상습적으로 침수되거나 침수가 우려되는 지역에 지하층 등 일부 공간을 주거용 또는 거실을 설치하는 것이 부적합하다고 인정되는 경우

20 건축법령상 건축허가의 제한에 대한 설명이다. ( )에 들어갈 용어와 아라비아 숫자를 쓰시오.

> - 국토교통부장관은 (㉠)을(를) 위하여 특히 필요하다고 인정하거나 주무부장관이 국방, 국가유산기본법 제3조에 따른 국가유산의 보존, 환경보전 또는 국민경제를 위하여 특히 필요하다고 인정하여 요청하면 허가권자의 건축허가나 허가를 받은 건축물의 착공을 제한할 수 있다
> - 특별시장·광역시장·도지사는 지역계획이나 (㉡)에 특히 필요하다고 인정하면 시장·군수·구청장의 건축허가나 허가를 받은 건축물의 착공을 제한할 수 있다.
> - 건축허가나 건축물의 착공을 제한하는 경우 제한기간은 (㉢)년 이내로 한다. 다만, 1회에 한하여 1년 이내의 범위에서 제한기간을 연장할 수 있다.

21 건축법령에 대한 설명이다. ( )에 들어갈 용어를 쓰시오.

> 국가나 지방자치단체는 건축물을 건축하거나 대수선하려는 경우에는 관할 허가권자와 (㉠)하여야 하며 (㉠)한 경우에는 건축허가 또는 건축신고를 한 것으로 보며, (㉠)한 건축물에는 (㉡)의 규정을 적용하지 아니한다. 다만, 건축물의 공사가 끝난 경우에는 지체 없이 허가권자에게 통보하여야 한다.

22 건축법령에 대한 설명이다. ( )에 들어갈 아라비아 숫자를 쓰시오.

> 존치기간을 연장하려는 가설건축물의 건축주는 다음의 구분에 따라 시장·군수·구청장에게 허가를 신청하거나 신고하여야 한다.
> - 허가대상 가설건축물: 존치기간 만료일 (㉠)일 전까지 허가신청
> - 신고대상 가설건축물: 존치기간 만료일 (㉡)일 전까지 신고

23 건축법령에 대한 설명이다. ( )에 들어갈 용어를 쓰시오.

> 허가권자는 허가를 하려면 해당 용도·규모 또는 형태의 건축물을 건축하려는 대지에 건축하는 것이 국토의 계획 및 이용에 관한 법률의 규정과 그 밖에 관계 법령의 규정에 맞는지를 확인하고, 건축 관련 입지와 규모의 사전결정 또는 건축허가로 의제되는 관련 인·허가 등 또는 신고와 관계 행정기관의 장과의 협의사항을 처리하기 위하여 ( )을(를) 개최하여야 한다.

□고난도

24 건축법령에 대한 설명이다. ( )에 들어갈 용어와 아라비아 숫자를 쓰시오.

> 허가권자는 연면적이 (㉠)제곱미터 이상인 건축물로서 해당 지방자치단체의 조례로 정하는 건축물에 대하여는 (㉡)을(를) 하는 건축주에게 장기간 건축물의 공사현장이 방치되는 것에 대비하여 미리 미관 개선과 안전관리에 필요한 비용을 건축공사비의 (㉢)퍼센트의 범위에서 예치하게 할 수 있고, 허가권자는 착공신고 이후 건축 중에 공사가 중단된 건축물로서 공사 중단 기간이 (㉣)년을 경과한 경우에는 건축주에게 서면으로 고지한 후 예치금을 사용하여 공사현장의 미관과 안전관리 개선을 위한 조치를 할 수 있다.

정답 및 해설

---

19 ㉠ 숙박시설, ㉡ 자연재해위험개선지구

20 ㉠ 국토관리, ㉡ 도시계획, ㉢ 2

21 ㉠ 협의, ㉡ 사용승인

22 ㉠ 14, ㉡ 7

23 건축복합민원 일괄협의회

24 ㉠ 1천, ㉡ 착공신고, ㉢ 1, ㉣ 2

---

25 건축법령에 대한 설명이다. (   )에 공통적으로 들어갈 용어를 쓰시오.

> 국토교통부장관은 건축관계자간의 계약의 체결에 필요한 (   )을(를) 작성하여 보급하고 활용하게 하거나 건축사협회, 건설업자단체로 하여금 (   )을(를) 작성하여 보급하고 활용하게 할 수 있다.

26 건축법령에 대한 설명이다. (   )에 들어갈 용어를 쓰시오.

> 건축허가를 받아야 하거나 건축신고를 하여야 하는 건축물 또는 주택법에 따른 리모델링을 하는 건축물을 위한 설계는 (㉠)이(가) 아니면 할 수 없다. 다만, 대통령령으로 정한 경우와 국토교통부장관이 국토교통부령(표준설계도서 등의 운영에 관한 규칙)으로 정하는 바에 따라 작성하거나 인정하는 (㉡)나 특수한 공법을 적용한 설계도서에 따라 건축물을 건축하는 경우에는 그러하지 아니하다.

27 건축법령에 대한 설명이다. (   )에 들어갈 용어를 쓰시오.

> 건축허가·건축신고 또는 허가대상 가설건축물의 공사를 착수하려는 건축주는 허가권자에게 (㉠)을(를) 신고하여야 한다. 다만, 건축물의 철거를 신고할 때 (㉡)을(를) 기재한 경우에는 그러하지 아니하다.

28 건축법령에 대한 설명이다. (   )에 들어갈 용어를 쓰시오.

> 공사시공자는 건축허가나 용도변경허가가 필요한 건축물의 건축공사를 착수한 경우에는 해당 건축공사의 현장에 국토교통부령으로 정하는 바에 따라 (   )을(를) 설치하여야 한다.

29 건축법령에 대한 설명이다. (   )에 들어갈 용어를 쓰시오.

> 공사시공자는 건축물(건축허가나 용도변경허가 대상인 것만 해당된다)의 공사현장에 (㉠)을(를) 갖추어 두어야 하는데, 공사시공자는 (㉠)이(가) 이 법과 이 법에 따른 명령이나 처분, 그 밖의 관계 법령에 맞지 아니하거나 공사의 여건상 불합리하다고 인정되면 건축주와 공사감리자의 동의를 받아 서면으로 설계자에게 설계를 변경하도록 요청할 수 있고, 연면적의 합계가 (㉡)제곱미터 이상인 건축공사의 공사감리자는 필요하다고 인정하면 공사시공자에게 (㉢)을(를) 작성하도록 요청할 수 있다.

30 건축법령에 대한 설명이다. (   )에 들어갈 용어를 쓰시오.

> 건축주는 건축허가를 받아야 하는 건축물을 건축하는 경우와 사용승인을 받은 후 15년 이상이 되어 리모델링이 필요한 건축물을 리모델링하는 경우에는 (㉠)을(를) 공사감리자로 지정하여야 하고, 다중이용건축물의 경우에는 (㉡) 또는 (㉠)을(를) 공사감리자로 지정하여야 한다.

31 건축법령에 대한 설명이다. (   )에 들어갈 용어를 쓰시오.

> - 건축주가 공사를 완료한 경우에 공사감리자가 작성한 감리완료보고서와 (㉠)을(를) 첨부하여 허가권자에게 사용승인을 신청하여야 한다.
> - 허가권자는 사용승인신청을 받은 경우 그 신청서를 받은 날부터 7일 이내에 검사를 실시하고, 검사에 합격된 건축물에 대하여는 (㉡)을(를) 내주어야 한다.

정답 및 해설

25 표준계약서

26 ㉠ 건축사, ㉡ 표준설계도서

27 ㉠ 공사계획, ㉡ 착공예정일

28 건축허가표지판

29 ㉠ 설계도서, ㉡ 5천, ㉢ 상세시공도면

30 ㉠ 건축사, ㉡ 건설엔지니어링사업자

31 ㉠ 공사완료도서, ㉡ 사용승인서

32 건축법령에 대한 설명이다. ( )에 공통적으로 들어갈 용어를 쓰시오.

특별시장 또는 광역시장은 사용승인을 한 경우 지체 없이 그 사실을 군수 또는 구청장에게 알려서 ( )에 적게 하여야 한다. 이 경우 ( )에는 설계자, 대통령령으로 정하는 주요 공사의 시공자, 공사감리자를 적어야 한다.

33 건축법령에 대한 설명이다. ( )에 들어갈 용어를 쓰시오.

(㉠) 및 고층 건축물의 소유자나 관리자는 유지·관리하는 경우 건축물의 제설, 홈통 청소 등에 관한 사항이 포함된 (㉡)을(를) 마련하여야 한다.

34 건축법령에 대한 설명이다. ( )에 들어갈 용어를 쓰시오.

특별자치시장·특별자치도지사 또는 시장·군수·구청장은 이 법 또는 이 법의 규정에 의한 명령이나 처분에 위반하는 건축물의 발생을 예방하고 건축물의 적법한 유지·관리를 지도하기 위하여 특별자치시·특별자치도 또는 시·군·구에 근무하는 건축직렬의 공무원과 건축에 관한 학식이 풍부한 자로서 건축조례가 정하는 자격을 갖춘 자 중에서 ( )을(를) 지정한다.

35 건축법령에 대한 설명이다. ( )에 들어갈 용어를 쓰시오.

• 대지는 이와 인접하는 (㉠)보다 낮아서는 안 된다. 다만, 배수에 지장이 없거나 방습의 필요가 없는 경우에는 그러하지 아니하다.
• 습한 토지, 물이 나올 우려가 많은 토지 또는 쓰레기 등으로 매립된 토지에 건축하는 경우에는 (㉡), 지반의 개량, 기타 필요한 조치를 하여야 한다.
• 손궤의 우려가 있는 토지에 대지를 조성할 경우에는 (㉢) 설치 등 필요한 조치를 하여야 한다.

36 건축법령에 대한 설명이다. (　)에 들어갈 용어와 아라비아 숫자를 쓰시오.

> • 면적이 (㉠)제곱미터 이상인 대지에 건축을 하는 건축주는 용도지역 및 건축물의 규모에 따라 해당 지방자치단체의 조례로 정하는 기준에 따라 대지에 조경이나 그 밖에 필요한 조치를 하여야 한다.
> • (㉡)은(는) 식재기준, 조경시설물의 종류 및 설치방법, 옥상조경의 방법 등 조경에 필요한 사항을 정하여 고시할 수 있다.

37 건축법령에 대한 설명이다. (　)에 들어갈 용어와 아라비아 숫자를 쓰시오.

> 건축물을 건축하는 경우에는 국토의 계획 및 이용에 관한 법률에 따른 용도지역 · 용도지구, 건축물의 용도 및 규모 등에 따라 건축물의 각 부분을 건축선 및 (㉠)으로부터 (㉡)미터 이내의 범위에서 대통령령이 정하는 바에 의하여 해당 지방자치단체의 조례로 정하는 거리 이상을 띄어야 한다.

38 건축법령에 대한 설명이다. (　)에 들어갈 아라비아 숫자를 쓰시오.

> • 건축물의 대지는 (㉠)미터 이상이 도로(자동차만의 통행에 사용되는 도로는 제외한다)에 접하여야 한다.
> • 연면적의 합계가 2천제곱미터(공장인 경우에는 3천제곱미터) 이상인 건축물의 대지는 너비 (㉡)미터 이상의 도로에 (㉢)미터 이상 접하여야 한다.

정답 및 해설

32 건축물대장

33 ㉠ 특수구조건축물, ㉡ 유지관리계획

34 건축지도원

35 ㉠ 도로면, ㉡ 성토, ㉢ 옹벽

36 ㉠ 200, ㉡ 국토교통부장관

37 ㉠ 인접대지경계선, ㉡ 6

38 ㉠ 2, ㉡ 6, ㉢ 4

39 건축법령에 대한 설명이다. (   )에 들어갈 용어를 쓰시오.

> 소요너비에 못 미치는 너비의 도로인 경우에는 그 (㉠)(으)로부터 그 소요너비의 2분의 1의 수평거리만큼 물러난 선을 건축선으로 하되, 그 도로의 반대쪽에 경사지, 하천, 철도, 선로부지, 그 밖에 이와 유사한 것이 있는 경우에는 그 경사지 등이 있는 쪽의 (㉡)에서 소요너비에 해당하는 수평거리의 선을 건축선으로 한다.

40 건축법령에 대한 설명이다. (   )에 들어갈 용어를 쓰시오.

> - 국토교통부장관은 지진으로부터 건축물의 구조안전을 확보하기 위하여 건축물의 용도, 규모 및 설계구조의 중요도에 따라 (㉠)을(를) 설정하여야 한다.
> - 연면적 1천제곱미터 이상인 건축물은 (㉡)(으)로 구획하되, 각 구획된 바닥면적의 합계는 1천제곱미터 미만이어야 한다.
> - 연면적 1천제곱미터 이상인 목조건축물의 구조는 방화구조로 하거나 (㉢)(으)로 하여야 한다.

41 건축법령상 방화지구에서의 건축기준에 대한 설명이다. (   )에 들어갈 용어를 쓰시오.

> - 방화지구 안에서는 건축물의 주요구조부와 외벽과 지붕을 (㉠)(으)로 하여야 한다.
> - 방화지구 안의 공작물로서 간판, 광고탑, 그 밖에 대통령령으로 정하는 공작물 중 건축물의 지붕 위에 설치하는 공작물이나 높이 3미터 이상의 공작물은 주요부를 (㉡)(으)로 하여야 한다.
> - 욕실, 화장실, 목욕장 등의 바닥 마감재료는 (㉢)을(를) 방지할 수 있도록 국토교통부령으로 정하는 기준에 적합하여야 한다.

┌─고난도
42 건축법령상 건축물의 범죄예방 규정의 일부이다. (   )에 들어갈 용어를 쓰시오.

> 국토교통부장관은 범죄를 예방하고 안전한 생활환경을 조성하기 위하여 (   ), 건축설비 및 (   )에 관한 범죄예방기준을 정하여 고시할 수 있다.

43 건축법령에 대한 설명이다. (　　)에 들어갈 용어를 쓰시오.

> 자연재해대책법에 따른 자연재해위험개선지구 중 (㉠)에 국가·지방자치단체 또는 공공기관이 건축하는 건축물은 침수 방지 및 방수를 위하여 다음의 기준에 따라야 한다.
> 1. 건축물의 1층 전체를 필로티(건축물을 사용하기 위한 경비실, 계단실, 승강기실, 그 밖에 이와 비슷한 것을 포함한다) 구조로 할 것
> 2. 다음의 침수방지시설을 설치할 것
>   • (㉡)
>   • 역류방지 밸브

44 건축법령에 대한 설명이다. (　　)에 공통적으로 들어갈 용어를 쓰시오.

> • 5층 이상 또는 지하 2층 이하의 층에 설치하는 직통계단은 피난계단 또는 (　　)(으)로 설치하여야 한다.
> • 판매시설의 용도로 쓰는 층으로부터의 직통계단은 그중 1개 소 이상을 (　　)(으)로 설치하여야 한다.
> • 건축물(갓복도식 공동주택은 제외한다)의 11층(공동주택의 경우에는 16층) 이상인 층 또는 지하 3층 이하인 층으로부터 피난층 또는 지상으로 통하는 직통계단은 (　　)(으)로 설치하여야 한다.

정답 및 해설

39 ㉠ 중심선, ㉡ 도로경계선

40 ㉠ 내진등급, ㉡ 방화벽, ㉢ 불연재료

41 ㉠ 내화구조, ㉡ 불연재료, ㉢ 미끄럼

42 건축물, 대지

43 ㉠ 침수위험지구, ㉡ 차수판

44 특별피난계단

45 건축법령에 대한 설명이다. (   )에 들어갈 용어를 쓰시오.

> 초고층 건축물에는 피난층 또는 지상으로 통하는 직통계단과 직접 연결되는 (㉠)을(를) (㉡)으로부터 최대 30개 층마다 1개 소 이상 설치하여야 한다.

46 건축법 제61조(일조 등의 확보를 위한 건축물의 높이제한) 규정의 일부이다. (   )에 들어갈 용어를 순서대로 쓰시오.

> 1. (   )와(과) 일반주거지역 안에서 건축하는 건축물의 높이는 일조 등의 확보를 위하여 정북방향의 인접대지경계선으로부터 거리에 따라 대통령령으로 정하는 높이 이하로 하여야 한다.
> 2. 다음의 어느 하나에 해당하는 공동주택[일반상업지역과 (   )에 건축하는 것은 제외한다]은 채광 등의 확보를 위하여 대통령령으로 정하는 높이 이하로 하여야 한다.
>   • 인접대지경계선 등의 방향으로 채광을 위한 창문 등을 두는 경우
>   • 하나의 대지에 두 동 이상을 건축하는 경우

고난도

47 건축법령에 대한 설명이다. (   )에 들어갈 용어와 아라비아 숫자를 쓰시오.

> • 다중이용건축물, 준다중이용건축물 또는 층수가 11층 이상인 건축물이 건축되는 대지에는 그 안의 모든 다중이용건축물, 준다중이용건축물 또는 층수가 11층 이상인 건축물에 소방기본법에 따른 (㉠)의 접근이 가능한 통로를 설치하여야 한다.
> • 연면적이 (㉡)제곱미터 이상인 건축물의 대지에는 국토교통부령으로 정하는 바에 따라 전기사업자가 전기를 배전하는 데 필요한 전기설비를 설치할 수 있는 공간을 확보하여야 한다.

48 건축법령에 대한 설명이다. (   )에 들어갈 용어와 아라비아 숫자를 쓰시오.

> • 오피스텔에 거실 바닥으로부터 높이 (㉠)미터 이하 부분에 여닫을 수 있는 창문을 설치하는 경우에는 국토교통부령으로 정하는 기준에 따라 추락 방지를 위한 안전시설을 설치하여야 한다.
> • 11층 이하의 건축물에는 국토교통부령으로 정하는 기준에 따라 (㉡)이(가) 진입할 수 있는 곳을 정하여 외부에서 주·야간 식별할 수 있는 표시를 하여야 한다.
> • 인접대지경계선으로부터 직선거리 2미터 이내에 이웃 주택의 내부가 보이는 창문 등을 설치하는 경우에는 (㉢)을(를) 설치하여야 한다.

49 건축법 시행령 제37조(지하층과 피난층 사이의 개방공간 설치) 규정이다. (   )에 들어갈 아라비아 숫자를 쓰시오.

> 바닥면적의 합계가 (   )제곱미터 이상인 공연장·집회장·관람장 또는 전시장을 지하층에 설치하는 경우에는 각 실에 있는 자가 지하층 각 층에서 건축물 밖으로 피난하여 옥외계단 또는 경사로 등을 이용하여 피난층으로 대피할 수 있도록 천장이 개방된 외부 공간을 설치하여야 한다.

50 건축법령에 대한 설명이다. (   )에 들어갈 용어를 쓰시오.

> • 하나의 건축물이 (㉠)와(과) 그 밖의 구역에 걸치는 경우에는 그 전부에 대하여 (㉠) 안의 건축물에 관한 이 법의 규정을 적용한다.
> • 대지가 (㉡)와(과) 그 밖의 지역·지구 또는 구역에 걸치는 경우에는 각 지역·지구 또는 구역 안의 건축물과 대지에 관한 이 법의 규정을 적용한다.

정답 및 해설

45 ㉠ 피난안전구역, ㉡ 지상층

46 전용주거지역, 중심상업지역

47 ㉠ 소방자동차, ㉡ 500

48 ㉠ 12, ㉡ 소방관, ㉢ 차면시설

49 3,000(3천)

50 ㉠ 방화지구, ㉡ 녹지지역

51 건축법 제64조(승강기) 규정의 일부이다. ( )에 들어갈 아라비아 숫자를 쓰시오.

건축주는 6층 이상으로서 연면적이 ( )제곱미터 이상인 건축물(대통령령으로 정하는 건축물은 제외한다)을 건축하려면 승강기를 설치하여야 한다. 이 경우 승강기의 규모 및 구조는 국토교통부령으로 정한다.

52 건축법령에 대한 설명이다. ( )에 들어갈 용어를 쓰시오.

조화롭고 창의적인 건축물의 건축을 통하여 도시경관의 창출, 건설기술 수준향상 및 건축 관련 제도개선을 도모하기 위하여 이 법 또는 관계 법령에 따라 일부 규정을 적용하지 아니하거나 완화 또는 통합하여 적용할 수 있도록 특별히 지정하는 구역을 ( )(이)라 한다.

53 건축법령에 대한 설명이다. ( )에 들어갈 용어를 쓰시오.

도로에 인접한 건축물의 건축을 통한 조화로운 도시경관의 창출을 위하여 이 법 및 관계 법령에 따라 일부 규정을 적용하지 아니하거나 완화하여 적용할 수 있도록 지구단위계획구역과 경관지구에서 대통령령으로 정하는 도로에 접한 대지의 일정 구역을 ( )(이)라 한다.

고난도
54 건축법령에 대한 설명이다. ( )에 들어갈 용어를 쓰시오.

다음의 어느 하나에 해당하는 지역·구역 등에 대하여는 특별건축구역으로 지정할 수 없다.
• 개발제한구역의 지정 및 관리에 관한 특별조치법에 따른 개발제한구역
• 자연공원법에 따른 (㉠)
• 도로법에 따른 (㉡)
• 산지관리법에 따른 (㉢)

55 건축법령에 대한 설명이다. (   )에 들어갈 용어를 쓰시오.

국토교통부장관 또는 특별시장·광역시장·도지사는 건축제도의 개선 및 건설기술 향상을 위하여 허가권자의 의견을 들어 특별건축구역 내에서 건축허가를 받은 건축물에 대하여 (   )을(를) 실시할 수 있다.

정답 및 해설

51 2,000(2천)

52 특별건축구역

53 특별가로구역

54 ㉠ 자연공원, ㉡ 접도구역, ㉢ 보전산지

55 모니터링

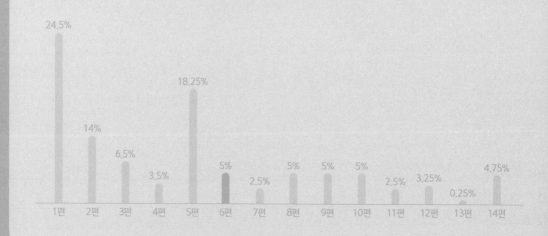

제6편

도시 및 주거환경정비법

대표예제 59 \ 용어의 정의 ★★★

도시 및 주거환경정비법령상 정비사업에 대한 다음 설명 중 틀린 것은?

① 도시저소득 주민이 집단거주하는 지역으로서 정비기반시설이 극히 열악하고 노후 · 불량건축물이 과도하게 밀집한 지역의 주거환경을 개선하는 사업은 주거환경개선사업에 해당한다.

② 정비기반시설이 열악하고 노후 · 불량건축물이 밀집한 지역에서 주거환경을 개선하는 사업은 재개발사업이다.

③ '재건축사업'이란 정비기반시설이 열악하고 노후 · 불량건축물에 해당하는 공동주택이 밀집한 지역에서 주거환경을 개선하기 위한 사업이다.

④ 상업지역 · 공업지역 등에서 도시기능의 회복 및 상권활성화 등을 위하여 도시환경을 개선하기 위한 사업은 재개발사업이다.

⑤ 단독주택 및 다세대주택이 밀집한 지역에서 정비기반시설과 공동이용시설 확충을 통하여 주거환경을 보전 · 정비 · 개량하기 위한 사업은 주거환경개선사업에 해당한다.

해설 | ③은 재개발사업에 대한 설명이다. 재건축사업이란 정비기반시설은 양호하나 노후 · 불량건축물에 해당하는 공동주택이 밀집한 지역에서 주거환경을 개선하기 위한 사업이다.

기본서 p.665~668   정답 ③

01 도시 및 주거환경정비법령상 용어에 대한 다음 설명 중 틀린 것은?

① 건축물의 준공일 기준으로 30년까지 사용하기 위하여 보수 · 보강하는 데 드는 비용이 철거 후 새로운 건축물을 건설하는 데 드는 비용보다 클 것으로 예상되는 건축물은 노후 · 불량건축물에 해당한다.

② 도시미관을 저해하거나 노후화된 건축물로서 준공된 후 20년 이상 30년 이하의 범위에서 조례로 정하는 기간이 지난 건축물은 노후 · 불량건축물에 해당한다.

③ '정비기반시설'이란 도로 · 상하수도 · 공원 · 공용주차장 · 공동구, 그 밖에 주민의 생활에 필요한 열 · 가스 등의 공급시설로서 대통령령이 정하는 시설을 말한다.

④ '공동이용시설'이란 주민이 공동으로 사용하는 놀이터 · 마을회관 · 공동작업장, 그 밖에 대통령령으로 정하는 시설을 말한다.

⑤ '대지'란 정비사업에 의하여 조성된 토지를 말한다.

02 도시 및 주거환경정비법령상 토지등소유자에 해당하지 않는 자는?

① 주거환경개선사업의 경우 정비구역에 위치한 건축물의 소유자

② 주거환경개선사업의 경우 정비구역에 위치한 지상권자

③ 재개발사업의 경우 정비구역에 위치한 토지의 소유자

④ 재건축사업의 경우 정비구역에 위치한 건축물 및 그 부속토지의 소유자

⑤ 재건축사업의 경우 정비구역에 위치한 지상권자

정답 및 해설

01 ① 준공일 기준으로 <u>40년</u>까지이다.

02 ⑤ 재건축사업의 경우에는 정비구역에 위치한 건축물 및 그 부속토지의 소유자에 한하여 토지등소유자에 해당한다. 지상권자는 재건축사업에서의 토지등소유자에는 해당하지 아니한다.

다음은 도시 및 주거환경정비법령상 도시·주거환경정비 기본계획(이하 '정비기본계획'이라 함)에 대한 설명이다. 틀린 것은?

① 국토교통부장관은 도시 및 주거환경을 개선하기 위하여 10년마다 기본방침을 수립하고, 5년마다 그 타당성을 검토하여 그 결과를 기본방침에 반영하여야 한다.

② 특별시장·광역시장·특별자치시장·특별자치도지사 또는 시장은 관할구역에 대하여 정비기본계획을 10년 단위로 수립하여야 한다.

③ 정비기본계획에는 정비구역의 범위가 포함되어야 한다.

④ 특별시장·광역시장·특별자치시장·특별자치도지사 또는 시장은 정비기본계획에 대하여 5년마다 그 타당성 여부를 검토하여 그 결과를 정비기본계획에 반영하여야 한다.

⑤ 특별시장·광역시장·특별자치시장·특별자치도지사 또는 시장은 정비기본계획이 수립 또는 변경된 때에는 이를 지체 없이 공보에 고시하고 국토교통부장관에게 보고하여야 한다.

해설 | 정비기본계획에는 정비예정구역의 개략적 범위와 정비예정구역별 정비계획의 수립시기가 포함되어야 한다.

기본서 p.671~681

정답 ③

고난도

03 도시 및 주거환경정비법상 정비계획의 내용에 포함되어야 할 사항이 아닌 것은? (단, 조례는 고려하지 않음)

① 건축물의 주용도·건폐율·용적률·높이에 관한 계획

② 환경보전 및 재난방지에 관한 계획

③ 정비구역 주변의 교육환경 보호에 관한 계획

④ 정비사업비의 추산액에 관한 관리처분계획

⑤ 도시·군계획시설의 설치에 관한 계획

04 다음은 도시 및 주거환경정비법령상 정비계획의 수립과 제안에 대한 설명이다. 틀린 것은?

① 정비계획의 작성기준 및 작성방법은 국토교통부장관이 정한다.

② 자치구의 구청장 또는 광역시의 군수(구청장 등)는 정비계획을 입안하여 특별시장·광역시장에게 정비구역 지정을 신청하여야 한다.

③ 특별자치시장·특별자치도지사·시장 또는 군수는 정비계획을 수립하고 직접 정비구역을 지정한다.

④ 토지등소유자는 단계별 정비사업 추진계획상 정비예정구역별 정비계획의 입안시기가 지났음에도 불구하고 정비계획이 입안되지 아니하는 경우에 특별자치시장·특별자치도지사·시장·군수 또는 구청장 등에게 정비계획의 입안을 제안할 수 있다.

⑤ ④에 따라 입안의 제안이 있는 경우에는 제안일부터 1개월 이내에 정비계획에의 반영 여부를 제안자에게 통보하여야 한다. 다만, 부득이한 사정이 있는 경우에는 한 차례만 1개월을 연장할 수 있다.

정답 및 해설

03 ④ 관리처분계획은 사업시행자가 분양신청현황을 토대로 작성하는 공사 착수 전 마지막 단계에서 이루어지는 계획이다. 입안권자가 수립하는 정비계획에는 포함할 사항이 아니다.

04 ⑤ 제안일부터 60일 이내에 정비계획에의 반영 여부를 제안자에게 통보하여야 하며, 한 차례에 한하여 30일을 연장할 수 있다.

05 도시 및 주거환경정비법령상 정비계획의 요청에 대한 설명이다. 틀린 것은?

① 토지등소유자는 단계별 정비사업 추진계획상 정비예정구역별 정비계획의 입안시기가 지났음에도 불구하고 정비계획이 입안되지 아니한 경우 등에 해당하면 정비계획의 입안권자에게 정비구역의 지정을 위한 정비계획의 입안을 요청할 수 있다.

② ①에 따라 입안요청을 하고자 하는 경우에는 토지등소유자의 2분의 1 이하의 범위에서 시·도 조례로 정하는 비율 이상의 동의를 받아야 한다.

③ 입안권자는 ①의 요청이 있는 경우에는 요청일부터 3개월 이내에 정비계획의 입안 여부를 결정하여 토지등소유자 및 정비구역의 지정권자에게 알려야 한다.

④ ③의 경우에 정비계획의 입안권자는 정비계획의 입안 여부의 결정 기한을 2개월의 범위에서 한 차례만 연장할 수 있다.

⑤ 정비구역의 지정권자는 단계별 정비사업 추진계획에 따라 정비계획의 입안권자가 요청하는 경우 등에 해당하면 토지이용, 주택건설 및 기반시설의 설치 등에 관한 기본방향(정비계획의 기본방향)을 작성하여 정비계획의 입안권자에게 제시하여야 한다.

06 다음은 도시 및 주거환경정비법령상 정비구역의 지정과 그 효과에 대한 설명이다. 틀린 것은?

① 지정권자는 정비구역을 지정하거나 정비계획을 결정한 때에는 정비계획을 포함한 정비구역 지정의 내용을 해당 지방자치단체의 공보에 고시하고, 국토교통부장관에게 그 지정의 내용을 보고하여야 한다.

② 정비구역의 지정·고시가 있는 경우 해당 정비구역 및 정비계획 중 지구단위계획의 내용에 해당하는 사항은 지구단위계획 및 지구단위계획구역으로 결정·고시된 것으로 본다.

③ 정비구역 안에서 건축물의 건축(가설건축물 포함) 또는 건축물의 용도를 변경하고자 하는 자는 시장·군수 등의 허가를 받아야 한다.

④ 정비구역의 지정 및 고시 당시 이미 공사 또는 사업에 착수한 자는 정비구역이 지정·고시된 날부터 30일 이내에 관할 시장·군수 등에게 신고한 후 이를 계속 시행할 수 있다.

⑤ 시장·군수 또는 구청장은 비경제적인 건축행위 및 투기수요의 유입을 막기 위하여 기본계획을 공람 중인 정비예정구역 또는 정비계획을 수립 중인 지역에 대하여 2년 이내의 기간을 정하여 건축물의 건축과 토지의 분할을 제한할 수 있다.

07 도시 및 주거환경정비법령상 다음 중 지정권자가 정비구역을 해제하여야 하는 경우가 아닌 것은?

① 정비예정구역에 대하여 기본계획에서 정한 정비구역 지정예정일부터 3년이 되는 날까지 특별자치시장·특별자치도지사·시장 또는 군수가 정비구역을 지정하지 아니하거나 구청장 등이 정비구역의 지정을 신청하지 아니하는 경우

② 재개발사업·재건축사업(조합이 시행하는 경우로 한정한다)에서 토지등소유자가 정비구역으로 지정·고시된 날부터 2년이 되는 날까지 조합설립추진위원회의 승인을 신청하지 아니하는 경우

③ 재개발사업·재건축사업(조합이 시행하는 경우로 한정한다)에서 추진위원회가 추진위원회 승인일부터 2년이 되는 날까지 조합설립인가를 신청하지 아니하는 경우

④ 재개발사업·재건축사업(조합이 시행하는 경우로 한정한다)에서 토지등소유자가 정비구역으로 지정·고시된 날부터 3년이 되는 날까지 조합설립인가를 신청하지 아니하는 경우(추진위원회를 구성하지 아니하는 경우로 한정한다)

⑤ 재개발사업·재건축사업(조합이 시행하는 경우로 한정한다)에서 조합이 조합설립인가를 받은 날부터 2년이 되는 날까지 사업시행인가를 신청하지 아니하는 경우

정답 및 해설

05 ③ <u>요청일부터 4개월 이내</u>에 정비계획의 입안 여부를 결정하여 토지등소유자 및 정비구역의 지정권자에게 알려야 한다.

06 ⑤ 정비예정구역 또는 정비계획을 수립 중인 지역에 대하여 <u>3년 이내</u>의 기간을 정하여 건축물의 건축과 토지의 분할을 제한할 수 있고, 이 경우 한 차례에 한하여 1년까지 그 제한기간을 연장할 수 있다.

07 ⑤ 조합이 조합설립인가를 받은 날부터 <u>3년이 되는 날</u>까지 사업시행인가를 신청하지 아니하는 경우이다.

08 도시 및 주거환경정비법령상 지정권자가 정비구역을 해제할 수 있는 경우가 아닌 것은?

① 토지등소유자의 100분의 30 이상이 정비구역 등(추진위원회가 구성되지 아니한 구역에 한한다)의 해제를 요청하는 경우

② 스스로 주택개량방법으로 시행하고 있는 주거환경개선사업이 정비구역이 지정·고시된 날부터 10년 이상 경과하고, 추진상황으로 보아 지정목적을 달성할 수 없다고 인정되는 경우로서 토지등소유자의 과반수가 정비구역의 해제에 동의하는 경우

③ 추진위원회 구성 또는 조합설립에 동의한 토지등소유자의 2분의 1 이상 3분의 2 이하의 범위에서 시·도 조례로 정하는 비율 이상의 동의로 정비구역의 해제를 요청하는 경우(사업시행계획인가를 신청하지 아니한 경우로 한정한다)

④ 추진위원회가 구성되거나 조합이 설립된 정비구역에서 토지등소유자 과반수의 동의로 정비구역의 해제를 요청하는 경우(사업시행계획인가를 신청하지 아니한 경우로 한정한다)

⑤ 재개발사업의 추진위원회가 추진위원회 승인일부터 2년이 되는 날까지 조합설립인가를 신청하지 아니하는 경우

09 도시 및 주거환경정비법령상 다음 설명 중 빈칸에 들어갈 내용이 틀린 것은?

> 정비계획의 입안권자는 주택수급의 안정과 저소득 주민의 입주기회 확대를 위하여 정비사업으로 건설하는 주택에 대하여 다음의 구분에 따른 범위에서 국토교통부장관이 정하여 고시하는 임대주택 및 주택규모별 건설비율 등을 정비계획에 반영하여야 한다.
> 1. 주거환경개선사업의 경우 다음의 범위
>   • 국민주택규모의 주택: 건설하는 주택 전체 세대수의 100분의 (①) 이하
>   • 공공임대주택: 건설하는 주택 전체 세대수의 100분의 (②) 이하로 하되, 주거전용면적이 40제곱미터 이하인 공공임대주택이 전체 공공임대주택 세대수의 100분의 50 이하
> 2. 재개발사업의 경우 다음의 범위
>   • 국민주택규모의 주택: 건설하는 주택 전체 세대수의 100분의 (③) 이하
>   • 임대주택: 건설하는 주택 전체 세대수의 100분의 (④) 이하
> 3. 재건축사업의 경우: 국민주택규모의 주택이 건설하는 주택 전체 세대수의 100분의 (⑤) 이하
> 4. 위 3.에도 불구하고 과밀억제권역에서 다음의 요건을 모두 갖춘 경우에는 국민주택규모의 주택 건설비율을 적용하지 아니한다.
>   • 재건축사업의 조합원에게 분양하는 주택은 기존 주택의 주거전용면적을 축소하거나 30퍼센트의 범위에서 그 규모를 확대할 것
>   • 조합원 이외의 자에게 분양하는 주택은 모두 85제곱미터 이하 규모로 건설할 것

① 90　　　　　　　② 30　　　　　　　③ 80
④ 20　　　　　　　⑤ 70

도시 및 주거환경정비법령상 정비사업의 시행방법에 대한 다음 설명 중 잘못된 것은?

① 주거환경개선사업은 사업시행자가 정비기반시설 및 공동이용시설을 설치·확대하고 토지등소유자가 스스로 주택을 보전·정비하거나 개량하는 방법으로 시행할 수 있다.

② 주거환경개선사업은 사업시행자가 환지로 공급하는 방법으로 시행할 수 있다.

③ 주거환경개선사업은 사업시행자가 정비구역에서 인가받은 관리처분계획에 따라 주택 및 부대시설·복리시설을 건설하여 공급하는 방법으로 시행할 수 있다.

④ 재건축사업은 정비구역에서 인가받은 관리처분계획에 따라 주택, 부대시설·복리시설 및 오피스텔을 건설하여 공급하거나 환지로 공급하는 방법으로 한다.

⑤ 재개발사업은 정비구역에서 인가받은 관리처분계획에 따라 건축물을 건설하여 공급하거나 환지로 공급하는 방법으로 한다.

해설 | 재건축사업은 정비구역에서 인가받은 관리처분계획에 따라 주택, 부대시설·복리시설 및 오피스텔을 건설하여 공급하는 방법으로 한다. 환지방법으로는 시행할 수 없다.

기본서 p.685~692 　　　　　　　　　　　　　　　　　　　　　　　　　　　　　　정답 ④

정답 및 해설

08 ⑤ ⑤는 정비구역을 해제하여야 하는 의무적 해제사유에 해당한다.

09 ⑤ 재건축사업의 경우 국민주택규모의 주택이 건설하는 주택 전체 세대수의 100분의 60 이하이다.

10 도시 및 주거환경정비법령상 정비사업의 시행자에 대한 다음 설명 중 틀린 것은?

① 주거환경개선사업을 스스로 주택을 보전·정비하거나 개량하는 방법으로 시행하는 경우에는 시장·군수 등이 직접 시행하는 것이 원칙이다.

② ①의 경우에 시장·군수 등이 토지주택공사 등을 사업시행자로 지정하여 시행하게 하려는 경우에는 토지등소유자의 과반수의 동의를 받아야 한다.

③ 주거환경개선사업을 수용방식으로 시행하는 경우에는 정비예정구역의 토지 또는 건축물의 소유자 또는 지상권자와 세입자 세대수의 각 과반수의 동의를 각각 받아야 한다.

④ 재개발사업은 조합이 시행하거나 조합이 조합원의 과반수의 동의를 받아 시장·군수 등, 토지주택공사 등, 건설업자, 등록사업자 또는 신탁업자, 한국부동산원과 공동으로 시행하는 방법으로 할 수 있다.

⑤ 재건축사업은 조합이 시행하거나 조합이 조합원의 과반수의 동의를 받아 시장·군수 등, 토지주택공사 등, 건설업자 또는 등록사업자와 공동으로 시행하는 방법으로 할 수 있다.

11 도시 및 주거환경정비법령상 시공자의 선정에 대한 다음 설명 중 틀린 것은?

① 조합은 설립인가를 받은 후 조합총회에서 경쟁입찰 또는 수의계약(2회 이상 경쟁입찰이 유찰된 경우로 한정한다)의 방법으로 시공자를 선정하여야 한다.

② ①의 경우에 조합원이 100명 이하인 정비사업은 조합총회에서 정관으로 정하는 바에 따라 선정할 수 있다.

③ 토지등소유자가 20인 미만인 경우로서 재개발사업을 시행하는 경우에는 사업시행계획인가를 받은 후 규약에 따라 시공자를 선정하여야 한다.

④ 시장·군수 등이 직접 정비사업을 시행하는 경우에는 사업시행계획의 인가·고시 후 경쟁입찰 또는 수의계약의 방법으로 시공자를 선정하여야 한다.

⑤ 사업시행자는 선정된 시공자와 공사에 관한 계약을 체결할 때에는 기존 건축물의 철거공사에 관한 사항을 포함시켜야 한다.

12 도시 및 주거환경정비법령상 재건축사업의 안전진단에 대한 다음 설명 중 틀린 것은?

① 입안권자는 재건축사업 정비계획의 입안을 위하여 정비예정구역별 정비계획의 수립 시기가 도래한 때에 안전진단을 실시하여야 한다.

② 재건축사업의 안전진단은 주택단지 내의 주택을 대상으로 실시한다.

③ 안전진단에 드는 비용은 입안권자가 부담하는 것이 원칙이나, 요청에 따라 실시하는 경우에는 그 비용의 전부 또는 일부를 안전진단의 실시를 요청하는 자에게 부담하게 할 수 있다.

④ 입안권자는 안전진단의 결과와 도시계획 및 지역여건 등을 종합적으로 검토하여 정비 계획의 입안 여부를 결정하여야 한다.

⑤ 시·도지사는 입안권자에게 정비계획 입안결정의 취소 등 필요한 조치를 요청할 수 있으며, 입안권자는 특별한 사유가 없으면 그 요청에 따라야 한다.

정답 및 해설

10 ③ 주거환경개선사업을 수용방식으로 시행하는 경우에는 <u>정비예정구역의 토지 또는 건축물의 소유자 또는 지상권자의 3분의 2 이상의 동의와 세입자 세대수의 과반수의 동의</u>를 각각 받아야 한다.

11 ④ <u>사업시행자 지정·고시 후</u> 경쟁입찰 또는 수의계약의 방법으로 건설사업자 또는 등록사업자를 시공자로 선정하여야 한다.

12 ② 재건축사업의 안전진단은 <u>주택단지 내의 건축물</u>을 대상으로 한다.

정비사업조합 ★★★

도시 및 주거환경정비법령상 정비사업조합 설립추진위원회에 대한 다음 설명 중 틀린 것은?

① 조합을 설립하려는 경우에는 정비구역 지정·고시 후 5명 이상의 추진위원회 위원과 운영 규정에 대하여 토지등소유자 과반수의 동의를 받아 추진위원회를 구성하여 시장·군수 등의 승인을 받아야 한다.

② 추진위원회는 정비사업전문관리업자와 시공자를 선정한다.

③ 추진위원회는 운영규정에 따라 운영하여야 하며, 토지등소유자는 운영에 필요한 경비를 운영규정에 따라 납부하여야 한다.

④ 추진위원회는 수행한 업무를 총회에 보고하여야 하며, 그 업무와 관련된 권리·의무는 조합이 포괄승계한다.

⑤ 추진위원회는 회계장부 및 관련 서류를 조합설립의 인가일부터 30일 이내에 조합에 인계하여야 한다.

해설 | 시공자가 아니라 설계자를 선정한다. 시공자는 조합설립인가 후 조합총회에서 선정한다.

기본서 p.693~707   정답 ②

---

13 도시 및 주거환경정비법령상 정비사업조합에 대한 다음 설명 중 틀린 것은?

① 시장·군수 등, 토지주택공사 등 또는 지정개발자가 아닌 자가 정비사업을 시행하려는 경우에는 조합을 설립하여야 한다.

② 조합을 설립하려는 경우에는 관할 시장·군수 또는 구청장의 인가를 받아야 한다.

③ 조합은 법인으로 하며, 조합설립인가를 받은 날부터 30일 이내에 주된 사무소의 소재지에서 등기하는 때에 성립한다.

④ 재개발사업의 추진위원회가 조합을 설립하려면 토지등소유자의 4분의 3 이상 및 토지면적의 3분의 2 이상의 토지소유자의 동의를 받아야 한다.

⑤ 재건축사업의 추진위원회가 조합을 설립하려는 때에는 주택단지의 공동주택의 각 동별 구분소유자의 과반수 동의와 주택단지의 전체 구분소유자의 4분의 3 이상 및 토지면적의 4분의 3 이상의 토지소유자의 동의를 받아야 한다.

14 도시 및 주거환경정비법령상 정비사업조합의 조합원에 대한 다음 설명 중 틀린 것은?

① 재개발사업과 재건축사업의 조합원은 토지등소유자로 한다.

② 토지 또는 건축물의 소유권과 지상권이 여러 명의 공유에 속하는 때에는 그 여러 명을 대표하는 1명을 조합원으로 본다.

③ 투기과열지구에서 재건축사업의 경우 조합설립인가 후 재개발사업을 시행하는 경우에는 관리처분계획의 인가 후 건축물 또는 토지를 양수(상속·이혼은 제외한다)한 자는 조합원이 될 수 없다.

④ 위 ③에도 불구하고 세대원 모두 해외로 이주하거나 세대원 모두 2년 이상 해외에 체류하려는 경우에는 조합원의 지위가 이전될 수 있다.

⑤ 사업시행자는 위 ③에 따라 조합원의 자격을 취득할 수 없는 경우 정비사업의 토지, 건축물 또는 그 밖의 권리를 취득한 자에게 손실보상을 하여야 한다.

15 도시 및 주거환경정비법령상 정비사업조합의 임원에 대한 다음 설명 중 틀린 것은?

① 조합은 조합장 1명, 이사, 감사를 두며, 이사의 수는 3명 이상으로 하고, 감사의 수는 1명 이상 3명 이하로 한다. 다만, 토지등소유자의 수가 100명을 초과하는 경우에는 이사의 수를 5명 이상으로 한다.

② 조합의 임원은 정비구역에서 거주하고 있는 자로서 선임일 직전 3년 동안 정비구역 내 거주기간이 1년 이상이거나, 정비구역에 위치한 건축물 또는 토지(재건축사업의 경우에는 건축물과 그 부속토지)를 3년 이상 소유하고 있어야 한다.

③ 조합장은 선임일부터 관리처분계획인가를 받을 때까지는 해당 정비구역에서 거주(영업을 하는 자의 경우 영업을 말한다)하여야 한다.

④ 조합임원의 임기는 3년 이하의 범위에서 정관으로 정하되, 연임할 수 있다.

⑤ 시장·군수 등은 조합임원이 사임, 해임 등 때부터 6개월 이상 선임되지 아니한 경우에 대통령령으로 정하는 요건을 갖춘 자를 전문조합관리인으로 선정하여 조합임원의 업무를 대행하게 할 수 있으며, 그 임기는 3년으로 한다.

정답 및 해설

13 ④ 재개발사업의 추진위원회가 조합을 설립하려면 <u>토지등소유자의 4분의 3 이상 및 토지면적의 2분의 1 이상의 토지소유자</u>의 동의를 받아야 한다.

14 ① 재건축사업의 경우에는 <u>재건축사업에 동의한 자만</u> 조합원에 해당한다.

15 ② <u>5년 이상</u> 소유하고 있어야 한다.

16 도시 및 주거환경정비법령상 정비사업조합에 대한 다음 설명 중 틀린 것은?

① 금고 이상의 형의 집행유예를 받고 그 유예기간 중에 있는 자는 조합의 임원이 될 수 없다.

② 조합임원이 결격사유에 해당하게 되거나 선임 당시 그에 해당하는 자이었음이 판명된 때에는 당연 퇴임한다. 다만, 퇴임된 임원이 퇴임 전에 관여한 행위는 유효하다.

③ 조합의 총회는 조합장이 직권으로 소집하거나 조합원 5분의 1 이상 또는 대의원 3분의 2 이상의 요구로 조합장이 소집한다.

④ 총회의 의결은 조합원의 100분의 10 이상이 직접 출석하여야 한다. 다만, 창립총회, 사업시행계획서의 작성 및 변경, 관리처분계획의 수립 및 변경을 의결하는 총회의 경우에는 100분의 20 이상이 직접 출석하여야 한다.

⑤ 조합원의 수가 50인 이상인 조합은 대의원회를 두어야 한다.

대표예제 63 　　　사업시행절차 ★

도시 및 주거환경정비법령상 사업시행계획에 대한 다음 설명 중 틀린 것은?

① 사업시행자는 정비계획에 따라 대통령령으로 정하는 사항이 포함된 사업시행계획서를 작성하여 시장·군수에게 인가를 받아야 한다.

② 사업시행자(시장·군수 등 또는 토지주택공사 등은 제외한다)는 사업시행계획인가를 신청하기 전에 미리 총회의 의결을 거쳐야 한다.

③ 토지등소유자가 재개발사업을 시행하려는 경우에는 사업시행계획인가를 신청하기 전에 토지등소유자의 4분의 3 이상의 동의를 받아야 한다.

④ 시장·군수 등은 사업시행계획서의 제출이 있는 날부터 60일 이내에 인가 여부를 결정하여 사업시행자에게 통보하여야 한다.

⑤ 시장·군수 등은 사업시행계획인가(시장·군수 등이 사업시행계획서를 작성한 경우를 포함한다)를 하는 경우에는 그 내용을 해당 지방자치단체의 공보에 고시하여야 한다.

해설 | 토지등소유자가 재개발사업을 시행하려는 경우에는 토지등소유자의 4분의 3 이상 및 토지면적의 2분의 1 이상의 토지소유자의 동의이다.

기본서 p.708~731   정답 ③

17 도시 및 주거환경정비법령상 분양신청에 대한 다음 설명 중 틀린 것은?

① 사업시행자는 사업시행계획인가의 고시가 있은 날부터 60일 이내에 분양대상자별 분담금의 추산액과 분양신청기간 등을 토지등소유자에게 통지하고, 일간신문에 공고하여야 한다.

② 분양신청기간은 통지한 날부터 30일 이상 60일 이내로 하여야 하며, 20일의 범위에서 한 차례만 연장할 수 있다.

③ 분양을 받으려는 자는 분양신청기간에 사업시행자에게 분양신청을 하여야 한다.

④ 투기과열지구의 정비사업에서 관리처분계획에 따라 분양대상자 및 그 세대에 속한 자는 분양대상자 선정일부터 5년 이내에는 투기과열지구에서 분양신청을 할 수 없다.

⑤ 사업시행자는 분양신청을 하지 아니한 자와 관리처분계획이 인가·고시된 다음 날부터 90일 이내에 손실보상에 관한 협의를 하여야 한다.

18 도시 및 주거환경정비법령상 관리처분계획의 내용에 포함할 사항이 아닌 것은?

① 분양대상자의 주소 및 성명

② 분양대상자별 분양예정인 대지 또는 건축물의 추산액

③ 분양대상자별 종전의 토지 또는 건축물의 명세 및 정비구역의 지정·고시가 있은 날을 기준으로 한 가격

④ 정비사업비의 추산액 및 그에 따른 조합원 부담규모 및 부담시기

⑤ 분양대상자의 종전의 토지 또는 건축물에 관한 소유권 외의 권리명세

정답 및 해설

16 ⑤ 조합원의 수가 100인 이상인 조합은 조합원의 10분의 1 이상으로 대의원회를 두어야 한다.

17 ① 사업시행계획인가의 고시가 있은 날부터 120일 이내이다.

18 ③ 사업시행계획인가의 고시가 있은 날을 기준으로 한 가격이다.

19 도시 및 주거환경정비법령상 관리처분계획의 수립기준에 대한 설명으로 잘못된 것은?

① 지나치게 좁거나 넓은 토지 또는 건축물은 증가하거나 감소시켜 적정 규모가 되게 한다.

② 분양설계에 관한 계획은 사업시행계획의 인가 · 고시일을 기준으로 하여 수립한다.

③ 1세대 또는 1인이 하나 이상의 주택을 소유한 경우 1주택을 공급하고, 같은 세대에 속하지 아니하는 2인 이상이 1주택 또는 1토지를 공유한 경우에는 1주택만 공급한다.

④ 과밀억제권역에 위치하지 아니한 재건축사업의 경우에는 주택 수만큼 공급할 수 있다.

⑤ 과밀억제권역에서 투기과열지구와 조정대상지역에 위치하지 아니한 재건축사업의 경우에는 3주택까지 공급할 수 있다.

고난도

20 도시 및 주거환경정비법령상 관리처분계획인가의 효과에 대한 다음 설명 중 틀린 것은?

① 사업시행자는 관리처분계획인가를 받은 후 기존의 건축물을 철거하여야 한다.

② ①에도 불구하고 건축물의 붕괴 등 안전사고의 우려가 있거나, 폐공가의 밀집으로 우범지대화의 우려가 있는 경우에는 기존 건축물 소유자의 동의 및 시장 · 군수 등의 허가를 얻어 해당 건축물을 철거할 수 있다.

③ 종전의 토지 또는 건축물의 소유자 · 임차권자 등은 관리처분계획인가의 고시가 있은 때에는 소유권이전고시가 있는 날까지 종전의 토지 또는 건축물을 사용 · 수익할 수 없다.

④ 관리처분계획의 인가를 받은 경우 지상권 · 전세권계약 · 임대차계약의 계약기간에 대하여는 민법, 주택임대차보호법, 상가건물임대차보호법의 규정을 적용하지 않는다.

⑤ 정비사업의 시행으로 인하여 임차권의 설정목적을 달성할 수 없는 때에는 그 권리자는 계약을 해지할 수 있으나, 이에 따른 금전의 반환청구권은 사업시행자에게 이를 행사할 수 없다.

21 도시 및 주거환경정비법령상 공사완료에 대한 다음 설명 중 틀린 것은?

① 시장·군수 등이 아닌 시행자가 정비사업 공사를 완료한 때에는 시장·군수 등의 준공인가를 받아야 한다.

② 시장·군수 등은 준공검사를 실시한 결과 사업시행계획대로 완료되었다고 인정되는 때에는 준공인가를 하고 공사의 완료를 해당 지방자치단체의 공보에 고시하여야 한다.

③ 사업시행자는 준공인가·고시가 있은 때에는 지체 없이 대지확정측량을 하고 토지의 분할절차를 거쳐 관리처분계획에 정한 사항을 분양을 받을 자에게 통지하고 대지 또는 건축물의 소유권을 이전하여야 한다.

④ 사업시행자는 대지 및 건축물의 소유권을 이전하고자 하는 때에는 그 내용을 해당 지방자치단체의 공보에 고시한 후 이를 시장·군수 등에게 보고하여야 한다.

⑤ 대지 또는 건축물을 분양받을 자는 고시가 있은 날에 그 대지 또는 건축물에 대한 소유권을 취득한다.

정답 및 해설

19 ② 분양설계에 관한 계획은 <u>분양신청기간이 만료되는 날</u>을 기준으로 하여 수립한다.

20 ⑤ 정비사업의 시행으로 인하여 임차권의 설정목적을 달성할 수 없는 때에는 그 권리자는 계약을 해지할 수 있으며, 이에 따른 금전의 반환청구권은 <u>사업시행자에게 이를 행사할 수 있다</u>.

21 ⑤ 대지 또는 건축물을 분양받을 자는 <u>고시가 있은 날의 다음 날</u>에 그 소유권을 취득한다.

22 도시 및 주거환경정비법령에 대한 다음 설명 중 틀린 것은?

① 사업시행자는 관리처분계획인가를 받은 후 기존의 건축물을 철거하여야 한다.

② 종전의 토지 또는 건축물의 소유자·지상권자·전세권자·임차권자 등 권리자는 관리처분계획인가의 고시가 있은 때에는 소유권이전고시가 있는 날까지 종전의 토지 또는 건축물을 사용하거나 수익할 수 없다.

③ 관리처분계획의 인가를 받은 경우 지상권·전세권설정계약 또는 임대차계약의 계약기간에 대하여는 민법 제280조·제281조 및 제312조 제2항, 주택임대차보호법 제4조 제1항, 상가건물임대차보호법 제9조 제1항의 규정은 이를 적용하지 아니한다.

④ 정비사업의 시행으로 인하여 지상권·전세권 또는 임차권의 설정목적을 달성할 수 없는 때에는 그 권리자는 계약을 해지할 수 있고, 이에 따라 계약을 해지할 수 있는 자가 가지는 전세금·보증금, 그 밖의 계약상의 금전의 반환청구권은 사업시행자에게 이를 행사할 수 있다.

⑤ 청산금을 지급받을 자가 이를 받을 수 없거나 거부한 때에는 사업시행자는 그 청산금을 공탁할 수 있고, 청산금을 지급받을 권리 또는 이를 징수할 권리는 소유권이전의 고시일부터 5년간 이를 행사하지 아니하면 소멸한다.

정답 및 해설

---

22 ⑤ 청산금을 지급받을 권리 또는 이를 징수할 권리는 <u>소유권이전의 고시일 다음 날부터 5년간</u> 이를 행사하지 아니하면 소멸한다.

제6편 주관식 기입형 문제

01 도시 및 주거환경정비법령에 대한 설명이다. ( )에 들어갈 용어를 쓰시오.

> 국토교통부장관, 시·도지사 또는 시장·군수는 비경제적인 건축행위 및 투기수요의 유입을 막기 위하여 기본계획을 공람 중인 ( ) 또는 정비계획을 수립 중인 지역에 대하여 3년 이내의 기간(1년의 범위에서 한 차례만 연장할 수 있다)을 정하여 건축물의 건축과 토지의 분할을 제한할 수 있다.

02 도시 및 주거환경정비법령에 대한 설명이다. ( )에 들어갈 용어를 쓰시오.

> '( )'(이)란 도시저소득 주민이 집단으로 거주하는 지역으로서 정비기반시설이 극히 열악하고 노후·불량건축물이 과도하게 밀집한 지역에서 주거환경을 개선하기 위하여 시행하는 사업을 말한다.

03 도시 및 주거환경정비법령에 대한 설명이다. ( )에 들어갈 용어를 쓰시오.

> 단독주택 및 다세대주택 등이 밀집한 지역에서 정비기반시설과 공동이용시설의 확충을 통하여 주거환경을 보전·정비·개량하기 위하여 시행하는 사업을 ( )(이)라 한다.

정답 및 해설

01 정비예정구역

02 주거환경개선사업

03 주거환경개선사업

04 도시 및 주거환경정비법령에 대한 설명이다. (   )에 들어갈 용어를 쓰시오.

상업지역·공업지역 등에서 도시기능의 회복 및 상권활성화 등을 위하여 도시환경을 개선하기 위한 사업을 (   )(이)라 한다.

05 도시 및 주거환경정비법령에 대한 설명이다. (   )에 들어갈 용어를 쓰시오.

주거환경개선사업 및 재개발사업의 경우에 토지등소유자란 정비구역에 위치한 토지 또는 건축물의 소유자 또는 그 (   )을(를) 말한다.

06 도시 및 주거환경정비법령에 대한 설명이다. (   )에 들어갈 용어를 쓰시오.

'(   )'(이)란 도시 및 주거환경정비법령상 도로·상하수도·공원·공용주차장·공동구, 그 밖에 주민의 생활에 필요한 가스 등의 공급시설로서 대통령령이 정하는 시설을 말한다.

07 도시 및 주거환경정비법령에 대한 설명이다. (   )에 들어갈 아라비아 숫자를 쓰시오.

• 국토교통부장관은 도시 및 주거환경을 개선하기 위하여 (㉠)년마다 기본방침을 수립하고, 5년마다 그 타당성을 검토하여 그 결과를 기본방침에 반영하여야 한다.
• 국토교통부장관은 주택 또는 기반시설이 열악한 주거지의 주거환경개선을 위하여 (㉡)년마다 개선대상 지역을 조사하고 연차별 재정지원계획 등을 포함한 노후·불량주거지 개선계획을 수립하여야 한다.

08 도시 및 주거환경정비법령에 대한 설명이다. (   )에 들어갈 용어를 쓰시오.

> 정비계획의 입안권자는 정비계획을 입안하거나 변경하려면 주민에게 서면으로 통보한 후 (   ) 및 30일 이상 주민에게 공람하여 의견을 들어야 한다.

09 도시 및 주거환경정비법령에 대한 설명이다. (   )에 들어갈 용어를 쓰시오.

> 국토의 계획 및 이용에 관한 법률에 따른 지구단위계획구역에 대하여 정비계획의 내용을 모두 포함한 지구단위계획을 결정·고시하는 경우 해당 지구단위계획구역은 (   )(으)로 지정·고시된 것으로 본다.

10 도시 및 주거환경정비법령에 대한 설명이다. (   )에 들어갈 용어를 쓰시오.

> 정비구역 등(재개발사업 및 재건축사업을 시행하려는 경우로 한정한다)이 해제된 경우 지정권자는 해제된 정비구역 등을 스스로 개량하는 방법으로 시행하는 (   )구역으로 지정할 수 있다.

정답 및 해설

04 재개발사업

05 지상권자

06 정비기반시설

07 ㉠ 10, ㉡ 5

08 주민설명회

09 정비구역

10 주거환경개선

11 도시 및 주거환경정비법령에 대한 설명이다. (   )에 들어갈 용어를 쓰시오.

정비구역 등이 해제된 경우 정비구역의 지정권자는 해제된 정비구역 등을 도시재생 활성화 및 지원에 관한 특별법에 따른 (   )(으)로 지정하도록 국토교통부장관에게 요청할 수 있다.

12 도시 및 주거환경정비법령에 대한 설명이다. (   )에 들어갈 용어를 쓰시오.

추진위원장 또는 사업시행자(청산인을 포함한다)는 계약(공사, 용역, 물품구매 및 제조 등을 포함한다)을 체결하려면 (㉠)에 부쳐야 한다. 다만, 조합원이 100명 이하인 정비사업의 경우에는 입찰 참가자를 (㉡)에 부치거나 수의계약으로 할 수 있다.

13 도시 및 주거환경정비법령에 대한 설명이다. (   )에 들어갈 용어를 쓰시오.

사업시행자는 분양신청기간이 종료된 때에는 분양신청의 현황을 기초로 (   )을(를) 수립하여 시장·군수의 인가를 받아야 한다.

14 도시 및 주거환경정비법령에 대한 설명이다. (   )에 들어갈 용어를 쓰시오.

시장·군수, 주택공사 등 또는 신탁업자가 단독으로 시행하는 정비사업의 경우 시장·군수, 주택공사 등 또는 신탁업자는 (   )을(를) 작성하여야 한다.

15 도시 및 주거환경정비법령에 대한 설명이다. (   )에 들어갈 용어를 쓰시오.

정비사업의 사업시행자(주택공사 등이 사업시행자인 경우로 한정한다)는 분양대상자와 사업시행자가 공동 소유하는 방식으로 주택을 공급할 수 있는데, 이 주택을 (   )이라 한다.

16 도시 및 주거환경정비법 제10조(임대주택 및 주택규모별 건설비율) 제1항 규정의 내용이다. (   )에 들어갈 아라비아 숫자를 쓰시오.

> 정비계획의 입안권자는 주택수급의 안정과 저소득 주민의 입주기회 확대를 위하여 정비사업으로 건설하는 주택에 대하여 다음의 구분에 따른 범위에서 국토교통부장관이 정하여 고시하는 임대주택 및 주택규모별 건설비율 등을 정비계획에 반영하여야 한다.
> 1. 주택법 제2조 제6호에 따른 국민주택규모의 주택이 전체 세대수의 100분의 (㉠) 이하에서 대통령령으로 정하는 범위
> 2. 임대주택(민간임대주택에 관한 특별법에 따른 민간임대주택 및 공공주택 특별법에 따른 공공임대주택을 말한다)이 전체 세대수 또는 전체 연면적의 100분의 (㉡) 이하에서 대통령령으로 정하는 범위

정답 및 해설

11 도시재생선도지역

12 ㉠ 일반경쟁, ㉡ 지명경쟁

13 관리처분계획

14 시행규정

15 지분형주택

16 ㉠ 90, ㉡ 30

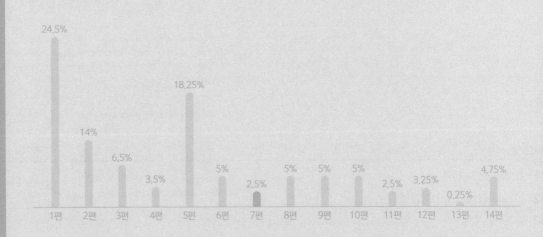

제7편

도시재정비 촉진을 위한 특별법

제7편 도시재정비 촉진을 위한 특별법

대표예제 64 / 용어의 정의 ★★

도시재정비 촉진을 위한 특별법령상 용어의 정의 등에 관한 설명으로 옳지 않은 것은?

① '재정비촉진지구'라 함은 도시의 낙후된 지역에 대한 주거환경개선과 기반시설의 확충 및 도시기능의 회복을 광역적으로 계획하고 체계적이고 효율적으로 추진하기 위하여 지정하는 지구를 말한다.
② '재정비촉진구역'이라 함은 재정비촉진사업의 각 해당 사업별로 결정된 구역을 말한다.
③ '중심지형'이란 주요 역세권, 간선도로의 교차지 등 양호한 기반시설을 갖추고 있어 대중교통 이용이 용이한 지역으로서 도심 내 소형주택의 공급확대, 토지의 고도이용과 건축물의 복합개발이 필요한 지구이다.
④ 재정비촉진지구는 2개 이상의 재정비촉진사업을 포함하여 지정하여야 한다.
⑤ '우선사업구역'이란 재정비촉진구역 중 재정비촉진사업의 활성화, 소형주택 공급확대, 주민 이주대책 지원 등을 위하여 다른 구역에 우선하여 개발하는 구역으로서 재정비촉진계획으로 결정되는 구역을 말한다.

해설 | 중심지형이란 상업·공업지역 등으로서 토지의 효율적 이용과 도심 또는 부도심 등의 도시기능의 회복이 필요한 지구이다. 주요 역세권, 간선도로의 교차지 등 양호한 기반시설을 갖추고 있어 대중교통 이용이 용이한 지역으로서 도심 내 소형주택의 공급확대, 토지의 고도이용과 건축물의 복합개발이 필요한 지구는 고밀복합형이다.

기본서 p.745~768   정답 ③

01 도시재정비 촉진을 위한 특별법령상 재정비촉진구역 중 재정비촉진사업의 활성화, 소형 주택 공급확대, 주민이주대책 지원 등을 위하여 다른 구역에 우선하여 개발하는 구역으로서 재정비촉진계획으로 결정되는 구역의 명칭은?

① 이주택지
② 고밀복합지구
③ 우선사업구역
④ 주상복합지구
⑤ 주거환경개선구역

02 도시재정비 촉진을 위한 특별법상 다음의 사업 중 재정비촉진사업에 해당하지 않는 것은?

① 도시 및 주거환경정비법에 따른 주거환경개선사업
② 산업입지 및 개발에 관한 법률에 따른 산업단지개발사업
③ 국토의 계획 및 이용에 관한 법률에 따른 도시 · 군계획시설사업
④ 도시개발법에 따른 도시개발사업
⑤ 재래시장 및 상점가 육성을 위한 특별법에 따른 시장정비사업

정답 및 해설

01 ③ 우선사업구역에 대한 설명이다.

02 ② 재정비촉진사업이라 함은 재정비촉진지구 안에서 시행되는 다음의 사업을 말하는바, 산업입지 및 개발에 관한 법률에 따른 산업단지개발사업은 이에 해당하지 아니한다.
- 도시 및 주거환경정비법에 따른 주거환경개선사업, 재개발사업 및 재건축사업, 빈집 및 소규모주택 정비에 관한 특례법에 따른 가로주택정비사업, 소규모재건축사업 및 소규모재개발사업
- 도시개발법에 따른 도시개발사업
- 전통시장 및 상점가 육성을 위한 특별법에 따른 시장정비사업
- 국토의 계획 및 이용에 관한 법률에 따른 도시 · 군계획시설사업
- 도시재생 활성화 및 지원에 관한 특별법에 따른 주거재생혁신지구의 혁신지구재생사업
- 공공주택 특별법에 따른 도심 공공주택 복합사업

03 도시재정비 촉진을 위한 특별법령상 재정비촉진지구에 관한 설명 중 옳은 것은?

① 시장·군수·구청장은 국토교통부장관에게 재정비촉진지구의 지정을 신청할 수 있다.

② 시장·군수·구청장은 재정비촉진지구의 지정을 신청하고자 하는 때에는 30일 이상 주민에게 공람하고 지방의회의 의견을 들어야 한다.

③ 재정비촉진지구의 면적은 100만제곱미터 이상으로 하며, 재정비촉진지구는 3개 이상의 재정비촉진사업을 포함하여 지정하여야 한다.

④ 재정비촉진지구를 지정할 때, 도시재정비위원회가 설치된 시·도의 경우에는 도시재정비위원회의 심의로 시·도 도시계획위원회의 심의를 갈음할 수 있다.

⑤ 재정비촉진지구 지정을 고시한 날부터 1년이 되는 날까지 재정비촉진계획이 결정되지 않은 경우, 그 1년이 되는 날에 재정비촉진지구 지정의 효력이 상실된다.

04 도시재정비 촉진을 위한 특별법령상 재정비촉진지구에 관한 설명 중 틀린 것은?

① 고밀복합형 재정비촉진지구의 지정범위는 역세권의 역사의 중심점 또는 간선도로 교차지의 교차점에서부터 500미터 이내로 한다.

② 특별시장·광역시장·특별자치시장·특별자치도지사·시장 또는 군수(광역시의 관할구역 안에 있는 군의 군수를 제외한다)는 재정비촉진지구의 지정을 고시한 날부터 재정비촉진계획의 결정을 고시한 날까지 재정비촉진지구 안에서 개발행위의 허가를 할 수 없다.

③ 재정비촉진계획이 결정·고시된 날부터 해당 재정비촉진지구에서는 재정비촉진계획의 내용에 적합하지 아니한 건축물의 건축 또는 공작물의 설치를 할 수 없다.

④ 시·도지사 또는 대도시 시장은 재정비촉진사업의 추진상황으로 보아 재정비촉진지구의 지정목적을 달성할 수 없다고 인정하는 경우에는 지방도시계획위원회 또는 도시재정비위원회의 심의를 거쳐 재정비촉진지구의 지정을 해제하여야 한다.

⑤ 재정비촉진지구의 지정을 해제하는 경우 재정비촉진구역 내 추진위원회 또는 조합의 구성에 동의한 토지등소유자 2분의 1 이상 3분의 2 이하의 범위에서 시·도·대도시 조례로 정하는 비율 이상 또는 토지등소유자의 과반수가 정비사업으로 전환하여 계속 시행하기를 원하는 구역에서는 이 법 또는 관계 법률에 따른 종전의 인가 등이 유효한 것으로 본다.

05 도시재정비 촉진을 위한 특별법령상 재정비촉진계획에 관한 설명 중 옳지 않은 것은?

① 시 · 도지사는 재정비촉진계획을 수립하여 국토교통부장관에게 결정을 신청하여야 한다.

② 한국토지주택공사 또는 지방공사는 재정비촉진사업을 효율적으로 추진하기 위하여 재정비촉진계획을 마련한 후 토지등소유자 과반수의 동의를 받아 재정비촉진계획 수립권자에게 재정비촉진계획의 수립(변경하는 경우를 포함한다)을 제안할 수 있다.

③ 시 · 도지사 또는 대도시 시장은 대통령령으로 정하는 바에 따라 재정비촉진계획 수립의 모든 과정을 총괄 진행 · 조정하게 하기 위하여 도시계획 · 도시설계 · 건축 등 분야의 전문가를 총괄계획가로 위촉할 수 있다.

④ 재정비촉진계획의 결정은 특별시장 · 광역시장 또는 도지사가 한다.

⑤ 시 · 도지사 또는 대도시 시장은 재정비촉진계획을 결정하는 경우에는 지체 없이 해당 지방자치단체의 공보에 고시하여야 하고, 대도시 시장은 이를 도지사에게 통보하여야 하며, 시 · 도지사 또는 대도시 시장이 재정비촉진계획의 결정을 고시하였을 때에는 국토교통부장관에게 보고하여야 한다.

정답 및 해설

03 ④ ① 시장 · 군수 · 구청장은 특별시장 · 광역시장 · 도지사에게 재정비촉진지구의 지정을 신청할 수 있다.

② 시장 · 군수 · 구청장은 재정비촉진지구의 지정을 신청하고자 하는 때에는 14일 이상 주민에게 공람하고 지방의회의 의견을 들어야 한다.

③ 재정비촉진지구의 면적은 10만제곱미터 이상으로 하며, 재정비촉진지구는 2개 이상의 재정비촉진사업을 포함하여 지정하여야 한다.

⑤ 재정비촉진지구 지정을 고시한 날부터 2년이 되는 날까지 재정비촉진계획이 결정되지 않은 경우, 그 2년이 되는 날의 다음 날에 재정비촉진지구 지정의 효력이 상실된다. 다만, 시 · 도지사 또는 대도시 시장은 해당 기간을 1년의 범위에서 연장할 수 있다.

04 ④ 시 · 도지사 또는 대도시 시장은 재정비촉진사업의 추진상황으로 보아 재정비촉진지구의 지정목적을 달성하였거나 달성할 수 없다고 인정하는 경우에는 지방도시계획위원회 또는 도시재정비위원회의 심의를 거쳐 재정비촉진지구의 지정을 해제할 수 있으며, 재정비촉진지구의 지정이 해제된 경우 재정비촉진계획 결정의 효력은 상실된 것으로 본다.

05 ① 시장 · 군수 · 구청장은 재정비촉진계획을 수립하여 특별시장 · 광역시장 · 도지사에게 결정을 신청하여야 한다. 이 경우 재정비촉진지구가 둘 이상의 시 · 군 · 구의 관할지역에 걸쳐 있는 경우에는 관할 시장 · 군수 · 구청장이 공동으로 이를 수립한다.

06 도시재정비 촉진을 위한 특별법령상 재정비촉진지구 및 재정비촉진계획에 관한 설명으로 옳지 않은 것은?

① 재정비촉진지구에서의 재정비촉진사업은 재정비촉진계획의 내용에 적합하게 시행하여야 한다.

② 재정비촉진사업 관계 법률에 따라 재정비촉진구역 지정의 효력이 상실된 경우에는 해당 재정비촉진구역에 대한 재정비촉진계획 결정의 효력도 상실된 것으로 본다. 이 경우 해당 구역은 재정비촉진지구에서 제외된다.

③ ②에도 불구하고 시 · 도지사 또는 대도시 시장은 재정비촉진계획 결정의 효력이 상실된 구역을 존치지역으로 전환할 수 있다.

④ 재정비촉진계획이 결정 · 고시된 때에는 그 고시일에 정비기본계획의 수립과 변경, 정비구역의 지정 또는 변경, 정비계획의 수립 또는 변경이 있는 것으로 본다.

⑤ 재정비촉진구역의 지정요건에는 해당하지 아니하나 시간의 경과 등 여건의 변화에 따라 재정비촉진사업 요건에 해당할 수 있거나 재정비촉진사업의 필요성이 높아질 수 있는 구역을 존치관리구역이라 한다.

고난도

07 도시재정비 촉진을 위한 특별법에 관한 내용으로 옳은 것은?

① 우선사업구역의 재정비촉진사업은 관계 법령에도 불구하고 토지등소유자의 3분의 1 이상의 동의를 받아 시장 · 군수 · 구청장이 직접 시행하여야 한다.

② 재정비촉진구역이 10곳 이상인 경우 사업협의회는 20인 이내의 위원으로 구성한다.

③ 한국토지주택공사가 사업시행자로 지정된 경우 시공사는 주민대표회의가 선정한다.

④ 재정비촉진계획 수립권자는 재정비촉진계획 수립단계에서부터 한국토지주택공사 또는 지방공사를 총괄사업관리자로 지정할 수 있다.

⑤ 주민대표회의가 시공사를 선정할 경우 경쟁입찰의 방법으로 하여야 하나 1회 유찰되면 수의계약의 방법으로 한다.

08 도시재정비 촉진을 위한 특별법령의 내용으로 옳지 않은 것은?

① 특별시장·광역시장 또는 도지사는 재정비촉진지구의 지정을 신청받은 경우에는 관계 행정기관의 장과 협의를 거쳐 지방도시계획위원회의 심의를 거쳐 재정비촉진지구를 지정한다.

② 총괄사업관리자는 지방자치단체의 장을 대행하여 도로 등 기반시설의 설치업무를 수행한다.

③ 재정비촉진계획에 따라 설치되는 기반시설의 설치비용은 도시재정비 촉진을 위한 특별법에 특별한 규정이 있는 경우를 제외하고는 사업시행자가 부담하는 것을 원칙으로 한다.

④ 재정비촉진계획 수립권자는 사업협의회 위원의 3분의 1이 요청하는 경우 사업협의회를 개최하여야 한다.

⑤ 국토교통부장관은 총괄계획가의 업무수행에 관하여 필요한 사항을 정할 수 있다.

정답 및 해설

06 ⑤ 존치정비구역이라 한다. 존치관리구역은 재정비촉진구역의 지정요건에 해당하지 아니하거나 기존의 시가지로 유지·관리할 필요가 있는 구역을 말한다.

07 ④ ① 토지등소유자의 과반수 이상의 동의이다.
② 사업협의회는 20인 이내(재정비촉진구역이 10곳 이상인 경우에는 30인 이내)의 위원으로 구성한다.
③ 특별자치시장, 특별자치도지사, 시장·군수·구청장이 재정비촉진사업을 직접 시행하거나 한국토지주택공사, 지방공사가 사업시행자로 지정되는 경우 사업시행자는 주민대표회의에서 경쟁입찰의 방법에 따라 추천한 자를 시공자로 선정할 수 있다.
⑤ 주민대표회의가 다음의 절차를 거쳐 시공자를 추천한다.
　1. 입찰은 일반경쟁입찰, 제한경쟁입찰 또는 지명경쟁입찰로 할 것
　2. 1.의 입찰을 위한 입찰공고는 1회 이상 일간신문에 하여야 하고 현장설명회를 개최할 것
　3. 입찰자로부터 제출받은 입찰제안서에 대하여 토지등소유자를 대상으로 투표를 실시할 것

08 ④ 사업협의회의 개최는 위원 2분의 1 이상이 요청하는 경우와 재정비촉진계획 수립권자가 필요하다고 판단하는 경우에 개최한다.

09 도시재정비 촉진을 위한 특별법령상 재정비촉진사업에 대한 설명 중 틀린 것은?

① 재정비촉진사업은 재정비촉진구역에서 이루어지는 사업의 종류별로 해당 사업시행자가 시행한다.

② 정비사업은 토지등소유자의 과반수가 동의한 경우에는 특별자치시장, 특별자치도지사, 시장·군수·구청장이 재정비촉진사업을 직접 시행하거나 한국토지주택공사, 지방공사를 사업시행자로 지정할 수 있다.

③ 우선사업구역의 재정비촉진사업은 토지등소유자의 과반수의 동의를 받아 특별자치시장, 특별자치도지사, 시장·군수·구청장이 직접 시행하거나 총괄사업관리자를 사업시행자로 지정하여 시행하도록 할 수 있다.

④ 재정비촉진계획 수립권자는 사업을 효율적으로 추진하기 위하여 재정비촉진계획 수립단계에서부터 한국토지주택공사 또는 지방공사를 총괄사업관리자로 지정할 수 있다.

⑤ 재정비촉진계획 수립권자는 필요한 사항에 관한 협의 또는 자문을 위하여 20인 이내의 위원으로 구성된 사업협의회를 운영할 수 있다.

10 도시재정비 촉진을 위한 특별법령상 사업시행의 촉진에 대한 설명으로 틀린 것은?

① 지방자치단체의 장은 기반시설의 확충을 촉진하기 위하여 일단의 기반시설 부지를 대상으로 민간투자사업으로 기반시설을 설치할 수 있고, 총괄사업관리자로 하여금 민간투자사업을 대행하게 할 수 있다.

② 재정비촉진계획의 결정·고시일부터 3년 이내에 조합설립인가를 신청하지 아니하거나, 2년 이내에 사업시행인가를 신청하지 아니한 경우에는 특별자치시장, 특별자치도지사, 시장·군수·구청장이 그 사업을 직접 시행하거나 총괄사업관리자를 사업시행자로 우선하여 지정할 수 있다.

③ 재정비촉진계획 수립권자는 필요한 경우 국토의 계획 및 이용에 관한 법률에 따른 용도지역을 변경하는 내용으로 재정비촉진계획을 수립할 수 있다.

④ 시장·군수·구청장 또는 시·도지사는 필요한 경우 재정비촉진지구 전체에 대한 재정비촉진계획을 결정·고시하기 전이라도 우선사업구역에 대한 재정비촉진계획을 별도로 수립하여 결정을 신청하거나, 결정·고시할 수 있다.

⑤ 우선사업구역에 대한 재정비촉진계획이 결정·고시된 경우 해당 우선사업구역에 대하여는 전체 재정비촉진계획이 결정·고시되기 전이라도 사업을 시행할 수 있다.

11 도시재정비 촉진을 위한 특별법령상 사업시행의 촉진에 대한 설명 중 틀린 것은?

① 재정비촉진사업에서 주거전용면적 85제곱미터 이하인 주택의 건설비율은 주거환경 개선사업의 경우는 전체 세대수 중 80퍼센트 이상이어야 한다.

② ①의 경우 주택재개발사업의 경우는 전체 세대수 중 60퍼센트 이상이어야 한다.

③ 수도권정비계획법에 따라 부과·징수하는 과밀부담금은 재정비촉진계획에 따라 건축 하는 건축물에는 부과하지 아니한다.

④ 사업시행자는 해당 재정비촉진사업으로 증가되는 용적률의 50퍼센트 범위에서 대통 령령으로 정하는 비율을 임대주택 등으로 공급하여야 한다.

⑤ ④에 따라 공급되는 임대주택 등은 국토교통부장관, 시·도지사, 한국토지주택공사 또는 지방공사에게 공급하여야 하며, 그 공급가격은 임대주택인 경우에는 건축비를 기준으로 국토교통부장관이 고시하는 금액으로 하고, 그 부속토지는 인수자에게 기부 채납한 것으로 본다. 분양주택인 경우에 그 부속토지의 가격은 감정평가액의 100분의 50 이상의 범위에서 대통령령으로 정한다.

정답 및 해설

09 ③ 우선사업구역의 재정비촉진사업은 토지등소유자의 과반수의 동의를 받아 특별자치시장, 특별자치도지 사, 시장·군수·구청장이 직접 시행하거나 총괄사업관리자를 사업시행자로 지정하여 <u>시행하도록 하여</u> <u>야 한다</u>.

10 ② 재정비촉진계획의 결정·고시일부터 <u>2년 이내</u>에 조합설립인가를 신청하지 아니하거나, <u>3년 이내</u>에 사업시 행인가를 신청하지 아니한 경우이어야 한다.

11 ④ 증가되는 용적률의 <u>75퍼센트</u> 범위에서 임대주택 등을 공급하여야 한다.

01 도시재정비 촉진을 위한 특별법령에 대한 설명이다. (   )에 들어갈 용어를 쓰시오.

'(   )'(이)란 도시의 낙후된 지역에 대한 주거환경 개선과 기반시설의 확충 및 도시기능의 회복을 광역적으로 계획하고 체계적이고 효율적으로 추진하기 위하여 지정하는 지역을 말한다.

02 도시재정비 촉진을 위한 특별법령에 대한 설명이다. (   )에 들어갈 용어를 쓰시오.

주요 역세권, 간선도로의 교차지 등 양호한 기반시설을 갖추고 있어 대중교통 이용이 용이한 지역으로서 도심 내 소형주택의 공급확대, 토지의 고도이용과 건축물의 복합개발이 필요한 지구를 '(   ) 재정비촉진지구'라 한다.

03 도시재정비 촉진을 위한 특별법령에 대한 설명이다. (   )에 들어갈 용어를 쓰시오.

재정비촉진구역 중 재정비촉진사업의 활성화, 소형주택 공급확대, 주민이주대책 지원 등을 위하여 다른 구역에 우선하여 개발하는 구역으로서 재정비촉진계획으로 결정되는 구역을 '(   )'(이)라 한다.

04 도시재정비 촉진을 위한 특별법령에 대한 설명이다. (   )에 들어갈 용어를 쓰시오.

재정비촉진구역의 지정요건에는 해당하지 아니하나 시간의 경과 등 여건의 변화에 따라 재정비촉진사업 요건에 해당할 수 있거나 재정비촉진사업의 필요성이 높아질 수 있는 구역을 '(   )'(이)라 한다.

05 도시재정비 촉진을 위한 특별법령에 대한 설명이다. ( )에 들어갈 아라비아 숫자를 쓰시오.

> 재정비촉진지구의 면적은 주거지형의 경우 (㉠)만제곱미터 이상, 중심지형의 경우 (㉡)만제곱미터 이상, 고밀복합형의 경우 (㉢)만제곱미터 이상으로 한다.

06 도시재정비 촉진을 위한 특별법령에 대한 설명이다. ( )에 들어갈 용어를 쓰시오.

> 재정비촉진계획 수립권자는 효율적인 사업추진을 위하여 재정비촉진계획 수립단계에서부터 한국토지주택공사나 지방공사를 ( )(으)로 지정할 수 있다.

07 도시재정비 촉진을 위한 특별법령에 대한 설명이다. ( )에 들어갈 용어를 쓰시오.

> 시·도지사 또는 대도시 시장은 대통령령으로 정하는 바에 따라 재정비촉진계획 수립의 모든 과정을 총괄 진행·조정하게 하기 위하여 도시계획·도시설계·건축 등 분야의 전문가를 ( )(으)로 위촉할 수 있다.

정답 및 해설

01 재정비촉진지구

02 고밀복합형

03 우선사업구역

04 존치정비구역

05 ㉠ 50, ㉡ 20, ㉢ 10

06 총괄사업관리자

07 총괄계획가

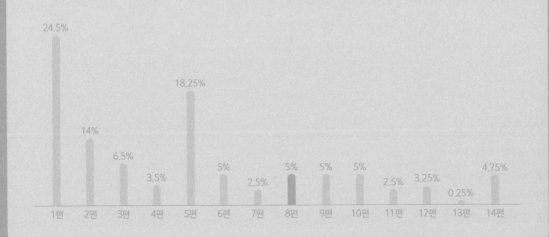

제8편

시설물의 안전 및 유지관리에 관한 특별법

제8편 시설물의 안전 및 유지관리에 관한 특별법

대표예제 65 · 용어의 정의 ★★

시설물의 안전 및 유지관리에 관한 특별법령상 용어의 뜻에 관한 설명 중 옳지 않은 것은?

① '시설물'이란 건설공사를 통하여 만들어진 교량·터널·항만·댐·건축물 등 구조물과 그 부대시설로서 제1종 시설물, 제2종 시설물 및 제3종 시설물을 말한다.

② '제1종 시설물'이란 공중의 이용편의와 안전을 도모하기 위하여 특별히 관리할 필요가 있거나 구조상 안전 및 유지관리에 고도의 기술이 필요한 대규모 시설물로서 대통령령으로 정하는 시설물을 말한다.

③ '내진성능평가'란 지진으로부터 시설물의 안전성을 확보하고 기능을 유지하기 위하여 지진·화산재해대책법에 따라 시설물별로 정하는 내진설계기준에 따라 시설물이 지진에 견딜 수 있는 능력을 평가하는 것을 말한다.

④ '안전점검'이란 시설물의 물리적·기능적 결함을 발견하고 그에 대한 신속하고 적절한 조치를 하기 위하여 구조적 안전성과 결함의 원인 등을 조사·측정·평가하여 보수·보강 등의 방법을 제시하는 행위를 말한다.

⑤ '긴급안전점검'이란 시설물의 붕괴·전도 등으로 인한 재난 또는 재해가 발생할 우려가 있는 경우에 시설물의 물리적·기능적 결함을 신속하게 발견하기 위하여 실시하는 점검을 말한다.

해설 | ④는 정밀안전진단에 대한 설명이다. '안전점검'이란 경험과 기술을 갖춘 자가 육안이나 점검기구 등으로 검사하여 시설물에 내재(內在)되어 있는 위험요인을 조사하는 행위를 말한다.

기본서 p.781~809   정답 ④

01 시설물의 안전 및 유지관리에 관한 특별법령의 용어에 관한 설명으로 옳지 않은 것은?

① '정밀안전점검'이란 시설물의 상태를 판단하고 시설물이 점검 당시의 사용요건을 만족시키고 있는지 확인하며 시설물 주요 부재의 상태를 확인할 수 있는 수준의 외관조사 및 측정·시험장비를 이용한 조사를 실시하는 안전점검이다.

② '도급'이란 원도급·하도급·위탁, 그 밖에 명칭 여하에도 불구하고 안전점검이나 정밀안전진단을 완료하기로 약정하고, 상대방이 그 일의 결과에 대하여 대가를 지급하기로 약정하는 계약을 말한다.

③ '하도급'이란 도급받은 안전점검이나 정밀안전진단 용역의 전부 또는 일부를 도급하기 위하여 수급인이 제3자와 체결하는 계약을 말한다.

④ '정기안전점검'이란 시설물의 상태를 판단하고 시설물이 점검 당시의 사용요건을 만족시키고 있는지 확인할 수 있는 수준의 외관조사를 실시하는 안전점검이다.

⑤ '성능평가'란 완공된 시설물의 기능을 보전하고 시설물 이용자의 편의와 안전을 높이기 위하여 시설물을 일상적으로 점검·정비하고 손상된 부분을 원상복구하며 경과시간에 따라 요구되는 시설물의 개량·보수·보강에 필요한 활동을 하는 것을 말한다.

02 시설물의 안전 및 유지관리에 관한 특별법령상 시설물의 안전 및 유지관리 기본계획의 수립권자와 수립주기가 옳게 연결되어 있는 것은?

① 국토교통부장관 – 10년
② 국토교통부장관 – 5년
③ 시·도지사 – 10년
④ 시·도지사 – 5년
⑤ 특별자치시장·특별자치도지사·시장·군수 또는 구청장 – 3년

정답 및 해설

01 ⑤ ⑤는 '유지관리'에 대한 설명이다. '성능평가'란 시설물의 기능을 유지하기 위하여 요구되는 시설물의 구조적 안전성, 내구성, 사용성 등의 성능을 종합적으로 평가하는 것을 말한다.

02 ② 국토교통부장관은 시설물이 안전하게 유지관리될 수 있도록 하기 위하여 5년마다 시설물의 안전과 유지관리 기본계획을 수립·시행하여야 한다.

제8편 시설물의 안전 및 유지관리에 관한 특별법

시설물의 안전 및 유지관리에 관한 특별법령상 시설물의 안전 및 유지관리계획에 대한 설명 중 틀린 것은?

① 관리주체는 기본계획에 따라 안전 및 유지관리계획을 소관 시설물별로 5년마다 수립·시행하여야 한다.

② 제3종 시설물 중 의무관리대상 공동주택이 아닌 공동주택은 시장·군수·구청장이 수립하여야 하며, 수립한 경우에는 15일 이내에 해당 관리주체에게 서면 또는 전자문서로 통보하여야 한다.

③ 민간관리주체는 안전 및 유지관리계획을 매년 2월 15일까지 특별자치시장·특별자치도지사·시장·군수 또는 구청장에게 제출하여야 한다.

④ 중앙행정기관의 소속 공공관리주체는 안전 및 유지관리계획을 매년 2월 15일까지 소속 중앙행정기관의 장에게 보고하여야 한다.

⑤ 관리주체가 시설물관리계획을 변경한 경우에는 변경한 날부터 15일 이내에 변경된 계획을 제출하여야 한다.

해설 | 관리주체는 기본계획에 따라 안전 및 유지관리계획을 소관 시설물별로 매년 수립·시행하여야 한다.

기본서 787~790

정답 ①

03 시설물의 안전 및 유지관리에 관한 특별법령의 내용으로 옳지 않은 것은?

① 안전 및 유지관리계획을 제출받은 시장·군수 또는 구청장은 민간관리주체가 시설물의 안전 및 유지관리계획을 제출한 날부터 15일 이내에 그 제출현황을 국토교통부장관에게 보고하여야 한다.

② 안전 및 유지관리계획을 제출받거나 보고를 받은 중앙행정기관의 장과 시·도지사는 15일 이내에 그 현황을 국토교통부장관에게 제출하여야 한다.

③ 성능평가대상 시설물의 관리주체는 소관 시설물별로 5년마다 중기 시설물관리계획(이하 '중기관리계획'이라 한다)을 수립·시행하고, 중기관리계획에 따라 매년 시설물관리계획을 수립·시행하여야 한다.

④ 민간관리주체는 시장·군수·구청장에게 중기관리계획을 해당 시설물의 성능평가가 완료된 해의 다음 해부터 5년마다 2월 15일까지 각각 제출하여야 한다.

⑤ 관리주체가 중기관리계획을 변경한 경우에는 변경한 날부터 15일 이내에 변경된 계획을 제출하여야 한다.

04 시설물의 안전 및 유지관리에 관한 특별법령상 설계도서 등의 제출에 대한 다음 설명 중 틀린 것은?

① 제1종 시설물 및 제2종 시설물을 건설·공급하는 사업주체는 법정서류를 관리주체와 국토교통부장관에게 제출하여야 한다.

② 제3종 시설물의 관리주체는 제3종 시설물로 지정·고시된 경우에는 법정서류를 1개월 이내에 관할 시장·군수 또는 구청장에게 제출하여야 한다.

③ 관리주체는 건축법에 따른 주요구조부의 보수·보강을 실시한 경우 법정서류를 국토교통부장관에게 제출하여야 한다.

④ ③의 서류 제출시기는 제1종 시설물 및 제2종 시설물을 건설·공급하는 사업주체의 경우 준공 또는 사용승인 신청시이다.

⑤ 관리주체는 제출한 서류를 해당 시설물의 존속시기까지 보존하여야 한다.

대표예제 67 / **시설물의 안전관리 ★★★**

시설물의 안전 및 유지관리에 관한 특별법령상 시설물의 안전점검에 대한 설명으로 옳지 않은 것은?

① 제1종 시설물 및 제2종 시설물은 정기안전점검 및 정밀안전점검을 실시하여야 한다.

② 제3종 시설물은 정기안전점검을 실시하여야 한다.

③ 안전등급이 A·B·C등급인 시설물에 대한 정기안전점검의 실시시기는 1년에 1회 이상이다.

④ 안전등급이 D·E등급인 시설물에 대한 정기안전점검의 실시시기는 1년에 3회 이상이다.

⑤ 준공 또는 사용승인 후부터 최초 안전등급이 지정되기 전까지의 기간에 실시하는 정기안전점검은 반기에 1회 이상 실시한다.

해설 | 안전등급이 A·B·C등급인 시설물에 대한 정기안전점검의 실시시기는 반기에 1회 이상이다.

기본서 790~802   정답 ③

정답 및 해설

03 ① 관할 시·도지사에게 보고하여야 한다.

04 ② 국토교통부장관에게 제출하여야 한다.

05 시설물의 안전 및 유지관리에 관한 특별법령상 안전점검에 관한 설명 중 틀린 것은?

① 최초로 실시하는 정밀안전점검은 시설물의 준공일 또는 사용승인일을 기준으로 3년 이내(건축물은 4년 이내)에 실시한다.

② 제1종 및 제2종 시설물 중 D·E등급 시설물의 정기안전점검은 해빙기·우기·동절기 전 각각 1회 이상 실시한다.

③ 정밀안전점검 및 정밀안전진단의 실시주기는 이전 정밀안전점검 및 정밀안전진단을 완료한 날을 기준으로 한다.

④ 정밀안전점검, 정기안전점검 및 정밀안전진단의 실시 완료일이 속한 반기에 실시하여야 하는 긴급안전점검은 생략할 수 있다.

⑤ 정밀안전진단의 실시 완료일부터 6개월 전 이내에 그 실시주기의 마지막 날이 속하는 정밀안전점검은 생략할 수 있다.

06 시설물의 안전 및 유지관리에 관한 특별법령상 시설물 안전관리에 대한 설명 중 틀린 것은?

① 관리주체는 소관 시설물의 안전과 기능을 유지하기 위하여 정기적으로 안전점검을 실시하여야 한다.

② 관리주체는 시설물의 하자담보책임기간이 끝나기 전에 마지막으로 실시하는 정밀안전점검의 경우에는 안전진단전문기관이나 국토안전관리원에 의뢰하여 실시하여야 한다.

③ 민간관리주체가 어음·수표의 지급불능으로 인한 부도 등 부득이한 사유로 인하여 안전점검을 실시하지 못하게 될 때에는 관할 시장·군수·구청장이 민간관리주체를 대신하여 안전점검을 실시할 수 있다.

④ 관리주체는 시설물의 붕괴·전도 등이 발생할 위험이 있다고 판단하는 경우 긴급안전점검을 실시하여야 한다.

⑤ 국토교통부장관 또는 관계 행정기관의 장은 긴급안전점검을 실시한 경우 그 결과를 긴급안전점검을 종료한 날부터 30일 이내에 해당 관리주체에게 통보하여야 한다.

07 시설물의 안전 및 유지관리에 관한 특별법령상 안전점검 등을 실시하는 자는 안전점검 등의 실시결과에 따라 대통령령으로 정하는 기준에 적합하게 해당 시설물의 안전등급을 지정하여야 하는데, 그 등급이 잘못된 것은?

① A: 문제점이 없는 최상의 상태

② B: 주요부재에 경미한 결함이 발생하였으나 기능 발휘에는 지장이 없으며 내구성 증진을 위하여 일부의 보수가 필요한 상태

③ C: 주요부재에 경미한 결함 또는 보조부재에 광범위한 결함이 발생하였으나 전체적인 시설물의 안전에는 지장이 없으며, 주요부재에 내구성·기능성 저하방지를 위한 보수가 필요하거나 보조부재에 간단한 보강이 필요한 상태

④ D: 주요부재에 결함이 발생하여 긴급한 보수·보강이 필요하며 사용제한 여부를 결정하여야 하는 상태

⑤ E: 주요부재에 발생한 심각한 결함으로 인하여 시설물의 안전에 위험이 있어 즉각 사용을 금지하고 보강 또는 개축을 하여야 하는 상태

08 시설물의 안전 및 유지관리에 관한 특별법령상 정밀안전진단에 관한 설명 중 틀린 것은?

① 관리주체는 제1종 시설물에 대하여 정기적으로 정밀안전진단을 실시하여야 한다.

② 제1종 시설물에 대한 최초로 실시하는 정밀안전진단은 준공일 또는 사용승인일 후 10년이 되는 해에 실시한다.

③ ②의 경우 준공 및 사용승인 후 10년이 지난 후에 구조형태의 변경으로 인하여 제1종 시설물로 된 경우에는 구조형태의 변경에 따른 준공일 또는 사용승인일부터 1년 이내에 실시한다.

④ 관리주체는 완공 후 10년이 지난 제1종 시설물에 대하여 ②에 따른 정밀안전진단 실시 이후에 A등급인 경우에 6년에 1회 이상 정밀안전진단을 실시하여야 한다.

⑤ ④의 경우에 D·E등급인 경우에는 4년에 1회 이상 실시하여야 한다.

정답 및 해설

05 ④ 정밀안전점검, 긴급안전점검 및 정밀안전진단의 실시 완료일이 속한 반기에 실시하여야 하는 정기안전점검은 생략할 수 있다.

06 ⑤ 긴급안전점검을 종료한 날부터 15일 이내에 해당 관리주체에게 통보하여야 한다.

07 ② 보조부재에 경미한 결함이 발생하였으나 기능 발휘에는 지장이 없으며 내구성 증진을 위하여 일부의 보수가 필요한 상태이다.

08 ② 준공일 또는 사용승인일 후 10년이 지난 때부터 1년 이내에 실시한다.

09 시설물의 안전 및 유지관리에 관한 특별법령상 시설물의 안전관리에 대한 다음 설명 중 틀린 것은?

① 관리주체는 시설물에 대하여 안전점검 또는 긴급안전점검을 실시한 결과 재해 및 재난을 예방하기 위하여 필요하다고 인정되는 경우에는 정밀안전진단을 실시하여야 한다.

② ①의 경우 결과보고서 제출일부터 1개월 이내에 정밀안전진단을 착수하여야 한다.

③ 관리주체는 지진·화산재해대책법에 따른 내진설계대상 시설물 중 내진성능평가를 받지 않은 시설물에 대하여 정밀안전진단을 실시하는 경우에는 해당 시설물에 대한 내진성능평가를 포함하여 실시하여야 한다.

④ 안전점검 및 정밀안전진단을 실시한 자는 안전점검 및 정밀안전진단을 완료한 경우에는 그 결과보고서를 작성하고, 이를 관리주체 및 시장·군수·구청장에게 통보하여야 한다.

⑤ 민간관리주체는 결과보고서를 안전점검 및 정밀안전진단을 완료한 날부터 30일 이내에 관할 시장·군수·구청장에게 제출하여야 한다.

10 시설물의 안전 및 유지관리에 관한 특별법령상 시설물의 안전관리에 대한 다음 설명 중 틀린 것은?

① 안전점검 등에 드는 비용은 국가가 부담한다.

② 하자담보책임기간 내에 시공자가 책임져야 할 사유로 정밀안전진단을 실시하여야 하는 경우 그에 드는 비용은 시공자가 부담한다.

③ 국토교통부장관은 법정시설물이 아닌 시설 중에서 안전에 취약하거나 재난의 위험이 있다고 판단되는 소규모 취약시설에 대하여 해당 시설의 관리자, 소유자 또는 관계 행정기관의 장이 요청하는 경우 안전점검 등을 실시할 수 있다.

④ 안전점검 등을 실시하는 자는 안전점검 등의 실시결과에 따라 대통령령으로 정하는 기준에 적합하게 해당 시설물의 안전등급을 지정하여야 한다.

⑤ 위 ④에도 불구하고 국토교통부장관은 정밀안전점검 또는 정밀안전진단 실시결과를 평가한 결과 안전등급의 변경이 필요하다고 인정되는 경우에는 해당 시설물의 안전등급을 변경할 수 있다.

11 시설물의 안전 및 유지관리에 관한 특별법령상 시설물의 안전관리에 관한 설명으로 옳지 않은 것은?

① 관리주체는 시설물의 중대한 결함을 통보받는 등 시설물의 구조상 공중의 안전한 이용에 미치는 영향이 중대하여 긴급한 조치가 필요하다고 인정되는 경우에는 시설물의 사용제한·사용금지·철거, 주민대피 등의 안전조치를 하여야 한다.

② 관리주체는 ①에 따른 사용제한 등을 하는 경우에는 즉시 그 사실을 관계 행정기관의 장 및 국토교통부장관에게 통보하여야 하며, 통보를 받은 관계 행정기관의 장은 이를 공고하여야 한다.

③ 관리주체는 안전점검 및 긴급안전점검을 국토안전관리원, 안전진단전문기관 또는 안전점검전문기관에게 대행하게 할 수 있다.

④ 관리주체는 정밀안전진단을 실시하려는 경우 이를 직접 수행할 수 없고 국토안전관리원 또는 안전진단전문기관에 대행하게 하여야 한다.

⑤ 관리주체는 긴급안전점검에 따른 조치명령을 받거나 시설물의 중대한 결함에 대한 통보를 받은 날부터 3년 이내에 시설물의 보수·보강 등 필요한 조치에 착수하여야 하며, 착수한 날부터 2년 이내에 이를 완료하여야 한다.

정답 및 해설

09 ② 결과보고서 제출일부터 <u>1년 이내</u>에 정밀안전진단을 착수하여야 한다.

10 ① 안전점검 등에 드는 비용은 <u>관리주체</u>가 부담한다.

11 ⑤ <u>통보를 받은 날부터 2년 이내</u>에 시설물의 보수·보강 등 필요한 조치에 착수하여야 하며, <u>착수한 날부터 3년 이내</u>에 이를 완료하여야 한다.

12 시설물의 안전 및 유지관리에 관한 특별법령상 법정시설물 외 소규모 취약시설에 대한 안전점검 등에 대한 다음 설명 중 틀린 것은?

① 국토교통부장관은 법정시설물이 아닌 소규모 취약시설에 대하여 해당 시설의 관리자, 소유자 또는 관계 행정기관의 장이 요청하는 경우 안전점검 등을 실시할 수 있다.

② 국토교통부장관은 ①의 요청을 받은 경우 해당 소규모 취약시설에 대한 안전점검 등을 실시하고, 그 결과와 안전조치에 필요한 사항을 소규모 취약시설의 관리자, 소유자 또는 관계 행정기관의 장에게 통보하여야 한다.

③ 통보를 받은 경우 보수·보강 등의 조치가 필요한 사항에 대하여 보수·보강조치계획을 법령에 따른 관계 행정기관의 장에게 제출하여야 한다.

④ 보수·보강조치계획을 제출받은 시장·군수·구청장은 국토교통부령으로 정하는 바에 따라 그 제출자료를 관할 시·도지사(특별자치시장·특별자치도지사는 제외한다)에게 보고하여야 한다.

⑤ 관계 행정기관 장은 관할 소규모 취약시설에 대한 체계적인 안전관리를 위하여 2년마다 소규모 취약시설의 안전점검 및 관리계획을 수립하여야 한다.

13 시설물의 안전 및 유지관리에 관한 특별법령의 내용으로 틀린 것은?

① 국토안전관리원이나 안전진단전문기관이 정밀안전진단을 실시할 때에는 관리주체의 승인을 받아 다른 안전진단전문기관과 공동으로 실시할 수 있다.

② 안전진단전문기관, 안전점검전문기관 또는 국토안전관리원은 관리주체로부터 안전점검 등의 실시에 관한 도급을 받은 경우에는 이를 하도급할 수 없다.

③ ②의 경우에 총 도급금액의 3분의 2 이하의 범위에서 전문기술이 필요한 경우 등 대통령령으로 정하는 경우에는 분야별로 한 차례만 하도급할 수 있다.

④ 하도급을 한 자는 하도급계약을 체결한 날부터 10일 이내에 관리주체에게 통보하여야 한다.

⑤ 관리주체는 안전진단전문기관, 안전점검전문기관 또는 국토안전관리원이 위반하여 하도급을 하였다고 의심할 만한 상당한 사유가 있는 경우에는 사실조사를 요청할 수 있다.

14 시설물의 안전 및 유지관리에 관한 특별법령상 결과보고 등에 대한 다음 설명 중 틀린 것은?

① 안전점검 및 정밀안전진단을 실시한 자는 완료한 경우에 서면 또는 전자문서로 결과 보고서를 작성하고, 이를 관리주체 및 시장·군수·구청장에게 통보하여야 한다.

② 관리주체는 ①에 따른 결과보고서를 안전점검 및 정밀안전진단을 완료한 날부터 15일 이내에 공공관리주체의 경우에는 소속 중앙행정기관 또는 시·도지사에게, 민간관리 주체의 경우에는 관할 시장·군수·구청장에게 각각 제출하여야 한다.

③ 국토교통부장관은 결과보고서와 그 작성의 기초가 되는 자료를 부실하게 작성한 것으로 판단하는 때에는 부실의 정도 등을 고려하여 매우 불량, 불량 및 미흡으로 구분하여 판단한다.

④ 국토교통부장관은 직전 연도부터 과거 2년간 안전점검 등의 결과보고서를 복제하거나 부실하게 작성한 자의 명단을 공표할 수 있다. 다만, 이의신청 등 불복절차가 진행 중인 조치는 명단 공표대상에서 제외한다.

⑤ 위 ④의 명단 공표 여부를 심의하기 위하여 국토교통부에 결과보고서 작성 준수사항 위반자명단 공표심의위원회를 두며, 국토교통부장관은 공표대상자에게 그 사실을 통지하고 1개월 이상의 기간을 정하여 소명기회를 주어야 한다.

정답 및 해설

12 ⑤ 소규모 취약시설의 안전점검 및 관리계획은 <u>매년 수립</u>하여야 한다.

13 ③ <u>총 도급금액의 100분의 50 이하의 범위</u>에서 전문기술이 필요한 경우 등 대통령령으로 정하는 경우에는 분야별로 한 차례만 하도급할 수 있다.

14 ② 안전점검 및 정밀안전진단을 완료한 날부터 <u>30일 이내</u>에 결과보고서를 제출하여야 한다.

15 시설물의 안전 및 유지관리에 관한 정밀안전점검 또는 정밀안전진단 실시결과의 평가에 대한 다음 설명 중 틀린 것은?

① 관리주체 및 시장·군수·구청장은 안전점검 및 정밀안전진단 결과보고서를 국토교통부장관에게 제출하여야 하며, 국토교통부장관은 정밀안전점검이나 정밀안전진단의 실시결과를 평가할 수 있다.

② 국토교통부장관은 ①에 따라 정밀안전점검이나 정밀안전진단의 실시결과를 평가한 결과, 부실 등 부적정한 것으로 밝혀진 경우 관리주체 또는 시장·군수·구청장에게 이를 통보하여야 한다.

③ 관리주체 또는 시장·군수·구청장은 정밀안전점검은 ②의 통보받은 날부터 3개월 이내, 정밀안전진단은 2개월 이내에 해당 결과보고서를 수정 또는 보완하여 국토교통부장관에게 제출하여야 한다.

④ 국토교통부장관은 관리주체, 시장·군수·구청장 또는 정밀안전점검이나 정밀안전진단을 대행한 자가 ③에 따라 결과보고서를 수정 또는 보완하여 제출하지 아니하는 경우에는 기한을 정하여 제출을 명할 수 있다.

⑤ 국토교통부장관은 정밀안전점검이나 정밀안전진단의 실시결과를 평가한 결과 필요한 경우 관리주체 또는 시장·군수·구청장에게 해당 결과보고서의 수정이나 보완을 요구할 수 있다.

_{고난도}
16 시설물의 안전 및 유지관리에 관한 특별법령상 안전진단전문기관에 대한 다음 설명 중 틀린 것은?

① 시설물의 안전점검 등 또는 성능평가를 대행하려는 자는 대통령령으로 정하는 등록기준을 갖추어 시·도지사에게 안전진단전문기관으로 등록을 하여야 한다.

② 안전진단전문기관은 대통령령으로 정하는 등록사항이 변경된 때에는 그날부터 15일 이내에 시·도지사에게 신고하여야 한다.

③ 안전진단전문기관은 계속하여 1년 이상 휴업하거나 재개업 또는 폐업하려는 경우에는 시·도지사에게 신고하여야 한다.

④ 등록의 취소 또는 영업정지처분을 받은 안전진단전문기관은 그 처분 전에 체결한 안전점검 등 또는 성능평가의 대행계약에 한정하여 해당 업무를 계속할 수 있다.

⑤ ④의 경우 안전진단전문기관은 그 처분받은 내용을 지체 없이 안전점검 등 또는 성능평가의 대행계약을 체결한 관리주체에게 문서로 알려야 하며, 관리주체는 그 통지를 받거나 그 사실을 안 때에는 그날부터 30일 이내에 해당 계약을 해지할 수 있다.

17 시설물의 안전 및 유지관리에 관한 특별법령상 시설물의 유지관리에 대한 다음 설명 중 틀린 것은?

① 관리주체는 시설물의 기능을 보전하고 편의와 안전을 높이기 위하여 소관 시설물을 유지관리하여야 한다. 다만, 공동주택으로서 다른 법령에 따라 유지관리하는 경우에는 그러하지 아니하다.

② 관리주체는 안전점검전문기관 또는 그 시설물을 시공한 자로 하여금 시설물의 유지관리를 대행하게 할 수 있다.

③ 시설물의 유지관리에 드는 비용은 시공자가 부담한다.

④ 관리주체는 유지관리를 완료한 날부터 30일 이내에 민간관리주체의 경우에는 관할 시장·군수·구청장에게 유지관리 결과보고서를 제출하여야 한다.

⑤ ④에 따라 제출받은 시장·군수·구청장은 15일 이내에 그 제출현황을 관할 시·도지사에게 보고하여야 한다.

정답 및 해설

15 ③ 정밀안전점검은 통보를 받은 날부터 <u>2개월 이내</u>, 정밀안전진단은 3개월 이내이다.

16 ② <u>30일 이내</u>에 시·도지사에게 신고하여야 한다.

17 ③ 유지관리에 드는 비용은 <u>관리주체가</u> 부담한다.

18 시설물의 안전 및 유지관리에 관한 특별법령상 시설물의 성능평가에 대한 다음 설명 중 틀린 것은?

① 대통령령으로 정하는 시설물의 관리주체는 시설물의 성능을 유지하기 위하여 10년에 1회 이상 성능평가를 실시하여야 한다. 이 경우 국토안전관리원과 안전진단전문기관에게 대행하게 할 수 있다.

② 최초로 실시하는 성능평가는 성능평가 대상시설물 중 제1종 시설물의 경우에는 최초로 정밀안전진단을 실시하는 때, 제2종 시설물의 경우에는 하자담보책임기간이 끝나기 전에 마지막으로 실시하는 정밀안전점검을 실시하는 때에 실시한다.

③ 관리주체는 성능평가를 실시하는 경우 정밀안전점검 또는 정밀안전진단을 포함하여 실시할 수 있고, 성능평가의 비용은 관리주체가 부담한다.

④ 성능평가를 실시한 자는 그 결과보고서를 작성하고, 이를 관리주체에게 통보하여야 하며, 관리주체는 성능평가 결과보고서를 국토교통부장관에게 제출하여야 한다.

⑤ 국토교통부장관은 성능평가 결과보고서와 그 작성의 기초가 되는 자료를 부실하게 작성한 것으로 판단하는 때에는 부실의 정도 등을 고려하여 매우 불량, 불량 및 미흡으로 구분하여 판단한다.

19 시설물의 안전 및 유지관리에 관한 특별법령상 국토안전관리원(이하 '관리원'이라 함)에 대한 다음 설명 중 틀린 것은?

① 관리원은 법인으로 하며 그 주된 사무소의 소재지에 설립등기를 함으로써 성립한다.

② 관리원은 정관을 작성하여 국토교통부장관의 인가를 받아야 한다.

③ 관리원에 관하여 이 법과 공공기관의 운영에 관한 법률에 규정한 것 외에는 민법 중 사단법인에 관한 규정을 준용한다.

④ 대한민국의 국민이 아닌 자는 관리원의 임원이 될 수 없다.

⑤ 국가는 관리원의 설립 및 운영을 위하여 필요하면 국유재산과 물품을 무상으로 대부하거나 사용하게 할 수 있다.

20 시설물의 안전 및 유지관리에 관한 특별법령상 시설물의 사고조사 등에 대한 다음 설명 중 틀린 것은?

① 관리주체는 소관 시설물에 사고가 발생한 경우에는 지체 없이 응급 안전조치를 하여 야 한다.

② 사망자 또는 실종자가 2명 이상이거나 사상자가 5명 이상인 인명피해가 발생한 경우 에는 민간관리주체는 관할 시장·군수·구청장에게 사고발생 사실을 알려야 한다.

③ 국토교통부장관은 필요하다고 인정되는 때에는 중앙시설물사고조사위원회를 구성· 운영할 수 있다.

④ 국토교통부장관, 주무부처의 장 또는 지방자치단체의 장은 시설물의 안전 및 유지관 리 실태를 점검할 수 있다.

⑤ 시장·군수·구청장은 민간관리주체 소관 시설물에 대하여 시설물관리계획의 이행 여부 확인 등 안전 및 유지관리 실태를 연 1회 이상 점검하여야 한다.

정답 및 해설

18 ① 시설물의 관리주체는 <u>5년에 1회 이상</u> 성능평가를 실시하여야 한다.

19 ③ 민법 중 <u>재단법인</u>에 관한 규정을 준용한다.

20 ② 다음 규모 이상의 사고가 발생한 경우에는 공공관리주체는 주무부처의 장 또는 관할 시·도지사 및 시장· 군수·구청장에게, 민간관리주체는 관할 시장·군수·구청장에게 사고발생 사실을 알려야 한다.

1. 시설물이 붕괴되거나 쓰러져 재시공이 필요한 정도의 시설물피해
2. <u>사망자 또는 실종자가 3명 이상</u>이거나 <u>사상자가 10명 이상</u>인 인명피해
3. 1. 및 2.에서 규정한 피해 외에 국토교통부장관이 조사가 필요하다고 인정하는 시설물피해 또는 인명 피해

21 시설물의 안전 및 유지관리에 관한 특별법령상 이행강제금에 대한 다음 설명 중 틀린 것은?

① 국토교통부장관은 안전점검 등의 결과보고서를 제출하지 않는 자에게 해당 명령이 이행될 때까지 매달 100만원의 이행강제금을 부과할 수 있다.

② 국토교통부장관은 이행강제금을 부과하기 전에 이행강제금을 부과·징수한다는 것을 미리 문서로 알려 주어야 한다.

③ ②의 경우 10일 이상의 기간을 정하여 구술 또는 서면(전자문서를 포함한다)으로 의견을 진술할 수 있는 기회를 주어야 한다. 이 경우 지정된 기일까지 의견진술이 없는 때에는 의견이 없는 것으로 본다.

④ 국토교통부장관은 이행명령을 받은 자가 명령을 이행하면 새로운 이행강제금의 부과를 즉시 중지하되, 이미 부과된 이행강제금은 징수하여야 한다.

⑤ 국토교통부장관은 이행강제금 부과처분을 받은 자가 이행강제금을 기한까지 납부하지 아니하면 국세 체납처분의 예에 따라 징수한다.

정답 및 해설

21 ① 매달 <u>50만원</u>의 이행강제금을 부과한다.

▶ 이행강제금

이행강제금의 부과기준은 매달 100만원 범위에서 다음과 같다.

- 법 제9조 제5항(설계도서 등 서류제출)에 따른 명령을 받은 후 이행기간 이내에 그 명령을 이행하지 아니한 자: 100만원
- 법 제17조 제5항에 따른 명령(안전점검 등의 결과보고서 제출)을 받은 후 이행기간 이내에 그 명령을 이행하지 아니한 자: 50만원
- 법 제18조 제4항(정밀안전점검과 정밀안전진단의 대행자의 결과보고서 제출)에 따른 명령을 받은 후 이행기간 이내에 그 명령을 이행하지 아니한 자: 50만원

제8편 주관식 기입형 문제

01 시설물의 안전 및 유지관리에 관한 특별법령에 대한 설명이다. (   )에 들어갈 용어를 쓰시오.

> 경험과 기술을 갖춘 자가 육안이나 점검기구 등으로 검사하여 시설물에 내재되어 있는 위험요인을 조사하는 행위를 '(   )'(이)라 한다.

02 시설물의 안전 및 유지관리에 관한 특별법령에 대한 설명이다. (   )에 들어갈 용어를 쓰시오.

> '(   )'(이)란 시설물의 물리적 · 기능적 결함을 발견하고 그에 대한 신속하고 적절한 조치를 하기 위하여 구조적 안전성과 결함의 원인 등을 조사 · 측정 · 평가하여 보수 · 보강 등의 방법을 제시하는 행위를 말한다.

03 시설물의 안전 및 유지관리에 관한 특별법령에 대한 설명이다. (   )에 들어갈 용어를 쓰시오.

> '내진성능평가'란 지진으로부터 시설물의 안전성을 확보하고 기능을 유지하기 위하여 지진 · 화산재해대책법에 따라 시설물별로 정하는 (   )에 따라 시설물이 지진에 견딜 수 있는 능력을 평가하는 것을 말한다.

정답 및 해설

01 안전점검

02 정밀안전진단

03 내진설계기준

04 시설물의 안전 및 유지관리에 관한 특별법령에 대한 설명이다. (   )에 들어갈 용어를 쓰시오.

> 관리주체는 시설물의 하자담보책임기간이 끝나기 전에 마지막으로 실시하는 정밀안전점검의 경우에는 안전진단전문기관이나 (   )에 의뢰하여 실시하여야 한다.

05 시설물의 안전 및 유지관리에 관한 특별법령상 안전점검 등에 대한 설명이다. (   )에 들어갈 용어를 쓰시오.

> • 안전점검 등에 드는 비용은 (㉠)이(가) 부담한다.
> • 하자담보책임기간 내에 시공자가 책임져야 할 사유로 정밀안전진단을 실시하여야 하는 경우 그에 드는 비용은 (㉡)이(가) 부담한다.

06 시설물의 안전 및 유지관리에 관한 특별법령상 정밀안전진단에 대한 설명이다. (   )에 들어갈 아라비아 숫자를 쓰시오.

> 최초로 실시하는 정밀안전진단은 완공(준공 또는 사용승인 후에 구조형태의 변경으로 제1종 시설물로 된 경우에는 최초 준공일 또는 사용승인일을 말한다) 후 10년이 지난 때부터 (㉠)년 이내에 실시한다. 다만, 준공 및 사용승인 후 10년이 지난 후에 구조형태의 변경으로 인하여 제1종 시설물로 된 경우에는 구조형태의 변경에 따른 준공일, 사용승인일 또는 임시사용승인일부터 (㉡)년 이내에 실시한다.

07 시설물의 안전 및 유지관리에 관한 특별법령에 대한 설명이다. (   )에 들어갈 아라비아 숫자를 쓰시오.

> 관리주체는 긴급안전점검에 따른 조치명령을 받거나 시설물의 중대한 결함에 대한 통보를 받은 날부터 (㉠)년 이내에 시설물의 보수·보강 등 필요한 조치에 착수하여야 하며, 특별한 사유가 없는 한 착수한 날부터 (㉡)년 이내에 이를 완료하여야 한다.

08 시설물의 안전 및 유지관리에 관한 특별법령상 시설물의 유지관리에 대한 설명이다. ( )에 들어갈 용어를 쓰시오.

> 관리주체는 안전점검 및 ( )을(를) 국토안전관리원, 안전진단전문기관 또는 안전점검전문기관에게 대행하게 할 수 있다.

09 시설물의 안전 및 유지관리에 관한 특별법령에 대한 설명이다. ( )에 들어갈 용어를 쓰시오.

> • 관리주체는 소관 시설물의 안전 및 유지관리에 관한 정보를 체계적으로 관리하기 위하여 (㉠)을(를) 구축·운영할 수 있다. 이 경우 시설물통합정보관리체계와 연계하여 운영할 수 있다.
> • 국토교통부장관은 소규모 취약시설의 안전관리에 관한 정보를 체계적으로 관리하기 위하여 정보화시스템을 구축·운영할 수 있다. 이 경우 (㉡)와(과) 연계하여 운영할 수 있다.

정답 및 해설

04 국토안전관리원

05 ㉠ 관리주체, ㉡ 시공자

06 ㉠ 1, ㉡ 1

07 ㉠ 2, ㉡ 3

08 긴급안전점검

09 ㉠ 정보화시스템, ㉡ 시설물통합정보관리체계

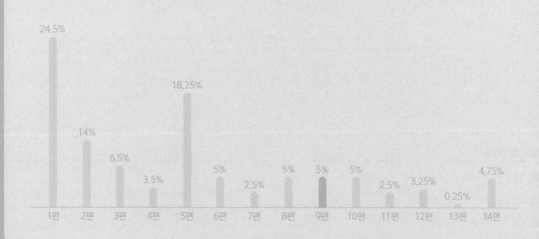

제9편

승강기 안전관리법

제9편 승강기 안전관리법

대표예제 68 **용어의 정의 ★**

다음 중 승강기 안전관리법령상 사람이 탑승할 수 있는 승강기가 아닌 것은?

① 소방구조용 엘리베이터
② 전망용 엘리베이터
③ 주택용 엘리베이터
④ 자동차용 엘리베이터
⑤ 소형화물용 엘리베이터

해설 | 소형화물용 엘리베이터란 음식물이나 서적 등 소형화물의 운반에 적합하게 제조·설치된 엘리베이터로서 사람의 탑승을 금지하는 엘리베이터(바닥면적이 0.5제곱미터 이하이고, 높이가 0.6미터 이하인 것은 제외한다)를 말한다.

기본서 p.821~857
정답 ⑤

01 승강기 안전관리법령상 승강기로 보지 않는 시설이 아닌 것은?

① 궤도운송법 제2조 제1호에 따른 궤도
② 선박안전법 제2조 제2호에 따른 선박시설 중 승강설비
③ 주차장법 제2조 제2호에 따른 기계식 주차장치
④ 광산안전법 시행령 제10조 제1항 제3호에 따른 사람을 운반하거나 50킬로와트 이상의 동력을 사용하는 권양(捲揚)장치
⑤ 산업안전보건법 시행령 제28조 제1항 제1호 라목에 따른 리프트

02 승강기 안전관리법령상 승강기사업자로 볼 수 없는 자는?

① 승강기의 제조업 또는 수입업을 하기 위하여 등록을 한 자
② 승강기부품의 제조업 또는 수입업을 하기 위하여 등록을 한 자
③ 승강기 안전관리법령상의 승강기 소유자
④ 승강기의 유지관리를 업(業)으로 하기 위하여 등록을 한 자
⑤ 건설산업기본법 제9조 제1항에 따라 건설업의 등록을 한 자로서 승강기설치공사업에 종사하는 자

[고난도]
03 승강기 안전관리법령상 승강기 등의 제조업 또는 수입업의 등록에 대한 다음 설명 중 틀린 것은?

① 승강기나 승강기부품의 제조업 또는 수입업을 하려는 자는 시·도지사에게 등록하여야 한다.
② ①에 따라 등록하려는 자는 자본금(법인인 경우에는 납입자본금, 개인인 경우에는 자산평가액)이 1억원 이상이어야 한다.
③ 변경등록은 등록사항이 변경된 날부터 30일 이내에 하여야 한다.
④ 등록을 한 자는 그 사업을 폐업 또는 휴업하거나 휴업한 사업을 다시 시작한 경우에는 그날부터 30일 이내에 시·도지사에게 신고하여야 한다.
⑤ 피성년후견인은 ①에 따른 제조업 또는 수입업의 등록을 할 수 없다.

정답 및 해설

01 ④ 광산안전법 시행령 제10조 제1항 제3호에 따른 사람을 운반하거나 <u>150킬로와트 이상</u>의 동력을 사용하는 권양장치이다.

02 ③ 승강기 소유자는 <u>관리주체</u>이다.

03 ② 자본금은 <u>2억원 이상</u>이어야 한다.

04 승강기 안전관리법령상 승강기의 제조·수입업의 사후관리에 대한 설명으로 틀린 것은?

① 제조·수입업자는 승강기의 구매인 또는 양수인(관리주체를 포함한다)에게 사용설명서와 품질보증기간 등이 적힌 품질보증서를 제공하여야 한다.

② 제조·수입업자는 관리주체로부터 승강기 유지관리용 부품 등의 제공을 요청받은 경우에는 특별한 이유가 없으면 2일 이내에 그 요청에 따라야 한다.

③ 제조·수입업자는 유지관리용 부품 등에 대하여 최종 판매하거나 양도한 날부터 30년 이상 제공할 수 있도록 해야 한다.

④ 승강기 또는 승강기부품의 품질보증기간은 3년 이상으로 하며, 그 기간에 구매인 또는 양수인이 사용설명서에 따라 정상적으로 사용·관리했음에도 불구하고 고장이나 결함이 발생한 경우에는 제조·수입업자가 무상으로 유지관리용 부품 및 장비 등을 제공(정비를 포함한다)해야 한다.

⑤ 제조·수입업자는 승강기부품(유지관리용 부품으로 한정한다)의 권장 교체주기 및 가격자료를 10년 이상 해당 제조·수입업자의 인터넷 홈페이지에 공개해야 한다.

대표예제 69 | **승강기부품의 안전인증 ★★★**

승강기 안전관리법령상 승강기부품의 안전인증에 관한 설명 중 틀린 것은?

① 승강기부품의 제조·수입업자는 승강기안전부품에 대하여 모델(행정안전부령으로 정하는 고유한 명칭을 붙인 제품의 형식을 말한다)별로 행정안전부장관이 실시하는 부품안전인증을 받아야 한다.

② 안전인증을 위한 설계심사란 승강기안전부품의 기계도면, 전기도면 등 행정안전부장관이 정하여 고시하는 기술도서 승강기안전부품 안전기준에 맞는지를 심사하는 것이다.

③ 안전성시험이란 승강기안전부품을 제조하는 공장의 설비 및 기술능력 등 제조체계가 부품 공장 심사기준에 맞는지를 심사하는 것이다.

④ 승강기안전부품의 제조·수입업자는 부품안전인증을 받은 사항을 변경하려는 경우에는 행정안전부령으로 정하는 바에 따라 행정안전부장관으로부터 변경사항에 대한 부품안전인증을 받아야 한다.

⑤ 행정안전부장관은 부품안전인증을 하는 경우 행정안전부령으로 정하는 바에 따라 조건을 붙일 수 있다. 이 경우 그 조건은 승강기안전부품의 제조·수입업자에게 부당한 의무를 부과하는 것이어서는 아니 된다.

해설 | ③은 공장심사에 대한 설명이다. 안전성시험이란 승강기안전부품이 승강기안전부품 안전기준에 맞는지를 확인하기 위해 시험하는 것이다.

기본서 p.829~834

정답 ③

---

05 승강기 안전관리법령상 부품안전인증의 면제사유가 아닌 것은?

① 연구·개발, 전시 또는 부품안전인증을 위한 시험을 목적으로 제조하거나 수입하는 승강기안전부품으로서 대통령령으로 정하는 승강기안전부품에 대하여 행정안전부령으로 정하는 바에 따라 행정안전부장관의 확인을 받은 경우

② 국내에서 판매·대여하지 않는 부품으로서 수출을 목적으로 수입하는 승강기안전부품으로서 시·도의 조례로 정하는 바에 따라 행정안전부장관의 확인을 받은 경우

③ 수출을 목적으로 승강기안전부품을 제조하는 경우

④ 국가간 상호인정협정에 따라 행정안전부장관이 정하여 고시하는 외국의 기관에서 부품안전인증에 준하는 안전인증을 받은 경우

⑤ 행정안전부령으로 정하는 바에 따라 승강기안전부품을 일회성으로 수입하거나 제조하는 경우

06 승강기 안전관리법령상 승강기 안전부품에 대한 다음 설명 중 틀린 것은?

① 승강기안전부품의 제조·수입업자는 부품안전인증을 받은 날부터 5년마다 행정안전부장관이 실시하는 승강기안전부품에 대한 심사(부품정기심사)를 받아야 한다.

② 부품정기심사 결과에 이의가 있는 경우 행정안전부장관에게 재심사를 요청할 수 있다.

③ 부품안전인증을 받은 승강기안전부품의 제조·수입업자는 부품안전인증을 받은 후 제조하거나 수입하는 같은 모델의 승강기안전부품에 대하여 안전성에 대한 자체심사를 하고, 그 기록을 작성·보관하여야 한다.

④ 승강기안전부품의 제조·수입업자는 승강기안전부품 및 그 포장에 부품안전인증표시 등을 하여야 한다.

⑤ 부품안전인증을 받지 아니하거나 부품안전인증의 면제를 받지 아니한 자는 승강기안전부품 또는 그 포장에 부품안전인증표시 등을 하거나 이와 비슷한 표시를 하여서는 아니 된다.

정답 및 해설

04 ③ 유지관리용 부품 등을 <u>10년 이상</u> 제공할 수 있도록 해야 한다.

05 ② <u>해당 시·도지사의 확인</u>을 받은 경우이다.

06 ① <u>3년마다</u> 행정안전부장관이 실시하는 부품정기심사를 받아야 한다.

07 승강기 안전관리법령상 승강기의 안전인증에 대한 설명 중 틀린 것은?

① 승강기의 제조·수입업자는 승강기에 대하여 행정안전부령으로 정하는 바에 따라 모델별로 행정안전부장관이 실시하는 안전인증을 받아야 한다.

② 모델이 정하여지지 아니한 승강기에 대해서는 행정안전부령으로 정하는 기준과 절차에 따라 승강기의 안전성에 관한 별도의 안전인증을 받아야 한다.

③ ②에 따른 안전인증을 받은 사항을 변경하려는 경우에는 행정안전부령으로 정하는 바에 따라 행정안전부장관으로부터 변경사항에 대한 승강기안전인증을 받아야 한다.

④ 행정안전부장관은 승강기안전인증을 하는 경우 행정안전부령으로 정하는 바에 따라 조건을 붙일 수 있다. 이 경우 그 조건은 승강기의 제조·수입업자에게 부당한 의무를 부과하는 것이어서는 아니 된다.

⑤ 승강기 안전기준이 고시되지 아니하거나 고시된 기준을 적용할 수 없는 승강기에 대해서는 승강기안전인증을 할 수 없다.

고난도

08 승강기 안전관리법령상 승강기안전인증의 면제사유가 아닌 것은?

① 연구·개발, 전시 또는 승강기안전인증을 위한 시험을 목적으로 제조하거나 수입하는 승강기로서 대통령령으로 정하는 승강기에 대하여 행정안전부령으로 정하는 바에 따라 행정안전부장관의 확인을 받은 경우

② 수출을 목적으로 승강기를 제조하는 경우

③ 국가간 상호인정협정에 따라 행정안전부장관이 정하여 고시하는 국내기관에서 승강기안전인증에 준하는 안전인증을 받은 경우

④ 행정안전부령으로 정하는 바에 따라 승강기를 일회성으로 수입하거나 제조하는 경우

⑤ 행정안전부령으로 정하는 일정 수준 이상의 시험능력을 갖춘 승강기의 제조·수입업자가 행정안전부령으로 정하는 바에 따라 승강기 자체의 안전성에 관한 시험을 하여 행정안전부장관이 적합한 것임을 확인한 경우

09 승강기 안전관리법령상 승강기의 정기심사 등에 대한 다음 설명 중 틀린 것은?

① 승강기의 제조·수입업자는 승강기안전인증을 받은 승강기에 대하여 승강기안전인증을 받은 날부터 5년마다 행정안전부장관이 실시하는 승강기 정기심사를 받아야 한다.

② 승강기 정기심사 결과에 이의가 있는 경우 행정안전부장관에게 재심사를 요청할 수 있다.

③ 승강기안전인증을 받은 승강기의 제조·수입업자는 행정안전부령으로 정하는 바에 따라 승강기안전인증을 받은 후 제조하거나 수입하는 같은 모델의 승강기에 대하여 안전성에 대한 자체심사를 하고, 그 기록을 작성·보관하여야 한다.

④ 승강기안전인증을 받지 아니하거나 승강기안전인증의 면제를 받지 아니한 자는 승강기에 승강기안전인증표시 등을 하거나 이와 비슷한 표시를 하여서는 아니 된다.

⑤ 승강기안전인증이 취소된 승강기의 제조·수입업자는 취소된 날부터 1년 이내에는 같은 모델의 승강기에 대한 승강기안전인증을 신청할 수 없다.

고난도

10 다음 중 승강기 안전관리법령상 승강기안전인증을 취소하여야 하는 사유에 해당하는 것은?

① 승강기안전인증을 받은 후 제조하거나 수입하는 승강기가 승강기 안전기준에 맞지 아니한 경우

② 거짓이나 그 밖의 부정한 방법으로 승강기안전인증을 받은 경우

③ 승강기안전인증표시 등을 하지 아니하거나 거짓으로 표시한 경우

④ 승강기의 정기심사를 받지 아니한 경우

⑤ 승강기의 자체심사를 하지 아니한 경우

정답 및 해설

07 ⑤ 승강기 안전기준이 고시되지 아니하거나 고시된 기준을 적용할 수 없는 승강기에 대해서는 <u>행정안전부령으로 정하는</u> 바에 따라 승강기안전인증을 할 수 있다.

08 ③ 국가간 상호인정협정에 따라 행정안전부장관이 정하여 고시하는 <u>외국의 기관</u>에서 승강기안전인증에 준하는 안전인증을 받은 경우가 해당한다.

09 ① <u>3년마다</u> 행정안전부장관이 실시하는 승강기 정기심사를 받아야 한다.

10 ② 행정안전부장관은 승강기의 제조·수입업자가 거짓이나 그 밖의 부정한 방법으로 승강기안전인증을 받은 경우에는 승강기안전인증을 취소하여야 한다.

11 승강기 안전관리법령상 승강기안전인증의 대행에 대한 설명 중 틀린 것은?

① 행정안전부장관은 부품안전인증 또는 승강기안전인증의 업무를 한국승강기안전공단이나 부품안전인증업무의 대행기관으로 지정받은 법인·단체 또는 기관에 대행하게 할 수 있다.

② 행정안전부장관은 ①에 따라 업무를 대행하는 자에 대하여 승강기안전부품과 승강기의 안전성을 확보하기 위하여 필요한 범위에서 지도·감독 및 지원을 할 수 있다.

③ 행정안전부장관은 지정인증기관이 업무정지명령을 받은 후 그 업무정지기간에 부품안전인증을 한 경우에는 그 지정을 취소하여야 한다.

④ 부품안전인증 대행기관의 지정이 취소된 법인·단체 또는 기관은 지정이 취소된 날부터 1년 이내에는 지정인증기관의 지정신청을 할 수 없다.

⑤ 행정안전부장관은 대행기관의 업무정지처분을 갈음하여 1억원 이하의 과징금을 부과할 수 있다.

12 승강기 안전관리법령상 승강기의 설치와 안전관리에 대한 설명 중 틀린 것은?

① 승강기 설치공사업자는 승강기의 설치를 끝냈을 때에는 행정안전부령으로 정하는 바에 따라 관할 행정안전부장관에게 그 사실을 신고하여야 한다.

② 승강기의 제조·수입업자는 설치를 끝낸 승강기에 대하여 행정안전부령으로 정하는 바에 따라 행정안전부장관이 실시하는 설치검사를 받아야 한다.

③ 승강기의 제조·수입업자 또는 관리주체는 설치검사를 받지 아니하거나 설치검사에 불합격한 승강기를 운행하게 하거나 운행하여서는 아니 된다.

④ 관리주체는 승강기 운행에 대한 지식이 풍부한 사람을 승강기 안전관리자로 선임하여 승강기를 관리하게 하여야 한다. 다만, 관리주체가 직접 승강기를 관리하는 경우에는 그러하지 아니하다.

⑤ 관리주체는 승강기 안전관리자를 선임하였을 때에는 행정안전부령으로 정하는 바에 따라 3개월 이내에 행정안전부장관에게 그 사실을 통보하여야 하며, 선임 후 3개월 이내에 승강기관리교육을 받게 하여야 한다.

13 승강기 안전관리법령상 승강기책임보험에 대한 다음 설명 중 틀린 것은?

① 관리주체는 승강기의 사고로 승강기 이용자 등 다른 사람의 생명·신체 또는 재산상의 손해를 발생하게 하는 경우 그 손해에 대한 배상을 보장하기 위한 책임보험에 가입하여야 한다.

② 책임보험의 종류는 승강기사고배상책임보험 또는 승강기사고배상책임보험과 같은 내용이 포함된 보험으로 한다.

③ 책임보험은 설치검사를 받은 날, 관리주체가 변경된 경우 그 변경된 날, 책임보험의 만료일 이내에 가입하거나 재가입해야 한다.

④ 책임보험의 보상한도액은 사망의 경우에는 1인당 1억원 이상으로 한다. 다만, 사망에 따른 실손해액이 2천만원 미만인 경우에는 2천만원으로 한다.

⑤ 위 ④의 경우에 재산피해의 경우에는 사고당 1천만원 이상으로 한다.

대표예제 70 \ 승강기의 안전점검 ★★

승강기 안전관리법령상 승강기의 자체점검에 대한 설명 중 틀린 것은?

① 관리주체는 승강기의 안전에 관한 자체점검을 월 1회 이상 하고, 그 결과를 승강기안전종합정보망에 입력하여야 한다.

② 관리주체는 자체점검 결과 승강기에 결함이 있다는 사실을 알았을 경우에는 즉시 보수하여야 하며, 보수가 끝날 때까지 해당 승강기의 운행을 중지하여야 한다.

③ 관리주체는 자체점검을 스스로 할 수 없다고 판단하는 경우에는 승강기의 유지관리를 업으로 하기 위하여 등록을 한 자로 하여금 이를 대행하게 할 수 있다.

④ 설치검사를 받은 날부터 15년이 지난 승강기는 3개월의 범위에서 자체점검의 주기를 조정할 수 있다.

⑤ 최근 3년 이내에 중대한 사고가 발생한 승강기이거나 최근 1년 이내에 중대한 고장이 3회 이상 발생한 승강기는 자체점검의 주기를 조정할 수 없다.

해설 | 설치검사를 받은 날부터 15년이 지난 승강기는 3개월의 범위에서 자체점검의 주기를 조정할 수 없다.

기본서 p.842~854

정답 ④

정답 및 해설

11 ⑤ 업무정지처분을 갈음하여 <u>3억원 이하의 과징금</u>을 부과할 수 있다.

12 ① 승강기 설치공사업자는 승강기의 설치를 끝냈을 때에는 관할 <u>시·도지사에게 신고</u>하여야 한다.

13 ④ 사망의 경우 보상한도액은 <u>1인당 8천만원 이상</u>으로 한다.

14 승강기 안전관리법령상 자체점검의 전부 또는 일부를 면제할 수 있는 경우 등에 관한 설명으로 틀린 것은?

① 법 제18조 제1호부터 제3호까지의 어느 하나에 해당하여 승강기안전인증을 면제받은 승강기
② 승강기의 설치검사에 불합격한 승강기
③ 법 제32조 제3항에 따라 안전검사가 연기된 승강기
④ 새로운 유지관리기법의 도입 등 대통령령으로 정하는 사유에 해당하여 자체점검의 주기 조정이 필요한 승강기
⑤ 위 ④에 해당하는 경우의 관리주체는 관리하는 승강기에 대해 3개월의 범위에서 자체점검의 주기를 조정할 수 있다.

15 승강기 안전관리법령상 승강기안전검사에 관한 설명으로 옳지 않은 것은?

① 정기검사란 설치검사 후 정기적으로 하는 검사이다. 이 경우 행정안전부령으로 정하는 바에 따라 승강기별로 검사주기를 다르게 할 수 있다.
② 관리주체는 안전검사를 받지 아니하거나 안전검사에 불합격한 승강기를 운행할 수 없으며, 운행을 하려면 안전검사에 합격하여야 한다.
③ ②의 경우 관리주체는 안전검사에 불합격한 승강기에 대하여 행정안전부령으로 정하는 기간에 안전검사를 다시 받아야 한다.
④ 행정안전부장관은 행정안전부령으로 정하는 바에 따라 안전검사를 받을 수 없다고 인정하면 그 사유가 없어질 때까지 승강기에 대하여 운행중지명령을 하여야 한다.
⑤ 설치검사를 받은 날부터 15년이 지난 경우로서 정밀안전검사를 받은 경우에는 그 후 3년마다 정기적으로 정밀안전검사를 받아야 한다.

16 승강기 안전관리법령상 정기검사에 관한 설명으로 옳지 않은 것은?

① 정기검사의 검사주기는 2년(설치검사 또는 직전 정기검사를 받은 날부터 매 2년을 말한다)으로 한다.

② 정기검사의 검사기간은 정기검사의 검사주기 도래일 전후 각각 30일 이내로 한다.

③ ②의 경우 해당 검사기간 이내에 검사에 합격한 경우에는 정기검사의 검사주기 도래일에 정기검사를 받은 것으로 본다.

④ 정기검사의 검사주기 도래일 전에 수시검사 또는 정밀안전검사를 받은 경우 해당 정기검사의 검사주기는 수시검사 또는 정밀안전검사를 받은 날부터 계산한다.

⑤ 안전검사가 연기된 경우 해당 정기검사의 검사주기는 연기된 안전검사를 받은 날부터 계산한다.

17 다음 중 승강기 안전관리법령상 정기검사의 주기가 다른 것은?

① 화물용 엘리베이터

② 자동차용 엘리베이터

③ 승객화물용 엘리베이터

④ 소형화물용 엘리베이터(Dumbwaiter)

⑤ 주택용 엘리베이터

정답 및 해설

14 ② 법 제32조 제1항에 따른 <u>안전검사</u>에 불합격한 승강기이다.

15 ④ 안전검사를 받을 수 없다고 인정하면 그 <u>사유가 없어질 때까지 안전검사를 연기할 수 있다</u>.

16 ① 정기검사의 검사주기는 <u>1년</u>(설치검사 또는 직전 정기검사를 받은 날부터 <u>매 1년</u>을 말한다)으로 한다.

17 ③ 정기검사의 검사주기는 1년으로 한다.
　▶ 정기검사 검사주기의 예외
　　1. 설치검사를 받은 날부터 25년이 지난 승강기: 6개월
　　2. 승강기의 결함으로 중대한 사고 또는 중대한 고장이 발생한 후 2년이 지나지 않은 승강기: 6개월
　　3. 다음의 엘리베이터: 2년
　　　• 화물용 엘리베이터
　　　• 자동차용 엘리베이터
　　　• 소형화물용 엘리베이터(Dumbwaiter)
　　4. 단독주택에 설치된 승강기: 2년

18 승강기 안전관리법령상 승강기의 수시검사의 사유에 해당하지 않는 것은?

① 승강기의 종류, 제어방식, 정격속도, 정격용량 또는 왕복운행거리를 변경한 경우
② 승강기의 제어반 또는 구동기를 교체한 경우
③ 승강기에 사고가 발생하여 수리한 경우
④ 관리주체가 요청하는 경우
⑤ 승강기의 결함으로 중대한 사고 또는 중대한 고장이 발생한 경우

19 승강기 안전관리법령상 정밀안전검사를 받아야 하는 경우가 아닌 것은?

① 정기검사 또는 수시검사 결과 결함의 원인이 불명확하여 사고 예방과 안전성 확보를 위하여 행정안전부장관이 정밀안전검사가 필요하다고 인정하는 경우
② 승강기의 결함으로 중대한 사고 또는 중대한 고장이 발생한 경우
③ 설치검사를 받은 날부터 15년이 지난 경우
④ 그 밖에 승강기 성능의 저하로 승강기 이용자의 안전을 위협할 우려가 있어 행정안전부장관이 정밀안전검사가 필요하다고 인정한 경우
⑤ 관리주체가 요청하는 경우

20 승강기 안전관리법령상 승강기의 안전관리에 대한 다음 설명 중 틀린 것은?

① 승강기안전인증을 면제받은 승강기는 안전검사를 면제할 수 있다.
② 정밀안전검사를 받았거나 정밀안전검사를 받아야 하는 승강기는 해당 연도의 정기검사를 면제할 수 있다.
③ 행정안전부장관은 설치검사에 합격한 승강기의 제조 · 수입업자와 안전검사에 합격한 승강기의 관리주체에 대하여 행정안전부령으로 정하는 바에 따라 각각 검사합격증명서를 발급하여야 한다.
④ 시 · 도지사는 설치검사에 불합격한 승강기의 제조 · 수입업자와 안전검사에 불합격한 승강기의 관리주체에 대하여 행정안전부령으로 정하는 바에 따라 각각 운행금지표지를 발급하여야 한다.
⑤ 검사합격증명서 또는 운행금지표지를 발급받은 자는 그 증명서 또는 표지를 승강기 이용자가 잘 볼 수 있는 곳에 즉시 붙이고 훼손되지 아니하게 관리하여야 한다.

21 승강기 안전관리법령상 승강기의 유지·관리에 대한 다음 설명 중 틀린 것은?

① 승강기 유지관리를 업으로 하려는 자는 행정안전부령으로 정하는 바에 따라 시·도지사에게 등록하여야 한다. 행정안전부령으로 정하는 사항을 변경할 때에는 변경된 날부터 30일 이내에 변경등록하여야 한다.

② 위 ①에 따라 등록을 하려는 자는 자본금이 1억원 이상(개인은 자산평가액)이어야 하고, 대통령령의 [별표 8]에 따른 유지관리대상 승강기의 종류별 기술인력 및 설비를 갖추어야 한다.

③ 등록한 유지관리업자는 그 사업을 폐업 또는 휴업하거나 휴업한 사업을 다시 시작한 경우에는 그날부터 30일 이내에 시·도지사에게 신고하여야 한다.

④ 유지관리업자는 그가 도급계약을 맺은 승강기의 유지관리업무를 다른 유지관리업자 등에게 하도급하여서는 아니 된다.

⑤ 위 ④에도 불구하고 관리주체가 서면으로 동의하는 경우에 유지관리업무 중 자체점검 업무의 2분의 1 이하의 범위에서 다른 유지관리업자에게 하도급할 수 있다.

정답 및 해설

18 ⑤ 정밀안전검사의 사유에 해당한다.

19 ⑤ 관리주체가 요청하는 경우는 수시검사의 사유에 해당한다.

20 ④ 운행금지표지는 행정안전부장관이 발급한다.

21 ⑤ 자체점검업무의 3분의 2 이하의 범위에서 하도급할 수 있다.

22 승강기 안전관리법령상 승강기의 안전관리에 대한 다음 설명 중 틀린 것은?

① 승강기 이용자는 승강기를 이용할 때 대통령령으로 정하는 안전수칙을 준수하여야 한다.

② 관리주체 또는 승강기 안전관리자는 행정안전부령으로 정하는 장애인용 승강기를 이용하려는 사람으로부터 운행 요청을 받은 경우에는 소속 직원 등으로 하여금 승강기를 조작하게 하여 안전하게 이동할 수 있도록 조치하여야 한다.

③ 관리주체는 그가 관리하는 승강기로 인하여 대통령령으로 정하는 중대한 사고 또는 중대한 고장이 발생한 경우에는 행정안전부령으로 정하는 바에 따라 한국승강기안전공단에 통보하여야 한다.

④ 누구든지 중대한 사고가 발생한 경우에는 사고현장 또는 중대한 사고와 관련되는 물건을 이동시키거나 변경 또는 훼손하여서는 아니 된다. 다만, 인명구조 등 긴급한 사유가 있는 경우에는 그러하지 아니하다.

⑤ 행정안전부장관은 승강기가 설치검사나 안전검사를 받지 않거나 불합격한 경우에 운행정지를 명하여야 한다.

정답 및 해설

22 ⑤ 운행정지명령은 행정안전부장관으로부터 통지받은 <u>시장·군수 또는 구청장</u>이 명한다.

제9편 주관식 기입형 문제

01 승강기 안전관리법령에 대한 설명이다. ( )에 들어갈 용어를 쓰시오.

> • 엘리베이터: 일정한 (㉠) 또는 경사로를 따라 위·아래로 움직이는 운반구를 통해 사람이나 화물을 승강장으로 운송시키는 설비
> • 에스컬레이터: 일정한 경사로 또는 (㉡)을(를) 따라 위·아래 또는 옆으로 움직이는 디딤판을 통해 사람이나 화물을 승강장으로 운송시키는 설비

02 승강기 안전관리법령에 대한 설명이다. ( )에 들어갈 아라비아 숫자를 쓰시오.

> 승강기 제조·수입업자는 관리주체 등으로부터 부품 등의 제공을 요청받은 경우에는 특별한 이유가 없으면 (㉠)일 이내에 그 요청에 따라야 하며, 최종 판매하거나 양도한 날부터 (㉡)년 이상 제공할 수 있도록 해야 한다.

03 승강기 안전관리법령에 대한 설명이다. ( )에 들어갈 용어를 쓰시오.

> • 승강기의 제조·수입업자는 설치를 끝낸 승강기에 대하여 행정안전부령으로 정하는 바에 따라 행정안전부장관이 실시하는 (㉠)을(를) 받아야 한다.
> • 관리주체는 그가 가입하거나 재가입한 책임보험의 보험회사 등 보험상품을 판매한 자로 하여금 (㉡)에 입력하게 해야 한다.

정답 및 해설

01 ㉠ 수직로, ㉡ 수평로

02 ㉠ 2, ㉡ 10

03 ㉠ 설치검사, ㉡ 승강기안전종합정보망

04 승강기 안전관리법령에 대한 설명이다. (   )에 들어갈 용어를 쓰시오.

> 다음의 어느 하나에 해당하는 인증 또는 검사를 한 자는 그 결과를 인증 또는 검사 후 5일
> 이내에 승강기안전종합정보망에 입력해야 한다.
> • (㉠)
> • 승강기안전인증
> • 법 제28조 제1항에 따른 설치검사
> • 법 제32조 제1항에 따른 (㉡)

05 승강기 안전관리법령에 대한 설명이다. (   )에 들어갈 용어를 쓰시오.

> • '(㉠)'(이)란 승강기나 승강기부품을 판매·대여하거나 설치할 목적으로 생산·조립하거
>   나 가공하는 것을 말한다.
> • '(㉡)'(이)란 승강기의 설계도면 등 기술도서에 따라 승강기를 건축물이나 고정된 시설물
>   에 장착(승강기 교체를 포함한다)하는 것을 말한다.

06 승강기 안전관리법령에 대한 설명이다. (   )에 공통적으로 들어갈 용어를 쓰시오.

> 승강기의 제조·수입업자는 (   )을(를) 받은 승강기에 대하여 기준에 맞는지를 확인하기
> 위하여 (   )을(를) 받은 날부터 3년마다 행정안전부장관이 실시하는 승강기에 대한 심사
> (승강기 정기심사)를 받아야 한다.

07 승강기 안전관리법령에 대한 설명이다. (   )에 들어갈 용어를 쓰시오.

> 특별자치시장·특별자치도지사 또는 시장·군수·구청장은 승강기의 운행정지를 명할 때에
> 는 관리주체에게 행정안전부령으로 정하는 (   )을(를) 발급하여야 하며, 관리주체는 발급
> 받은 표지를 엘리베이터 출입문의 중앙 등의 장소에 즉시 붙이고 훼손되지 아니하게 관리하
> 여야 한다.

정답 및 해설

04 ㉠ 부품안전인증, ㉡ 안전검사

05 ㉠ 제조, ㉡ 설치

06 승강기안전인증

07 운행정지표지

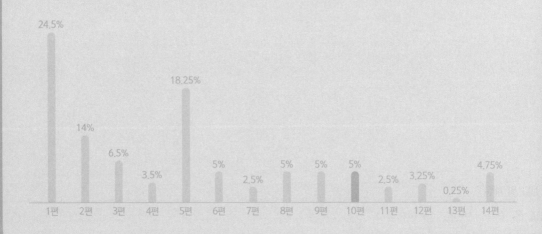

제10편

전기사업법

제10편 전기사업법

대표예제 71 / 용어의 정의 ★★

전기사업법령상 용어의 정의에 관한 설명 중 옳지 않은 것은?

① '발전사업'이란 전기를 생산하여 이를 전력시장을 통하여 전기판매사업자에게 공급하는 것을 주된 목적으로 하는 사업을 말한다.

② '송전사업'이란 발전소에서 생산된 전기를 배전사업자에게 송전하는 데 필요한 전기설비를 설치·관리하는 것을 주된 목적으로 하는 사업을 말한다.

③ '배전사업'이란 발전소로부터 송전된 전기를 전기사용자에게 배전하는 데 필요한 전기설비를 설치·운용하는 것을 주된 목적으로 하는 사업을 말한다.

④ '전기판매사업'이란 전기사용자에게 전기를 공급하는 것을 주된 목적으로 하는 사업(전기자동차충전사업은 제외한다)을 말한다.

⑤ '구역전기사업'이란 3만 5천킬로와트 이하의 발전설비를 갖추고 특정한 공급구역의 수요에 맞추어 전기를 생산하여 전력시장을 통하여 그 공급구역의 전기사용자에게 공급하는 것을 주된 목적으로 하는 사업을 말한다.

해설 | '구역전기사업'이란 3만 5천킬로와트 이하의 발전설비를 갖추고 특정한 공급구역의 수요에 맞추어 전기를 생산하여 '전력시장을 통하지 아니하고' 그 공급구역의 전기사용자에게 공급하는 것을 주된 목적으로 하는 사업을 말한다.

기본서 p.867~871   정답 ⑤

01 전기사업법령상 용어의 정의에 관한 설명 중 옳지 않은 것은?

① '전기신사업'이란 전기자동차충전사업 및 소규모전력중개사업, 재생에너지전기공급사업 및 통합발전소사업을 말한다.

② '통합발전소사업'이란 정보통신 및 자동제어기술을 이용해 대통령령으로 정하는 에너지자원을 연결·제어하여 하나의 발전소처럼 운영하는 시스템을 활용하는 사업을 말한다.

③ '고압'이란 직류에서는 1,500볼트를 초과하고 7천볼트 이하인 전압을 말하고, 교류에서는 1천볼트를 초과하고 7천볼트 이하인 전압을 말한다.

④ '변전소'란 변전소의 밖으로부터 전압 3만볼트 이상의 전기를 전송받아 이를 변성하여 변전소 밖의 장소로 전송할 목적으로 설치하는 변압기와 그 밖의 전기설비 전체를 말한다.

⑤ 일반용 전기설비로서 전기설비의 전압 및 용량은 전압 600볼트 이하로서 용량 75킬로와트(제조업 또는 심야전력을 이용하는 전기설비는 용량 100킬로와트) 미만이다.

□고난도

02 전기사업법령상 분산형전원이란 전력수요 지역 인근에 설치하여 송전선로의 건설을 최소화할 수 있는 일정 규모 이하의 발전설비를 말하는데, 그 발전설비에 해당하지 않는 것은?

① 발전설비용량 4만킬로와트 이하의 발전설비

② 집단에너지사업법 제48조에 따라 발전사업의 허가를 받은 것으로 보는 집단에너지사업자가 설치한 발전설비용량 50만킬로와트 이하의 발전설비

③ 구역전기사업자가 설치한 발전설비용량 50만킬로와트 이하의 발전설비

④ 소규모전력중개사업자가 설치한 50만킬로와트 이하의 신·재생에너지 발전설비

⑤ 자가용 전기설비를 설치한 자가 설치한 발전설비용량 50만킬로와트 이하의 발전설비

정답 및 해설

01 ④ '변전소'란 변전소의 밖으로부터 전압 <u>5만볼트 이상</u>의 전기를 전송받아 이를 변성하여 변전소 밖의 장소로 전송할 목적으로 설치하는 변압기와 그 밖의 전기설비 전체를 말한다.

02 ④ 소규모전력중개사업자의 설비는 분산형전원에 해당하지 않는다.

전기사업 ★★

전기사업법령상 전기사업에 대한 설명 중 틀린 것은?

① 전기사업을 하려는 자는 전기사업의 종류별 또는 규모별로 산업통상자원부장관의 허가를 받아야 한다.
② 전기사업의 경우 동일인에게는 두 종류 이상의 전기사업을 허가할 수 없다.
③ ②에도 불구하고 배전사업과 전기판매사업을 겸업하는 경우, 도서지역에서 전기사업을 하는 경우, 발전사업의 허가를 받은 것으로 보는 집단에너지사업자가 전기판매사업을 겸업하는 경우에는 동일인에게 두 종류 이상의 전기사업을 허가할 수 있다. 다만, 허가받은 공급구역에 전기를 공급하려는 경우에는 예외이다.
④ 허가권자는 필요한 경우 사업구역 및 특정한 공급구역별로 구분하여 전기사업의 허가를 할 수 있다. 다만, 발전사업의 경우에는 발전소별로 허가할 수 있다.
⑤ 구역전기사업의 경우에 해당 특정한 공급구역의 전력수요의 60퍼센트 이상의 공급능력을 갖추고, 그 사업으로 인하여 인근지역의 전기사용자에 대한 다른 전기사업자의 전기공급에 차질이 없어야 한다.

해설 | 전기사업을 하려는 자는 전기사업의 종류별 또는 규모별로 산업통상자원부장관 또는 시 · 도지사(허가권자)의 허가를 받아야 한다.

기본서 p.871~878   정답 ①

03 전기사업법령상 전기신사업에 대한 설명 중 틀린 것은?

① 전기신사업을 하려는 자는 전기신사업의 종류별로 산업통상자원부장관에게 등록하여야 한다.
② 전기사업 등록 결격사유에 해당하는 자는 전기신사업의 등록을 할 수 없다.
③ 산업통상자원부장관은 전기신사업자가 등록기준에 부합하지 않게 된 경우에는 그 등록을 취소하여야 한다. 다만, 30일 이내에 그 기준을 충족시킨 경우는 제외한다.
④ 산업통상자원부장관은 전기신사업자가 사업정지처분에 해당하는 경우 그 사업정지명령을 갈음하여 1천만원 이하의 과징금을 부과할 수 있다.
⑤ 전기판매사업자 또는 구역전기사업자는 정당한 사유 없이 전기자동차충전사업자와의 전력거래를 거부해서는 아니 된다.

04 **다음은 전기사업법령상 전기사업에 대한 허가의 효과에 대한 설명이다. 잘못된 것은?**

① 전기사업자는 허가권자가 지정한 준비기간에 사업에 필요한 전기설비를 설치하고 사업을 시작하여야 한다.

② ①의 준비기간은 3년을 넘을 수 없으며, 허가권자는 전기사업을 허가할 때 필요하다고 인정하면 전기사업별 또는 전기설비별로 구분하여 준비기간을 지정할 수 있다.

③ 전기사업자는 사업을 시작한 경우에는 지체 없이 그 사실을 허가권자에게 신고하여야 한다. 다만, 발전사업자의 경우에는 최초로 전력거래를 한 날부터 30일 이내에 신고하여야 한다.

④ 전기사업자가 준비기간에 전기설비의 설치 및 사업을 시작하지 아니한 경우에는 그 허가를 취소하여야 한다.

⑤ 허가권자는 배전사업자가 사업구역의 일부에서 허가받은 전기사업을 하지 아니하여 법 제6조(보편적 공급)를 위반한 사실이 인정되는 경우에는 그 사업구역의 일부를 감소시킬 수 있다.

정답 및 해설

03 ④ 5천만원 이하의 과징금을 부과할 수 있다.

04 ② 전기산업 준비기간은 10년의 범위에서 산업통상자원부장관이 정하여 고시하는 기간을 넘을 수 없다. 다만, 허가권자는 정당한 사유가 있다고 인정하는 경우에는 준비기간을 연장할 수 있다.

05 전기사업법령상 전기사업에 대한 설명으로 틀린 것은?

① 산지관리법에 따른 산지에 재생에너지 설비를 설치하여 전력거래를 하려는 발전사업자는 중간복구명령(이에 따른 복구준공검사를 포함한다)이 있는 경우 이를 전력거래 후에 완료하여야 한다.

② 산업통상자원부장관은 ①의 발전사업자가 중간복구를 완료하지 아니하고 전력거래를 한 경우로서 산림청장 등이 사업정지를 요청하는 경우에는 중간복구준공이 완료될 때까지 사업정지를 명할 수 있다.

③ 위 ②에도 불구하고 산업통상자원부장관은 계절적 요인으로 복구준공이 불가피하게 지연되거나 부분복구준공이 가능한 경우 등 대통령령으로 정하는 사유가 있는 때에는 6개월의 범위에서 사업정지명령을 유예할 수 있다.

④ 전기사업자는 지능정보화 기본법에 따른 전기통신선로설비의 설치를 필요로 하는 자에게 전기설비를 대여할 수 있다.

⑤ 전기사업자는 지능정보화 기본법 제46조 제4항에 따른 협의가 성립된 경우에는 그 협의결과에 따라 조정을 요청한 자에게 전기설비를 대여하여야 한다.

┌─고난도
06 전기사업법령상 전기사업자의 업무에 대한 설명으로 틀린 것은?

① 발전사업자, 전기판매사업자, 전기자동차충전사업자, 재생에너지전기공급사업자 및 통합발전소사업자는 정당한 사유 없이 전기의 공급을 거부하여서는 아니 된다.

② 송전사업자 또는 배전사업자는 전기설비의 이용요금과 그 밖의 이용조건에 관한 사항을 정하여 산업통상자원부장관의 인가를 받아야 한다.

③ 전기판매사업자는 전기요금과 그 밖의 공급조건에 관한 약관(기본공급약관)을 작성하여 산업통상자원부장관의 인가를 받아야 한다.

④ 전기신사업자는 요금과 그 밖의 이용조건에 관한 약관을 작성하여 산업통상자원부장관에게 인가를 받아야 한다.

⑤ 전기판매사업자는 잉여거래에 따른 전기요금과 그 밖의 거래조건에 관한 사항을 내용으로 하는 약관(보완공급약관)을 작성하여 산업통상자원부장관의 인가를 받아야 한다.

대표예제 73 전기의 공급

전기사업법령상 전기의 공급을 거부할 수 있는 사유에 해당하지 않는 것은?

① 전기요금을 납기일까지 납부하지 아니한 전기사용자가 공급약관에서 정하는 기한까지 해당 요금을 내지 아니하는 경우
② 전기사용자가 표준전압 또는 표준주파수 외의 전압 또는 주파수로 전기의 공급을 요청하는 경우
③ 발전사업자가 환경을 적정하게 관리·보존하는 데 필요한 조치로서 전기공급을 정지하는 경우
④ 다른 법률에 따라 시·도지사 또는 그 밖의 행정기관의 장이 전기공급의 정지를 요청하는 경우
⑤ 전기를 대량으로 사용하려는 자가 사용예정일 4년 전에 용량 10만킬로와트 이상 30만킬로 와트 미만의 전기를 사업자에게 요청하는 경우

해설 | 전기를 대량으로 사용하려는 자가 다음 각 시기까지 전기판매사업자에게 미리 전기의 공급을 요청하여야 한다. 아니하는 경우에는 공급을 거부할 수 있다.
- 용량 5천킬로와트(건축법 시행령 [별표 1] 제14호에 따른 업무시설 중 나목에 해당하는 경우에는 2천킬로와트) 이상 1만킬로와트 미만: 사용예정일 1년 전
- 용량 1만킬로와트 이상 10만킬로와트 미만: 사용예정일 2년 전
- 용량 10만킬로와트 이상 30만킬로와트 미만: 사용예정일 3년 전
- 용량 30만킬로와트 이상: 사용예정일 4년 전

기본서 p.878~880   정답 ⑤

정답 및 해설

05 ① 전력거래 전에 중간복구명령을 완료하여야 한다.
06 ④ 전기신사업자는 요금과 그 밖의 이용조건에 관한 약관을 작성하여 산업통상자원부장관에게 신고할 수 있다.

07 전기사업법령상 전기의 공급을 거부할 수 없는 경우는?

① 전기요금을 납기일까지 납부하지 아니한 전기사용자가 공급약관에서 정하는 기한까지 해당 요금을 내지 아니하는 경우

② 전기사용자가 표준전압 또는 표준주파수 외의 전압 또는 주파수로 전기의 공급을 요청하는 경우

③ 발전용 전기설비의 정기적인 보수기간 중 전기의 공급을 요청하는 경우(발전사업자만 해당한다)

④ 전기설비의 정기점검을 받지 아니하고 전기공급을 요청하는 경우

⑤ 1만킬로와트 이상 10만킬로와트 미만으로 전기를 사용하려는 자가 사용예정일 2년 전까지 전기판매사업자에게 미리 전기의 공급을 요청하지 아니하는 경우

08 다음은 전기사업법령상 전력의 거래 등에 대한 설명이다. 잘못된 것은?

① 구역전기사업자는 사고나 그 밖의 사유로 전력이 부족하거나 남는 경우에는 부족한 전력 또는 남는 전력을 전기사용자와 거래할 수 있다.

② 전기판매사업자는 전기사용자에게 청구하는 전기요금청구서에 산업통상자원부령으로 정하는 방법에 따라 요금명세를 항목별로 구분하여 명시하여야 한다.

③ 송전사업자 또는 배전사업자는 그 전기설비를 다른 전기사업자 또는 전력을 직접 구매하는 전기사용자에게 차별 없이 이용할 수 있도록 하여야 한다.

④ 전기사업자는 그가 공급하는 전기가 표준전압·표준주파수 및 허용오차의 범위에서 유지되도록 하여야 한다.

⑤ 전기사업자 및 한국전력거래소는 전압과 주파수 등을 매년 1회 이상 측정하여야 하며 측정결과를 3년간 보존하여야 한다.

09 전기사업법령상 전력수급의 안정을 위한 내용 중 틀린 것은?

① 산업통상자원부장관은 전력수급의 안정을 위하여 전력수급기본계획을 2년 단위로 수립하고 공고하여야 한다.

② 전기사업자는 매년 12월 말까지 계획기간을 3년 이상으로 한 전기설비의 시설계획 및 전기공급계획을 작성하여 산업통상자원부장관에게 신고하여야 한다.

③ 산업통상자원부장관은 전력계통의 신뢰도 유지를 위한 기준을 정하여 고시하여야 하고, 한국전력거래소 및 전기사업자는 이 기준에 따라 전력계통의 신뢰도를 유지하여야 한다.

④ 산업통상자원부장관은 전력산업의 지속적인 발전과 전력수급의 안정을 위하여 전력산업의 기반조성을 위한 계획을 2년 단위로 수립·시행하여야 한다.

⑤ 산업통상자원부장관은 전력산업기반조성계획을 효율적으로 추진하기 위하여 매년 시행계획을 수립하고 공고하여야 한다.

10 다음은 전기사업법령상 전력시장에 대한 설명이다. 잘못된 것은?

① 한국전력거래소의 회원이 아닌 자는 전력시장에서 전력거래를 하지 못한다.

② 자가용 전기설비를 설치한 자는 그가 생산한 전력을 전력시장에서 거래할 수 없다. 다만, 태양광설비 외의 설비를 설치한 자가 자기가 생산한 전력의 연간 총생산량의 50퍼센트 미만의 범위에서 전력을 거래할 수 있다.

③ 구역전기사업자는 허가받은 공급능력으로 해당 특정한 공급구역의 수요에 부족하거나 남는 전력이 있으면 전력시장에게 거래할 수 있다.

④ 전기사용자는 전력시장에서 전력을 직접 구매할 수 없다. 다만, 수전설비의 용량이 1만kVA 이상인 전기사용자는 그러하지 아니하다.

⑤ 소규모전력중개사업자는 모집한 소규모전력자원에서 생산 또는 저장한 전력을 전력시장운영규칙으로 정하는 바에 따라 전력시장에서 거래하여야 한다.

정답 및 해설

07 ④ 전기설비의 <u>사용전점검</u>을 받지 아니하고 공급을 요청하는 경우이다.

08 ① 구역전기사업자는 부족하거나 남는 전력에 대하여 <u>전기판매사업자</u>와 거래할 수 있다.

09 ④ 전력산업기반조성계획은 <u>3년 단위</u>로 수립·시행하여야 한다.

10 ④ 수전설비의 용량이 <u>3만kVA 이상</u>인 전기사용자는 직접 전력시장에게 전력을 구매할 수 있다.

11 전기사업법령상 다음 ( ) 안에 들어갈 내용으로 바르게 나열한 것은?

> 산업통상자원부장관은 전력산업기반기금이 사용되는 사업을 수행하기 위하여 전기사용자에 대하여 전기요금(전력을 직접 구매하는 전기사용자의 경우에는 구매가격에 송전용 또는 배전용 전기설비의 이용요금을 포함한 금액을 말한다)의 1천분의 (㉠) 이내의 범위에서 대통령령으로 정하는 바에 따라 부담금을 부과·징수할 수 있다. 여기서 대통령령으로 정하는 부담금은 전기요금의 1천분의 (㉡)에 해당하는 금액으로 한다.

① ㉠ 65, ㉡ 37
② ㉠ 70, ㉡ 40
③ ㉠ 75, ㉡ 45
④ ㉠ 60, ㉡ 37
⑤ ㉠ 65, ㉡ 40

고난도

12 전기사업법령상 전기판매사업자가 일정한 자가 생산한 전력을 우선적으로 구매할 수 있는데, 그 대상자가 아닌 것은?

① 설비용량이 2만킬로와트 이하인 발전사업자
② 구역전기사업자
③ 신에너지 및 재생에너지 개발·이용·보급 촉진법에 따른 신·재생에너지를 이용하여 전기를 생산하는 발전사업자
④ 집단에너지사업법에 따라 발전사업의 허가를 받은 것으로 보는 집단에너지사업자
⑤ 수력발전소를 운영하는 발전사업자

대표예제 74 전기사업설비 ★★

전기사업법령상 전기사업용 설비의 설치에 대한 설명 중 틀린 것은?

① 전기사업자는 전기사업용 전기설비의 설치 또는 변경공사를 하려는 경우에는 그 공사계획에 대하여 산업통상자원부장관의 인가를 받아야 한다. 다만, 인가를 받은 사항 중 경미한 사항을 변경하려는 경우에는 산업통상자원부장관에게 신고하여야 한다.

② 전기사업자는 인가를 받아야 하는 공사 외의 전기사업용 전기설비의 설치공사 또는 변경공사로서 산업통상자원부령으로 정하는 공사를 하려는 경우에는 공사를 시작하기 전에 허가권자에게 신고하여야 한다.

③ 전기사업용 설비의 설치공사 또는 변경공사를 한 자는 산업통상자원부장관 또는 시·도지사가 실시하는 검사에 합격한 후에 이를 사용하여야 한다.

④ 사용전검사를 받으려는 자는 사용전검사신청서에 일정한 서류를 첨부하여 검사를 받으려는 날의 5일 전까지 한국전기안전공사에 제출하여야 한다.

⑤ 한국전기안전공사는 검사를 한 경우에는 검사완료일부터 5일 이내에 검사확인증을 검사신청인에게 내주어야 한다. 다만, 검사 결과 불합격인 경우에는 그 내용·사유 및 재검사기한을 통지하여야 한다.

해설 | 사용전검사신청서에 일정한 서류를 첨부하여 검사를 받으려는 날의 7일 전까지 한국전기안전공사에 제출하여야 한다.

기본서 p.901~905 정답 ④

정답 및 해설

11 ① ㉠ 65, ㉡ 37
12 ② 구역전기사업자가 아니라 <u>자가용 전기설비를 설치한 자</u>이다.

13 전기사업법령상 전기사업용 전기설비의 검사에 대한 설명 중 틀린 것은?

① 산업통상자원부장관 또는 시·도지사는 검사에 불합격한 경우에도 안전상 지장이 없고 전기설비의 임시사용이 필요하다고 인정되는 경우에는 사용기간 및 방법을 정하여 그 설비를 임시로 사용하게 할 수 있다. 이 경우 허가권자는 그 사용기간 및 방법을 정하여 통지를 하여야 한다.

② 임시사용기간은 3개월 이내로 한다. 다만, 임시사용기간에 임시사용의 사유를 해소할 수 없는 특별한 사유가 있다고 인정되는 경우에는 전체 임시사용기간이 1년을 초과하지 아니하는 범위에서 임시사용기간을 연장할 수 있다.

③ 정기검사를 받으려는 자는 정기검사신청서를 검사를 받으려는 날의 7일 전까지 한국전기안전공사에 제출하여야 한다.

④ 전기사업자용 전기설비의 소유자 또는 점유자는 정기검사 결과 불합격인 경우 적합하지 아니한 부분에 대하여 검사완료일부터 2개월 이내에 재검사를 받아야 한다.

⑤ 송전사업자 및 배전사업자는 산업통상자원부령으로 정하는 바에 따라 송전사업자·배전사업자의 전기설비에 대하여 자체적으로 검사를 하여야 하고 산업통상자원부장관에게 검사결과를 보고하여야 한다.

14 다음은 전기사업법령에 대한 설명이다. 틀린 것은?

① 전력시장에서 이루어지는 전력의 거래가격은 시간대별로 전력의 수요와 공급에 따라 결정되는 가격으로 한다. 그러나 산업통상자원부장관은 전기사용자의 이익을 보호하기 위하여 필요한 경우에는 전력거래가격의 상한을 정하여 고시할 수 있다.

② 발전사업자는 전력구매자와 전력거래가격의 변동으로 인하여 발생하는 위험을 줄이기 위하여 일정한 기준가격을 설정하고 그 기준가격과 전력거래가격간의 차액 보전에 관한 계약(차액계약)을 체결할 수 있다.

③ 전기자동차충전사업자는 충전요금을 표시하여야 하며, 산업통상자원부장관은 거래의 투명성을 높여 경쟁을 촉진하고 충전요금의 적정화를 위하여 영업비밀을 침해하지 아니하는 범위에서 전기자동차충전사업자의 충전요금을 공개할 수 있다.

④ 전기자동차충전사업자는 ③에 따라 충전요금을 표시하는 경우에는 충전요금 정보를 소비자가 쉽게 알아볼 수 있도록 표시판을 설치하거나 인터넷 홈페이지 또는 이동통신단말장치에서 사용되는 애플리케이션(Application)에 게시하는 방법 등으로 충전요금을 표시하여야 한다.

⑤ 전기자동차충전사업자는 ④에 따른 표시판을 추가로 설치하거나 충전요금표시와 관련된 도형 등을 따로 표시 또는 사용할 수 없다.

15 다음은 전기사업법령상 운영규칙 등에 대한 설명이다. 틀린 것은?

① 한국전력거래소는 전력시장 및 전력계통의 운영에 관한 규칙(전력시장운영규칙)을 정하여야 한다.

② 한국전력거래소는 전력시장운영규칙을 제정·변경 또는 폐지하려는 경우에는 산업통상자원부장관의 승인을 받아야 하며, 산업통상자원부장관은 이에 따른 승인을 하려면 전기위원회의 심의를 거쳐야 한다.

③ 한국전력거래소는 소규모전력중개시장의 운영에 관한 규칙을 정하여야 한다.

④ 한국전력거래소는 중개시장운영규칙을 제정·변경 또는 폐지하려는 경우에는 산업통상자원부장관의 승인을 받아야 하며, 산업통상자원부장관은 이에 따른 승인을 하려면 전기위원회의 심의를 거쳐야 한다.

⑤ 전력시장 및 전력계통의 운영을 위하여 한국전력거래소를 설립하고, 한국전력거래소는 법인으로 하며, 산업통상자원부장관의 인가를 받아 성립한다.

정답 및 해설

13 ④ 임시사용기간은 <u>3개월 이내</u>로 한다.

14 ⑤ 전기자동차충전사업자는 표시판을 추가로 설치하거나 충전요금표시와 관련된 도형 등을 따로 <u>표시 또는 사용할 수 있다.</u>

15 ⑤ 한국전력거래소는 <u>주된 사무소의 소재지에서 설립등기를 함으로써 성립한다.</u>

16 전기사업법령상 전기설비의 안전관리에 관한 설명으로 옳지 않은 것은?

① 자가용 전기설비의 설치공사 또는 변경공사로서 산업통상자원부령으로 정하는 공사를 하려는 자는 그 공사계획에 대하여 산업통상자원부장관의 인가를 받아야 한다.

② 인가를 받아야 하는 공사 외의 자가용 전기설비의 설치 또는 변경공사로서 산업통상자원부령으로 정하는 공사를 하려는 자는 공사를 시작하기 전에 시 · 도지사에게 신고하여야 한다.

③ 전기설비의 설치공사 또는 변경공사를 한 자는 산업통상자원부령으로 정하는 바에 따라 산업통상자원부장관 또는 시 · 도지사가 실시하는 검사에 합격한 후에 이를 사용하여야 한다.

④ 전기사업자 및 자가용 전기설비의 소유자 또는 점유자는 산업통상자원부령으로 정하는 전기설비에 대하여 산업통상자원부령으로 정하는 바에 따라 산업통상자원부장관 또는 시 · 도지사로부터 정기적으로 검사를 받아야 한다.

⑤ 국가기술자격법에 따른 전기 · 토목 · 기계분야의 기사자격을 취득한 사람으로서 그 자격을 취득한 후 해당 분야에서 2년 이상 실무경력이 있는 사람은 전기설비검사를 수행할 수 있다.

17 전기사업법령상 한국전력거래소에 관한 설명으로 옳지 않은 것은?

① 한국전력거래소는 전력시장 및 전력계통의 운영에 관한 규칙을 정하여야 한다.

② 한국전력거래소는 회원이 아닌 자는 전력시장에서 전력거래를 하지 못한다.

③ 한국전력거래소는 전기사업 및 수요관리사업자에게 전력계통의 운영을 위하여 필요한 지시를 할 수 있다. 이 경우 발전사업자 및 수요관리사업자에 대한 지시는 전력시장에서 결정된 우선순위에 따라 하여야 한다.

④ 전력시장에서 전력거래를 하는 자가용 전기설비를 설치한 자는 한국전력거래소의 회원이 될 자격이 없다.

⑤ 산업통상자원부장관은 천재지변, 전시 · 사변, 경제사정의 급격한 변동, 그 밖에 이에 준하는 사태가 발생하여 전력시장에서 전력거래가 정상적으로 이루어질 수 없다고 인정하는 경우에는 전력시장에서의 전력거래의 정지 · 제한이나 그 밖에 필요한 조치를 할 수 있다.

18 전기사업법령상 전기설비의 유지에 대한 설명 중 틀린 것은?

① 전기사업자는 물밑선로보호구역의 지정을 산업통상자원부장관에게 신청할 수 있고, 이 경우 미리 농림축산식품부장관 및 국토교통부장관과 협의하여야 한다.

② 시장·군수·구청장 또는 토지소유자는 전주와 그 전주에 가공으로 설치된 전선로의 지중이설이 필요하다고 판단하는 경우 전기사업자에게 이를 요청할 수 있다.

③ ②에 따른 비용은 요청한 자와 전기사업자가 공동부담한다. 다만, 시장·군수·구청장이 공익적인 목적을 위하여 지중이설을 요청하는 경우 전선로를 설치한 자는 산업통상자원부장관이 정하는 기준과 절차에 따라 그 비용의 일부를 부담할 수 있다.

④ 산업통상자원부장관은 수산업법에 따른 양식업 면허를 받은 지역을 물밑선로보호구역으로 지정하려는 경우에는 그 양식업 면허를 받은 자의 동의를 받아야 한다.

⑤ 전기사업용 전기설비 또는 자가용 전기설비와 다른 자의 전기설비나 그 밖의 물건 또는 다른 사업간에 상호 장애가 발생하거나 발생할 우려가 있는 경우에는 후에 그 원인을 제공한 자가 그 장애를 제거하기 위하여 필요한 조치를 하거나 그 조치에 드는 비용을 부담하여야 한다.

정6답 및 해설

16 ⑤ 국가기술자격법에 따른 전기·안전관리(전기안전)·토목·기계분야의 기술자격을 가진 사람 중 해당 분야의 기술사자격을 취득한 사람, 해당 분야의 기능장 또는 기사자격을 취득한 사람으로서 그 자격을 취득한 후 해당 분야에서 <u>4년 이상 실무경력</u>이 있는 사람, 해당 분야의 산업기사자격을 취득한 사람으로서 그 자격을 취득한 후 해당 분야에서 6년 이상 실무경력이 있는 사람이 전기설비의 검사를 수행해야 한다.

17 ④ 한국전력거래소의 회원이 아닌 자는 전력시장에서 전력거래를 못한다. 여기서 전기사용자나 자가용 전기설비를 설치한 자는 전력거래소의 회원이 될 수 없으나 대용량 3만kVA 이상을 사용하는 전기사용자와 연간 생산전력의 50퍼센트 미만의 범위에서 자가용 전기사업자는 전력거래를 할 수 있으며 이 경우에 한국전력거래소의 회원이 될 수 있다.

18 ③ 지중이설에 드는 비용은 <u>요청한 자가 부담하는 것이 원칙</u>이다.

19 전기사업법령상 전기안전관리자에 대한 설명이다. 틀린 것은?

① 전기사업자나 자가용 전기설비의 소유자 또는 점유자는 전기설비의 안전관리업무를 수행하게 하기 위하여 각 분야별로 전기안전관리자를 선임하여야 한다.

② 자가용 전기설비의 소유자 또는 점유자가 전기설비의 안전관리에 관한 업무를 위탁하는 경우에는 그 위탁받은 자가 분야별 전기안전관리자를 선임하여야 한다.

③ 전기안전관리자를 선임하여야 하는 자는 전기안전관리자를 전기설비의 사용전검사신청 전 또는 사업개시 전에 전기설비 또는 사업장마다 안전관리자와 안전관리보조원으로 구분하여 선임하여야 한다.

④ 전기안전관리자의 직무대행자의 직무대행기간은 30일을 초과할 수 없다.

⑤ 전기안전관리자의 해임신고를 한 자는 해임한 날부터 3개월 이내에 다른 전기안전관리자를 선임하여야 한다.

20 전기사업법령상 전기설비의 설치 등을 위한 타인의 토지에의 출입 등에 대한 설명이다. 틀린 것은?

① 전기사업자는 전기설비의 설치·유지 및 안전관리를 위하여 필요한 경우에는 다른 자의 토지 등에 출입할 수 있다. 이 경우 전기사업자는 출입방법 및 출입기간 등에 대하여 미리 토지 등의 소유자 또는 점유자와 협의하여야 한다.

② 전기사업자는 ①에 따른 협의가 성립되지 아니하거나 협의를 할 수 없는 경우에는 시·도지사의 허가를 받아 토지 등에 출입할 수 있다.

③ 전기사업자는 ②에 따라 다른 자의 토지 등에 출입하려면 미리 토지 등의 소유자 또는 점유자에게 그 사실을 알려야 한다.

④ 전기사업자는 그 사업을 수행하기 위하여 필요한 경우에는 현재의 사용방법을 방해하지 아니하는 범위에서 다른 자의 토지의 지상 또는 지하 공간에 전선로를 설치할 수 있다.

⑤ 전기사업자는 다른 자의 토지의 지상 또는 지하 공간의 사용에 관하여 관계인과 협의하여 그 협의가 성립된 경우에는 구분지상권을 설정 또는 이전한다.

정답 및 해설

19 ⑤ 전기안전관리자를 해임한 날부터 <u>30일 이내</u>에 재선임하여야 한다.

20 ② 출입 등을 위한 허가는 <u>시장·군수·구청장</u>이 한다.

제10편 주관식 기입형 문제

01 전기사업법령에 대한 설명이다. ( )에 들어갈 용어를 쓰시오.

> • '전기사업'이란 발전사업 · 송전사업 · 배전사업 · 전기판매사업 및 (㉠)을(를) 말한다.
> • '전기신사업'이란 전기자동차충전사업 및 (㉡), 재생에너지전기공급사업 및 (㉢)을
> (를) 말한다.

☐고난도

02 전기사업법령에 대한 설명이다. ( )에 들어갈 용어를 쓰시오.

> '소규모전력중개사업'이란 다음의 소규모전력자원에서 생산 또는 저장된 전력을 모아서 전
> 력시장을 통하여 거래하는 것을 주된 목적으로 하는 사업을 말한다.
> • 신에너지 및 재생에너지 개발·이용·보급 촉진법에 따른 신에너지 및 재생에너지의 발전
> 설비로서 발전설비용량 (㉠)킬로와트 이하인 것
> • 충전·방전설비용량 (㉡)킬로와트 이하의 전기저장장치
> • 환경친화적 자동차의 개발 및 보급 촉진에 관한 법률 제2조 제3호에 따른 (㉢)

03 전기사업법령에 대한 설명이다. ( )에 들어갈 용어를 쓰시오.

> 전기사용자가 언제 어디서나 적정한 요금으로 전기를 사용할 수 있도록 전기를 공급하는 것
> 을 ( )(이)라 한다.

정답 및 해설

---

01 ㉠ 구역전기사업, ㉡ 소규모전력중개사업, ㉢ 통합발전소사업

02 ㉠ 2만, ㉡ 2만, ㉢ 전기자동차

03 보편적 공급

04 전기사업법령상 동일인에게는 두 종류 이상의 전기사업을 허가할 수 없다. 다만, 다음의 경우에는 그러하지 아니한데 ( )에 들어갈 용어를 쓰시오.

- (㉠)사업과 전기판매사업을 겸업하는 경우
- (㉡)지역에서 전기사업을 하는 경우
- 집단에너지사업법에 따라 발전사업의 허가를 받은 것으로 보는 (㉢)이(가) 전기판매사업을 겸업하는 경우. 다만, 허가받은 공급구역에 전기를 공급하려는 경우로 한정한다.

05 전기사업법령에 대한 설명이다. ( )에 들어갈 용어를 쓰시오.

산업통상자원부장관은 전력수급의 안정을 위하여 ( )을(를) 2년 단위로 수립하고 공고하여야 한다.

06 전기사업법령에 대한 설명이다. ( )에 들어갈 용어를 쓰시오.

전기사업의 공정한 경쟁환경조성 및 전기사용자의 권익보호에 관한 사항의 심의와 전기사업과 관련된 분쟁의 재정을 위하여 산업통상자원부에 ( )을(를) 둔다.

07 전기사업법령에 대한 설명이다. ( )에 들어갈 용어를 쓰시오.

전기판매사업자는 (㉠)와(과) 그 밖의 공급조건에 관한 약관(기본공급약관)을, 송전사업자 또는 배전사업자는 (㉡)의 이용요금과 그 밖의 이용조건에 관한 사항을 정하여 산업통상자원부장관의 인가를 받아야 한다.

08 전기사업법령상 (　)에 공통적으로 들어갈 용어를 쓰시오.

> - 전력시장 및 전력계통의 운영을 위하여 (　　)을(를) 설립하며, 그 회원이 아닌 자는 전력시장에서 전력거래를 하지 못한다.
> - (　　)은(는) 주된 사무소의 소재지에서 설립등기를 함으로써 성립한다.
> - (　　)은(는) 전력시장운영규칙을 정하여야 한다.

09 전기설비의 안전관리에 관하여 규정하고 있는 전기사업법 제61조 규정의 일부이다. (　)에 공통적으로 들어갈 용어를 쓰시오.

> 전기사업자는 전기사업용 전기설비의 설치공사 또는 변경공사로서 산업통상자원부령으로 정하는 공사를 하려는 경우에는 그 공사계획에 대하여 산업통상자원부장관의 (　　)을(를) 받아야 한다. (　　)받은 사항을 변경하려는 경우에도 또한 같다.

정답 및 해설

04 ㉠ 배전, ㉡ 도서, ㉢ 집단에너지사업자

05 전력수급기본계획

06 전기위원회

07 ㉠ 전기요금, ㉡ 전기설비

08 한국전력거래소

09 인가

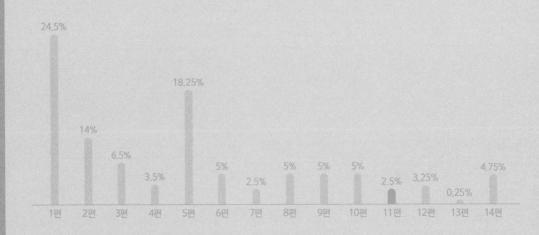

제11편

집합건물의 소유 및 관리에 관한 법률

대표예제 75 용어의 정의 ★★

집합건물의 소유 및 관리에 관한 법령상 상가건물의 구분소유의 목적에 관한 설명 중 옳지 않은 것은?

① 1동의 건물이 일정한 방식으로 여러 개의 건물부분으로 이용상 구분된 경우에 그 건물부분 (이하 '구분점포'라 한다)은 각각 소유권의 목적으로 할 수 있다.

② ①의 구분점포는 구조상으로도 구분되어 있을 것이 요구된다.

③ 구분점포별로 부여된 건물번호표지를 견고하게 붙여야 한다.

④ 구분점포의 용도가 건축법의 판매시설 및 운수시설(집배송시설은 제외한다)이라야 한다.

⑤ 1동의 건물 중 구분점포를 포함하여 판매시설 및 운수시설의 용도에 해당하는 바닥면적의 합계가 1천제곱미터 이상이라야 한다.

해설ㅣ 일반건물의 경우와 달리 상가건물은 ①의 구분점포가 구조상으로 구분되어 있을 것이 요구되는 것은 아니다.

기본서 p.919~921   정답 ②

01 집합건물의 소유 및 관리에 관한 법령상 용어의 정의 등에 관한 설명으로 옳지 않은 것은?

① '구분소유권'이란 구분소유의 목적인 건물부분을 목적으로 하는 소유권을 말한다.

② 구분소유의 목적인 건물부분은 규약으로써 공용부분으로 정할 수 있는바, 이는 구분 소유권의 목적에서 제외한다.

③ 건물의 대지란 전유부분이 속하는 1동의 건물이 있는 토지만을 말한다.

④ 건물이 있는 토지가 건물이 일부 멸실함에 따라 건물이 있는 토지가 아닌 토지로 된 경우에는 그 토지는 규약으로써 건물의 대지로 정한 것으로 본다.

⑤ 여러 개의 전유부분으로 통하는 복도, 계단, 그 밖에 구조상 구분소유자 전원 또는 일부의 공용에 제공되는 건물부분은 구분소유권의 목적으로 할 수 없다.

대표예제 76 구분소유자 ★★★

집합건물의 소유 및 관리에 관한 법령상 구분소유자의 권리·의무 등에 관한 설명 중 옳지 않은 것은?

① 전유부분이 주거의 용도로 분양된 것인 경우에는 구분소유자는 정당한 사유 없이 그 부분을 주거 외의 용도로 사용하는 행위를 하여서는 아니 된다.

② 구분소유자는 공용부분뿐만 아니라 전유부분을 보존하거나 개량하기 위하여 필요한 범위에서 다른 구분소유자의 전유부분 또는 자기의 공유에 속하지 아니하는 공용부분의 사용을 청구할 수 있다.

③ 전유부분이 속하는 1동의 건물의 설치 또는 보존의 흠으로 인하여 다른 자에게 손해를 입힌 경우에는 그 흠은 전유부분에 존재하는 것으로 추정한다.

④ 대지 위에 구분소유권의 목적인 건물이 속하는 1동의 건물이 있을 때에는 그 대지의 공유자는 그 건물사용에 필요한 범위의 대지에 대하여는 분할을 청구하지 못한다.

⑤ 대지사용권을 가지지 아니한 구분소유자가 있을 때에는 그 전유부분의 철거를 청구할 권리를 가진 자는 그 구분소유자에 대하여 구분소유권을 시가로 매도할 것을 청구할 수 있다.

해설 | 전유부분이 속하는 1동의 건물의 설치 또는 보존의 흠으로 인하여 다른 자에게 손해를 입힌 경우에는 그 흠은 공용부분에 존재하는 것으로 추정한다.

기본서 p.921~923 정답 ③

정답 및 해설

01 ③ 건물의 대지란 <u>전유부분이 속하는 1동의 건물이 있는 토지 및 규약에 따라 건물의 대지로 된 토지</u>를 말한다.

02 집합건물의 소유 및 관리에 관한 법령상 구분소유자 등의 권리나 의무에 관한 설명 중 틀린 것은?

① 대지사용권을 가지지 아니한 구분소유자가 있을 때에는 그 전유부분의 철거를 청구할 권리를 가진 자는 그 구분소유자에 대하여 구분소유권을 시가로 매도할 것을 청구할 수 있다.

② 구분소유자 공동의 이익에 어긋나는 행위로 공동생활 유지를 도모함이 매우 곤란할 때에는 관리인은 관리단집회의 결의에 근거하여 소로써 적당한 기간 동안 해당 구분소유자의 전유부분 사용금지를 청구할 수 있다.

③ 점유자가 건물의 보존에 해로운 행위를 한 결과 공동생활을 유지하기 매우 곤란하게 된 경우에는 관리인은 그 전유부분을 목적으로 하는 계약의 해제 및 그 전유부분의 인도를 청구할 수 있다.

④ 구분소유자가 정당한 사유 없이 주택의 내부 벽을 철거하여 증축·개축하는 행위를 한 결과 공동생활을 유지하기 매우 곤란하게 된 경우에는 관리인은 해당 구분소유자의 전유부분 및 대지사용권의 경매를 법원에 즉시 신청할 수 있다.

⑤ 구분소유자는 자기의 공유에 속하는 공용부분을 보존하거나 개량하기 위하여 필요한 범위에서 다른 구분소유자의 전유부분의 사용을 청구할 수 있다.

03 집합건물의 소유 및 관리에 관한 법령상 공용부분에 관한 설명 중 옳지 않은 것은?

① 공용부분은 구분소유자 전원의 공유에 속한다. 다만, 일부의 구분소유자만이 공용하도록 제공되는 것임이 명백한 공동부분은 그들 구분소유자의 공유에 속한다.

② 각 공유자의 지분은 그가 가지는 전유부분의 면적 비율에 따른다.

③ 각 공유자는 규약에 달리 정한 바가 없으면 그 지분의 비율에 따라 공용부분의 관리비용과 그 밖의 의무를 부담하며 공용부분에서 생기는 이익을 취득한다.

④ 각 공유자는 공용부분을 그 용도에 따라 사용할 수 없다.

⑤ 공용부분의 변경이 다른 구분소유자의 권리에 특별한 영향을 미칠 때에는 그 구분소유자의 승낙과 관리단집회의 결의를 받아야 한다.

04 집합건물의 소유 및 관리에 관한 법령상 대지사용권에 관한 설명 중 옳지 않은 것은?

① '대지사용권'이란 구분소유자가 공용부분을 소유하기 위하여 건물의 대지에 대하여 가지는 권리를 말한다.

② 구분소유자의 대지사용권은 그가 가지는 전유부분의 처분에 따른다.

③ 구분소유자는 규약으로써 달리 정한 경우를 제외하고는 그가 가지는 전유부분과 분리하여 대지사용권을 처분할 수 없다.

④ ③의 분리처분금지는 그 취지를 등기하지 아니하면 선의로 물권을 취득한 제3자에게 대항하지 못한다.

⑤ 구분소유자가 둘 이상의 전유부분을 소유한 경우에는 각 전유부분의 처분에 따르는 대지사용권은 공용부분에 대한 지분비율에 따른다.

05 집합건물의 소유 및 관리에 관한 법령상 구분건물의 담보책임에 대한 설명 중 틀린 것은?

① 구분건물을 건축하여 분양한 자와 분양자와의 계약에 따라 건물을 건축한 자는 구분소유자에 대하여 담보책임을 진다.

② 분양자와 시공자의 담보책임에 관하여 이 법과 민법에 규정된 것보다 매수인에게 불리한 특약은 효력이 없다.

③ 담보책임의 존속기간의 기산점은 전유부분은 인도한 날부터, 공용부분은 사용검사일 또는 사용승인일부터 기산한다.

④ 담보책임기간으로 건물의 주요구조부 및 지반공사의 하자는 10년이다.

⑤ 하자로 인하여 건물이 멸실되거나 훼손된 경우에는 그 멸실되거나 훼손된 날부터 10년 이내에 권리를 행사하여야 한다.

정답 및 해설

02 ④ 구분소유자가 정당한 사유 없이 주택의 내부 벽을 철거하여 증축·개축하는 행위를 한 결과 공동생활을 유지하기 매우 곤란하게 된 경우에는 <u>관리인은</u> 해당 구분소유자의 전유부분 및 대지사용권의 경매를 법원에 즉시 신청할 수 있는 것이 아니라, <u>일단 경매를 명할 것을 법원에 청구할 수 있고, 이 청구에 따라 경매를 명한 재판이 확정되었을 때에 그 청구를 한 자는 경매를 신청할 수 있다.</u>

03 ④ 공용부분의 사용에 대하여는 각 구분소유자가 그 <u>용도에 따라 사용할 수 있다.</u>

04 ① '대지사용권'이란 구분소유자가 <u>전유부분을</u> 소유하기 위하여 건물의 대지에 대하여 가지는 권리를 말한다.

05 ⑤ 하자로 인하여 건물이 멸실되거나 훼손된 날부터 <u>1년 이내에</u> 권리를 행사하여야 한다.

집합건물의 소유 및 관리에 관한 법령상 분양자의 관리의무 중 틀린 것은?

① 분양자는 법 제24조 제3항에 따라 선임된 관리인이 사무를 개시할 때까지 선량한 관리자의 주의로 건물과 대지 및 부속시설을 관리하여야 한다.

② 분양자는 표준규약을 참고하여 공정증서로써 규약에 상응하는 것을 정하여 분양계약을 체결하기 전에 분양을 받을 자에게 주어야 한다.

③ 분양자는 예정된 매수인의 2분의 1 이상이 입주한 때에는 규약 설정 및 관리인 선임을 위한 관리단집회를 소집할 것을 대통령령으로 정하는 바에 따라 구분소유자에게 통지하여야 한다.

④ ③의 경우 통지받은 날부터 3개월 이내에 관리단집회를 소집할 것을 명시하여야 한다.

⑤ 분양자는 구분소유자가 ③의 통지를 받은 날부터 3개월 이내에 관리단집회를 소집하지 아니하는 경우에는 지체 없이 관리단집회를 소집하여야 한다.

해설 | 분양자는 예정된 매수인의 2분의 1 이상이 이전등기를 한 때에는 규약 설정 및 관리인 선임을 위한 관리단집회를 소집할 것을 대통령령으로 정하는 바에 따라 구분소유자에게 통지하여야 한다.

기본서 p.924~934 정답 ③

06 집합건물의 소유 및 관리에 관한 법령상 공용부분에 대한 설명 중 옳지 않은 것은?

① 공용부분의 변경에 관한 사항은 관리단집회에서 구분소유자의 3분의 2 이상 및 의결권의 3분의 2 이상의 결의로써 결정한다.

② 위 ①에도 불구하고 공용부분의 개량을 위한 것으로서 지나치게 많은 비용이 드는 것이 아닐 경우와 휴양 콘도미니엄의 공용부분 변경에 관한 사항인 경우에는 통상의 집회결의로써 결정할 수 있다. 다만, 휴양 콘도미니엄의 권리변동 있는 공용부분 변경에 관한 사항은 구분소유자의 3분의 2 이상 및 의결권의 3분의 2 이상의 결의로써 결정한다.

③ 공용부분의 변경이 다른 구분소유자의 권리에 특별한 영향을 미칠 때에는 그 구분소유자의 승낙을 받아야 한다.

④ 위 ①②에도 불구하고 건물의 노후화 억제 또는 기능 향상 등을 위한 것으로 구분소유권 및 대지사용권의 범위나 내용에 변동을 일으키는 공용부분의 변경에 관한 사항은 관리단집회에서 구분소유자의 4분의 3 이상 및 의결권의 4분의 3 이상의 결의로써 결정한다.

⑤ 공용부분의 변경의 결의를 위한 관리단집회의 의사록에는 결의에 대한 각 구분소유자의 찬반 의사를 적어야 한다.

07 집합건물의 소유 및 관리에 관한 법령상 관리단에 대한 설명으로 틀린 것은?

① 건물에 대하여 구분소유관계가 성립되면 구분소유자 전원을 구성원으로 하여 건물과 그 대지 및 부속시설의 관리에 관한 사업의 시행을 목적으로 하는 관리단이 설립된다.

② 일부공용부분에 대하여는 별도의 관리단을 구성할 수 없다.

③ 관리단이 그의 재산으로 채무를 전부 변제할 수 없는 경우에는 구분소유자는 공용부분에 대한 지분비율에 따라 관리단의 채무를 변제할 책임을 진다. 다만, 규약으로써 그 부담비율을 달리 정할 수 있다.

④ 구분소유자의 특별승계인은 승계 전에 발생한 관리단의 채무에 관하여도 책임을 진다.

⑤ 관리단은 건물의 관리 및 사용에 관한 공동이익을 위하여 필요한 구분소유자의 권리와 의무를 선량한 관리자의 주의로 행사하거나 이행하여야 한다.

08 집합건물의 소유 및 관리에 관한 법령상 관리인에 대한 설명 중 옳지 않은 것은?

① 구분소유자가 10인 이상일 때에는 관리단을 대표하고 관리단의 사무를 집행할 관리인을 선임하여야 한다.

② 관리인은 구분소유자이어야 하며, 그 임기는 2년의 범위에서 규약으로 정한다.

③ 관리인은 관리단집회의 결의로 선임되거나 해임된다. 다만, 규약으로 관리위원회의 결의로 선임되거나 해임되도록 정한 경우에는 그에 따른다.

④ 관리인에게 부정한 행위나 그 밖에 그 직무를 수행하기에 적합하지 아니한 사정이 있을 때에는 각 구분소유자는 관리인의 해임을 법원에 청구할 수 있다.

⑤ 전유부분이 50개 이상인 건물(의무관리대상 공동주택 및 임대주택과 대규모점포 등 관리자가 있는 대규모점포 및 준대규모점포는 제외한다)의 관리인으로 선임된 자는 대통령령으로 정하는 바에 따라 선임된 사실을 특별자치시장·특별자치도지사·시장·군수 또는 자치구의 구청장(소관청)에게 신고하여야 한다.

정답 및 해설

06 ④ 구분소유자의 5분의 4 이상 및 의결권의 5분의 4 이상의 결의로써 결정한다.

07 ② 일부공용부분이 있는 경우 그 일부의 구분소유자는 규약에 따라 그 공용부분의 관리에 관한 사업의 시행을 목적으로 하는 관리단을 구성할 수 있다.

08 ② 관리인은 구분소유자일 필요가 없다.

---

09 집합건물의 소유 및 관리에 관한 법령상 관리단 및 관리단의 사무를 집행하는 관리인에 관한 설명으로 옳지 않은 것은?

① 구분소유자, 그의 승낙을 받아 전유부분을 점유하는 자, 분양자 등 이해관계인은 선임 된 관리인이 없는 경우에는 법원에 임시관리인의 선임을 청구할 수 있다.

② 임시관리인은 선임된 날부터 3개월 이내에 관리인 선임을 위하여 관리단집회 또는 관 리위원회를 소집하여야 한다.

③ 임시관리인의 임기는 선임된 날부터 관리인이 선임될 때까지로 하되, 규약으로 정한 임기를 초과할 수 없다.

④ 관리인은 규약에 달리 정한 바가 없으면 대통령령으로 정하는 사무에 대하여 매년 1회 이상 구분소유자에게 그 사무에 관한 보고를 하여야 하며, 월 1회 구분소유자에게 관 리단이 사무집행을 위한 분담금액과 비용의 산정방법을 서면으로 보고하여야 한다.

⑤ 관리인은 법 제32조에 따른 정기 관리단집회에 출석하여 관리단이 수행한 사무의 주 요 내용과 예산·결산내역을 보고하여야 한다.

10 집합건물의 소유 및 관리에 관한 법령상 회계감사에 관한 설명으로 옳지 않은 것은?

① 전유부분이 150개 이상으로서 징수 관리비와 수선적립금이 각 3억원 이상인 건물의 관리인은 감사인의 회계감사를 매년 1회 이상 받아야 한다. 다만, 관리단집회에서 구 분소유자의 2분의 1 이상 및 의결권의 2분의 1 이상이 회계감사를 받지 아니하기로 결의한 연도에는 그러하지 아니하다.

② 구분소유자의 승낙을 받아 전유부분을 점유하는 자는 ①의 단서에 따른 관리단집회에 참석하여 그 구분소유자의 의결권을 행사할 수 있다.

③ 전유부분이 50개 이상 150개 미만으로서 대통령령으로 정하는 건물의 관리인은 구분 소유자의 5분의 1 이상이 연서하여 요구하는 경우에는 감사인의 회계감사를 받아야 한다. 이 경우 구분소유자의 승낙을 받아 전유부분을 점유하는 자가 구분소유자를 대 신하여 연서할 수 있다.

④ 관리인은 회계감사를 받은 경우에는 대통령령으로 정하는 바에 따라 감사보고서 등 회계감사의 결과를 구분소유자 및 그의 승낙을 받아 전유부분을 점유하는 자에게 보 고하여야 한다.

⑤ 의무관리대상 공동주택 및 임대주택과 유통산업발전법에 따라 신고한 대규모점포 등 관리자가 있는 대규모점포 및 준대규모점포에는 회계감사의 규정을 적용하지 아니 한다.

11 집합건물의 소유 및 관리에 관한 법령상 관리위원회에 대한 설명 중 틀린 것은?

① 관리단에는 규약으로 정하는 바에 따라 관리위원회를 둘 수 있으며, 관리위원회는 이 법 또는 규약으로 정한 관리인의 사무집행을 감독한다.

② 관리위원회의 위원은 구분소유자 중에서 관리단집회의 결의에 의하여 선출한다. 다만, 규약으로 관리단집회의 결의에 관하여 달리 정한 경우에는 그에 따른다.

③ 관리인은 규약에 달리 정한 바가 없으면 관리위원회의 위원이 될 수 없다.

④ 관리위원회 위원의 임기는 2년의 범위에서 규약으로 정한다.

⑤ 관리위원회 위원은 서면이나 대리인을 통하여 의결권을 행사할 수 있다.

12 집합건물의 소유 및 관리에 관한 법령상 규약에 대한 설명 중 옳지 않은 것은?

① 건물과 대지 또는 부속시설의 관리 또는 사용에 관한 구분소유자들 사이의 사항 중 이 법에서 규정하지 아니한 사항은 규약으로써 정할 수 있다.

② 규약의 설정 · 변경 및 폐지는 관리위원회에서 위원의 4분의 3 이상의 찬성을 얻어서 한다.

③ 규약의 설정 · 변경 및 폐지가 일부 구분소유자의 권리에 특별한 영향을 미칠 때에는 그 구분소유자의 승낙을 받아야 한다.

④ 규약은 구분소유자의 특별승계인에 대하여도 효력이 있다.

⑤ 점유자는 구분소유자가 건물이나 대지 또는 부속시설의 사용과 관련하여 규약에 따라 부담하는 의무와 동일한 의무를 진다.

정답 및 해설

09 ② 임시관리인은 선임된 날부터 <u>6개월 이내</u>에 관리인 선임을 위하여 관리단집회 또는 관리위원회를 소집하여야 한다.

10 ① 관리단집회에서 <u>구분소유자의 3분의 2 이상 및 의결권의 3분의 2 이상</u>이 회계감사를 받지 아니하기로 결의한 연도에는 그러하지 아니하다.

11 ⑤ 관리위원회 위원은 질병, 해외체류 등 부득이한 사유가 있는 경우 외에는 <u>서면이나 대리인을 통하여 의결권을 행사할 수 없다.</u>

12 ② 규약의 설정 · 변경 및 폐지는 <u>관리단집회에서 구분소유자의 4분의 3 이상 및 의결권의 4분의 3 이상의 찬성</u>을 얻어서 한다.

---

13 집합건물의 소유 및 관리에 관한 법령상 관리단집회에 대한 설명 중 옳지 않은 것은?

① 관리단집회의 의사는 이 법 또는 규약에 특별한 규정이 없으면 구분소유자의 과반수 및 의결권의 과반수로써 의결한다.

② 관리단집회에서의 의결권은 전자적 방법 또는 대리인을 통하여 행사할 수 있다.

③ 관리단집회를 소집하려면 관리단집회일 1주일 전에 회의의 목적사항을 구체적으로 밝혀 각 구분소유자에게 통지하여야 한다.

④ 점유자는 구분소유자가 건물이나 대지 또는 부속시설의 사용과 관련하여 관리단집회의 결의에 따라 부담하는 의무와 동일한 의무를 진다.

⑤ 관리단집회의 결의는 구분소유자의 특별승계인에 대하여는 효력이 없다.

14 집합건물의 소유 및 관리에 관한 법령상 규약 및 집회에 대한 설명으로 옳지 않은 것은?

① 규약의 설정ㆍ변경 및 폐지는 관리단집회에서 구분소유자 4분의 3 이상 및 의결권의 4분의 3 이상의 찬성을 얻어야 한다.

② 규약은 관리인 또는 구분소유자나 그 대리인으로서 건물을 사용하고 있는 자 중 1인이 보관하여야 한다.

③ 관리인은 매년 회계연도 종료 후 5개월 이내에 정기 관리단집회를 소집하여야 한다.

④ 구분소유자의 5분의 1 이상이 회의의 목적사항을 구체적으로 밝혀 관리단집회의 소집을 청구하면 관리인은 관리단집회를 소집하여야 한다. 이 정수는 규약으로 감경할 수 있다.

⑤ 관리단집회의 의사는 이 법 또는 규약에 특별한 규정이 없으면 구분소유자의 과반수 및 의결권의 과반수로써 의결한다.

_{고난도}
15 집합건물의 소유 및 관리에 관한 법령상 구분소유권에 대한 경매청구에 관한 설명 중 옳지 않은 것은?

① 관리인뿐만 아니라 관리단집회의 결의로 지정된 구분소유자도 청구할 수 있다.

② 구분소유자의 4분의 3 이상 및 의결권의 4분의 3 이상의 관리단집회 결의가 있어야 한다.

③ 구분소유자가 행위금지의 의무를 위반하거나 규약에서 정한 의무를 현저히 위반한 결과 공동생활을 유지하기 매우 곤란하게 된 경우에 해당 구분소유자의 전유부분 및 대지사용권에 대하여 경매를 청구할 수 있다.

④ 경매청구에 따라 경매를 명한 재판이 확정되었을 때에는 해당 구분소유자를 제외한 구분소유자는 경매를 신청할 수 있다.

⑤ 해당 구분소유자는 ④의 신청에 의한 경매에서 경락인이 되지 못한다.

16 집합건물의 소유 및 관리에 관한 법령상 재건축결의에 대한 설명 중 옳은 것은?

① 재건축결의일부터 2년 이내에 건물 철거공사가 착수되지 아니한 경우에는 구분소유권이나 대지사용권을 매도한 자는 이 기간이 만료된 날부터 6개월 이내에 매수인이 지급한 대금에 상당하는 금액을 그 구분소유권이나 대지사용권을 가지고 있는 자에게 제공하고 이들의 권리를 매도할 것을 청구할 수 있다.

② 재건축의 결의가 있으면 집회를 소집한 자는 지체 없이 그 결의에 찬성하지 아니한 구분소유자에 대하여 그 결의내용에 따른 재건축에 참가할 것인지 여부를 회답할 것을 서면 또는 구두로 촉구하여야 한다.

③ ②의 촉구를 받은 구분소유자는 촉구를 받은 날부터 3개월 이내에 회답하여야 한다.

④ 재건축참가 회답기간 내에 회답하지 아니한 경우 그 구분소유자는 재건축에 참가하겠다는 뜻을 회답한 것으로 본다.

⑤ 재건축참가 회답기간이 지나면 재건축결의에 찬성한 각 구분소유자 등은 재건축참가 회답기간 만료일부터 2개월 이내에 재건축에 참가하지 아니하겠다는 뜻을 회답한 구분소유자에게 구분소유권과 대지사용권을 공시가격으로 매도할 것을 청구할 수 있다.

정답 및 해설

13 ⑤ 관리단집회의 결의는 구분소유자의 특별승계인에 대하여도 <u>효력이 있다</u>.

14 ③ 관리인은 매년 회계연도 종료 후 <u>3개월 이내</u>에 정기 관리단집회를 소집하여야 한다.

15 ④ 경매청구에 따라 경매를 명한 재판이 확정되었을 때에는 <u>그 청구를 한 자가</u> 경매를 신청할 수 있다.

16 ① ② 재건축의 결의가 있으면 집회를 소집한 자는 지체 없이 그 결의에 찬성하지 아니한 구분소유자에 대하여 그 결의내용에 따른 재건축에 참가할 것인지 여부를 회답할 것을 <u>서면으로 촉구하여야 한다</u>.

③ ②의 촉구를 받은 구분소유자는 촉구를 받은 날부터 <u>2개월 이내</u>에 회답하여야 한다.

④ 재건축참가 회답기간 내에 회답하지 아니한 경우 그 구분소유자는 <u>재건축에 참가하지 아니하겠다는 뜻</u>을 회답한 것으로 본다.

⑤ 재건축참가 회답기간이 지나면 재건축결의에 찬성한 각 구분소유자 등은 재건축참가 회답기간 만료일부터 2개월 이내에 재건축에 참가하지 아니하겠다는 뜻을 회답한 구분소유자에게 구분소유권과 대지사용권을 <u>시가로</u> 매도할 것을 청구할 수 있다.

17 집합건물의 소유 및 관리에 관한 법령상 수선적립금에 대한 설명 중 옳지 않은 것은?

① 관리단은 규약에 달리 정한 바가 없으면 관리단집회 결의에 따라 건물이나 대지 또는 부속시설의 교체 및 보수에 관한 수선계획을 수립할 수 있다.

② 관리인은 규약에 달리 정한 바가 없으면 관리단집회의 결의에 따라 수선적립금을 징수하여 적립할 수 있다.

③ ②에도 불구하고 다른 법률에 따라 장기수선을 위한 계획이 수립되어 충당금 또는 적립금이 징수·적립된 경우에는 그러하지 아니하다.

④ 수선적립금은 구분소유자로부터 징수하며 관리단에 귀속된다.

⑤ 관리단은 규약에 달리 정한 바가 없으면 수선적립금을 정해진 용도로 사용하여야 하며, 기타 수선계획의 수립 및 수선적립금의 징수·적립에 필요한 사항은 대통령령으로 정한다.

정답 및 해설

17 ② <u>관리단</u>은 규약에 달리 정한 바가 없으면 관리단집회의 결의에 따라 수선적립금을 징수하여 적립할 수 있다.

house.Hackers.com

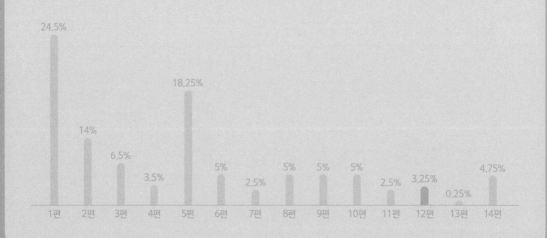

제12편

소방기본법

제12편 소방기본법

대표예제 78 / 용어의 정의

소방기본법령상 용어의 정의 등에 관한 설명 중 옳지 않은 것은?

① 소방대상물이 있는 장소뿐만 아니라 그 이웃지역도 화재의 예방ㆍ경계ㆍ진압, 구조ㆍ구급 등의 활동에 필요하면 관계지역에 해당한다.

② 선박(선박법에 따른 선박으로서 항구 안에 매어둔 선박에 한한다)이 아닌 선박건조구조물은 소방대상물에 해당하지 않는다.

③ '관계인'이라 함은 소방대상물의 소유자ㆍ관리자 또는 점유자를 말한다.

④ '소방대'라 함은 화재를 진압하고 화재, 재난ㆍ재해, 그 밖의 위급한 상황에서의 구조ㆍ구급 활동 등을 하기 위하여 일정한 자로 구성된 조직체를 말한다.

⑤ '소방대장'이라 함은 소방본부장 또는 소방서장 등 화재, 재난ㆍ재해, 그 밖의 위급한 상황이 발생한 현장에서 소방대를 지휘하는 자를 말한다.

해설 | 선박(선박법에 따른 선박으로서 항구 안에 매어둔 선박에 한한다)이 아닌 선박건조구조물도 소방대상물에 해당한다.

기본서 p.960~967

정답 ②

01 소방기본법령에 관한 설명 중 옳지 않은 것은?

① 소방청장은 화재, 재난·재해, 그 밖의 위급한 상황으로부터 국민의 생명·신체 및 재산을 보호하기 위하여 소방업무에 관한 종합계획을 10년마다 수립·시행하여야 하고, 이에 필요한 재원을 확보하도록 노력하여야 한다.

② 소방청장은 ①에 따라 수립한 종합계획을 관계 중앙행정기관의 장, 시·도지사에게 통보하여야 한다.

③ 시·도지사는 관할지역의 특성을 고려하여 종합계획의 시행에 필요한 세부계획을 계획 시행 전년도 12월 31일까지 매년 수립하여 소방청장에게 제출하여야 한다.

④ 시·도지사는 제출한 세부계획에 따른 소방업무를 성실히 수행하여야 한다.

⑤ 소방청장은 소방업무의 체계적 수행을 위하여 필요한 경우 시·도지사가 제출한 세부계획의 보완 또는 수정을 요청할 수 있다.

02 소방기본법령상 소방지휘 등에 관한 설명 중 옳지 않은 것은?

① 소방업무를 수행하는 소방본부장 또는 소방서장은 그 소재지를 관할하는 특별시장·광역시장·도지사 또는 특별자치시장·특별자치도지사(이하 '시·도지사'라 한다)의 지휘와 감독을 받는다.

② 위 ②에도 불구하고 소방청장은 모든 화재 등 사건에 대하여 시·도 소방본부장 및 소방서장을 지휘·감독할 수 있다.

③ 시·도에서 소방업무를 수행하기 위하여 시·도지사 직속으로 소방본부를 둔다.

④ 소방기관 및 소방본부에는 지방자치단체에 두는 국가공무원의 정원에 관한 법률에도 불구하고 대통령령으로 정하는 바에 따라 소방공무원을 둘 수 있다.

⑤ '소방본부장'이란 특별시·광역시·도 또는 특별자치도에서 화재의 예방·경계·진압·조사 및 구조·구급 등의 업무를 담당하는 부서의 장을 말한다.

정답 및 해설

01 ① 소방청장은 소방업무에 관한 종합계획을 <u>5년마다 수립·시행</u>하여야 한다.

02 ② 소방청장은 <u>화재예방 및 대형재난 등 필요한 경우</u> 시·도 소방본부장 및 소방서장을 지휘·감독할 수 있다.

03 소방기본법령상 소방장비 및 소방용수시설 등에 관한 설명 중 옳지 않은 것은?

① 시장·군수 또는 구청장은 소방력의 기준에 따라 관할구역 안의 소방력을 확충하기 위하여 필요한 계획을 수립하여 시행하여야 한다.

② '소방력'이란 소방기관이 소방업무를 수행하는 데 필요한 인력과 장비 등을 말한다.

③ 시·도지사는 소방업무의 응원을 요청하는 경우를 대비하여 출동의 대상지역 및 규모와 소요경비의 부담 등에 관하여 필요한 사항을 이웃하는 시·도지사와 협의하여 미리 규약으로 정하여야 한다.

④ 시·도지사는 소방활동에 필요한 소화전·급수탑·저수조(소방용수시설)를 설치하고 유지·관리하여야 한다. 다만, 수도법에 따라 소화전을 설치하는 일반수도사업자는 관할 소방서장과 사전협의를 거친 후 소화전을 설치하여 유지·관리하여야 한다.

⑤ 시·도지사는 소방자동차의 진입이 곤란한 지역 등 화재 발생시에 초기 대응이 필요한 화재경계지구에 소방호스 또는 호스릴 등을 소방용수시설에 연결하여 화재를 진압하는 시설이나 장치(비상소화장치)를 설치하고 유지·관리할 수 있다.

04 소방기본법령상 소방장비 및 소방용수시설 등에 관한 설명으로 옳지 않은 것은?

① 시·도지사는 소방력의 기준에 따라 관할구역 안의 소방력을 확충하기 위하여 필요한 계획을 수립하여야 한다.

② 주거지역에 소방기본법령상 소방용수시설을 설치하는 경우에 소방대상물과 수평거리는 최대 100미터 이내이어야 한다.

③ 소방본부장 또는 소방서장은 수도법에 따라 설치된 소화전을 유지·관리하여야 한다.

④ 국가는 소방장비의 구입 등 시·도의 소방업무에 필요한 경비의 일부를 보조하며, 보조 대상사업의 범위와 기준보조율은 대통령령으로 정한다.

⑤ 시·도지사는 소방자동차의 공무상 운행 중 교통사고가 발생한 경우 그 운전자의 법률상 분쟁에 소요되는 비용을 지원할 수 있는 보험에 가입하여야 하며, 국가는 보험 가입비용의 일부를 지원할 수 있다.

05 소방기본법령상 특별시·광역시 또는 도의 소방본부에 설치된 종합상황실의 실장이 소방청의 종합상황실에 서면·팩스 또는 컴퓨터통신 등으로 지체 없이 보고하여야 하는 상황에 해당하는 것을 모두 고른 것은?

> ㉠ 사상자가 10인 이상 발생한 화재
> ㉡ 재산피해액이 50억원 이상 발생한 화재
> ㉢ 이재민이 100인 이상 발생한 화재
> ㉣ 건축법령상 층수가 10층인 건축물에서 발생한 화재

① ㉠, ㉡, ㉢
② ㉠, ㉡, ㉣
③ ㉠, ㉢, ㉣
④ ㉡, ㉢, ㉣
⑤ ㉠, ㉡, ㉢, ㉣

정답 및 해설

03 ① 시장·군수·구청장이 아니라 <u>시·도지사</u>가 소방력 확충계획을 수립한다.

04 ③ 시·도지사는 소방활동에 필요한 소화전·급수탑·저수조(소방용수시설)를 설치하고 유지·관리하여야 한다. 다만, 수도법에 따라 소화전을 설치하는 <u>일반수도사업자</u>는 관할 소방서장과 사전협의를 거친 후 소화전을 설치하여 유지·관리하여야 하나.

05 ① 종합상황실의 실장은 다음의 상황이 발생하는 때에는 그 사실을 지체 없이 서면·팩스 또는 컴퓨터통신 등으로 소방서의 종합상황실의 경우는 소방본부의 종합상황실에, 소방본부의 종합상황실의 경우는 소방청의 종합상황실에 각각 보고하여야 한다.
1. 다음 항목의 하나에 해당하는 화재
   - 사망자가 5인 이상 발생하거나 사상자가 10인 이상 발생한 화재
   - 이재민이 100인 이상 발생한 화재
   - 재산피해액이 50억원 이상 발생한 화재
   - 관공서·학교·정부미도정공장·문화재·지하철 또는 지하구의 화재
   - 관광호텔, 층수가 11층 이상인 건축물, 지하상가, 시장, 백화점, 위험물안전관리법 제2조 제2항의 규정에 의한 지정수량의 3천배 이상의 위험물의 제조소·저장소·취급소, 층수가 5층 이상이거나 객실이 30실 이상인 숙박시설, 층수가 5층 이상이거나 병상이 30개 이상인 종합병원·정신병원·한방병원·요양소, 연면적 1만 5천제곱미터 이상인 공장 또는 화재의 예방 및 안전관리에 관한 법률 제18조 제1항 각 목에 따른 화재경계지구에서 발생한 화재
   - 철도차량, 항구에 매어둔 총 톤수가 1천톤 이상인 선박, 항공기, 발전소 또는 변전소에서 발생한 화재
   - 가스 및 화약류의 폭발에 의한 화재
   - 다중이용업소의 안전관리에 관한 특별법 제2조에 따른 다중이용업소의 화재
2. 긴급구조대응활동 및 현장지휘에 관한 규칙에 의한 통제단장의 현장지휘가 필요한 재난상황
3. 언론에 보도된 재난상황
4. 그 밖에 소방청장이 정하는 재난상황

06 소방기본법령상 일정한 지역 또는 장소에서 화재로 오인할 만한 우려가 있는 불을 피우거나 연막소독을 실시하고자 하는 자는 시·도의 조례가 정하는 바에 따라 관할 소방본부장 또는 소방서장에게 신고하여야 하는데, 그 지역 등이 아닌 것은?

① 시장지역

② 공장·창고가 밀집한 지역

③ 소방출동로가 없는 지역

④ 위험물의 저장 및 처리시설이 밀집한 지역

⑤ 석유화학제품을 생산하는 공장이 있는 지역

07 소방기본법령상 소방활동에 대한 다음 설명 중 틀린 것은?

① 화재현장 또는 구조·구급이 필요한 사고현장을 발견한 사람은 그 현장의 상황을 소방본부·소방서 또는 관계 행정기관에 지체 없이 알려야 한다.

② 관계인은 소방대상물에 화재, 재난·재해, 그 밖의 위급한 상황이 발생한 경우에는 소방대가 현장에 도착할 때까지 경보를 울리거나 대피를 유도하는 등의 방법으로 사람을 구출하는 조치 또는 불을 끄거나 불이 번지지 아니하도록 필요한 조치를 하여야 한다.

③ 소방본부장 또는 소방서장은 화재를 진압하거나 구조·구급활동을 하기 위하여 상설 조직체(자체소방대)를 설치·운영할 수 있다.

④ 자체소방대는 소방대가 현장에 도착한 경우 소방대장의 지휘·통제에 따라야 한다.

⑤ 소방청장, 소방본부장 또는 소방서장은 자체소방대의 역량 향상을 위하여 필요한 교육·훈련 등을 지원할 수 있다.

08 소방기본법령상 소방대의 출동 등에 대한 다음 설명 중 틀린 것은?

① 소방대는 화재, 재난·재해, 그 밖의 위급한 상황이 발생한 현장에 신속하게 출동하기 위하여 긴급할 때에는 일반적인 통행에 쓰이지 아니하는 도로·빈터 또는 물 위로 통행할 수 있다.

② 모든 차와 사람은 소방자동차(지휘를 위한 자동차와 구조·구급차 포함)가 화재진압 및 구조·구급활동을 위하여 출동을 할 때에 이를 방해하여서는 아니 된다.

③ 소방자동차가 화재진압 및 구조·구급활동을 위하여 출동하거나 훈련을 위하여 필요할 때에는 사이렌을 사용할 수 있다.

④ 모든 차와 사람은 소방자동차가 화재진압 및 구조·구급활동을 위하여 ③에 따라 사이렌을 사용하여 출동하는 경우에는 소방자동차에 진로를 양보하지 아니하는 행위 등을 하여서는 아니 된다.

⑤ 위 ④의 경우를 제외하고 소방자동차의 우선통행에 관하여는 이 법에서 정하는 바에 따른다.

정답 및 해설

06 ③ ①②④⑤ 외에 목조건물이 밀집한 지역이나 시·도의 조례로 정하는 지역 또는 장소이다.

07 ③ 관계인은 화재를 진압하거나 구조·구급활동을 하기 위하여 자체소방대를 설치·운영할 수 있다.

08 ⑤ 소방자동차의 우선통행에 관하여는 <u>도로교통법</u>에서 정하는 바에 따른다.

09 소방기본법령상 소방안전 등에 대한 다음 설명 중 틀린 것은?

① 공동주택 중 300세대 이상인 아파트와 3층 이상의 기숙사의 건축주는 소방활동의 원활한 수행을 위하여 공동주택에 소방자동차 전용구역을 설치하여야 한다.

② 위 ①에 따른 공동주택의 건축주는 소방자동차가 접근하기 쉽고 소방활동이 원활하게 수행될 수 있도록 각 동별 전면 또는 후면에 소방자동차 전용구역을 1개 소 이상 설치하여야 한다.

③ 소방청장 또는 소방본부장은 소방자동차에 운행기록장치를 장착하고 운용하여야 한다.

④ 소방청장은 운행기록장치 데이터의 수집·저장·통합·분석 등의 업무를 전자적으로 처리하기 위한 시스템(소방자동차 교통안전 분석시스템)을 구축·운영할 수 있다.

⑤ 소방청장, 소방본부장 및 소방서장은 소방자동차 교통안전 분석시스템으로 처리된 자료(전산자료)를 이용하여 소방자동차의 장비운용자 등에게 어떠한 불리한 제재나 처벌을 하여서는 아니 된다.

대표예제 79 **소방활동** ★★★

소방기본법령상 현장 소방활동 등에 대한 다음 설명 중 틀린 것은?

① 소방본부장, 소방서장 또는 소방대장은 화재, 재난·재해, 그 밖의 위급한 상황이 발생한 현장에서 소방활동을 위하여 필요할 때에는 그 관할구역에 사는 사람 또는 그 현장에 있는 사람으로 하여금 사람을 구출하는 일 또는 불을 끄거나 불이 번지지 아니하도록 하는 일을 하게 할 수 있다.

② ①의 명령에 따라 소방활동에 종사한 자는 국가로부터 소방활동의 비용을 지급받을 수 있다.

③ ②에도 불구하고 관계인, 화재 또는 구조·구급활동이 필요한 상황을 발생시킨 사람, 현장에서 물건을 가져간 사람의 경우에는 그러하지 아니하다.

④ 소방본부장, 소방서장 또는 소방대장은 소방활동을 위하여 긴급하게 출동할 때에는 소방자동차의 통행과 소방활동에 방해가 되는 주차 또는 정차된 차량 및 물건 등을 제거하거나 이동시킬 수 있다.

⑤ 소방본부장, 소방서장 또는 소방대장은 관할 지방자치단체 등 관련 기관에 견인차량과 인력 등에 대한 지원을 요청할 수 있으며, 이 경우 시·도지사는 견인차량과 인력 등을 지원한 자에게 시·도의 조례로 정하는 바에 따라 비용을 지급할 수 있다.

해설 | 시·도지사가 소방활동 비용을 지급하여야 한다.

기본서 p.967~973 정답 ②

---

10 **소방기본법령상 소방활동에 대한 설명 중 틀린 것은?**

① 소방본부장이나 소방서장은 소방활동을 할 때에 긴급한 경우에는 이웃한 소방본부장 또는 소방서장에게 소방업무의 응원을 요청할 수 있고, 응원요청을 받은 소방본부장 또는 소방서장은 정당한 사유 없이 이를 거절하여서는 아니 된다.

② ①에 따라 소방업무의 응원을 위하여 파견된 소방대원은 응원을 요청한 소방본부장 또는 소방서장의 지휘에 따라야 한다.

③ 시·도지사는 소방업무의 응원을 요청하는 경우를 대비하여 출동대상지역 및 규모와 필요한 경비의 부담 등에 관하여 필요한 사항을 이웃하는 시·도지사와 협의하여 미리 규약으로 정하여야 한다.

④ 소방청장은 해당 시·도의 소방력만으로는 소방활동을 수행하기 어려운 상황이 발생하거나 특별히 국가적 차원에서 소방활동을 수행할 필요가 인정될 때에는 각 시·도지사에게 소방력을 동원할 것을 요청할 수 있다.

⑤ 동원된 소방력의 활동 경비는 국가에서 부담하는 것을 원칙으로 한다.

정답 및 해설

09 ① <u>100세대 이상인 아파트와 3층 이상의 기숙사이다.</u>

10 ⑤ <u>동원된 소방력의 소방활동 수행과정에서 발생하는 경비는 화재, 재난·재해 또는 그 밖의 구조·구급이 필요한 상황이 발생한 특별시·광역시·도 또는 특별자치도에서 부담하는 것을 원칙으로 하되, 구체적인 내용은 해당 시·도가 서로 협의하여 정한다.</u>

11 소방기본법령상 소방력의 동원과 지원에 대한 설명으로 틀린 것은?

① 소방청장은 시·도지사에게 동원된 소방력을 상황이 발생한 지역에 지원·파견하여 줄 것을 요청하거나 필요한 경우 직접 소방대를 편성하여 화재진압 및 인명구조 등 소방에 필요한 활동을 하게 할 수 있다.

② 소방대원이 다른 시·도에 파견·지원되어 소방활동을 수행할 때에는 특별한 사정이 없으면 소방청장의 지휘에 따라야 한다.

③ 소방청장, 소방본부장 또는 소방서장은 소방활동 외에 119에 접수된 생활안전 및 위험제거활동을 하게 할 수 있다.

④ 소방지원활동은 소방활동의 수행에 지장을 주지 아니하는 범위에서 할 수 있다.

⑤ 유관기관·단체 등의 요청에 따른 소방지원활동에 드는 비용은 지원요청을 한 유관기관·단체 등에게 부담하게 할 수 있다. 다만, 부담금액 및 부담방법에 관하여는 지원요청을 한 유관기관·단체 등과 협의하여 결정한다.

12 소방기본법령상 소방활동 지원에 관한 설명으로 옳지 않은 것은?

① 소방공무원이 소방활동으로 인하여 타인을 사상(死傷)에 이르게 한 경우 그 소방활동이 불가피하고 소방공무원에게 고의 또는 중대한 과실이 없는 때에는 그 정상을 참작하여 사상에 대한 형사책임을 감경하거나 면제할 수 있다.

② 소방청장, 소방본부장 또는 소방서장은 소방공무원이 소방활동, 소방지원활동, 생활안전활동으로 인하여 민·형사상 책임과 관련된 소송을 수행할 경우 변호인 선임 등 소송수행에 필요한 지원을 할 수 있다.

③ 소방청장 또는 시·도지사는 손실보상대상에 해당하는 자에게 손실보상심의위원회의 심사·의결에 따라 정당한 보상을 하여야 한다.

④ 위 ③에 따라 손실보상을 청구할 수 있는 권리는 손실이 있음을 안 날부터 1년, 손실이 발생한 날부터 3년간 행사하지 아니하면 시효의 완성으로 소멸한다.

⑤ 물건의 멸실·훼손으로 인한 손실보상을 하는 때에는 영업자가 손실을 입은 물건의 수리나 교환으로 인하여 영업을 계속할 수 없는 때에는 영업을 계속할 수 없는 기간의 영업이익액에 상당하는 금액을 더하여 보상한다.

13 소방기본법령상 소방활동으로 인한 손실보상에 관한 설명으로 옳지 <u>않은</u> 것은?

① 물건의 멸실·훼손으로 인한 손실 외의 재산상 손실에 대해서는 직무집행과 상당한 인과관계가 있는 범위에서 보상한다.

② 소방기관 또는 소방대의 적법한 소방업무 또는 소방활동으로 인하여 발생한 손실을 보상받으려는 자는 보상금지급청구서에 손실내용과 손실금액을 증명할 수 있는 서류를 첨부하여 소방청장 또는 시·도지사에게 제출하여야 한다.

③ 소방청장은 손실보상심의위원회의 심사·의결을 거쳐 특별한 사유가 없으면 보상금 지급청구서를 받은 날부터 30일 이내에 보상금 지급 여부 및 보상금액을 결정하여야 한다.

④ 소방청장 등은 ③에 따른 결정일부터 10일 이내에 결정내용을 청구인에게 통지하고, 보상금을 지급하기로 결정한 경우에는 특별한 사유가 없으면 통지한 날부터 30일 이내에 보상금을 지급하여야 한다.

⑤ 소방청장 등은 보상금을 지급받을 자가 지정하는 예금계좌에 입금하는 방법으로 보상금을 지급한다. 다만, 부득이한 사유가 있는 경우에는 그 보상금을 지급받을 자의 신청에 따라 현금으로 지급할 수 있다.

정답 및 해설

11 ② 소방대원이 다른 시·도에 파견·지원되어 소방활동을 수행할 때에는 특별한 사정이 없으면 <u>화재, 재난·재해 등이 발생한 지역을 관할하는 소방본부장 또는 소방서장의 지휘</u>에 따라야 한다. 다만, 소방청장이 직접 소방대를 편성하여 소방활동을 하게 하는 경우에는 소방청장의 지휘에 따라야 한다.

12 ④ <u>손실이 있음을 안 날부터 3년, 손실이 발생한 날부터 5년간</u> 행사하지 아니하는 경우이다.

13 ③ 보상금지급청구서를 받은 날부터 <u>60일 이내</u>에 보상금 지급 여부 및 보상금액을 결정하여야 한다.

14 소방기본법령상 소방지원활동과 생활안전활동에 대한 설명으로 틀린 것은?

① 소방청장, 소방본부장 또는 소방서장은 공공의 안녕질서 유지 또는 복리증진을 위하여 필요한 경우 소방활동 외에 소방지원활동을 하게 할 수 있다.

② 소방지원활동은 소방활동 수행에 지장을 주지 아니하는 범위에서 할 수 있다.

③ 유관기관·단체 등의 요청에 따른 소방지원활동에 드는 비용은 지원요청을 한 유관기관·단체 등에게 부담하게 할 수 있다. 다만, 부담금액 및 부담방법에 관하여는 지원요청을 한 유관기관·단체 등과 협의하여 결정한다.

④ 소방청장, 소방본부장 또는 소방서장은 신고가 접수된 생활안전 및 위험제거활동(화재, 재난·재해, 그 밖의 위급한 상황에 해당하는 것을 포함한다)에 대응하기 위하여 소방대를 출동시켜 생활안전활동을 하게 하여야 한다.

⑤ 누구든지 정당한 사유 없이 ④에 따라 출동하는 소방대의 생활안전활동을 방해하여서는 안 된다.

15 소방기본법령상 소방지원활동에 해당하지 아니하는 것은?

① 산불에 대한 예방·진압 등 지원활동

② 자연재해에 따른 급수·배수 및 제설 등 지원활동

③ 집회·공연 등 각종 행사시 사고에 대비한 근접대기 등 지원활동

④ 화재, 재난·재해로 인한 피해복구 지원활동

⑤ 단전사고시 비상전원 또는 조명의 공급

16 소방기본법령상 화재예방, 소방활동 또는 소방훈련을 위하여 사용되는 소방신호의 종류로 명시되지 않은 것은?

① 예비신호   ② 훈련신호

③ 발화신호   ④ 경계신호

⑤ 해제신호

정답 및 해설

14 ④ 화재, 재난·재해, 그 밖의 위급한 상황에 해당하는 것은 <u>제외한다</u>.

15 ⑤ ▶ 소방대의 생활안전활동 범위
- 붕괴, 낙하 등이 우려되는 고드름, 나무, 위험구조물 등의 제거활동
- 위해동물, 벌 등의 포획 및 퇴치활동
- 끼임, 고립 등에 따른 위험제거 및 구출활동
- 단전사고시 비상전원 또는 조명의 공급
- 그 밖에 방치하면 급박해질 우려가 있는 위험을 예방하기 위한 활동

16 ① ▶ 소방신호
- 경계신호: 화재예방상 필요하다고 인정되거나 화재위험경보시 발령
- 발화신호: 화재가 발생한 때 발령
- 해제신호: 소화활동이 필요없다고 인정되는 때 발령
- 훈련신호: 훈련상 필요하다고 인정되는 때 발령

제12편 주관식 기입형 문제

01 소방기본법령에 대한 설명이다. ( )에 들어갈 용어를 쓰시오.

'( )'(이)란 소방대상물이 있는 장소 및 그 이웃 지역으로서 화재의 예방·경계·진압, 구조·구급 등의 활동에 필요한 지역을 말한다.

02 소방기본법령에 대한 설명이다. ( )에 들어갈 용어를 쓰시오.

소방청장, 소방본부장 및 소방서장은 화재, 재난·재해, 그 밖에 구조·구급이 필요한 상황이 발생하였을 때에 신속한 소방활동을 위한 정보의 수집·분석과 판단·전파, 상황관리, 현장 지휘 및 조정·통제 등의 업무를 수행하기 위하여 ( )을(를) 설치·운영하여야 한다.

03 소방기본법령에 대한 설명이다. ( )에 들어갈 용어를 쓰시오.

소방의 역사와 안전문화를 발전시키고 국민의 안전의식을 높이기 위하여 소방청장은 (㉠)을(를), 시·도지사는 (㉡)을(를) 설립하여 운영할 수 있다.

04 소방기본법령에 대한 설명이다. ( )에 들어갈 용어를 쓰시오.

소방본부장이나 소방서장은 긴급한 경우에는 이웃한 소방본부장 또는 소방서장에게 소방업무의 (㉠)을(를) 요청할 수 있고, 소방청장은 해당 시·도의 소방력만으로는 소방활동을 효율적으로 수행하기 어려운 화재, 재난·재해, 그 밖의 구조·구급이 필요한 상황이 발생하거나 특별히 국가적 차원에서 소방활동을 수행할 필요가 인정될 때에는 각 시·도지사에게 소방력을 (㉡)할 것을 요청할 수 있다.

05 소방기본법에 대한 설명이다. ( )에 공통적으로 들어갈 용어를 쓰시오.

> • 소방청장, 소방본부장 또는 소방서장은 화재, 재난·재해, 그 밖의 위급한 상황이 발생하였을 때에는 ( )을(를) 현장에 신속하게 출동시켜 화재진압과 인명구조·구급 등 소방에 필요한 활동을 하게 하여야 한다.
> • 누구든지 정당한 사유 없이 출동한 ( )의 화재진압 및 인명구조·구급 등 소방활동을 방해하여서는 아니 된다.

06 소방기본법에 대한 설명이다. ( )에 들어갈 용어를 쓰시오.

> 모든 차와 사람은 소방자동차(지휘를 위한 자동차와 구조·구급차를 포함한다)가 화재진압 및 구조·구급활동을 위하여 출동을 할 때에는 이를 방해하여서는 안 되며, 소방자동차의 우선통행에 관하여는 ( )법이 정하는 바에 따른다.

07 소방기본법에 대한 설명이다. ( )에 공통적으로 들어갈 용어를 쓰시오.

> 시·도지사는 소방활동에 필요한 ( )·급수탑·저수조('소방용수시설')를 설치하고 유지·관리하여야 한다. 다만, 수도법 제45조에 따라 ( )을 설치하는 일반수도사업자는 관할 소방서장과 사전협의를 거친 후 ( )을 설치하여야 하며, 설치사실을 관할 소방서장에게 통지하고, 그 ( )을 유지·관리하여야 한다.

정답 및 해설

01 관계지역

02 119종합상황실

03 ㉠ 소방박물관, ㉡ 소방체험관

04 ㉠ 응원, ㉡ 동원

05 소방대

06 도로교통

07 소화전

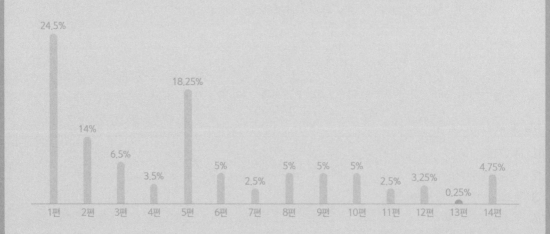

제13편

화재의 예방 및 안전관리에 관한 법률

제13편 화재의 예방 및 안전관리에 관한 법률

대표예제 80　용어의 정의 ★★

화재의 예방 및 안전관리에 관한 법령상 용어에 대한 설명 중 틀린 것은?

① '예방'이란 화재의 위험으로부터 사람의 생명·신체 및 재산을 보호하기 위하여 화재발생을 사전에 제거하거나 방지하기 위한 모든 활동을 말한다.

② '화재예방강화지구'란 소방관서장이 화재발생 우려가 크거나 화재가 발생할 경우 피해가 클 것으로 예상되는 지역에 대하여 화재의 예방 및 안전관리를 강화하기 위해 지정·관리하는 지역을 말한다.

③ '화재안전조사'란 소방관서장이 소방대상물, 관계지역 또는 관계인에 대하여 소방시설 등이 소방 관계 법령에 적합하게 설치·관리되고 있는지, 소방대상물에 화재의 발생 위험이 있는지 등을 확인하기 위하여 실시하는 현장조사·문서열람·보고요구 등을 하는 활동을 말한다.

④ '소방관서장'이란 소방청장, 소방본부장 또는 소방서장을 말한다.

⑤ '화재예방안전진단'이란 화재가 발생할 경우 사회·경제적으로 피해 규모가 클 것으로 예상되는 소방대상물에 대하여 화재위험요인을 조사하고 그 위험성을 평가하여 개선대책을 수립하는 것을 말한다.

해설 | '화재예방강화지구'란 시·도지사가 화재발생 우려가 크거나 화재가 발생할 경우 피해가 클 것으로 예상되는 지역에 대하여 화재의 예방 및 안전관리를 강화하기 위해 지정·관리하는 지역을 말한다.

기본서 p.993~997　　　　　　　　　　　　　　　　　　　　　　　　　　정답 ②

01 화재의 예방 및 안전관리에 관한 법령상 화재예방에 관한 계획에 대한 설명으로 틀린 것은?

① 소방청장은 화재예방정책을 체계적·효율적으로 추진하고 이에 필요한 기반 확충을 위하여 화재의 예방 및 안전관리에 관한 기본계획(이하 '기본계획'이라 한다)을 5년마다 수립·시행하여야 한다.

② 소방청장은 기본계획을 시행하기 위하여 시행계획을 계획 시행 전년도 10월 31일까지 매년 수립하여야 한다.

③ 소방청장은 수립된 기본계획 및 시행계획을 관계 중앙행정기관의 장, 시·도지사에게 각각 계획 시행 전년도 11월 31일까지 통보해야 한다.

④ ③에 따라 기본계획과 시행계획을 통보받은 관계 중앙행정기관의 장 또는 시·도지사는 세부 시행계획을 계획 시행 전년도 12월 31일까지 소방청장에게 통보해야 한다.

⑤ 소방청장은 화재의 예방 및 안전관리에 관한 통계를 매년 작성·관리하여야 하며, 통계를 체계적으로 작성·관리하고 분석하기 위하여 전산시스템을 구축·운영할 수 있으며, 소방청장은 전산시스템을 구축·운영하는 경우 빅데이터를 활용하여 화재발생 동향 분석 및 전망 등을 할 수 있다.

대표예제 81 **화재안전조사 ★★**

화재의 예방 및 안전관리에 관한 법령상 다음 중 소방관서장이 화재안전조사를 실시할 수 있는 경우가 아닌 것은?

① 소방시설 설치 및 관리에 관한 법률 제22조에 따른 자체점검을 실시하지 아니한 경우
② 화재예방강화지구 등 법령에서 화재안전조사를 하도록 규정되어 있는 경우
③ 재난예측정보, 기상예보 등을 분석한 결과 소방대상물에 화재의 발생 위험이 크다고 판단되는 경우
④ 국가적 행사 등 주요 행사가 개최되는 장소 및 그 주변의 관계 지역에 대하여 소방안전관리 실태를 조사할 필요가 있는 경우
⑤ 화재가 자주 발생하였거나 발생할 우려가 뚜렷한 곳에 대한 조사가 필요한 경우

해설 | 자체점검이 불성실하거나 불완전하다고 인정되는 경우이다.

기본서 p.997~1002 정답 ①

정답 및 해설

01 ③ 소방청장은 수립된 기본계획 및 시행계획을 관계 중앙행정기관의 장, 시·도지사에게 각각 계획 시행 전년도 10월 31일까지 통보해야 한다.

02 화재의 예방 및 안전관리에 관한 법령상 소방관서장이 실시하는 화재안전조사에 대한 다음 설명 중 틀린 것은?

① 개인의 주거(실제 주거용도로 사용되는 경우에 한정한다)에 대한 화재안전조사는 관계인의 승낙이 있거나 화재발생의 우려가 뚜렷하여 긴급한 필요가 있는 때에 한하여 실시한다.

② 화재안전조사의 항목 전부를 확인하는 조사를 종합조사라 하며, 일부를 확인하는 조사를 부분조사라 한다.

③ 소방관서장은 화재안전조사를 실시하려는 경우 사전에 관계인에게 조사대상, 조사기간 및 조사사유 등을 7일 전에 통지하여야 한다.

④ ③의 경우에 화재가 발생할 우려가 뚜렷하여 긴급하게 조사할 필요가 있거나, 사전에 통지하거나 공개하면 조사목적을 달성할 수 없다고 인정되는 경우에는 그러하지 아니하다.

⑤ 화재안전조사는 관계인의 승낙 없이 소방대상물의 공개시간 또는 근무시간 이외에는 할 수 없다. 다만, 화재가 발생할 우려가 뚜렷하여 긴급하게 조사할 필요가 있는 경우에는 그러하지 아니하다.

03 화재의 예방 및 안전관리에 관한 법령상 화재안전조사의 조사방법 등에 대한 다음 설명 중 틀린 것은?

① 화재안전조사의 통지를 받은 관계인은 화재안전조사를 받기 곤란한 경우에는 화재안전조사를 통지한 소방관서장에게 화재안전조사를 연기하여 줄 것을 신청할 수 있다.

② ①의 경우에 소방관서장은 연기신청 승인 여부를 결정하고 그 결과를 조사 시작 전까지 관계인에게 알려 주어야 한다.

③ 소방관서장은 화재안전조사를 효율적으로 수행하기 위하여 소방청에는 중앙화재안전조사단을, 소방본부 및 소방서에는 지방화재안전조사단을 편성하여 운영할 수 있다. 이 경우 각각 단장을 포함하여 50명 이내의 단원으로 성별을 고려하여 구성한다.

④ 소방관서장은 화재안전조사의 대상을 객관적이고 공정하게 선정하기 위하여 필요한 경우 화재안전조사위원회를 구성하여 화재안전조사의 대상을 선정할 수 있다.

⑤ ④의 위원회는 위원장 1명을 포함한 21명 이내의 위원으로 성별을 고려하여 구성하고, 위원장은 소방관서장이 된다.

04 화재의 예방 및 안전관리에 관한 법령상 화재안전조사에 따른 손실보상에 대한 다음 설명 중 틀린 것은?

① 소방관서장은 화재안전조사 결과 화재가 발생하면 인명 또는 재산의 피해가 클 것으로 예상되는 때에는 관계인에게 그 소방대상물의 개수 · 이전 · 제거, 사용의 금지 또는 제한, 사용폐쇄, 공사의 정지 또는 중지, 그 밖에 필요한 조치를 명할 수 있다.

② 소방관서장은 ①에 따른 조치 등 명령으로 인하여 손실을 입은 자가 있는 경우에는 시가로 보상하여야 한다.

③ 손실보상에 관하여는 소방청장 또는 시 · 도지사와 손실을 입은 자가 협의해야 한다.

④ 보상금액에 관한 협의가 성립되지 않은 경우에는 그 보상금액을 지급하거나 공탁하고 이를 상대방에게 알려야 한다.

⑤ ④에 따른 보상금의 지급 또는 공탁의 통지에 불복하는 자는 지급 또는 공탁의 통지를 받은 날부터 30일 이내에 중앙토지수용위원회 또는 관할 지방토지수용위원회에 재결(裁決)을 신청할 수 있다.

정답 및 해설

02 ③ 소방관서장은 화재안전조사를 실시하려는 경우 사전에 관계인에게 조사대상, 조사기간 및 조사사유 등을 통지하고, <u>조사계획을 소방청, 소방본부 또는 소방서(소방관서)의 인터넷 홈페이지나 전산시스템을 통해 7일 이상 공개</u>해야 한다.

03 ⑤ 화재안전조사위원회는 위원장 1명을 포함한 <u>7명 이내의 위원</u>으로 성별을 고려하여 구성하고, 위원장은 소방관서장이 된다.

04 ② <u>소방청장 또는 시 · 도지사</u>는 조치 등 명령으로 인하여 손실을 입은 자가 있는 경우에는 시가(時價)로 보상하여야 한다.

05 화재의 예방 및 안전관리에 관한 법령상 화재안전조사의 결과공개에 대한 다음 설명 중 틀린 것은?

① 소방관서장은 화재안전조사를 실시한 경우 소방시설 등의 설치 및 관리현황 등을 인터넷 홈페이지나 전산시스템 등을 통하여 공개할 수 있다.

② 소방관서장은 화재안전조사 결과를 공개하는 경우 10일 이상 해당 소방관서 인터넷 홈페이지나 전산시스템을 통해 공개해야 한다.

③ 소방관서장은 화재안전조사 결과를 공개하려는 경우 공개기간, 공개내용 및 공개방법을 해당 소방대상물의 관계인에게 미리 알려야 한다.

④ 소방대상물의 관계인은 ③에 따른 공개내용 등을 통보받은 날부터 10일 이내에 소방관서장에게 이의신청을 할 수 있다.

⑤ 소방관서장은 이의신청을 받은 날부터 10일 이내에 심사·결정하여 그 결과를 지체 없이 신청인에게 알려야 한다.

06 화재의 예방 및 안전관리에 관한 법령상 화재 등 위험물의 조치에 대한 다음 설명 중 틀린 것은?

① 소방관서장은 화재발생 위험이 크거나 소화활동에 지장을 줄 수 있다고 인정되는 행위나 물건에 대하여 행위 당사자나 그 물건의 소유자, 관리자 또는 점유자에게 물건의 이동 등의 명령을 할 수 있다.

② ①의 경우에 해당하는 물건의 소유자, 관리자 또는 점유자를 알 수 없는 경우 소속 공무원으로 하여금 그 물건을 옮기거나 보관하는 등 필요한 조치를 하게 할 수 있다.

③ 소방관서장은 ②에 따라 옮긴 물건 등을 보관하는 경우에는 그날부터 14일 동안 해당 소방관서의 인터넷 홈페이지에 그 사실을 공고해야 하며, 옮긴 물건 등의 보관기간은 공고기간의 종료일 다음 날부터 7일까지로 한다.

④ 소방관서장은 ③에 따른 보관기간이 종료된 때에는 보관하고 있는 옮긴 물건 등을 매각해야 한다.

⑤ 소방관서장은 보관하던 옮긴 물건 등을 ④에 따라 매각한 경우에는 지체 없이 이 법에 따라 세입조치를 해야 하고, 매각되거나 폐기된 옮긴 물건 등의 소유자가 보상을 요구하는 경우에는 보상금액에 대하여 소유자와의 협의를 거쳐 이를 보상해야 한다.

07 화재의 예방 및 안전관리에 관한 법령상 화재가 발생하는 경우 불길이 빠르게 번지는 특수가연물의 저장 등에 대한 다음 설명 중 틀린 것은?

① 물질별로 구분하여 쌓아야 한다.

② 저장기준으로 높이는 10미터 이하, 바닥면적은 50제곱미터(석탄·목탄류는 200제곱미터) 이하가 되게 하여야 한다. 다만, 살수설비나 대형 수동식 소화기를 설치하는 경우에는 높이를 15미터, 바닥면적을 200제곱미터(석탄·목탄류는 300제곱미터) 이하가 되게 하여야 한다.

③ 실외에 쌓아 저장하는 경우에 대지경계선, 도로 및 인접 건축물과 최소 6미터 이상 간격을 두어야 한다.

④ 실내에 쌓아 저장하는 경우에는 주요구조부는 내화구조이면서 불연재료여야 하고, 다른 종류의 특수가연물과 같은 공간에 보관하지 않아야 한다. 다만, 내화구조의 벽으로 분리하는 경우는 그렇지 않다.

⑤ 쌓는 부분의 사이는 실내의 경우 1.2미터 또는 쌓는 높이의 2분의 1 중 큰 값 이상으로 간격을 두어야 하며, 실외의 경우 3미터 또는 쌓는 높이 중 큰 값 이상으로 간격을 두어야 한다.

08 화재의 예방 및 안전관리에 관한 법령상 시·도지사가 지정할 수 있는 화재예방강화지구의 지정대상이 아닌 것은?

① 목조건물이 밀집한 지역
② 노후·불량건축물이 밀집한 지역
③ 소방시설·소방용수시설 또는 소방출동로가 부족한 지역
④ 산업입지 및 개발에 관한 법률 제2조 제8호에 따른 산업단지
⑤ 물류시설의 개발 및 운영에 관한 법률 제2조 제6호에 따른 물류단지

정답 및 해설

05 ② 30일 이상 해당 소방관서 인터넷 홈페이지나 전산시스템을 통해 공개해야 한다.

06 ⑤ 국가재정법에 따라 세입조치를 해야 한다.

07 ① 품명별로 구분하여 쌓아야 한다.

08 ③ 소방시설·소방용수시설 또는 소방출동로가 없는 지역이다.

09 화재의 예방 및 안전관리에 관한 법령상 화재예방강화지구의 지정효과 등에 대한 다음 설명 중 틀린 것은?

① 시·도지사가 화재예방강화지구로 지정할 필요가 있는 지역을 화재예방강화지구로 지정하지 아니하는 경우 소방청장은 해당 시·도지사에게 해당 지역의 화재예방강화지구 지정을 요청할 수 있다.

② 소방관서장은 화재예방강화지구 안의 소방대상물의 위치·구조 및 설비 등에 대한 화재안전조사를 연 1회 이상 실시하여야 한다.

③ 소방관서장은 ②에 따른 화재안전조사를 한 결과 화재의 예방강화를 위하여 필요하다고 인정할 때에는 관계인에게 소방설비 등의 설치(보수, 보강을 포함한다)를 명할 수 있다.

④ 소방관서장은 화재예방강화지구 안의 관계인에 대하여 소방에 필요한 훈련 및 교육을 연 1회 이상 실시하여야 한다.

⑤ 시·도지사는 화재예방강화지구의 지정현황, 화재안전조사의 결과 등 법정사항을 화재예방강화지구 관리대장에 매년 작성하고 관리해야 한다.

10 화재의 예방 및 안전관리에 관한 법령상 화재안전영향평가에 대한 다음 설명 중 틀린 것은?

① 소방청장은 화재발생 원인 및 연소과정을 조사·분석하는 등의 과정에서 법령이나 정책의 개선이 필요하다고 인정되는 경우 화재안전영향평가를 실시할 수 있다.

② 소방청장은 화재안전영향평가를 하는 경우 화재현장 및 자료조사 등을 기초로 화재·피난 모의실험 등 과학적인 예측·분석방법으로 실시할 수 있다.

③ 소방청장은 법령이나 정책의 화재위험 유발요인 등 법정사항이 포함된 화재안전영향평가의 기준을 화재안전영향평가심의회의 심의를 거쳐 정한다.

④ 소방청장은 화재안전영향평가에 관한 업무를 수행하기 위하여 화재안전영향평가심의회를 구성·운영할 수 있으며, 위원장 1명을 포함한 9명 이내의 위원으로 구성하며, 위원장은 위원 중에서 호선한다.

⑤ 심의회의 업무를 효율적으로 수행하기 위하여 심의회에 분야별로 전문위원회를 둘 수 있다.

11 화재의 예방 및 안전관리에 관한 법령상 특정소방대상물의 안전관리에 관한 다음 설명 중 틀린 것은?

① 특정소방대상물의 관계인은 그 특정소방대상물에 대하여 소방안전관리업무를 수행하여야 한다.

② 소방안전관리대상물의 관계인은 소방안전관리자가 소방안전관리업무를 성실하게 수행할 수 있도록 지도·감독하여야 한다.

③ 소방안전관리자는 인명과 재산을 보호하기 위하여 소방시설·피난시설·방화시설 및 방화구획 등이 법령에 위반된 것을 발견한 때에는 지체 없이 소방본부장 또는 소방서장에게 그 사실을 알려야 한다.

④ 소방안전관리대상물의 관계인은 소방안전관리업무를 수행하기 위하여 소방안전관리자 자격증을 발급받은 사람을 소방안전관리자로 선임하여야 한다.

⑤ ④에도 불구하고 소방안전관리대상물의 관계인은 소방안전관리업무를 대행하는 관리업자(소방시설관리업의 등록을 한 자)를 감독할 수 있는 사람을 지정하여 소방안전관리자로 선임할 수 있다. 이 경우 소방안전관리자로 선임된 자는 선임된 날부터 3개월 이내에 소방안전관리자 등에 대한 교육을 받아야 한다.

정답 및 해설

09 ④ 소방관서장은 화재예방강화지구 안의 관계인에 대하여 소방에 필요한 훈련 및 교육을 연 1회 이상 <u>실시할 수 있다</u>.

10 ④ 화재안전영향평가심의회는 위원장 1명을 포함한 <u>12명 이내의 위원</u>으로 구성한다.

11 ③ 소방안전관리자는 인명과 재산을 보호하기 위하여 소방시설·피난시설·방화시설 및 방화구획 등이 법령에 위반된 것을 발견한 때에는 지체 없이 <u>소방안전관리대상물의 관계인</u>에게 소방대상물의 개수·이전·제거·수리 등 필요한 조치를 할 것을 요구하여야 하며, 관계인이 시정하지 아니하는 경우 소방본부장 또는 소방서장에게 그 사실을 알려야 한다.

12 화재의 예방 및 안전관리에 관한 법령상 소방안전관리대상물에 대한 다음 설명 중 틀린 것은?

① 50층 이상(지하층은 제외한다)이거나 지상으로부터 200미터 이상인 아파트는 특급 소방안전관리대상물에 해당한다.

② ①의 경우에 아파트를 제외한 건축인 경우에는 30층 이상(지하층은 제외한다)이거나 지상으로부터 120미터 이상인 특정소방대상물이어야 한다.

③ 연면적 1만 5천제곱미터 이상인 특정소방대상물(아파트 및 연립주택을 제외한다)이거나 11층 이상인 특정소방대상물(아파트는 제외한다)은 1급 소방안전관리대상에 해당한다.

④ 공동주택관리법령상 의무관리대상 공동주택(소방시설 설치 및 관리에 관한 법률 시행령에 따른 옥내소화전설비 또는 스프링클러설비가 설치된 공동주택으로 한정한다)은 2급 소방안전관리대상물에 해당한다.

⑤ 특급·1급·2급에 해당하지 아니하는 특정소방대상물로서 소방시설 설치 및 관리에 관한 법률 시행령에 따라 간이스프링클러설비(주택 전용 간이스프링클러설비는 제외한다)를 설치해야 하거나, 자동화재탐지설비를 설치해야 하는 특정소방대상물은 3급 소방안전관리대상물에 해당한다.

13 화재의 예방 및 안전관리에 관한 법령상 소방안전관리자에 대한 다음 설명 중 틀린 것은?

① 소방공무원으로서 소방안전관리자의 자격증을 발급할 수 있는 경력으로 특급과 1급, 2급, 3급 각 20년, 7년, 3년, 1년이다.

② 소방안전관리대상물의 관계인이 소방안전관리자 또는 소방안전관리보조자를 선임한 경우에는 선임한 날부터 30일 이내에 소방본부장 또는 소방서장에게 신고하고, 게시하여야 한다.

③ 관계인이 소방안전관리자를 해임한 경우에는 그 관계인 또는 해임된 소방안전관리자는 소방본부장이나 소방서장에게 그 사실을 알려 해임한 사실의 확인을 받을 수 있다.

④ 소방본부장 또는 소방서장은 소방안전관리자 또는 소방안전관리보조자를 선임하지 아니한 소방안전관리대상물의 관계인에게 소방안전관리자 또는 소방안전관리보조자를 선임하도록 명할 수 있다.

⑤ 소방본부장 또는 소방서장은 업무를 다하지 아니하는 특정소방대상물의 관계인 또는 소방안전관리자에게 그 업무의 이행을 명할 수 있다.

14 화재의 예방 및 안전관리에 관한 법령상 다음 중 소방안전관리보조자를 선임하여야 하는 대상이 아닌 것은?

① 300세대 이상인 아파트
② 연면적이 1만제곱미터 이상인 특정소방대상물(아파트 및 연립주택은 제외한다)
③ 공동주택 중 기숙사
④ 숙박시설(숙박시설로 사용되는 바닥면적의 합계가 1,500제곱미터 미만이고 관계인이 24시간 상시 근무하고 있는 숙박시설은 제외한다)
⑤ 노유자시설

15 화재의 예방 및 안전관리에 관한 법령상 공사시공자가 건설현장 소방안전관리대상물을 신축·증축·개축·재축·이전·용도변경 또는 대수선하는 경우에는 소방안전관리자를 소방시설공사 착공신고일부터 건축물 사용승인일까지 소방안전관리자로 선임하고 소방본부장 또는 소방서장에게 신고하여야 하는데, 그 대상이 아닌 것은?

① 신축·증축·개축·재축·이전·용도변경 또는 대수선을 하려는 부분의 연면적의 합계가 1만 5천제곱미터 이상인 것
② 신축·증축·개축·재축·이전·용도변경 또는 대수선을 하려는 부분의 연면적이 5천제곱미터 이상인 것으로서 지하층의 층수가 2개 층 이상인 것
③ 신축·증축·개축·재축·이전·용도변경 또는 대수선을 하려는 부분의 연면적이 5천제곱미터 이상인 것으로서 지상층의 층수가 11층 이상인 것
④ 신축·증축·개축·재축·이전·용도변경 또는 대수선을 하려는 부분의 연면적이 5천제곱미터 이상인 것으로서 공장인 것
⑤ 신축·증축·개축·재축·이전·용도변경 또는 대수선을 하려는 부분의 연면적이 5천제곱미터 이상인 것으로서 냉동창고, 냉장창고 또는 냉동·냉장창고인 것

정답 및 해설

12 ② 아파트를 제외한 건축인 경우에는 30층 이상(지하층을 포함한다)이거나 지상으로부터 120미터 이상인 특정소방대상물이어야 특급 소방안전관리대상물에 해당한다.

13 ② 소방안전관리자 또는 소방안전관리보조자를 선임한 날부터 14일 이내에 소방본부장 또는 소방서장에게 신고하여야 한다.

14 ② 연면적이 1만 5천제곱미터 이상인 특정소방대상물(아파트 및 연립주택은 제외한다)이다. 이 외에도 의료시설과 수련시설이 해당한다.

15 ④ 공장인 것은 위 ①②③에 해당하여야 그 대상물에 해당한다.

16 화재의 예방 및 안전관리에 관한 법령상 특정소방대상물로서 그 관리의 권원이 분리되어 있는 특정소방대상물의 경우에 관계인은 소유권, 관리권 및 점유권에 따라 각각 소방안전관리자를 선임해야 하는데 그 대상 건축물이 아닌 것은? (단, 둘 이상의 소유권, 관리권 또는 점유권이 동일인에게 귀속된 경우에는 하나의 관리 권원으로 보아 소방안전관리자를 선임할 수 있음)

① 복합건축물(지하층을 포함한 층수가 11층 이상 또는 연면적 3만제곱미터 이상인 건축물)

② 지하가(지하의 인공구조물 안에 설치된 상점 및 사무실, 그 밖에 이와 비슷한 시설이 연속하여 지하도에 접하여 설치된 것과 그 지하도를 합한 것을 말한다)

③ 판매시설 중 도매시장, 소매시장과 전통시장

④ 관리의 권원별 관계인은 상호 협의하여 특정소방대상물의 전체에 걸쳐 소방안전관리상 필요한 업무를 총괄하는 총괄소방안전관리자를 선임된 소방안전관리자 중에서 선임하거나 별도로 선임하여야 한다.

⑤ 선임된 소방안전관리자 및 총괄소방안전관리자는 해당 특정소방대상물의 소방안전관리를 효율적으로 수행하기 위하여 공동소방안전관리협의회를 구성하고, 해당 특정소방대상물에 대한 소방안전관리를 공동으로 수행하여야 한다.

17 화재의 예방 및 안전관리에 관한 법령상 다음 중 소방안전특별관리시설물이 아닌 것은?

① 공항시설, 철도시설, 도시철도시설, 항만시설

② 물류시설의 개발 및 운영에 관한 법률 제2조 제5호의2에 따른 물류창고로서 연면적 10만제곱미터 이상인 것

③ 초고층 및 지하연계 복합건축물 재난관리에 관한 특별법 제2조 제1호 및 제2호의 초고층 건축물 및 지하연계 복합건축물

④ 영화 및 비디오물의 진흥에 관한 법률 제2조 제10호의 영화상영관이 10관 이상인 영화상영관

⑤ 전통시장 및 상점가 육성을 위한 특별법 제2조 제1호의 전통시장으로서 점포가 500개 이상인 전통시장

18 화재의 예방 및 안전관리에 관한 법령상 다음 중 정기적으로 화재예방안전진단을 받아야 하는 대상이 아닌 것은?

① 공항시설 중 여객터미널의 연면적이 5천제곱미터 이상인 공항시설
② 역 시설의 연면적이 5천제곱미터 이상인 철도시설 또는 도시철도시설
③ 발전소 중 연면적이 5천제곱미터 이상인 발전소
④ 가스공급시설 중 가연성 가스탱크의 저장용량의 합계가 100톤 이상이거나 저장용량이 30톤 이상인 가연성 가스탱크가 있는 가스공급시설
⑤ 항만시설 중 여객이용시설 및 지원시설의 연면적이 5천제곱미터 이상인 항만시설

정답 및 해설

16 ① 복합건축물(지하층을 제외한 층수가 11층 이상 또는 연면적 3만제곱미터 이상인 건축물)

17 ④ 영화상영관 중 수용인원 1천명 이상인 영화상영관이다. 영화상영관이 10관 이상인 영화상영관은 성능위주설계 대상에 해당한다.

18 ① 공항시설 중 여객터미널의 연면적이 1천제곱미터 이상인 공항시설이다.

01 화재의 예방 및 안전관리에 관한 법령에 대한 설명이다. (   )에 들어갈 용어를 쓰시오.

> '(㉠)'(이)란 소방청장, 소방본부장 또는 소방서장(소방관서장)이 소방대상물, 관계지역 또는 관계인에 대하여 소방시설 등이 소방 관계 법령에 적합하게 설치·관리되고 있는지, 소방대상물에 화재의 발생 위험이 있는지 등을 확인하기 위하여 실시하는 (㉡)·문서열람·보고요구 등을 하는 활동을 말한다.

02 화재의 예방 및 안전관리에 관한 법령에 대한 설명이다. (   )에 들어갈 용어를 쓰시오.

> '(   )'(이)란 특별시장·광역시장·특별자치시장·도지사 또는 특별자치도지사가 화재발생 우려가 크거나 화재가 발생할 경우 피해가 클 것으로 예상되는 지역에 대하여 화재의 예방 및 안전관리를 강화하기 위해 지정·관리하는 지역을 말한다.

03 화재의 예방 및 안전관리에 관한 법령에 대한 설명이다. (   )에 들어갈 용어를 쓰시오.

> '(   )'(이)란 화재가 발생할 경우 사회·경제적으로 피해 규모가 클 것으로 예상되는 소방대상물에 대하여 화재위험요인을 조사하고 그 위험성을 평가하여 개선대책을 수립하는 것을 말한다.

04 화재의 예방 및 안전관리에 관한 법령에 대한 설명이다. (   )에 들어갈 용어를 쓰시오.

> 소방청장은 통계를 체계적으로 작성·관리하고 분석하기 위하여 전산시스템을 구축·운영할 수 있으며, 소방청장은 전산시스템을 구축·운영하는 경우 (   )(대용량의 정형 또는 비정형의 데이터 세트)을(를) 활용하여 화재발생 동향 분석 및 전망 등을 할 수 있다.

05 화재의 예방 및 안전관리에 관한 법령에 대한 설명이다. (   )에 들어갈 용어를 쓰시오.

> 소방관서장은 화재안전조사의 대상을 객관적이고 공정하게 선정하기 위하여 필요한 경우 (   )을(를) 구성하여 화재안전조사의 대상을 선정할 수 있다.

06 화재의 예방 및 안전관리에 관한 법령에 대한 설명이다. (   )에 들어갈 용어를 쓰시오.

> 화재가 발생하는 경우 불길이 빠르게 번지는 고무류·플라스틱류·석탄 및 목탄 등 대통령령으로 정하는 (   )의 저장 및 취급기준은 대통령령으로 정한다.

정답 및 해설

01 ㉠ 화재안전조사, ㉡ 현장조사

02 화재예방강화지구

03 화재예방안전진단

04 빅데이터

05 화재안전조사위원회

06 특수가연물

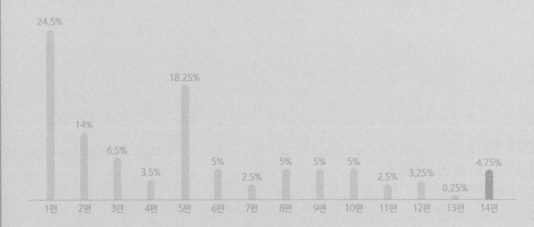

24.5% 14% 6.5% 3.5% 18.25% 5% 2.5% 5% 5% 5% 2.5% 3.25% 0.25% 4.75%

1편 2편 3편 4편 5편 6편 7편 8편 9편 10편 11편 12편 13편 14편

제14편

소방시설 설치 및 관리에 관한 법률

대표예제 82 \ 용어의 정의

소방시설 설치 및 관리에 관한 법령상 소방시설 중 피난구조설비에 해당하지 아니하는 것은?

① 미끄럼대, 피난사다리, 구조대, 완강기, 피난교, 피난밧줄, 공기안전매트, 다수인 피난장비, 그 밖의 피난기구
② 방열복, 방화복(안전헬멧, 보호장갑 및 안전화를 포함한다)·공기호흡기 및 인공소생기
③ 피난유도선, 유도등 및 유도표지
④ 비상조명등 및 휴대용 비상조명등
⑤ 자동화재탐지설비 및 시각경보기

해설| 자동화재탐지설비 및 시각경보기는 소방시설 중 경보설비에 해당한다.

기본서 p.1033~1037

정답 ⑤

01 소방시설 설치 및 관리에 관한 법령상 소방시설 중 소화설비에 해당하지 않는 것은?

① 소화기구
② 옥내소화전설비(호스릴옥내소화전설비를 포함한다), 옥외소화전설비
③ 상수도소화용수설비
④ 스프링클러설비·간이스프링클러설비(캐비닛형 간이스프링클러설비를 포함한다)
⑤ 이산화탄소소화설비

02 소방시설 설치 및 관리에 관한 법령상 무창층 등에 대한 설명 중 틀린 것은?

① '무창층'이란 지상층 중 개구부의 면적의 합계가 해당 층의 바닥면적의 30분의 1 이하가 되는 층을 말한다.

② 무창층의 개구부는 지름 50센티미터 이상의 원이 내접(内接)할 수 있는 크기이어야 한다.

③ 무창층의 개구부는 바닥면으로부터 개구부 밑부분까지의 높이가 1.2미터 이내이며, 도로 또는 차량이 진입할 수 있는 빈터를 향하여야 한다.

④ 무창층의 개구부는 외부의 침입을 막기 위하여 창살이나 그 밖의 장애물이 설치되어야 한다.

⑤ '피난층'이란 곧바로 지상으로 갈 수 있는 출입구가 있는 층을 말한다.

03 소방시설 설치 및 관리에 관한 법령상 특정소방대상물에 대한 다음 설명 중 틀린 것은?

① '특정소방대상물'이란 소방시설을 설치하여야 하는 소방대상물로서 대통령령으로 정하는 것을 말한다.

② 주택건축물 중에서 특정소방대상물에 해당하는 것은 공동주택과 단독주택 중 다가구주택이다.

③ 특정소방대상물 가운데 위험물 안전관리법에 따른 위험물 제조소 등의 안전관리와 위험물 제조소 등에 설치하는 소방시설 등의 설치기준에 관하여는 위험물 안전관리법에서 정하는 바에 따른다.

④ 문화재보호법에 따라 문화재로 지정된 건축물은 특정소방대상물이다.

⑤ 내화구조로 된 하나의 특정소방대상물이 개구부가 없는 내화구조의 바닥과 벽으로 구획되어 있는 경우에는 그 구획된 부분을 각각 별개의 특정소방대상물로 본다.

정답 및 해설

01 ③ 상수도소화용수설비, 소화수조·저수조 등은 소화용수설비, 즉 화재를 진압하는 데 필요한 물을 공급하거나 저장하는 설비에 해당한다.

02 ④ 무창층의 개구부는 화재시 건축물로부터 쉽게 피난할 수 있도록 창살이나 그 밖의 장애물이 설치되지 아니하여야 한다.

03 ② 주택건축물 중에서 특정소방대상물에 해당하는 것은 공동주택 중에서 아파트 등과 기숙사이다.

소방시설 설치 및 관리에 관한 법령상 건축허가 등에 대한 소방동의에 대한 다음 설명 중 틀린 것은?

① 건축물 등의 신축·증축·개축·재축·이전·용도변경 또는 대수선의 허가·협의 및 사용 승인의 권한이 있는 행정기관은 건축허가 등을 할 때 미리 그 건축물 등의 시공지 또는 소재 지를 관할하는 소방본부장이나 소방서장의 동의를 받아야 한다.

② 건축물 등의 증축·개축·재축·용도변경 또는 대수선의 신고를 수리할 권한이 있는 행정 기관은 그 신고를 수리하기 전에 그 건축물 등의 시공지 또는 소재지를 관할하는 소방본부 장이나 소방서장에게 지체 없이 그 사실을 알려야 한다.

③ 위 ①②의 권한이 있는 행정기관은 건축허가 등의 동의를 받거나 신고를 수리한 사실을 알 릴 때 관할 소방본부장이나 소방서장에게 건축허가 등을 받으려는 자 또는 신고를 한 자가 제출한 설계도서 중 건축물의 내부구조를 알 수 있는 설계도면을 제출하여야 한다.

④ 위 ③에도 불구하고 국가안보상 중요하거나 국가기밀에 속하는 건축물을 건축하는 경우로 서 관계 법령에 따라 행정기관이 설계도면을 확보할 수 없는 경우에는 그러하지 아니하다.

⑤ ①에 따라 사용승인에 대한 동의를 할 때에는 소방시설공사업법 제14조 제3항에 따른 소방 시설공사의 완공검사증명서를 발급하는 것으로 동의를 갈음할 수 있다.

해설 | 신고를 수리하면 그 건축물 등의 시공지 또는 소재지를 관할하는 소방본부장이나 소방서장에게 지체 없이 그 사실을 알려야 한다.

기본서 p.1038~1041   정답 ②

04 소방시설 설치 및 관리에 관한 법령상 건축허가 등을 함에 있어서 미리 소방본부장 또는 소방서장의 동의를 받아야 하는 건축물 등의 범위로 옳지 않은 것은?

① 연면적이 400제곱미터 이상인 건축물. 다만, 학교시설은 100제곱미터, 노유자시설 및 수련시설은 200제곱미터, 정신의료기관(입원실이 없는 정신건강의학과 의원은 제 외한다)과 장애인 의료재활시설은 300제곱미터인 경우이다.

② 차고·주차장으로 사용되는 바닥면적이 200제곱미터 이상인 층이 있는 건축물이나 주차시설 또는 기계장치에 의한 주차시설로서 자동차 20대 이상을 주차할 수 있는 시설이다.

③ 지하층 또는 무창층이 있는 건축물로서 바닥면적이 200제곱미터(공연장의 경우에는 150제곱미터) 이상인 층이 있는 경우

④ 층수가 6층 이상인 건축물

⑤ 결핵환자나 한센인이 24시간 생활하는 노유자시설과 요양병원

05 소방시설 설치 및 관리에 관한 법령상 건축허가 등에 대한 소방동의에 대한 다음 설명 중 틀린 것은?

① 특정소방대상물에 설치되는 소화기구, 자동소화장치, 누전경보기, 단독경보형감지기, 가스누설경보기 및 피난구조설비(비상조명등은 제외한다)가 화재안전기준에 적합한 경우 해당 특정소방대상물은 건축허가 등의 동의대상에서 제외된다.

② 건축물의 증축 또는 용도변경으로 인하여 해당 특정소방대상물에 추가로 소방시설이 설치되지 않는 경우 해당 특정소방대상물의 경우에도 ①과 같다.

③ 동의요구를 받은 소방본부장 또는 소방서장은 건축허가 등의 동의요구서류를 접수한 날부터 5일(특급 소방안전관리대상의 경우에는 10일) 이내에 해당 행정기관에 건축허가 등의 동의 여부를 회신하여야 한다.

④ 동의요구를 받은 소방본부장 또는 소방서장은 첨부서류가 미비한 경우에는 7일 이내의 기간을 정하여 보완을 요구할 수 있다.

⑤ 건축허가 등의 동의를 요구한 기관이 그 건축허가 등을 취소하였을 때에는 취소한 날부터 7일 이내에 건축물 등의 시공지 또는 소재지를 관할하는 소방본부장 또는 소방서장에게 그 사실을 통보하여야 한다.

06 소방시설 설치 및 관리에 관한 법령상 다음 중 차량용 소화기를 설치하거나 비치하여야 하는 대상이 아닌 것은?

① 5인승 이상의 승용자동차　　② 승합자동차
③ 화물자동차　　④ 특수자동차
⑤ 건설기계

정답 및 해설

04 ③ 지하층 또는 무창층이 있는 건축물로서 바닥면적이 150제곱미터(공연장의 경우에는 100제곱미터) 이상인 층이 있는 경우이다.

05 ④ 4일 이내의 기간을 정하여 보완을 요구할 수 있다.

06 ⑤ 건설기계에 해당하는 자동차는 여기에 해당하지 않는다.

07 소방시설 설치 및 관리에 관한 법령상 다음 중 성능위주설계대상이 아닌 것은?

① 연면적 10만제곱미터 이상인 특정소방대상물. 다만, 아파트 등은 제외한다.

② 50층 이상(지하층은 제외한다)이거나 지상으로부터 높이가 200미터 이상인 아파트 등

③ 30층 이상(지하층은 포함한다)이거나 지상으로부터 높이가 120미터 이상인 특정소방대상물(아파트 등은 제외한다)

④ 하나의 건축물에 영화상영관이 10개 이상인 특정소방대상물

⑤ 창고시설 중 연면적 10만제곱미터 이상인 것 또는 지하층의 층수가 2개 층 이상이고 지하층의 바닥면적의 합계가 3만제곱미터 이상인 것

08 소방시설 설치 및 관리에 관한 법령상 다음 중 성능위주설계에 대한 설명으로 틀린 것은?

① 소방시설을 설치하려는 자가 성능위주설계를 한 경우에는 건축허가 신청 전에 해당 특정소방대상물의 시공지 또는 소재지를 관할하는 소방서장에게 신고하여야 한다.

② 성능위주설계의 신고 또는 변경신고를 하려는 자는 해당 특정소방대상물이 건축위원회의 심의를 받아야 하는 건축물인 경우에는 그 심의를 신청하기 전에 성능위주설계의 기본설계도서 등에 대해서 성능위주설계평가단의 사전검토를 받아야 한다.

③ 소방서장은 성능위주설계의 신고, 변경신고 또는 사전검토 신청을 받은 경우에는 소방청 또는 관할 소방본부에 설치된 성능위주설계평가단의 검토 · 평가를 거쳐야 한다.

④ 성능위주설계에 대한 전문적 · 기술적인 검토 및 평가를 위하여 소방청 또는 소방본부에 성능위주설계평가단을 둔다.

⑤ 성능위주설계평가단은 평가단장을 포함하여 50명 이내의 평가단원으로 성별을 고려하여 구성한다.

09 소방시설 설치 및 관리에 관한 법령상 주택에 설치하는 소방시설에 대한 설명 중 틀린 것은?

① 단독주택과 공동주택의 소유자는 대통령령으로 정하는 소방시설을 설치하여야 한다.

② 위 ①의 공동주택에는 아파트와 기숙사를 포함한다.

③ 국가 및 지방자치단체는 ①에 따라 주택에 설치하여야 하는 소방시설(주택용 소방시설)의 설치 및 국민의 자율적인 안전관리를 촉진하기 위하여 필요한 시책을 마련하여야 한다.

④ 주택용 소방시설의 설치기준 및 자율적인 안전관리 등에 관한 사항은 특별시 · 광역시 · 특별자치시 · 도 또는 특별자치도의 조례로 정한다.

⑤ 특정소방대상물의 관계인은 대통령령으로 정하는 바에 따라 특정소방대상물의 규모 · 용도 및 수용인원 등을 고려하여 갖추어야 하는 소방시설을 소방청장이 정하여 고시하는 화재안전기준에 따라 설치 또는 유지 · 관리하여야 한다.

10 소방시설 설치 및 관리에 관한 법령상 특정소방대상물에 설치하는 소방시설의 유지 및 관리에 대한 설명 중 틀린 것은?

① 특정소방대상물의 관계인은 특정소방대상물에 갖추어야 하는 소방시설 등을 행정안전부장관이 고시하는 화재안전기준에 따라 설치 또는 유지 · 관리하여야 한다.

② 소방본부장이나 소방서장은 소방시설 등이 ①의 화재안전기준에 따라 설치 또는 유지 · 관리되어 있지 아니할 때에는 관계인에게 필요한 조치를 명할 수 있다.

③ 특정소방대상물의 관계인은 장애인 등이 사용하는 소방시설(경보설비와 피난구조설비)은 대통령령으로 정하는 바에 따라 장애인 등에 적합하게 설치 · 유지 · 관리하여야 한다.

④ 소방청장은 소방시설규정을 3년에 1회 이상 정비하여야 한다.

⑤ 특정소방대상물에 소화설비(소화기구 제외), 소화용수설비, 소화활동설비를 설치하려는 자는 지진이 발생할 경우 정상적으로 작동될 수 있도록 소방청장이 정하는 내진설계기준에 맞게 소방시설을 설치하여야 한다.

정답 및 해설

07 ① 연면적 <u>20만제곱미터 이상</u>인 특정소방대상물이다.

08 ② <u>해당 특정소방대상물의 시공지 또는 소재지를 관할하는 소방서장</u>의 사전검토를 받아야 한다.

09 ② 아파트와 기숙사를 <u>제외한다.</u>

10 ① 화재안전기준은 <u>소방청장</u>이 고시한다.

11 소방시설 설치 및 관리에 관한 법령상 소방시설기준 적용에 대한 설명 중 틀린 것은?

① 소방본부장이나 소방서장은 대통령령 또는 화재안전기준이 변경되어 그 기준이 강화되는 경우 기존의 특정소방대상물(건축물의 신축·개축·재축·이전 및 대수선 중인 특정소방대상물을 포함한다)의 소방시설 등에 대하여는 변경 전의 대통령령 또는 화재안전기준을 적용한다.

② ①에도 불구하고 소화기구·비상경보설비·자동화재속보설비 및 피난구조설비, 공동구에 설치하는 소방시설과 노유자시설·의료시설에 설치하는 소방시설 중 대통령령으로 정하는 것은 대통령령 또는 화재안전기준의 변경으로 강화된 기준을 적용한다.

③ 소방본부장 또는 소방서장은 특정소방대상물이 증축되는 경우에는 기존 부분을 제외하고 특정소방대상물의 증축된 부분에 대하여 증축 당시의 소방시설 등의 설치에 관한 대통령령 또는 화재안전기준을 적용하여야 한다.

④ 소방본부장 또는 소방서장은 특정소방대상물이 용도변경되는 경우에는 용도변경되는 부분에 대해서만 용도변경 당시의 소방시설 등의 설치에 관한 대통령령 또는 화재안전기준을 적용한다.

⑤ ④에도 불구하고 특정소방대상물의 구조·설비가 화재연소 확대요인이 적어지거나 피난 또는 화재진압활동이 쉬워지도록 변경되는 경우 등인 경우에는 용도변경 전 기준을 적용한다.

12 소방시설 설치 및 관리에 관한 법령상 대통령령으로 소방시설의 설치가 면제되는 특정소방대상물이 있는데, 그 대상물이 아닌 것은?

① 화재위험도가 낮은 특정소방대상물
② 화재안전기준을 적용하기 어려운 특정소방대상물
③ 화재안전기준을 다르게 적용하여야 하는 특수한 용도 또는 구조를 가진 특정소방대상물
④ 위험물 안전관리법에 따른 자체소방대가 설치된 특정소방대상물
⑤ 기능과 성능이 유사한 물분무소화설비, 간이스프링클러설비, 비상경보설비 및 비상방송설비 등의 소방시설을 갖추고 있는 특정소방대상물

13 소방시설 설치 및 관리에 관한 법령상 건설현장의 임시소방시설에 대한 설명 중 틀린 것은?

① 건설공사를 하는 자(공사시공자)는 특정소방대상물의 신축·증축·개축·재축·이전·용도변경·대수선 또는 설비 설치 등을 위한 공사현장에서 인화성 물품을 취급하는 화재위험작업을 하기 전에 설치 및 철거가 쉬운 화재대비시설(임시소방시설)을 설치하고 관리하여야 한다.

② 임시소방시설은 소화기, 간이소화장치, 비상경보장치, 가스누설경보기, 간이피난유도선, 비상조명등, 방화포이다.

③ 시공자가 화재위험 작업현장에 소방시설 중 임시소방시설과 기능 및 성능이 유사한 소방시설을 화재안전기준에 맞게 설치하고 유지·관리하고 있는 경우에는 임시소방시설을 설치하고 유지·관리한 것으로 본다.

④ 위 ③에 따른 유사한 소방시설로서 간이소화장치를 설치한 것으로 보는 소방시설은 소방청장이 정하여 고시하는 기준에 맞는 소화기(연결송수관설비의 방수구 인근에 설치한 경우로 한정한다) 또는 옥내소화전설비이다.

⑤ 임시소방시설을 설치하여야 하는 공사의 종류와 규모, 임시소방시설의 종류 등에 관하여 필요한 사항과 임시소방시설의 설치 및 유지·관리기준은 소방청장이 정하여 고시한다.

정답 및 해설

11 ③ 특정소방대상물이 증축되는 경우에는 <u>기존 부분을 포함하여 특정소방대상물 전체에 대하여 증축 당시의 기준을 적용</u>한다.

12 ⑤ ⑤는 <u>유사한 소방시설의 설치가 면제</u>되는 경우이다.

13 ⑤ 임시소방시설을 설치하여야 하는 공사의 종류와 규모, 임시소방시설의 종류 등에 관하여 필요한 사항은 <u>대통령령</u>으로 정하고, 임시소방시설의 설치 및 유지·관리기준은 <u>소방청장</u>이 정하여 고시한다.

14 소방시설 설치 및 관리에 관한 법령상 방염성능기준 이상의 실내장식물 등을 설치하여야 하는 특정소방대상물에 해당하지 않는 것은?

① 근린생활시설 중 의원, 체력단련장, 공연장 및 종교집회장
② 교육연구시설 중 합숙소
③ 숙박이 가능한 수련시설
④ 다중이용업소
⑤ 층수가 11층 이상인 것(아파트를 포함한다)

15 소방시설 설치 및 관리에 관한 법령상 방염대상물품이 아닌 것은?

① 창문에 설치하는 커튼류(블라인드를 포함한다)
② 카펫, 두께가 2밀리미터 이상인 벽지류(종이벽지를 포함한다)
③ 전시용 합판 또는 섬유판, 무대용 합판 또는 섬유판
④ 암막·무대막
⑤ 섬유류 또는 합성수지류 등을 원료로 하여 제작된 소파·의자(다중이용업소의 안전관리에 관한 특별법 시행령에 따른 단란주점영업, 유흥주점영업 및 노래연습장업의 영업장에 설치하는 것만 해당한다)

16 소방시설 설치 및 관리에 관한 법령상 소방용품의 품질관리에 관한 내용으로 옳지 않은 것은?

① 대통령령으로 정하는 소방용품을 제조하거나 수입하려는 자는 소방청장의 형식승인을 받아야 한다. 다만, 연구개발 목적으로 제조하거나 수입하는 소방용품은 그러하지 아니하다.
② 소방용품의 형상·구조·재질·성분·성능 등의 형식승인 및 제품검사의 기술기준 등에 관한 사항은 소방청장이 정하여 고시한다.
③ 소방청장은 제조자 또는 수입자 등의 요청이 있는 경우 소방용품에 대하여 성능인증을 할 수 있다.
④ 우수품질인증의 유효기간은 10년의 범위에서 행정안전부령으로 정한다.
⑤ 소방청장은 소방용품의 품질관리를 위하여 필요하다고 인정하는 때에는 유통 중인 소방용품을 수집하여 검사할 수 있다.

14 ⑤ 아파트는 제외한다.

  ▶ 방염대상 건축물

   1. 근린생활시설 중 의원, 조산원, 산후조리원, 체력단련장, 공연장 및 종교집회장
   2. 건축물의 옥내에 있는 다음의 시설
      • 문화 및 집회시설
      • 종교시설
      • 운동시설(수영장은 제외한다)
   3. 의료시설
   4. 교육연구시설 중 합숙소
   5. 노유자시설
   6. 숙박이 가능한 수련시설
   7. 숙박시설
   8. 방송통신시설 중 방송국 및 촬영소
   9. 다중이용업소의 안전관리에 관한 특별법 제2조 제1항 제1호에 따른 다중이용업의 영업소
   10. 1.부터 9.까지의 시설에 해당하지 않는 것으로서 층수가 11층 이상인 것(아파트 등은 제외한다)

15 ② 카펫, 두께가 2밀리미터 미만인 벽지류(종이벽지를 제외한다)

16 ④ 우수품질인증의 유효기간은 5년의 범위에서 행정안전부령으로 정한다.

01 소방시설 설치 및 관리에 관한 법령에 대한 설명이다. ( )에 들어갈 용어를 쓰시오.

> 소방시설을 설치하여야 하는 소방대상물을 ( )(이)라 한다.

02 소방시설 설치 및 관리에 관한 법령에 대한 설명이다. ( )에 들어갈 용어를 쓰시오.

> • '(㉠)'(이)란 화재를 예방하고 화재 발생시 피해를 최소화하기 위하여 소방대상물의 재료, 공간 및 설비 등에 요구되는 안전성능을 말한다.
> • '(㉡)'(이)란 건축물 등의 재료, 공간, 이용자, 화재 특성 등을 종합적으로 고려하여 공학적 방법으로 화재 위험성을 평가하고 그 결과에 따라 화재안전성능이 확보될 수 있도록 특정소방대상물을 설계하는 것을 말한다.

03 소방시설 설치 및 관리에 관한 법령에 대한 설명이다. ( )에 들어갈 용어를 쓰시오.

> 지상층 중 개구부의 면적의 합계가 해당 층의 바닥면적의 30분의 1 이하가 되는 층을 (㉠)(이)라 하고, 곧바로 지상으로 갈 수 있는 출입구가 있는 층을 (㉡)(이)라 한다.

04 소방시설 설치 및 관리에 관한 법령에 대한 설명이다. (   )에 들어갈 용어를 쓰시오.

- 소방본부장 또는 소방서장은 특정소방대상물이 (㉠)되는 경우에는 기존 부분을 포함한 특정소방대상물의 전체에 대하여 (㉠) 당시의 소방시설의 설치에 관한 대통령령 또는 화재안전기준을 적용하여야 한다.
- 소방본부장 또는 소방서장은 특정소방대상물이 (㉡)되는 경우에는 (㉡)되는 부분에 대해서만 (㉡) 당시의 소방시설의 설치에 관한 대통령령 또는 화재안전기준을 적용한다.

05 소방시설 설치 및 관리에 관한 법령에 대한 설명이다. (   )에 들어갈 용어를 쓰시오.

지진·화산재해대책법 제14조 제1항의 시설 중 건축법 제2조 제1항 제2호에 따른 건축물로서 지진·화산재해대책법 시행령 제10조 제1항 각 호에 해당하는 시설에 소방시설 중 (㉠), 스프링클러설비, 물분무등소화설비를 설치하려는 자는 지진이 발생할 경우 소방시설이 정상적으로 작동될 수 있도록 소방청장이 정하는 (㉡)에 맞게 소방시설을 설치하여야 한다.

정답 및 해설

01 특정소방대상물

02 ㉠ 화재안전성능, ㉡ 성능위주설계

03 ㉠ 무창층, ㉡ 피난층

04 ㉠ 증축, ㉡ 용도변경

05 ㉠ 옥내소화전설비, ㉡ 내진설계기준

06 소방시설 설치 및 관리에 관한 법령에 대한 설명이다. (   )에 들어갈 용어를 쓰시오.

> 1. 소방청장, 소방본부장 또는 소방서장은 소방시설의 작동정보 등을 실시간으로 수집·분석할 수 있는 시스템['(㉠)'(이)라 한다]을 구축·운영할 수 있다.
> 2. 소방청장, 소방본부장 또는 소방서장은 1.에 따른 (㉡)을(를) 해당 특정소방대상물의 관계인에게 통보하여야 한다.

07 소방시설 설치 및 관리에 관한 법령에 대한 설명이다. (   )에 들어갈 용어를 쓰시오.

> '소방시설 등'이란 소방시설과 (   ), 방화문 및 방화셔터를 말한다.

정답 및 해설

06 ㉠ 소방시설정보관리시스템, ㉡ 작동정보
07 비상구

해커스 합격 선배들의
생생한 합격 후기!

전국 최고 점수로 8개월 초단기합격
해커스 커리큘럼을 똑같이 따라가면 자동으로 반복학습을 하게 되는데요. 그러면서 자신의
부족함을 캐치하고 보완할 수 있었습니다. 또한 해커스 무료 모의고사로 실전 경험을 쌓는
것이 많은 도움이 되었습니다.

전국 수석합격생
최*석 님

해커스는 교재가 **단원별로 핵심 요약정리**가 참 잘되어 있습니다. 또한 커리큘럼도 매우
좋았고, 교수님들의 강의가 제가 생각할 때는 **국보급 강의**였습니다. 교수님들이 시키는 대로,
강의가 진행되는 대로만 공부했더니 고득점이 나왔습니다. 한 2~3개월 정도만 들어보면,
여러분들도 충분히 고득점을 맞을 수 있는 실력을 갖추게 될 거라고 판단됩니다.

해커스 합격생
권*섭 님

해커스는 주택관리사 커리큘럼이 되게 잘 되어있습니다. 저같이 처음 공부하시는 분들도
입문과정, 기본과정, 심화과정, 모의고사, 마무리 특강까지 이렇게 최소 5회독 반복하시면
처음에 몰랐던 것도 알 수 있을 것입니다. 모의고사와 기출문제 풀이가 도움이 많이 되었는데,
실전 모의고사를 실제 시험 보듯이 시간을 맞춰 연습하니 실전에서 도움이 많이 되었습니다.

해커스 합격생
전*미 님

해커스 주택관리사가 **기본 강의와 교재가 매우 잘되어 있다고 생각**했습니다. 가장 좋았던
점은 가장 기본인 기본서를 뽑고 싶습니다. 다른 학원의 기본서는 너무 어렵고 복잡했는데, 그런
부분을 다 빼고 **엑기스만 들어있어 좋았고** 교수님의 강의를 충실히 따라가니 공부하는 데 큰
어려움이 없었습니다.

해커스 합격생
김*수 님

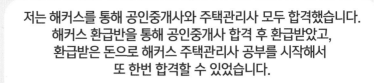